Christiane Gil
MACHIAVELLI

Christiane Gil

# MACHIAVELLI

## Die Biographie

Aus dem Französischen
von Ursel Schäfer
und Enrico Heinemann

Albatros

Die französische Originalausgabe
erschien 1993 unter dem Titel
*Machiavel, Fonctionnaire florentin*
bei Perrin, Paris


Titel der deutschen Ausgabe:
Machiavelli, Eine Biographie


Die Deutsche Bibliothek – CIP-Einheitsaufnahme

Ein Titeldatensatz für diese Publikation ist bei
Der Deutschen Bibliothek erhältlich.


Druck und Bindung: Wiener Verlag, A-Himberg
ISBN 3-491-96004-5

«Ich weiß, mein lieber Gevatter, daß dieser König und alle diese adligen Männer wie Du und ich sind; ich weiß auch, daß ein gut Teil unserer Handlungen auf reinem Zufall beruht, selbst jene, die uns sehr wichtig sind: Man muß glauben, daß sie handeln wie wir.»

*Brief von Francesco Vettori an Machiavelli*

Genfer See
HERZOGTUM SAVOYEN
Aosta
FÜRSTENTUM PIEMONT
Turin
Lago Maggiore
HERZOGTUM MAILAND
Tessin
Mailand
Pavia
Po
Comer See
Garda-see
Brescia
Cremona
Piacenza
Mantua
Po
Mirandola
Parma
Reggio
Modena
Ferrara
Bologna
Imola
Faenza
Forli
Ravenna
Cesena
Rimini
Pesaro
Sinigaglia
Ancona
Urbino
Etsch
Padua
Piave
REPUBLIK VENEDIG
Venedig
Adriatisches Meer
ASTI
Asti
MONTFERRAT
MARKGRAFSCHAFT SALUZZO
GRAFSCHAFT NIZZA
REPUBLIK GENUA
Genua
Savona
Ligurisches Meer
Lucca
Pistoia
REPUBLIK FLORENZ
Arno
Florenz
Pisa
Siena
REPUBLIK SIENA
Piombino
Insel Elba
KORSIKA
Tyrrhenisches Meer
Trasimenischer See
Perugia
Camerino
KIRCHENSTAAT
Tiber
Nach Rom
KÖNIGREICH NEAPEL
0
50
100 km

# Inhaltsverzeichnis

# *Vorbemerkung*

Machiavelli war nicht der zynische und verdorbene Staatsmann, den viele in ihm sehen, sondern ein durchschnittlicher Mensch. Seine Zeitgenossen fanden nichts Außergewöhnliches an ihm, auch wenn seine Kollegen ihn, den kleinen Beamten der Republik Florenz, vielleicht manchmal darum beneideten, mit welcher Leichtigkeit er die Feder führte, wie rasch er Zusammenhänge durchschaute und wie treffend er urteilte.

Machiavelli, ein durchschnittlicher Mensch: Diese Einschätzung wird all jene empören, die sich vor der vergoldeten Büste des Verfassers von Werken wie *Der Fürst* oder *Discorsi: Gedanken über Politik und Staatsführung* verbeugen. Und sie wird den einfachen Mann auf der Straße erstaunen, der mangels eines besseren Begriffs gutgläubig jeden gerissenen Teufel als «einen Machiavelli» bezeichnet – oder mit der entsprechenden weiblichen Form, wenn es sich um eine Teufelin handelt. Er übersieht dabei, daß Niccolò Machiavelli der gewissenhafte Sekretär war, der Tag für Tag beobachtete und aufzeichnete, was in der Hölle vor sich ging. Machiavelli war nicht der einzige, aber er besaß die seltene Kühnheit – oder den Leichtsinn –, daß er den wahren Teufeln einen Spiegel vorhielt, der ihre Niedertracht zeigte.

Der Mensch Machiavelli bleibt rätselhaft, wenn man sich nur dem «Galilei» der politischen Wissenschaft zuwendet. Die Fülle der Literatur über ihn ist geradezu abschreckend. Unser Anliegen ist es darum nicht, den vielen gelehrten Kommentaren von Philosophen, Moralisten oder Politologen einen weiteren hinzuzufügen, sondern wir wollen uns mit der Laterne des Diogenes auf den Weg machen.

Wir suchen den Menschen Machiavelli, den durchschnittlichen Menschen, wie Prezzolini ihn so treffend beschrieben hat: «ein kleiner Angestellter, der jeden Tag die Dienstbotentreppe in der Signoria hinaufsteigt, am Arm einen Einkaufskorb, weil er zuvor noch über den Markt gegangen ist und Gepökeltes und Bohnen eingekauft hat». Wir interessieren uns für den Mann, der auf einen Befehl hin den Schemel des Sekretärs mit dem Rücken eines Pferdes vertauschte und über Berge und Täler ritt, mochte es regnen, stürmen oder schneien und sein Gesäß brennen, und vor Fürsten, Königen, Päpsten oder Kaisern die Worte wiederholte, die seine Herren ihm aufgetragen hatten.

Im Schatten des kleinen Beamten, der selbst so oft im Schatten eines größeren stand, begegnen wir den Männern, die damals die Welt lenkten, ohne daß immer genau klar wurde, wie sie es taten und wo: den Borgia, Julius II., Ludwig XII. und den Medici. Hören wir Niccolò Machiavelli zu, wie er seiner Epoche zuhörte. Er beobachtete, wie Geschichte geschrieben wurde, ohne in der Lage zu sein, ihren Lauf zu beeinflussen, und er war wie jeder von uns dazu verdammt, vom Wirbel der Geschichte mitgerissen zu werden. Merken wir auf, wie er ironisch, aber noch voller Illusionen ausruft: «Der König ist nackt!» Teilen wir mit ihm seine Empörung, vielleicht auch seine Trugbilder, denn an den Höfen und in den Republiken hat sich seither nur wenig verändert.

Und wenn wir ihm dann auf seinem mühseligen Weg bis zum Ende gefolgt sind, klagen wir darüber, daß eine falsche Fortuna ihn *post mortem* der Dunkelheit entrissen hat. Sie, die er zeit seines Lebens verabscheute, hat ihm ein häßliches Weiterleben nach dem Tode beschert. Wir können wetten, daß er die Vaterschaft für diese machiavellistische Brut abgelehnt hätte. Wir wissen nicht, ob er an jene andere Welt glaubte. Aber vielleicht hat er dort das «farcenhafte» Abenteuer, wie Montaigne es nennen würde, gefunden, und nun ertönt dort schallendes Gelächter, wie es einst die Schreibstube im Palazzo Vecchio erfüllte, wenn er wie ein zweiter Boccaccio seine Kollegen in der Kanzlei mit Geschichten von betrogenen Ehemännern unterhielt.

# Kindheit und Jugend eines durchschnittlichen Menschen

Jeder Mensch hat zwei Geburtsdaten: einmal den Tag, an dem er im standesamtlichen Sinne das Licht der Welt erblickt, und dann, weniger offensichtlich, den Tag, an dem er bewußt die Welt um sich herum wahrnimmt. Das Taufregister des Duomo, der Kathedrale von Florenz – die alte Kirche Santa Reparata war inzwischen zur Santa Maria del Fiore von Giotto und Brunelleschi geworden –, teilt den Biographen mit, daß Niccolò Pietro Michele, Sohn des Bernardo Machiavelli, am 4. Mai 1469 «in der vierten Stunde» geboren wurde – das heißt in der Nacht vom 3. zum 4. Mai. Einige Monate zuvor hatte der kaum zwanzigjährige Lorenzo der Prächtige zusammen mit seinem Bruder Giuliano den immensen Reichtum der Medici und die politische Macht geerbt, die ihr Vater Piero der Gichtige und vor diesem ihr Großvater Cosimo der Alte über die Stadt besessen hatten.

Von der zweiten und sehr viel wichtigeren, der wahren Geburt des Niccolò Machiavelli künden keine «Bekenntnisse» im Stil eines Rousseau, aber in seinen Schriften berichtet er viel von den Dingen, die er gesehen hat, und wenn man zwischen den Zeilen liest, kann man seinen zweiten Geburtstag auf neun Jahre nach dem ersten datieren. Damals erhielt er, begleitet vom Läuten der Sturmglocke, in derselben Kathedrale seine «Feuertaufe» oder vielmehr «Bluttaufe».

An jenem Sonntag, dem 26. April 1478, drängte er sich mit zahllosen anderen Menschen im hohen gotischen Gewölbe des riesigen

Kirchenschiffes. Alle Florentiner wollten einen Blick auf den jungen Kardinal Raffaello Sansoni Riario werfen, einen Verwandten des Papstes Sixtus IV., der auf der Durchreise war und an diesem Tag das Hochamt feiern sollte. An der Messe nahmen auch Lorenzo und Giuliano de'Medici teil.

Die Messe hatte begonnen, Lorenzo de'Medici saß im Kreise seiner Freunde in der ersten Bank. Da teilte sich die Menge, und sein Bruder kam herein, begleitet von zwei jungen Männern, mit denen er munter plauderte. Überrascht stellte man fest, daß es sich bei den Begleitern um Francesco Pazzi und Bernardo Bandini handelte.

Jedermann in Florenz wußte, daß die Pazzi und die Medici Todfeinde waren. Einst hatten die beiden reichen Bankiersfamilien politisch eng zusammengearbeitet und herzliche Beziehungen unterhalten. Cosimo der Alte hatte sogar seine Enkelin, Lorenzos Schwester, einem Pazzi zur Frau gegeben. Das gute Verhältnis war zerbrochen, nachdem die Pazzi Papst Sixtus IV. Geld geliehen hatten für den Erwerb der Grafschaft Imola; der Papst wollte in der Emilia für einen seiner Neffen ein Fürstentum errichten. Nicht genug damit, daß sie Lorenzos Wünsche übergangen hatten, der dieses Gebiet selbst haben wollte und darum dem Papst das Darlehen verweigert hatte; zum Lohn für ihren Verrat profitierten sie in Rom von der gegen die Medici gerichteten Politik des Papstes. Dem Papst war jedes Mittel recht, um die Medici seine Feindseligkeit spüren zu lassen: Lorenzo erwartete den Kardinalspurpur für seinen Bruder Giuliano, aber Sixtus IV. verweigerte ihn. Lorenzo zählte darauf, daß der Papst das Monopol für die Alaunherstellung – Alaun war unverzichtbar für die Behandlung der Wolle, ein überaus wichtiges Gewerbe in Florenz – bestätigen würde, aber er gab es an die Pazzi. Der Papst entzog den Medici das höchst lukrative Amt des Depositärs der apostolischen Kammer – mit anderen Worten des päpstlichen Bankiers – und legte es in die Hände der Pazzi. Immer und überall die Pazzi! Lorenzo, außer sich vor Zorn, hatte Francesco Pazzi, der die römische Filiale seines Unternehmens leitete, nach Florenz beordert und zur Rede gestellt. Er warf Pazzi Verrat vor, weil er «dafür gesorgt hatte, daß Imola dem florentinischen Reich entging, und es hatte geschehen lassen, daß Girolamo Riario, der Neffe des Papstes, einen Staat errichtet, welcher Florenz gefährlich werden könnte». Francesco redete sich natürlich heraus. Aus Rache brachte Lorenzo ein rückwirkendes Erbgesetz durch, dem zufolge die Nichte von Francesco Pazzi ihren Besitz verlor: Das schwächte die wirtschaftliche Position der Rivalen der Medici beträchtlich.

Ein Jahr später deuteten alle Zeichen auf Versöhnung. Am Abend vor jenem Sonntag im April hatte Lorenzo in einem Haus der Medici in der Umgebung von Florenz den jungen Kardinal Riario, der bei den Pazzi abgestiegen war, fürstlich bewirtet. Am Morgen, unmittelbar vor der Messe, begab sich Francesco Pazzi höchstpersönlich in den Palazzo in der Via Larga und drängte Giuliano, der angeblich krank war, mit ihm zum Duomo zu kommen.

Angesichts dieser Vorgeschichte herrschte gespannte Aufmerksamkeit. Als der Kardinal bei der Wandlung den Kelch emporhob, zogen Francesco Pazzi und Bernardo Bandini wie auf ein Signal hin einen Dolch aus dem Wams und stießen mit unerhörter Wut und Kraft auf Giuliano ein. Ein paar Schritte weiter rang Lorenzo blutüberströmt und mit bloßen Händen mit zwei Priestern, die ihm die Kehle durchschneiden wollten. Da er wendiger und den beiden Angreifern körperlich überlegen war, gelang es ihm zu entkommen. Er flüchtete in die neue Sakristei, und Angelo Poliziano, der Dichter und engste Freund Lorenzos, verriegelte in letzter Sekunde die Tür.

Es ist nicht überliefert, ob der kleine Niccolò und seine fromme Mutter von der Menge mitgerissen wurden, als die Menschen schreiend vor Entsetzen auseinanderliefen. Es war ein solcher Lärm, «daß die Kirche […] einzustürzen schien», erinnerte sich Niccolò später in seiner *Geschichte von Florenz.* Bekam er mit, wie die beiden mörderischen Kleriker gelyncht wurden und wie man Kardinal Riario festnahm, der sich mehr tot als lebendig unter den Altar verkrochen hatte? Pazzi und Bandini nutzten das heillose Durcheinander und flohen. Mit Sicherheit wissen wir nur, daß Niccolò hörte, wie die große Glocke des Palazzo Vecchio, Sitz der Signoria, stürmisch läutete und die Bürger rief, zur Verteidigung ihrer Regierung herbeizueilen. Denn in dem Augenblick, als Giuliano im Duomo zusammenbrach, wie Cäsar durchbohrt von einundzwanzig Dolchstichen, ereignete sich ein weiteres Drama. Es wurde offensichtlich, daß die Ermordung der beiden Medici Teil einer Verschwörung zur Eroberung der Herrschaft über die Stadt war. Später stellte sich heraus, daß der Papst und der König von Neapel den Verschwörern Unterstützung zugesagt hatten.

Der Erzbischof von Pisa, ein Salviati, Florentiner und aus Groll gegen Lorenzo «Klient» der Pazzi, war mit einer Handvoll Getreuer in den Palazzo Vecchio eingedrungen. Sie wollten die den Medici ergebenen Prioren vertreiben (die sechs oder acht Beamten, in deren Händen die politische Macht lag und die mit ihrem Vorsitzenden, dem Gonfaloniere, während ihrer Amtszeit im Palazzo wohnten) und eine von den Aufständischen geführte Regierung errichten. Der Plan sah weiter vor, daß die Parteigänger der Pazzi die Menge im Namen «des Volkes und der Freiheit» auf der Piazza della Signoria, der «Agora», auf der alle Entscheidungen fielen, versammeln sollte, damit sie der neuen Regierung zujubelte.

Doch das Unterfangen scheiterte kläglich. Niemand schloß sich den Rebellen an, vergebens schrien sie sich die Lunge aus dem Leib, während die Diener des Palazzo sie vom Rand des Platzes mit Steinen bewarfen. Es dauerte nicht lange, und der Ruf «Palle! Palle!» übertönte ihr Geschrei – der Schlachtruf der Medici, eine Anspielung auf die Kugeln, italienisch «palle», im Familienwappen. Alle Florentiner Bürger liefen herbei, um den Aufrührern Widerstand zu leisten, und klatschten Beifall, als die Prioren kurzen Prozeß machten: Auf dem Pflaster lagen zerschmettert die Verschwörer, die man aus dem Fenster geworfen hatte, der Leichnam des Erzbischofs baumelte kopfüber aus einem anderen Fenster; wenig später sah man daneben auch den toten Francesco Pazzi. Ihm war es noch gelungen, in den Palazzo seiner Familie in der Via del Procònsolo zu fliehen. Man fand ihn nackt im Bett, geschwächt durch eine Wunde, die er sich in seiner Raserei versehentlich selbst zugefügt hatte.

Wahrscheinlich beobachtete Niccolò, wie die Wachen Francesco mißhandelten, während sie ihn den Arno entlang zurückbrachten. In seiner *Geschichte von Florenz* erinnert er sich: «So viele Unbilden ihm auch unterwegs und nachher zugefügt wurden, so entlockte man ihm doch keinen Laut: Er sah, ohne zu klagen, die Umstehenden starr an und seufzte.»

In den folgenden Tagen erlebte Niccolò mit, wie die Familie Pazzi, ihre Freunde und selbst Menschen, von denen man nur vermutete, daß sie Sympathien für deren Sache hegten, unbarmherzig ausgelöscht wurden. Man verfolgte die Flüchtlinge überallhin. In Konstantinopel spürte man Pazzis Komplizen Bernardo Bandini auf, und Lorenzo erwirkte beim Sultan dessen Auslieferung. Einige Monate lang war Florenz geradezu trunken von den Rachegelüsten der Medici, bis schließlich nicht einmal mehr der Name Pazzi übrigblieb. Das zerschlagene Wappen an der Frontseite ihres Palazzo und die Bilder der Verschwörer auf den Mauern des Bargello – Sitz der Gerichtsbehörde und zugleich Gefängnis – erinnerten beständig an ihre Tat. Vasari schreibt, Andrea Castagno habe sie gemalt, wie sie an den Füßen aufgeknüpft hingen «in den seltsamsten Haltungen, aufs äußerste verkrümmt».

Ein ähnlicher Auftrag soll Botticelli vierzig florentinische Gulden pro Erhängtem eingebracht haben. Leonardo da Vinci hielt lediglich in seinem Skizzenbuch die Szene fest, wie an Bandini, nachdem man ihn aus dem Orient herbeigeschafft hatte, im Hof des Bargello die Strafe vollstreckt wurde. In einer Randnotiz beschreibt er Bandinis Erscheinung: «Schmale Kappe aus Fell, schwarze Atlasweste, Wams aus Seide mit Fuchspelz gefüttert ... und schwarze Strümpfe».

Wie alle Kinder in der Stadt wuchs Niccolò auf der Straße auf, und wenn er nicht bei den üblen Streichen mitgemacht haben sollte, so wußte er doch gewiß, wer die Jungen waren, die den Leichnam des alten Iacopo, des Familienoberhauptes der Pazzi, ausgegraben hatten und ihn dann «nackt an dem Strick, mit welchem man ihn aufgehängt hatte, durch die Straßen schleiften». Den übel zugerichteten, verstümmelten Körper warfen sie in den Arno, und dort fischte ihn die nächste Bande wieder heraus. Das grausame Spiel dauerte den ganzen Tag, bis die Nacht die menschlichen Überreste gnädig verhüllte und die «unschuldigen» Kinder nach Hause gingen.

Man kann vermuten, daß sich die Gespräche bei Tisch in erster Linie um die Verschwörung der Pazzi drehten, um die Gründe, das Scheitern und die Folgen. Wahrscheinlich erhielt Niccolò bei einer solchen Gelegenheit aus dem Munde seines Vaters die erste Lektion in Politik.

Bernardo Machiavelli war Jurist, ein kluger Mann, und hatte seine eigene Meinung über Verschwörungen. Acht Jahre zuvor hatte er miterlebt, wie die Erhebung der Stadt Prato gescheitert war; politische Feinde von Lorenzo de'Medici hatten Bürger zur Rebellion angestachelt. Und erst kürzlich hatte die Stadt Mailand vergeblich versucht, nach der Ermordung des Herzogs Galeazzo Maria Sforza eine Republik zu errichten. Bernardos Kommentare haben Niccolò zweifellos beeinflußt, als er später in seinen Werken eine förmliche Handreichung für Verschwörer verfaßte. Vielleicht reicht der Einfluß bis in die von so viel gesundem Menschenverstand geprägten Formulierungen, und er schrieb als Erwachsener nieder, was er als Kind gehört hatte: Der Fürst könne «nie einen Menschen derart ausplündern, daß diesem nicht einmal ein Dolch zur Rache bleibt». Oder an anderer Stelle: «Ist es gefährlich und unklug, sich gegen einen Fürsten zu verschwören, so ist sich gegen zwei zu verschwören vollkommen eitel und leichtsinnig.»

Genau dies war im Duomo geschehen und ein wesentlicher Grund für das Scheitern der Pazzi. Überdies hatten die Verschwörer im letzten Moment ihren Plan ändern müssen: Der Mann, den man ursprünglich für den Mord an Lorenzo gedungen hatte, war kurz vor der Tat abgesprungen und mußte durch zwei unerfahrene Freiwillige ersetzt werden.

Über die Hintergründe der Verschwörung konnte man nur Vermutungen anstellen. Die genauen Motive von Sixtus IV. blieben dunkel, aber zweifellos beunruhigten ihn Lorenzos Expansionsgelüste. Auch wer das politische Ränkespiel nicht durchschaute, wußte indes, daß die Medici sich durch Schikanen und Ausplünderungen den Haß ihrer Gegner zuzogen, daß die Gegner alle Unzufriedenen um sich versammelten und alle diejenigen, die, aus welchem Grund auch immer, glaubten, die Medici stünden ihrem Aufstieg oder – dies galt für die Uneigennützigen – ihrer Vorstellung von der idealen Staatsform im Wege.

Der Ruf nach Freiheit war mehr als bloße Rhetorik. Auf die Freiheit berufen sich die Verschwörer stets, «um ihr Unternehmen ehrenvoller zu machen».

Die Florentiner hatten sich nicht täuschen lassen: Warum sollten sie die Regierung wechseln, wenn sie dadurch nur die Herrschaft einer mächtigen Familie gegen die Herrschaft einer anderen, nicht weniger mächtigen Familie eintauschten? Bei den Medici wußte man wenigstens, woran man war. Zugegeben, sie besetzten die Räte und Magistrate mit Gefolgsleuten, die ihnen blind ergeben waren, die republikanischen Institutionen waren nur mehr Beiwerk und erfüllten längst nicht mehr den Zweck, zu dem man sie einst ersonnen hatte. Immerhin blieb der Schein gewahrt, und vor allem durfte man nicht undankbar sein, zeugte die Stadt doch reichlich von der Großzügigkeit und Prachtentfaltung der Medici. Insofern war es nicht verwunderlich, daß das Volk «taub geworden war», wie Machiavelli schrieb. Der Ruf nach Freiheit zeigte keine Wirkung.

Für Machiavelli war die Redewendung «für Volk und Freiheit sterben» keine leere Floskel. In einer Kapelle der Kirche Santa Croce, die selbstverständlich nicht so prunkvoll ausgestattet war wie die Kapelle im Kreuzgang und die den Namen Pazzi trug, ruhten zwei Mitglieder der Familie Machiavelli: Der eine Vorfahr hatte im 14. Jahrhundert mit dem Leben dafür bezahlt, daß er, obgleich bürgerlicher Herkunft, einer der Anführer des Aufstands der Wollschläger gewesen war. In jüngerer Vergangenheit war ein anderer Machiavelli im Gefängnis elend zugrunde gegangen, weil er Cosimo Widerstand geleistet hatte, dem ersten Medici, der seine Politik mit Wahlfälschung und Stimmenkauf durchgesetzt hatte. Viele Male hatte Niccolò die Geschichten über seine Vorfahren gehört und sich in sie hineinversetzt, wenn von ihren mutigen Taten berichtet wurde. So wußte er im Alter von neun Jahren bereits, was die Verschwörung der Pazzi lehrte: «Solche Mittel aber, da sie selten von Erfolg begleitet sind, stürzen meist ihre Urheber ins Verderben, während sie die Größe der Bedrohten sichern.»

Tatsächlich konnte Lorenzo de'Medici, der im Jahr von Niccolòs Geburt die Macht übernommen hatte, sie neun Jahre später, nach der Verschwörung der Pazzi, als unumschränkter Herrscher ausüben. Florenz erstrahlte wie nie zuvor. Die Befestigung der Macht durch die Medici bot dem heranwachsenden Niccolò ein anschauliches Bild der politischen Wirklichkeit seiner Zeit; zum Mann gereift, hielt er die Regeln dafür in seinem Werk fest. Alberto Tenenti hat darauf hingewiesen, daß er nichts zu erfinden brauchte, denn «in den Augen der Italiener des 15. Jahrhunderts war es ein Gebot der politischen Vernunft, alle Mittel einzusetzen, wenn es darum ging, die eigene Vorherrschaft zu verteidigen, und alle Mitglieder der Gemeinschaft hatten dies hinzunehmen (andernfalls mußten sie sich erheben und das damit verbundene Risiko tragen) [...] Von nun an war es ein Faktum – man sollte eher sagen: eine Selbstverständlichkeit –, daß man den Repräsentanten der politischen Macht Verstöße gegen die gängigen Moralvorstellungen zubilligte, so als könnte man sie nicht mit den gleichen moralischen Maßstäben messen wie alle anderen.»

Florenz erlebte sein goldenes Zeitalter, aber die beiden Söhne von Bernardo Machiavelli, Niccolò und Totto, gehörten nicht zu den Kindern reicher Eltern, die bei den Medici ein und aus gingen. Ihr Vater, Angehöriger der Zunft der Richter und Notare, stammte aus einer «guten und alten Familie» und genoß die Achtung und Freundschaft wichtiger Persönlichkeiten wie etwa des Rechtsgelehrten Bartolomeo Scala, der sich in der Politik versuchte. Doch in einer Gesellschaft von Handel- und Gewerbetreibenden, wo nur Geld den Weg zum Aufstieg ebnete, nahm die Familie Machiavelli mit ihren sehr knappen finanziellen Mitteln unvermeidlich eine niedere Position ein. Bernardo hatte ein bescheidenes Amt in der Verwaltung bekleidet, und seit er im Ruhestand war, brachte er seine Ehefrau und seine vier Kinder nur mit äußerster Sparsamkeit durch. Aus dem Haushaltsbuch geht hervor, daß Niccolò und sein jüngerer Bruder Totto zehn Jahre lang nur ein einziges Paar Schuhe besaßen. Damit hätten sie wohl kaum zu den rauschenden Festen der tonangebenden Familien Ridolfi, Guicciardini, Soderini oder Rucellai erscheinen können. Die Vergnügungen der beiden Brüder waren eher ländlicher Natur: Schwimmen im Arno, Fischen und Ausritte in die Landschaft der Toskana mit dem einzigen Pferd der Familie anstelle von Maskenbällen, üppigen Festessen und Falkenjagden mit großem Gefolge. Welten lagen zwischen dem Leben der Medici und den Menschen ihrer Gesellschaftsschicht, die in der Via Larga wohnten und Landsitze in Fiesole, Caffagiolo oder Carreggi besaßen, und dem Leben der Machiavelli in ihrer düsteren Gasse im Oltrarno-Viertel oder in dem Weiler Sant'Andrea, wo sie ein Haus und ein paar Felder ihr eigen nannten, die verpachtet waren und mehr Sorgen machten, als sie Gewinn einbrachten. Die Machiavelli lebten nicht im Elend und nicht einmal, wie Niccolò behauptete, in Armut, sondern – und das war vielleicht noch demütigender – im beständigen Mangel.

Glücklicherweise gab es wenigstens die Geistesgaben und die Freuden, die sie bieten können. Bernardo achtete darauf, daß sie bei seinen Söhnen Früchte trugen – die beiden Töchter, Primavera und Ginevra, galt es lediglich gut zu verheiraten, und bis es soweit war, mußte ihre bescheidene Mitgift klug angelegt werden.

Mit sieben Jahren kam Niccolò auf die Lateinschule, mit acht Jahren wechselte er auf die Schule des Klosters San Benedetto. Mit zwölf lernte er Mathematik, las lateinische Schriftsteller und übte sich unter der Fuchtel eines Magisters der Grammatik darin, korrektes Latein zu schreiben – die Sprache der Schreibstuben. Selbstverständlich erhielt Niccolò keine humanistische Bildung wie die Kinder der florentinischen Oberschicht, die fließend Griechisch sprachen und Poliziano zu der Bemerkung veranlaßten, Athena sei nach Florenz ins Exil gegangen. Die Ausbildung sollte Niccolò wenigstens in die Lage versetzen, seinen Lebensunterhalt zu verdienen.

Als Sohn eines «Intellektuellen» stand Niccolò zu Hause eine Bibliothek zur Verfügung. Bücher waren teuer, und obgleich der Vater bereitwilliger als bei jedem anderen Händler beim Buchhändler Geld ausgab, standen in seiner Bibliothek doch überwiegend geliehene Bücher. Unter den wenigen Büchern, die Bernardo sein eigen nannte, war das wertvollste ein Titus Livius. Zusammen mit einigen anderen hatte er den Titus Livius binden lassen, «für vier Pfund und fünf Soldi, ein Teil davon zahlbar in Rotwein»; drei Korbflaschen Rotwein und eine Flasche Essig hatte Niccolò selbst zum Buchbinder getragen. Für die umfangreiche *Römische Geschichte* erstellte Bernardo ein Register «aller Städte, Provinzen, Flüsse, Inseln und Meere», die darin erwähnt wurden. Neun Monate arbeitete er daran, der Verleger zahlte mit einem druckfrischen Exemplar. So verwundert es nicht, daß Niccolò Machiavelli während seiner erzwungenen Mußezeit auf den Gedanken kam, einen Kommentar zur ersten Dekade des Titus Livius zu schreiben: Schließlich war ihm Titus Livius seit seiner Kindheit vertraut.

Obwohl keine direkten Beweise erhalten sind, hat Niccolò aller Wahrscheinlichkeit nach das «Studium» besucht, die Hochschule von Florenz. Ein Freund seines Vaters namens Virgilio Marcello Adriani hatte an dieser im Vergleich zu Bologna oder Padua durchschnittlichen Anstalt einen Lehrstuhl inne. Die jungen Florentiner beschäftigten sich in erster Linie mit Handel und Geldverkehr, und diese Gebiete lehrten die Humanisten nicht. Für Niccolò stand es außer Frage, daß er juristische Kenntnisse erwerben mußte, um rasch eine Anstellung zu finden, bevorzugt in einer Schreibstube der Regierung. Er wohnte bei seinen Eltern in dem Haus in Oltrarno, zwischen dem Ponte Vecchio und dem Palazzo Pitti, der niemals vollendet wurde, weil die Besitzer ihr ganzes Vermögen verloren hatten. Auch ohne Geld genoß er wahrscheinlich das lockere Studentenleben – er liebte das Leben, das Glücksspiel und die Liebe – in Gesellschaft leichter Mädchen und immer fröhlicher Kumpane. Er war der Unterhalter, die anderen beklatschten seine schlüpfrigen Karnevalsscherze. Doch neben dem Zweideutigen gab es auch echte Gefühle, er dichtete für manche Schöne und spielte anmutig auf der Laute.

Im Jahr 1490 – Niccolò Machiavelli war einundzwanzig – wurde ein gewisser Frater Girolamo aus Ferrara Prior des Klosters San Marco in Florenz. «Ich bin der Hagel», donnerte der Mönch, als er in der Kirche die Apokalypse ausmalte, «und werde die Köpfe all jener zertrümmern, die keinen Schutz gefunden haben.»

In Machiavellis Alter sorgt man sich wenig um Hagel und apokalyptische Visionen. Doch Girolamo Savonarolas düstere Prophezeiungen erschütterten das friedliche Leben in Florenz. Manche Menschen strömten in die Kirche, weil sie hören wollten, wie der Frater die Sodomiten und die Regierung geißelte, manche zuckten nur verachtungsvoll die Schultern, wenn er «große Schrecknisse» voraussagte «mit jener Art von Gründen», wie Machiavelli schrieb, «die auf alle, die nicht redegewandt sind, großen Eindruck machen». (Die Sprache des Fraters begeisterte immerhin einen Pico della Mirandola.) Manche Zuhörer ließen sich durch die kühnen Worte des «Bußpredigers» tatsächlich aufstacheln. Zunächst blieb es bei Schlägen und Steinwürfen – den bevorzugten Waffen der Straße –, aber bald folgten politische Ränke und kriminelle Machenschaften. Savonarola, eine Kassandra in der Dominikanerkutte, war erst auf dem Scheiterhaufen zum Schweigen zu bringen.

Auf welcher Seite stand Niccolò Machiavelli in der Zeit, als Savonarola sich, begünstigt durch die Wirren in Italien, der Stadt Florenz bemächtigte?

Auf Drängen von Kardinal Giuliano della Rovere (dem späteren Papst Julius II.), einem erbitterten Feind des neuen Papstes Alexander VI., und von Lodovico Sforza, genannt «il Moro», der den Thron des Herzogs von Mailand usurpiert hatte und seine Position in Italien mit Hilfe Frankreichs zu befestigen suchte, entschloß sich der junge König Karl VIII., Ansprüche auf das Königreich Neapel geltend zu machen. Neapel gehörte zu seinem angevinischen Erbe, war aber in die Hände des spanischen Hauses Aragón gefallen und an eine illegitime Nebenlinie weitergegeben worden.

Im Sommer 1494 überquerte der König von Frankreich an der Spitze einer gewaltigen Artillerie die Alpen. Er war der von Savonarola angekündigte neue Cyrus, das Werkzeug der göttlichen Züchtigung, die Italien, die Kirche und der Papst durch ihre Verderbtheit auf sich gezogen hatten. Savonarola wetterte weder als einziger noch als erster gegen verdorbene Bürger, verdorbene Regierende, verdorbene Priester und verdorbene Päpste, aber niemand vor ihm hatte mit solchem Feuer gesprochen, hatte mit so donnernder Stimme zur Buße aufgerufen. Wenn Savonarola das unmittelbar bevorstehende Strafgericht schilderte, drängten sich die Florentiner fröstelnd zusammen. Die Nachricht von der Ankunft der französischen Truppen in der Toskana versetzte die Menschen vollends in Angst und Schrekken, und sie riefen lauthals nach einem Retter.

Lorenzo der Prächtige war nicht mehr da. Er war 1492 gestorben, wenige Monate vor Sixtus IV., dem Kardinal Rodrigo Borgia als neuer Papst Alexander VI. folgte. Lorenzos Erbe Piero führte nicht umsonst den Beinamen «der Unglückliche». In dem Glauben, er werde auf diese Weise Florenz retten, gab er den Franzosen Lebensmittel und Geld und duldete, daß Karl VIII. im Triumph in die Stadt einzog. Ohne sich mit irgend jemandem zu beraten, willigte Piero in alle Forderungen ein: Die Franzosen konnten die Toskana ungehindert durchqueren, und Piero überließ ihnen wichtige Gebiete als Pfand, unter anderem Pisa. Schließlich floh er vor dem Zorn und der Verachtung seiner Mitbürger ins Lager des fremden Königs, dem er so bereitwillig zu Diensten gewesen war. Cosimo der Alte hatte richtig prophezeit: «Ich kenne die Launen dieser Stadt, in kaum fünfzig Jahren werden sie uns verjagt haben.»

Nun war der Platz an der Spitze frei, und der Mönch besetzte ihn. Vom Glanz der Medici blieb nichts mehr übrig. Der Palazzo in der Via Larga wurde geplündert und verwüstet, die *Judith* von Donatello, die den Springbrunnen im Garten geschmückt hatte, fand einen neuen Platz vor der Signoria als Zeichen dafür, daß Tugend und Freiheit über Laster und Tyrannei triumphiert hatten.

Am 1. Januar 1495, als die neue Signoria ihre Arbeit aufnahm, johlten die Menschen auf dem Platz vor dem Palazzo Vecchio vor Freude und «dankten Gott, daß er Florenz eine Regierung des Volkes gegeben und die Bewohner aus der Sklaverei befreit hatte».

Wahrscheinlich war Niccolò auch dabei und genauso begeistert wie die anderen, obgleich seine Vorfahren verfolgt worden waren, weil sie die «Popularen» unterstützt hatten. Die neue Verfassung, die der Mönch ersonnen hatte, begünstigte freilich die «Optimaten», die herrschende Klasse der Reichen. Ein Drittel der Bevölkerung war gänzlich vom politischen Leben ausgeschlossen, die entscheidenden Machtbefugnisse lagen bei einem nach dem Vorbild des Senats von Venedig geschaffenen Rat mit wenigen Mitgliedern. Allerdings enthielt die Verfassung rechtliche Garantien für alle, und sie machte der ausbeuterischen Steuererhebung durch die vorangegangene Regierung ein Ende; insofern konnte man von einer Demokratie sprechen. Wie kam es, daß Niccolò sich zwei Jahre später offen feindselig über den Mann äußerte, der allen Widerständen zum Trotz das Ruder in der Hand zu halten versuchte?

Auf den ersten Blick hat es den Anschein, als stimme Machiavelli in seinen *Discorsi* mit Savonarolas Auffassung überein, daß nur eine auf die Tugend der Bürger gegründete Republik in Florenz Aussicht auf Bestand haben könne, doch *virtù* bedeutet bei ihm etwas anderes als bei Savonarola. In seinen jungen Jahren war die Differenz sicher noch größer, Ermahnungen zu Buße und Umkehr dürften bei ihm auf taube Ohren gestoßen sein. (Allerdings verfaßte er selbst eine solche Ermahnung – wir wissen weder wann noch warum, noch für wen –, und diese steht, Gipfel der Ironie oder der Inkonsequenz, in einer Ausgabe seiner Werke direkt neben einer *Abhandlung für eine Gesellschaft des Vergnügens.)* Die Blitze, die der Mönch hoch oben von der Kanzel der Kathedrale schleuderte, erschütterten Niccolò nicht, nur empfindsame oder ängstliche Menschen oder solche mit einem Hang zur Mystik ließen sich davon beeindrucken. (Zu welcher Kategorie muß man Botticelli, Donatello oder della Robbia zählen, die demütig den Kopf senkten?) Die anderen fanden das Klima in ihrer Stadt wohl bedrückend – wie die Genfer zur Zeit von Calvin. «Ihr lebt wie die Schweine», hatte Bruder Girolamo schon ausgerufen, als noch Lorenzo der Prächtige über die Stadt geherrscht hatte. Nachdem er selbst die Macht übernommen hatte, fing er an, den Schweinestall auszumisten. Aber bei vielen erregte die moralische Erneuerung, die der Mönch als eine Art «Kulturrevolution» oktroyierte, Mißfallen, denn er überantwortete dem Fegefeuer der Eitelkeit all das, was das Leben schön und interessant gemacht hatte. Nicht genug damit, daß die Tavernen und alle angeblichen Stätten des Lasters geschlossen wurden, darüber hinaus mußte man sich vor dem Eifer junger «roter Garden» in acht nehmen, die bis in die Wohnung und den Alkoven hinein verbotenen Vergnügungen nachspürten.

Für Niccolò wie für viele andere, die endlich mehr Gerechtigkeit erhofft hatten, wog etwas anderes schwerer: Savonarola schwieg zu den Verletzungen der «Menschenrechte», obgleich er doch 1494 mit dem Versprechen angetreten war, sie zu schützen. In den *Discorsi* erwähnt Machiavelli das Drama der fünf wegen «Staatsverbrechen» zum Tode verurteilten Männer, denen man es verwehrte, an das Volk zu appellieren, obwohl ein Gesetz diese Möglichkeit vorsah; Savonarola hatte bei der Wiederherstellung der republikanischen Institutionen einen langen und heftigen Kampf darum geführt. Aus der Schilderung spricht die ganze Enttäuschung eines jungen Mannes, der sich um seine Hoffnungen betrogen fühlt: «War die Berufung an das Volk nützlich, so mußte er [Savonarola] sie durchführen; war sie es nicht, so hätte er sie nicht durchsetzen dürfen.»

Daß Machiavelli so hartnäckig konsequentes Handeln fordert, dürfte all jene verwundern, die ohne jegliche Differenzierung behaupten, er lehre eine bis zur völligen Verleugnung des eigenen Standpunkts reichende Anpassung an die politische Situation. Machiavelli lobt Savonarolas Schweigen keineswegs als politische Klugheit, obwohl dieser so mit einem Schlag fünf Feinde losgeworden war. Statt dessen verurteilt er «den Ehrgeiz und die Parteilichkeit», die Savonarolas Verhalten offenbare.

«Dies brachte den Mönch mehr um sein Ansehen als irgendein anderer Vorfall», schreibt Machiavelli. Das heilige Bündnis zerbrach in dem Augenblick, als die Gefahr, die die Florentiner geeint hatte, nicht mehr bestand. Wenige Monate nach seinem ungehinderten Vorstoß mußte Karl VIII., der falsche Cyrus, schmählich den Rückzug über die Alpen antreten. Italien war endlich aufgewacht und hatte sich Karl VIII. gemeinsam mit Spanien und dem Kaiser entgegengestellt. Angesichts dieser geschlossenen Front war es Karl geraten erschienen, seine Zelte abzubrechen. Seine Feinde erwarteten ihn jenseits des Apennin, und er hätte dort gewiß das Leben oder die Freiheit verloren, wäre da nicht die *furia francese* gewesen, wie man es nannte. Auf dem Schlachtfeld von Fornovo fielen sein Prunkharnisch und alles, was er sonst noch mit sich führte, in die Hände der plündernden Soldaten. Wahrscheinlich rettete ihm dies das Leben: Die Söldner waren so damit beschäftigt, die Habe der Franzosen unter sich aufzuteilen, daß sie sie nicht verfolgten.

Savonarola hatte prophezeit, der König von Frankreich werde triumphieren. Die Florentiner glaubten ihm nicht mehr und schlossen ein Bündnis mit Karl VIII. Beim hastigen Rückzug hatte Karl es versäumt, die verpfändeten Gebiete zurückzugeben, die Pietro de'Medici ihm aufgenötigt und Savonarola nicht zurückgefordert hatte. Insgeheim ermunterte der König Pisa, das seit 1406 auf der Stadt lastende florentinische Joch abzuschütteln und die Freiheit zu verlangen. Savonarola wollte sich nicht der italienischen Allianz gegen Frankreich anschließen und sich gegen den König stellen, da jener den florentinischen Kaufleuten in Frankreich weitreichende Privilegien eingeräumt hatte – wirtschaftliche Interessen gingen auch damals schon vor. An der Spitze der Allianz stand Papst Alexander.

Noch in einem anderen Punkt verloren die Florentiner das Vertrauen in Savonarola: Er hatte mehr soziale Gerechtigkeit und weniger Steuern versprochen, und der Glaube an dieses Versprechen schmolz «wie Wachs am Feuer», denn von den einst in Aussicht gestellten Lockerungen bei den Steuern war schon bald keine Rede mehr. Die Pest, der Krieg gegen die aufständische Stadt Pisa und das Versiegen der üblichen Finanzquellen hatten zur Folge, daß die

Staatskasse leer war. Die Sprache der Opposition ändert sich rasch, wenn sie an die Regierung gelangt ist und mit den Realitäten fertig werden muß.

Mit anderen Worten: Diejenigen, die nicht mehr an den Propheten glaubten, rückten mit denen zusammen, die niemals an ihn geglaubt hatten, mit denen, die aus Prinzip jegliche Einmischung eines Kirchenmannes in Staatsangelegenheiten ablehnten, mit denen, die befürchteten, der Mönch werde durch seine Angriffe auf den Papst ihre Geschäfte ruinieren, und nicht zuletzt mit denen, die weiter in Frieden sündigen wollten. Alle zusammen ergaben eine beträchtliche Menge.

Eine beträchtliche Menge bevölkerte allerdings auch nach wie vor die ansteigenden Sitzreihen, die man in der Kathedrale errichtet hatte – dergleichen hatte es noch nie in einer florentinischen Kirche gegeben –, und hörte zu, wie Bruder Girolamo Rom, das «lasterhafte Babylon», mit Schmähreden überzog. Die Zuhörer waren freilich keineswegs alle Anhänger Savonarolas oder *piagnoni*, Heuler, wie sie beim Volk hießen. Auch viele Feinde des Mönchs saßen dabei und warteten auf eine Gelegenheit, um ihm zu zeigen, was sie von ihm hielten. An einem Himmelfahrtssonntag wäre es beinahe zum Aufruhr gekommen. Manche gingen aus Neugier in die Kirche, und auch Niccolò Machiavelli ging hin.

Am 1. März 1498 erzählte man sich in der Kirche, der Papst habe der Signoria ein Ultimatum gestellt und verlangt, sie solle Savonarola endlich zum Schweigen bringen, «indem sie ihn ins Gefängnis wirft oder auf irgendeine andere Weise». Für den Fall, daß die Signoria sich weigern sollte, drohte der Papst die ganze Stadt zu exkommunizieren. Am nächsten Tag folgte Machiavelli der Menge zum Kloster San Marco, wohin sich Savonarola vorsichtshalber zurückgezogen hatte. Diesmal bestand die Zuhörerschaft nur aus Männern, denn die Klosterkirche war zu klein, um die vielen Frauen aufnehmen zu können.

Am 2. und 3. März hörte Niccolò Machiavelli die flammende Rede über den Exodus. Es war Savonarolas letzte Botschaft, und er ahnte das drohende Verhängnis. Machiavelli hatte keinerlei Sinn für das

Pathos; er schickte eine sarkastische Zusammenfassung an Ricciardo Becchi, den florentinischen Botschafter in Rom. In seiner knappen, unbarmherzigen Analyse kümmerte er sich nicht um den spezifisch religiösen und mystischen Gehalt der Rede, der allein so etwas wie Logik ergab. Schonungslos deckte er die Widersprüche der Argumentation auf und spottete über das Pathos.

Der florentinische Botschafter mußte bereits seit Monaten die Wutausbrüche des Borgia-Papstes über sich ergehen lassen, dem man immer neue Ausfälle von Savonarola berichtete. Auf die Dauer war es nicht hinzunehmen, daß Savonarola die römische Kurie mit einem Bordell verglich, und wenn der Papst nicht gegen die verletzenden Äußerungen einschritt, war zu befürchten, daß seine Position Schaden leiden würde. Alexander VI. fürchtete die Einberufung eines Konzils, das Reformen beschließen und ihn absetzen würde. In zahlreichen Ermahnungen und mehreren Breves untersagte er Savonarola, öffentlich zu predigen und zu lehren, doch nachdem alles nichts fruchtete, befand er, daß allein die Exkommunikation diesem unerfreulichen und gefährlichen Zustand ein Ende bereiten würde.

Auf Befehl der Signoria, die sich aus florentinischem Stolz gegen die päpstlichen Anweisungen auflehnte, versuchte der bedauernswerte Becchi ohne besonderen Nachdruck, die Aufhebung der kirchlichen Schritte gegen Savonarola zu erwirken. Der Tonfall von Niccolòs Brief läßt keinen Zweifel daran, wie er über die Situation dachte. Er war dem Rat der Zehn, den für auswärtige Angelegenheiten und Krieg zuständigen Beamten – alles überzeugte Anhänger Savonarolas – so sehr verdächtig, daß sie ihren eigenen Sekretär zum Papst geschickt hatten, ohne indes mehr zu erreichen. Insgeheim dürfte er einverstanden gewesen sein, wenn er las, daß der Prophet nur ein ehrgeiziger, schlauer Fuchs war, ein Politiker, der «sein Mäntelchen nach dem Wind hängt und seine Lügen bunt ausschmückt».

Niccolò Machiavelli war noch keine dreißig, da zeigte er bereits all die Züge, die für ihn charakteristisch wurden: Irrationales war ihm unerträglich, menschliche Verhaltensweisen übersetzte er in politische Begriffe, er war verliebt in die Vernunft, ein überaus begabter Karikaturist und ein Meister der Ironie.

Wir wissen nicht, ob er zu den *arrabiati* gehörte, den «Wütenden», den erbitterten Feinden Savonarolas, die zu der Zeit die Mehrheit in der Signoria bildeten, oder zu den *compagnacci,* keiner festgefügten Gruppe, sondern eher einer Strömung, die unkonventionelle Denker, Skeptiker und Freigeister vereinte. Mit Sicherheit wissen wir nur, daß er das Lager derjenigen gewählt hatte, die sich nichts weismachen und sich für keine Sache rekrutieren lassen wollten.

Er hatte auf die richtige Karte gesetzt. Sie sicherte seine Zukunft – zumindest glaubte er das.

# In den Diensten der Signoria

«Alle gut bewaffneten Fürsten waren siegreich, und die unbewaffneten wurden vernichtet», heißt es im *Fürsten.* Sein Leben lang dachte Machiavelli darüber nach, welche Lehren aus den Ereignissen zu ziehen waren, die er miterlebt hatte. Was Savonarolas Sturz angeht, so können wir zwar nicht sagen, wer ihn herbeiführte, wohl aber, wer davon profitierte.

«Moses zögerte nicht, das Haupt des Ägypters zu zerschmettern», erinnerte Machiavelli; Savonarola zählte darauf, daß Gott dies tun würde. «Mit einem Rosenkranz kann man nicht regieren», hatte schon Cosimo de'Medici gesagt. Als Savonarola im Kloster San Marco von seinen Feinden belagert wurde, riß er den Männern, die ihn verteidigten, die Waffen aus der Hand. So war es ein leichtes, den «entwaffneten Propheten» zu ergreifen und ihn zum Scheiterhaufen zu schleppen. Aus den Akten in den Archiven geht hervor, daß der Prozeß denkbar ungerecht und niederträchtig geführt wurde.

In der Politik – und in anderen Bereichen – gibt es kein besseres Mittel, einen hinderlichen Menschen loszuwerden, als Indizien zu konstruieren, die gegen ihn sprechen. Es wäre unvorsichtig gewesen, Savonarola nur aus der Stadt zu jagen. Wer konnte ausschließen, daß irgendwo ein Fürst sich auf den Weg machen würde, ihn zu rächen? «Ein toter Mann führt keinen Krieg.» Der Satz ist nicht etwa eine falsch verstandene machiavellistische Regel, sondern stammt von einem ehrenwerten Mitglied der Versammlung, die über das Schicksal des Gefangenen entscheiden sollte. Der gesunde Menschenverstand – man sprach noch nicht von Staatsräson – gab den Ausschlag. Savonarola wurde verbrannt, und um sicherzugehen, zerstreute man seine Asche in alle vier Himmelsrichtungen.

Anders als nach der Vertreibung der Medici brauchte man nach Savonarolas Tod die Regierungsform nicht zu verändern. Man blieb bei den kollegialen Institutionen, die exekutiven Befugnisse lagen weiterhin in der Hand der sechs Prioren der Signoria, die die sechs wichtigsten Zünfte repräsentierten. Ihr Vorsitzender war der «Gonfaloniere della giustizia», der Bannerträger der Gerechtigkeit. Der Rat der Zehn des Friedens und der Freiheit wurde in allen Fragen des öffentlichen Lebens vom Rat der Achtzig unterstützt. Die Gesetzgebung blieb weiterhin die Domäne des Großen Rates, aus den über vierzigjährigen Mitgliedern wurden die Achtzig gewählt. Dem Großen Rat gehörten tausend durch das Los bestimmte Männer an. Voraussetzung war, daß der Betreffende älter als neunundzwanzig war und daß seine Vorfahren ein wichtiges Amt bekleidet hatten. Erfüllte ein Mann diese Bedingungen nicht, konnte er dennoch durch Kooptation in den Großen Rat berufen werden.

Die Regierungsform blieb zwar erhalten, doch man führte Säuberungen durch.

Keine Ebene wurde ausgespart, die Säuberungsmaßnahmen trafen «Entscheidungsträger» ebenso wie ausführende Organe, nicht einmal die Sekretäre wurden verschont, die stabilen Säulen der Regierung, die normalerweise die Kontinuität der Amtsführung sicherstellten. Auch wenn die Zehn alle zwei oder alle sechs Monate im Amt wechselten, verließen die Sekretäre ihre Schreibstuben nicht.

Nach den Säuberungen waren Ämter neu zu vergeben – eine Chance für Niccolò Machiavelli. Fünf Tage nach der Hinrichtung von Bruder Girolamo Savonarola auf dem Platz vor dem Palazzo Vecchio betrat Machiavelli die *Segretaria,* die Kanzlei, die sich im Zwischengeschoß befand, seit Cronaca kurz zuvor den riesigen Saal des Großen Rates umgebaut hatte.

Manche Biographen Machiavellis haben ihre Verwunderung darüber geäußert, daß ein so junger Mann in das wichtige Amt eines Sekretärs berufen wurde und damit immerhin für die Korrespondenz der Republik zuständig war. Man muß bedenken, daß in der damaligen Zeit die Kirchenfürsten und viele weltliche Herrscher noch Kinder waren. Mit neunundzwanzig hatte Machiavelli durchaus das richtige Alter für einen solchen Posten, zumal auch das Mindestalter für die Abstimmung über die Gesetze der Republik bei neunundzwanzig lag. Es wurde auch darauf hingewiesen, daß er weder einen Titel besaß noch aus einer angesehenen Familie stammte. Doch sein Vater hatte einige gute Verbindungen: Bernardo Machiavelli war eng befreundet gewesen mit Bartolomeo Scala, der unter Lorenzo de'Medici bis zu seinem Tod die für auswärtige Angelegenheiten zuständige Erste Kanzlei geleitet hatte. Scalas Nachfolger Marcello Adriani war Niccolòs Lehrer und Förderer an der Universität gewesen. Adriani war es gelungen, geschickt durch die Maschen des Netzes zu schlüpfen, das man für Savonarolas Gefolgsleute ausgelegt hatte. Mit seiner Unterstützung hatte Niccolò sich bereits im Februar um einen Posten in der Kanzlei beworben, damals allerdings vergeblich. Im Mai sahen die Dinge anders aus.

Der Grund dafür, daß der Rat der Achtzig Machiavellis Bewerbung diesmal zustimmend aufnahm, hat seine Biographen immer wieder in Verlegenheit gebracht, denn er war politisch ein «unbeschriebenes Blatt». Mit Machiavelli konnten alle politischen Lager einverstanden sein: die unverbesserlichen Anhänger Savonarolas, die sich für den Augenblick im Hintergrund hielten, ebenso wie alle diejenigen, die sich die Rückkehr der Medici wünschten, und natürlich auch die erklärten Feinde Savonarolas, die bei Machiavelli die «richtige Gesinnung» vermuteten, da er doch ein Freund von Becchi war. Und so machte Niccolò Machiavelli das Rennen. Seine Mitbewerber waren ein Professor der Universität, der angeblich Sympathien für Savonarola hegte, ein unpolitischer, aber ganz und gar mittelmäßiger Notar, und ein weiterer Jurist, bekannt als Anhänger der Medici, dessen Skrupellosigkeit und Zynismus man nicht umsonst fürchtete: Schließlich hatte er die Indizien für den Prozeß gegen Savonarola zusammengetragen.

Im Juni bestätigte der Große Rat die Entscheidung der Achtzig. Bis dahin hatte Niccolò seine Fähigkeiten bereits so überzeugend unter Beweis gestellt, daß man ihm außer dem Sekretariat der Zweiten Kanzlei – innere Angelegenheiten – auch das der Ersten Kanzlei – diplomatische Korrespondenz – anvertraute; einen Monat später wurde er als Krönung noch Sekretär der Zehn. Die Entscheidung zeigt, daß man zwischen den einzelnen Bereichen keine unüberwindlichen Trennwände errichten wollte.

Niccolò Machiavelli war damit so etwas wie der Generalsekretär der Republik Florenz geworden. Er arbeitete Tag und Nacht, aber er war glücklich: Was auch immer in Florenz, in Italien, in Europa, in der ganzen Welt geschah oder gesagt wurde – er erfuhr es, und oft sogar als erster. Für den Augenblick galt die Hauptsorge in Florenz dem rebellischen Pisa, und Machiavelli verfolgte, welche Schritte Florenz unternahm, um die Unterstützung des Herzogs von Mailand, Lodovico Sforza, genannt il Moro, zu bekommen, sowie die des neuen französischen Königs Ludwig XII. (Karl VIII. war einige Wochen vor der Hinrichtung Savonarolas ohne einen Erben gestorben. Auf seinem Thron – und bald auch bei seiner Witwe Anna von Bretagne – folgte ihm sein Vetter Herzog Louis d'Orléans nach). Niccolò wußte überdies, daß Antonio Grimani der Republik Venedig zwanzigtausend Dukaten geliehen hatte in der Hoffnung, Doge zu werden, daß der König von Frankreich die Gicht hatte und der König von Neapel einen neugeborenen Sohn, daß man höchst beleidigend über den Borgia-Papst sprach, daß der Großtürke seine Flotte zum Angriff auf Sizilien rüstete und vieles mehr. Niccolòs Heißhunger auf Politik wurde endlich gestillt, und das wog die schlechte Bezahlung auf. Die Signoria hatte mit ihm ein gutes Geschäft gemacht: Nicht genug, daß er die Arbeit von drei Sekretären für den Lohn eines einzigen schlechtbezahlten verrichtete, man hätte auch kaum einen fleißigeren finden können.

Depeschen abschreiben, analysieren, zusammenfassen, ablegen oder weiterreichen, Dossiers für die *Pratiche* vorbereiten, die Beratungen eines kleinen Kreises von Experten, die die Signoria unterstützten, Sitzungsprotokolle überarbeiten, die Reden der Prioren durchgehen – diese anstrengende und gleichwohl unauffällige Arbeit füllte Niccolòs damaliges Leben aus. Ohne seine Jugend, seine Lebensfreude, seinen Schwung und seine scharfe Zunge wäre die Atmosphäre in der Kanzlei wie in allen Verwaltungsstuben der Welt gewesen: bürokratisch, düster, ärmlich und voller Mißtrauen. Doch so lachten die Schreiber mitten in der Arbeit über einen witzigen Einfall von «Machia», wie ihn seine Freunde nannten, klatschten Beifall für eine spöttische Bemerkung, lauschten begierig, wenn er eine pikante Geschichte erzählte, und gespannt, wenn er aus dem Stegreif eine treffende politische Analyse lieferte. Niccolò hatte zwei enge Mitarbeiter; der eine, Biagio Buonaccorsi, fühlte sich ebenfalls zur Literatur hingezogen, und Niccolò fand in ihm bald einen «Freund fürs Leben». Unvermeidlicherweise hatte er bald auch reichlich Feinde. Wenn er nicht da war, intrigierten die Neider. Und zum Glück für uns gab es etliche Anlässe, die ihn aus Florenz wegführten.

Am 24. März 1499, knapp ein Jahr nach seinem Eintritt in die Kanzlei, schickten die Zehn ihn nach Piombino. Dem dortigen Herrn sollte er mitteilen, daß sie sich weigerten, die vereinbarte Soldzahlung zu erhöhen. Die Republik besaß kein stehendes Heer, sondern mietete von Fall zu Fall einen oder mehrere Söldnertrupps; mit dem jeweiligen Anführer, dem Kondottiere, wurde ein Vertrag geschlossen, der in bestimmten Abständen erneuert werden mußte, die sogenannte *condotta.*

Der Gesandte der Signoria – der einzige Titel, den Machiavelli jemals erhielt – besaß keinerlei Handlungsspielraum und durfte nicht um ein Jota von seinen Anweisungen abweichen. Die Signoria sah alle erdenklichen Fälle voraus und schrieb ihm jedes Wort genau vor; sogar für den Fall, daß sein Gesprächspartner in Zorn geraten sollte, gab es genaue Instruktionen. Niccolòs Aufgabe war es, sich in «schönen Worten» zu ergehen, «doch vage und allgemein und ohne daß wir uns dadurch zu irgend etwas verpflichten». In diesem Punkt konnte man sich auf den Schützling von Marcello Adriani verlassen: Beim Leiter der Ersten Kanzlei hatte Niccolò eine hervorragende rhetorische Schule durchlaufen.

Niccolò bestand die erste Probe zur allgemeinen Zufriedenheit. Am 12. Juli sandte man ihn zur Gräfin von Imola und Forlì, Caterina Sforza.

Die Mission in Piombino war ein Probelauf gewesen, bei dem zweiten Auftrag stand ungleich mehr auf dem Spiel. Sicher stieg Niccolò diesmal mit vor Aufregung klopfendem Herzen auf sein Pferd, in der Tasche seine Anweisungen: Er sollte nach Forlì reiten oder an einen anderen Ort, wo sich die «erhabene Madonna» gerade befand, und mit ihr zum einen über den Kauf von Kanonenkugeln, Pulver und Salpeter verhandeln; tatsächlich handelte die Gräfin mit Waffen, wenn sie nicht gerade in ihrem Laboratorium ein neues Schönheitsmittel zusammenbraute oder, wie böse Zungen behaupteten, ein neues Gift. Zum zweiten sollte Niccolò über die Erneuerung der *condotta* ihres ältesten Sohnes Ottaviano Riario verhandeln.

Die Angelegenheit war heikel. Florenz wollte Caterinas Sohn gerne wieder in seine Dienste nehmen, doch man gab zu bedenken, daß Ottaviano sich in eine ungünstige Position gebracht habe, weil er bisher die Erneuerung des vor vier Monaten ausgelaufenen Vertrages verweigert hatte. Mit einer Boshaftigkeit, die der von Caterina in nichts nachstand, behaupteten die Florentiner nun, der neue Vertrag könne keinesfalls zu den alten Bedingungen abgeschlossen werden, «da die Verpflichtung vollkommen abgelaufen ist». Machiavellis Aufgabe war es nun, mit der Dame zu einer neuen Vereinbarung zu kommen, die Florenz weniger kosten würde, ohne daß eine wichtige Freundschaft dadurch Schaden nahm. Caterinas Staat war zwar klein, doch dank seiner Lage an der Nordostgrenze der Republik Florenz von allerhöchstem strategischem Interesse. Darum hatte Lorenzo der Prächtige es Papst Sixtus nie verziehen, daß er ihm das Gebiet mit Hilfe der Pazzi vor der Nase weggeschnappt und es seinem Neffen Girolamo Riario, Caterinas erstem Gemahl, gegeben hatte.

Der erste richtige Auftrag führte den jungen Sekretär zu einer «großen Herrin», einer legendären Frau.

Nach dem Tod von Papst Sixtus IV. im Jahr 1484 war Caterina, eine uneheliche Tochter des verstorbenen Herzogs von Mailand Galeazzo Maria Sforza, erstmals politisch in Erscheinung getreten und hatte ganz Italien in Erstaunen versetzt. Damals war sie sechsundzwanzig. Bis dahin hatte man in ihr nur die bezaubernde junge Frau gesehen, etliche Gemälde im Vatikan zeugten von ihrer Anmut. Man bedauerte sie, weil sie, kaum daß sie das heiratsfähige Alter erreicht hatte, aus politischem Kalkül einem Mann wie Girolamo Riario zur Frau gegeben worden war. Eine schlimmere Wahl als den abscheulichen, jedem Laster zugeneigten, verwöhnten Neffen von

Papst Sixtus IV. hätte man kaum treffen können; Riario war bei seinen Untertanen in Imola und Forlì bald ebenso verhaßt wie in Rom. Im allgemeinen Durcheinander nach der Bekanntgabe des Todes von Sixtus IV. eilte Caterina aus eigenem Entschluß zur Engelsburg, ließ die Kanonen auf den Vatikan richten und verhinderte so, daß das Konklave zusammentreten konnte. Sie hatte ihre Bedingungen und wollte sicherstellen, daß auch der nächste Papst der Familie Riario günstig gesinnt sein würde. Zwei Wochen lang bot sie dem Kardinalskollegium die Stirn. Und sie hätte ohne Zweifel noch länger ausgehalten, hätte sich nicht ihr Gemahl von den Versprechungen und Drohungen beeindrucken lassen und ihr befohlen, sie solle sich ergeben. Doch diese zwei Wochen bewiesen hinreichend, daß sie die außergewöhnlichen Eigenschaften ihres Großvaters, des berühmten Kondottiere Francesco Sforza, geerbt hatte. Von da an war sie für jedermann ein Begriff. Ein zeitgenössischer Chronist beschrieb sie so:

«Klug, wachsam, groß, imposant, ein schönes Gesicht. Sie trug ein Atlaskleid mit zwei Ellen langer Schleppe, einen Hut aus schwarzem Samt nach französischem Schnitt, einen Gürtel wie ein Mann und eine Geldkatze voller Golddukaten, an der Seite baumelte ein Schwert; bei den Soldaten zu Fuß wie zu Pferde war sie gefürchtet, denn mit einer Waffe in der Hand war sie unbezähmbar und grausam.»

Im Ruf, grausam zu sein, stand Caterina seit dem Tag, als Girolamo Riario von Edelmännern aus Forlì höchstwahrscheinlich auf Betreiben von Lorenzo de'Medici ermordet wurde. Der Beifall des Volkes konnte ihnen sicher sein, denn die Menschen in Forlì waren erbittert über Riarios tyrannische Herrschaft. Niccolò schildert das Ereignis so:

«Einige Verschworene in Forlì ermordeten ihren Herrn, den Grafen Girolamo Riario, und nahmen seine Gemahlin und seine Söhne, die noch klein waren, gefangen. Da sie sich ihres Lebens nicht mehr sicher glaubten, wenn sie nicht auch das Kastell in ihre Gewalt bekämen, und der Befehlshaber des Kastells es ihnen nicht übergeben wollte, versprach Madonna Caterina (so nannte sich die Gräfin), sie wolle ihnen das Kastell ausliefern lassen, wenn sie ihr gestatteten hineinzugehen; unterdessen könnten sie ihre Kinder als Geiseln zurückbehalten. Die Verschworenen vertrauten ihr und ließen sie hinein. Kaum war sie im Kastell, warf sie von der Mauer herab den Verschworenen die Ermordung ihres Gemahls vor und drohte ihnen mit der furchtbarsten Rache. Um zu beweisen, daß ihr die Kinder gleichgültig waren, zeigte sie ihre Geschlechtsteile, indem sie sagte, sie habe noch die Möglichkeit, andere zu bekommen.»

Solcher Stolz war einer Heldin von Titus Livius würdig. Machiavelli war so sehr davon begeistert, daß er sich keine Mühe machte, den Wahrheitsgehalt dieser doch zumindest seltsamen Geschichte zu überprüfen, und sie gleich zweimal berichtete, in den *Discorsi* und in der *Geschichte von Florenz.*

Niccolò ritt also in das rund hundert Kilometer von Florenz entfernte Forlì, zu der Frau, deren Schönheit so sehr gerühmt wurde, daß Buonaccorsi ihn ganz aufgeregt gebeten hatte, ihm «auf Papier das Porträt von Madame Caterina» zu bringen. Unterwegs dachte Niccolò über dieses «Mannsweib» nach, das vor nichts zurückschreckte, sich notfalls vor seinen Feinden entblößte, mitleidlos die Ermordung des Gemahls rächte und noch grausamer die Ermordung eines Geliebten, eines ehrgeizigen Gecken, den ihr eigener Sohn Ottaviano zu beseitigen versucht hatte.

Es hieß, seit Caterina Witwe war, verschlinge sie einen schönen jungen Mann nach dem anderen. Drei Jahre zuvor hatte Florenz als Gesandten Giovanni de'Medici zu ihr geschickt. Giovanni entstammte der jüngeren Linie der Medici; er war zwar ein Cousin von Pietro dem Unglücklichen, besaß indes alle republikanischen Vorzüge. Sogar seinen Namen hatte er geändert und nannte sich nun Giovanni Popolano. Caterina hatte sich heftig in ihn verliebt und ihn geheiratet – sie heiratete andauernd –, allerdings heimlich, denn sie fürchtete den Zorn der Familie Riario und den Verlust von Forlì. Die Signoria, entzückt über diese Verbindung und die territorialen Perspektiven, die sich damit eröffneten, hatte der Gräfin und ihren bereits vorhandenen sowie zukünftigen Kindern das Bürgerrecht von Florenz verliehen. Bedauerlicherweise war Giovanni, der mit seinem Stiefsohn gegen die rebellischen Untertanen in Pisa kämpfte, krank nach Forlì zurückgekehrt und wenige Wochen später in den Armen von Caterina gestorben. Caterina war untröstlich gewesen. Sein Tod lag nun acht Monate zurück.

Florenz verdankte das Wohlwollen der Gräfin von Forlì ihren Gefühlen für den hübschen Giovanni de'Medici, den Botschafter, der bald schon ihr Geliebter und der Vater ihres sechsten Kindes geworden war. Doch gewiß beabsichtigte die Signoria nicht, mit Machiavelli diesen Glücksfall zu wiederholen. Der dunkelhäutige, viel zu magere Niccolò machte nicht viel her in der schäbigen, abgetragenen Uniform eines kleinen Beamten. Er konnte es weder mit einem Medici, selbst aus einer Seitenlinie, aufnehmen noch mit einem Mann wie Casali, dem Gesandten von Lodovico Moro, dem Herzog von Mailand. Casali war offenkundig der neue Favorit.

Der gute Biagio Buonaccorsi malte sich in seiner grenzenlosen Bewunderung aus, daß Madonna Caterina seinem Freund Niccolò «einen ehrenvollen und freudigen Empfang» bereitete. Die Wirklichkeit sah indes vollkommen anders aus.

Niccolò durfte in Gegenwart der Gräfin und Casalis vorbringen, was man ihm aufgetragen hatte. Caterina musterte ihn prüfend und schickte ihn dann zu einem Spaziergang hinaus: Sie werde nachdenken.

Am nächsten Tag teilte der erste Sekretär der Gräfin dem Gesandten der Signoria mit, daß seine Herrin verstimmt sei: Sie habe so viel für Florenz getan, und nun zeige man so wenig Entgegenkommen. Es folgte eine Erpressung: «Mailand möchte Ottaviano in seine Dienste nehmen, und das zu besseren Bedingungen, als heute von Florenz angeboten werden. Könnte Madonna ihren Verwandten Lodovico Moro verletzen und anderen das gewähren, was sie ihm verweigert hat, dazu noch zu einem viel höheren Preis?» Das wurde ihm im Tonfall einer vertraulichen Mitteilung eröffnet.

Niccolò war sprachlos: Caterinas Sekretär tat so, als wisse die Signoria genau über das Angebot von Mailand Bescheid, und ihn hatte man mit keinem Wort davon unterrichtet. Alles hatten sie ihm diktiert, aber keine Antwort darauf. Sie hatten ihren Soldaten ohne Munition in die Schlacht geschickt!

Er improvisierte so gut es ging, und verschanzte sich hinter seinen begrenzten Befugnissen: Dafür müsse er höheren Ortes Anweisungen einholen. Als Niccolò schon auf der Schwelle war, flüsterte der Sekretär ihm zu, wenn die Republik wenigstens Anstalten mache, die von Madonna geleisteten Dienste zu bezahlen, so werde sie schon eine Entscheidung treffen ...

Machiavelli blieb zwei Wochen und sann nach über das Thema «ohne Geld keine Schweizer». Offensichtlich begriff die Signoria nicht, daß Caterina «keinesfalls bereit ist, sich mit Worten und Entschuldigungen zufriedenzugeben – allein damit geizt Florenz nicht! –, und daß man Taten folgen lassen muß».

Dies war, ohne daß Machiavelli es ahnte, das Grundmuster aller seiner künftigen Missionen, das Gerüst seiner Briefe, der Gegenstand seines Ärgers. Es nützte nichts, daß er die Lage noch so hellsichtig analysierte, die Dringlichkeit erkannte, bis zum Überdruß wiederholte, daß eine Entscheidung fallen müsse – die Republik spielte immer auf Zeit, vor allem dann, wenn sie bezahlen sollte. Zu einem Teil hing das sicher damit zusammen, daß die Entscheidungsprozesse in Florenz so kompliziert waren, zum größten Teil aber wohl damit, daß die Stadtregierung dauernd wechselte: Man war vorsichtig und überließ den Nachfolgern die Entscheidung.

Im Juli 1499 hatte Florenz das Glück, daß auch Caterina Sforza mit dem nächsten Schachzug zögerte. Sie schwankte: Sollte sie auf ihren Onkel Lodovico il Moro setzen oder auf Ludwig XII.? Ludwig hatte bei seiner Thronbesteigung den Titel König von Sizilien und Herzog von Mailand angenommen und damit ein doppeltes Erbe beansprucht: das angevinische Erbe, das Karl VIII. hinterlassen hatte, und das Erbe seiner Großmutter Valentina Visconti. Das Bündnis von Frankreich und Venedig – der Todfeindin der Familie Sforza – war eine Bedrohung für die Lombardei. Wer würde den Sieg davontragen?

Wenn sich Caterina militärisch mit Lodovico verband und der französische König siegte, mußte sie das Schlimmste fürchten, denn von Mailand und Venedig führten nur zwei Wege nach Neapel: der Weg durch die Toskana und der Weg durch die Romagna, der durch Imola und Forlì ging. Mehr denn je brauchte Caterina die Unterstützung einer italienischen Macht, die Unterstützung von Florenz.

Überdies zeichnete sich bereits eine weitere Gefahr ab: Der Kirchenstaat im Norden Italiens befand sich gegenwärtig in der Hand von Vasallen, an deren Loyalität man zweifelte, und der Papst machte Anstalten, ihn zurückzugewinnen. Er hatte Ludwig XII. versprochen, ihm zur Eroberung von Mailand päpstliche Truppen unter der Führung seines Sohnes Cesare Borgia zur Verfügung zu stellen unter der Bedingung, daß der König, war er erst einmal Herrscher über das Herzogtum, die päpstlichen Pläne unterstützen würde. Papst Alexander Borgia plante Großes für seinen Sohn. Cesare hatte den Kardinalspurpur abgelegt und war nun nicht mehr Kardinal von Valencia, sondern Herzog von Valentinois – *duca Valentino di Francia,* im allgemeinen genannt «der Valentinus» – und Gemahl einer französischen Prinzessin. Diesen Preis hatte Ludwig XII. dafür zahlen müssen, daß er seine mißgestaltete Gemahlin Johanna loswerden und mit dem Segen des Papstes die schöne – und reiche – Anna von Bretagne heiraten konnte. Niemand wagte vorauszusagen, wie hoch der Sohn des Papstes noch steigen würde. Caterina hatte allen Grund, die Vetternwirtschaft zu fürchten, die Sixtus IV. eingeführt und von der sie und ihr Gemahl einst profitiert hatten. Möglicherweise dachte der jetzige Papst schon darüber nach, wie er ihr das wegnehmen konnte, was sein Vorgänger ihr gewährt hatte.

Am 23. Juli ließ sie Niccolò bestellen, daß «sie sich unter Mißachtung aller Scham in die Arme der Signoria werfen werde». Niccolò triumphierte, als hätte sie sich in seine Arme geworfen. Die Dame war bereit, die erbärmlichen Bedingungen anzunehmen, die man ihrem Sohn gemacht hatte, dafür verlangte sie von Florenz eine feste Zusage, sie und ihren Staat zu beschützen. Darüber hinaus rechnete sie mit einer Entschädigung für früher geleistete Dienste. Umgehend solle die Signoria ihrem Gesandten alle Vollmachten erteilen; Caterina wolle den Vertrag schließen.

Niccolò berichtete nach Florenz, was Caterina Sforza wünschte, insbesondere hinsichtlich der Vollmacht. Doch als wäre es ihm unangenehm, auf einmal eine so wichtige Rolle zu spielen, bat er im gleichen Atemzug darum, man möge ihn zurückbeordern. Die eigenen Fähigkeiten verbergen und sich bescheiden im Hintergrund halten – oder zumindest einen solchen Anschein erwecken – war eine Grundregel seines Amtes. Ehrgeiz war der Republik verdächtig.

Man gab ihm freie Hand, die Angelegenheit zu regeln, aber er durfte keine Verpflichtung zur Verteidigung von Forlì eingehen und keine Entschädigung zusagen. Der Handlungsspielraum war somit denkbar gering.

Caterina hatte es offensichtlich so eilig, den Vertrag zu schließen, daß sie auf weitere Verhandlungen verzichtete. Niccolò frohlockte: Das Spiel war gewonnen.

Zur vereinbarten Zeit kam er zur Unterzeichnung in den Palazzo. Caterina empfing ihn, der schöne Mailänder war wieder bei ihr. Sie habe nachgedacht, sagte sie, in der Nacht finde man manche Lösung. Ohne die Zusicherung, daß Florenz sie schützen werde, könne sie den Vertrag nicht unterschreiben.

Caterina Sforza wußte genau, daß die überaus vorsichtige Republik Florenz in Anbetracht der gegenwärtigen Lage, wo man noch nicht wußte, ob man sich mit Gott oder mit dem Teufel verbünden sollte, diese Zusicherung auf keinen Fall geben würde.

Niccolò spielte den enttäuschten Liebhaber: «Als ich diese Kehrtwendung hörte, konnte ich mich nicht enthalten, darüber ärgerlich zu werden und sowohl mit Worten als Gebärden meine Unzufriedenheit zu zeigen.» Der Sekretär Machiavelli glaubte getreulich den Ärger seiner Herrn wiederzugeben, tatsächlich drückte der junge Mann seine Enttäuschung aus und die Demütigung, daß eine Frau ihn zum Narren gehalten hatte.

War es nur die Laune einer Schönen, die leichthin mit dem «Vielleicht» spielte und deren Ja sich am nächsten Tag in ein Nein verwandelt hatte? Viel eher handelte hier eine sechsunddreißigjährige Herrscherin aus langer Erfahrung; wenn es nicht um Liebesdinge ging, bewahrte Caterina stets einen kühlen Kopf. Sie hatte es nicht zum Bruch mit Florenz kommen lassen, und sie hatte ihre Handlungsfreiheit gewahrt. Ungeachtet aller Unmutsbekundungen des jungen Sekretärs wußte sie, daß Florenz nichts anderes erwartet hatte.

Niccolò kehrte ohne Kugeln, ohne Pulver und Salpeter, ohne Soldaten und Kondottiere nach Florenz zurück. Doch anders als manche Widersacher hofften, die auf seinen Platz schielten, hörte er keine Vorwürfe und wurde auch nicht entlassen, sondern seine Herren lobten ihn sehr für die Klarheit seiner Berichte und den Erfolg seiner Mission: Madonna Caterina blieb eine Freundin der Republik, und sie mußten dafür nicht einen Soldo bezahlen.

# Die Lektion von Pisa

Am 1. August 1499 kam Machiavelli aus Forlì zurück. Erwartungsgemäß wurde er in der Kanzlei begeistert empfangen. Die Signoria hatte inzwischen beschlossen, der Rebellion in Pisa endgültig ein Ende zu machen und die Stadt zu belagern. Biagio Buonaccorsi hatte Machiavelli nach Forlì geschrieben, daß es «mit dem Vorstoß nach Pisa immer besser ging; Ihre Herrlichkeiten häuften Tag und Nacht Vorräte und Geld an; die Infanterie war zum Abmarsch bereit, und man sah es als sicher an, daß Pisa sich fast schon in der Hand der Erlauchten Signoria befand, obgleich die Menschen dort noch hartnäckig Widerstand leisteten ...»

Auf Pisa soll hier ausführlich eingegangen werden, weil Machiavelli unmittelbar damit befaßt war und ihn die Angelegenheit sein Leben lang beschäftigte. Pisa war die Quelle seiner militärischen Reflexionen; Lektüre und bald schon die Erfahrungen an der Seite von Cesare Borgia trugen weiteres dazu bei. Und Pisa brachte ihn – im wörtlichen wie im übertragenen Sinn – auf den Weg nach Frankreich, an den Hof Ludwigs II.

Pisa, die toskanische Stadt am Ufer des Arno, einige Meilen vom Meer entfernt, war seit Anfang des Jahrhunderts im Besitz von Florenz, und Florenz wollte die Stadt nicht aufgeben. Karl VIII. hatte bei seinem Vorstoß nach Italien mit Piero de'Medici unter anderem vereinbart, daß er, Karl, einen Statthalter in Pisa einsetzen werde. Der Statthalter wiederum hatte «vergessen», daß Pisa Florenz unterstand, und die Festung den Bürgern der Stadt übergeben.

Pisa mußte zur Räson gebracht werden. Es ging um das Ansehen von Florenz und um noch viel mehr. Pisa war zwar keine bedeutende Hafenstadt mehr, diese Rolle hatte inzwischen Livorno übernommen, aber es war nach wie vor ein wichtiger Knotenpunkt auf dem Handelsweg von Florenz über Bologna und Ferrara nach Venedig. Die reichen Florentiner hatten in Pisa viel investiert. Sie hatten nicht nur großartige Privathäuser gebaut, sondern auch öffentliche Einrichtungen; so war die Universität beispielsweise eine Gründung der Medici. Es gab somit zahlreiche Gründe, warum die Florentiner diesen Besitz nicht aufgeben und die demütigende Niederlage nicht vergessen konnten, die Pisa ihnen mit Unterstützung von Venedig zugefügt hatte. Als Nachfolger des Kondottiere, der für die Niederlage von Florenz in San Regolo, einem kleinen Dorf in der Nähe von Pisa, verantwortlich war, hatte man Ottaviano Riario verpflichtet. Nachdem sich Caterina Sforza geweigert hatte, die *condotta* ihres Sohnes zu erneuern, hatte die Signoria die Brüder Vitelli engagiert, zwei hochgerühmte Feldherren.

Der Zeitpunkt, den Kampf wiederaufzunehmen, war gekommen, als Venedig seine Unterstützung für Pisa aufkündigte. Die Kondottieri beratschlagten, die Zehn wünschten einen Bericht. Die Abfassung war Aufgabe des Sekretärs, er sollte darüber hinaus alles festhalten, was am Tisch gesagt und im Hintergrund geflüstert wurde. Daraus entstand die *Denkschrift an die Zehn über die Angelegenheiten von Pisa,* Machiavellis erste Schrift über Politik. Man kann über ihre Bedeutung diskutieren, den entschlossenen Ton und das strikte Denken in Alternativen ohne Zwischenlösungen loben, man kann statt dessen über das Pathos schmunzeln und über die simplifizierende Zuspitzung der Entscheidung: entweder überzeugen oder gewaltsam vorgehen. Machiavelli argumentiert wie der durchschnittliche Bürger auf der Straße. Heutige Leser bewundern jedoch genau wie seine damaligen Kollegen in der Kanzlei, die mit Begeisterung seine Briefe und Berichte studierten, seine schriftstellerischen Qualitäten. Die Lage in Pisa ist auf einmal ganz leicht zu durchschauen: «Mailand wollte nichts von ihnen wissen, Genua hat sie verjagt, der Papst mißtraut ihnen, Siena zeigt ihnen die kalte Schulter», darum, so Machiavellis Schlußfolgerung, ist jetzt der richtige Moment, sie anzugreifen. Im selben

Atemzug weist er aber auch auf die erbitterte Hartnäckigkeit der Pisaner hin.

Hartnäckig waren die Pisaner in der Tat. Die Florentiner indes beobachteten seit dem 10. August, als der Sieg bereits errungen schien, mit wachsender Sorge das seltsame Verhalten des Kondottiere Paolo Vitelli, der in Italien großes Ansehen als Feldherr genoß. Vitelli hatte seine Männer höchstpersönlich zurückgerufen, als sie zum Sturm auf Pisa ansetzten und eine erste Welle bereits in die Stadt eingedrungen war.

In Florenz war man verblüfft, verärgert, ahnte man Verrat. Durch die Feder von Niccolò Machiavelli forderten die Zehn mit Schmeicheleien und verhüllten Drohungen ihren Generalfeldherrn auf, Pisa anzugreifen. Am 25. August waren die Drohungen nicht mehr verhüllt, der Ton war schneidend geworden. Offensichtlich fühlte sich Machiavelli wohler in seiner Haut, wenn er die Peitsche schwingen konnte, als wenn er schwülstige Komplimente im Munde führen mußte. Vitelli reagierte weder auf das eine noch auf das andere. Er blieb, wo er war, ließ die Kanonen auf die Befestigungsmauer richten, aber hielt die Infanterie weiterhin zurück. Schließlich beschloß er sogar, das Lager aufzuheben und sich mit seiner durch Malaria dezimierten Truppe zurückzuziehen.

Das war zuviel. Die Zehn fühlten sich bloßgestellt. Nun nahm die Signoria die Sache selbst in die Hand. Bei einer geheimen Beratung – geheim allerdings nicht für Machiavelli, denn er hielt die Beschlüsse fest und hatte fur die Ausführung zu sorgen – wurde entschieden, Paolo Vitelli festzunehmen.

Vitelli würde sich nicht widerstandslos ergeben. Man mußte mit seinen Getreuen rechnen und mit seinem Bruder, seinem zweiten Ich. Der Bruder würde «alles tun für seine Befreiung», wenn es nicht gelang, sich seiner im selben Augenblick zu bemächtigen.

Wir wissen nicht, ob der Plan, Paolo unter dem Vorwand, er solle mit den beiden neuen Kommissaren der Signoria die militärische Lage und die Truppenaufstellung erörtern, in das dreizehn Kilometer von Pisa entfernte Cascina zu locken, von Machiavelli stammte. Die beiden Kommissare waren in Wahrheit Häscher der Signoria und sollten Vitelli ergreifen. Für Entwurf und Durchführung dieses wahrhaft machiavellistischen Planes brauchte man keinen Machiavelli, er entsprach ganz und gar den Gebräuchen der Zeit; Dutzende ähnlicher Beispiele ließen sich finden.

Zweifelsfrei ist indes, daß Machiavelli den Plan nachdrücklich verteidigte. Er wollte damit keineswegs Feigheit und Verrat rechtfertigen, wie man ihm später vorwarf, sondern er plädierte für Waffengleichheit, da er nicht daran zweifelte, daß bei Vitelli Feigheit und Verrat im Spiel waren.

«Die Staatsräson» – mit anderen Worten: die «gerechtfertigte» Tücke – war bereits seit langem die politische Moral der Herrscher auf der italienischen Halbinsel.

Die hochnotpeinliche Befragung von Paolo Vitelli erbrachte jedoch keinen Beweis für die vermutete Zusammenarbeit mit den Feinden von Florenz. Das mußte freilich nicht heißen, daß er unschuldig war. Wie alle Männer seines Schlages hatte Vitelli schon vielen Herren gedient und Beziehungen oder sogar Freundschaften zu allen möglichen Lagern geknüpft. Zu seiner Entlastung muß man in Rechnung stellen, daß ein Berufssoldat in militärischen Kategorien denkt und nicht in politischen. Vielleicht war Vitelli aufgrund taktischer Überlegungen zu dem Schluß gekommen, daß der Angriff auf Pisa ungünstig war oder unmöglich, weil ihm Männer und Material fehlten. Daß Florenz in dem Augenblick, da Ludwig XII. in die Lombardei vordrang, sein Ansehen wiederherstellen wollte, war gewiß Vitellis geringste Sorge.

Was auch immer der Hintergrund gewesen sein mag: Am 1. Oktober zeigte man dem Volk den Kopf von Paolo Vitelli, aufgespießt auf einer Lanze und beleuchtet von einer Fackel. Die Florentiner befanden, sie seien gerächt; der Fall Vitelli war erledigt. Das Problem Pisa bestand jedoch nach wie vor.

Während man im Palazzo der Signoria darüber klagte, daß Paolos Bruder und alle anderen, die seine Geheimnisse kannten, der florentinischen Justiz entkommen waren, wurde in der Lombardei und in der Romagna Geschichte gechrieben. Lodovico il Moro war im September aus Mailand geflohen und suchte im Reich Schutz bei seinem Bruder Kaiser Maximilian. Ludwig XII. setzte daraufhin in Mailand einen französischen Statthalter ein. Zur selben Zeit rüstete angeblich

Cesare Borgia, der Gonfaloniere der Kirche, zum Angriff auf Imola und Forlì, weil man Caterina Sforza vorwarf, sie habe seit drei Jahren keine Abgaben mehr an den Papst entrichtet.

Einem der Militärkommissare, der in Cascina auf französische Hilfe wartete, um dann den Angriff auf Pisa fortzusetzen, teilte Niccolò Mitte November mit, daß «hundert französische Lanzenträger und viertausend Schweizer im Sold des Papstes unterwegs zu Madonna sind. Der Papst gedenkt, den besagten Staat dem Valentinus zu geben [seinem Sohn Cesare Borgia], ebenso wie Rimini, Faenza, Pesaro, Cesena und Urbino.» Wie sehr Niccolò die Herrin von Forlì bewunderte, wird aus den folgenden Zeilen deutlich: «Man nimmt an, daß Madonna sich verteidigen wird ... Wenn die Untreue der Bevölkerung ihr nicht erlauben sollte, die Städte zu verteidigen, so wird sie gewiß die Festungen verteidigen; zumindest glaubt man, daß sie dazu entschlossen ist, welchen Preis es auch haben mag.» Und für seine Kollegen in der Kanzlei hat er sicher hinzugesetzt: «Ein Teufelsweib!» Wie erwartet, leistete Caterina erbitterten Widerstand, doch vergebens. Wahrscheinlich wäre es ihr am liebsten gewesen, auf den Zinnen ihrer Festungsanlagen zu sterben, doch ihr letzter Liebhaber verriet sie, und sie geriet als Gefangene in die Hände von Cesare Borgia. Mit ihr fiel das Bollwerk in der Romagna, von dem sich Florenz Schutz erhofft hatte.

Ein neues Zeitalter brach an. Einen Augenblick lang hatte es so ausgesehen, als werde das Blatt sich wenden: Lodovico il Moro tauchte an der Spitze einer starken Armee von Schweizern und Deutschen in der Lombardei auf. Im Triumph marschierte er bis Mailand, die Fürstentümer im Norden bejubelten ihn.

Die Franzosen gaben sich indes nicht geschlagen. La Trémoille, der neue General Ludwigs XII., trat den Deutschen und Schweizern von Lodovico bei Novara mit seinen Deutschen und Schweizern entgegen. Vermutlich weil sich auf beiden Seiten die Söldner schlecht bezahlt fühlten, verbrüderten sie sich entlang der Frontlinie. Lodovico il Moro war damit am Ende. Nachdem seine Söldner ihn verraten hatten, wurde er gefangengenommen und auf Anweisung des Königs von Frankreich zunächst in einen eisernen Käfig gesperrt, später bis zu seinem Tod in ein finsteres Verlies im französischen Schloß Loches. Nach den Erfahrungen mit Vitelli bestärkte dieses Drama Niccolò in der Überzeugung, daß es nicht empfehlenswert war, sich auf Söldner zu verlassen. Dieses Thema, Leitmotiv seines Denkens, erhielt einige Monate später sein volles Gewicht.

Vor den Mauern von Pisa ging es turbulent zu. Die Florentiner belagerten die Stadt erneut, unterstützt von Schweizern und Gascognern, die Frankreich geschickt hatte; als Kommandanten hatten die Florentiner den französischen General Beaumont ausgewählt. Jeden Augenblick mußte man mit einer Meuterei rechnen. Niccolò war als Sekretär mit zwei hochrangigen Untersuchungsbeamten gekommen, die die Signoria, aufgeschreckt von den Berichten der Kommissare, entsandt hatte. Florenz hatte sich verpflichten müssen, die Söldner zu bezahlen und für Proviant zu sorgen, doch im Lager mangelte es an allem, an Brot, Wein und Geld.

Niccolò schrieb einen Brandbrief: «Am Nachmittag ist der Lohn der Schweizer fällig. Sorgt bei Gott dafür, daß das Geld rasch eintrifft ...» Und er fügte hinzu: «Proviant bedeutet den Sieg; wenn nicht, ist nicht nur Pisa verloren, sondern wir sind in Gefahr.» Deutlicher konnte man es nicht sagen.

Der Bote galoppierte von Pisa nach Florenz, aber die Antwort ließ auf sich warten. Mit jedem Tag, mit jeder Stunde wurde die Atmosphäre im «schrecklichen Lager der Franzosen» gespannter.

Am 8. Juli spitzte sich die Lage dramatisch zu: Ein Trupp Schweizer drang in das Zelt von Lucas degli Albizzi vor, einem der beiden Kommissare (der andere war krank geworden und nach Florenz zurückgekehrt). Niccolò wurde Augen- und Ohrenzeuge von Beleidigungen und Drohungen. Die Schweizer wollten ihr Geld, und zwar auf der Stelle. Albizzi versuchte zu verhandeln, doch vergebens. Innerhalb von zwei Tagen mußte die Signoria begleichen, was sie schuldete, andernfalls würden sie «mit Blut bezahlen», dem Blut des Kommissars. Bis das Geld eingetroffen war, behielten sie ihn als Geisel.

Der französische General Beaumont, den – Ironie des Schicksals – die Florentiner selbst als Feldherrn für den gemeinsamen Vorstoß ausgewählt hatten, erklärte, «es tue ihm leid, aber er könne nichts machen»; beim Hauptmann der Schweizer «richtet er nichts aus», notierte Machiavelli, der für Albizzi schrieb. Schließlich machte sich Machiavelli auf den Weg nach Florenz, um sich dort um die Freilassung des Kommissars zu kümmern. In höchster Sorge appellierte er von unterwegs dringlich an die Signoria, sie möge «geeignete Schritte unternehmen, um zu verhindern, daß einer ihrer Bürger mit einer so großen Zahl seiner Leute, die alle ihre Untertanen sind, getötet wird, und noch dazu durch solche Hände». Die Sache stand in der Tat auf des Messers Schneide. Der Generalkommissar von Cascina war ebenso entsetzt und beschwor die Signoria, Lebensmittel zu schicken, «und zwar so schnell wie möglich; andernfalls kann ich für die Menschen hier nicht garantieren …»

Nach Zahlung eines beträchtlichen Lösegelds wurde Albizzi freigelassen, aber das Geld kam zu spät, um die Söldner bei der Stange zu halten. Schweizer und Gascogner liefen in alle Winde auseinander, sehr zum Ärger des französischen Königs.

Niccolò zog daraus eine Lehre: «Söldner und Hilfstruppen nützen nichts und sind gefährlich …»

# Ein Mann als Puffer

Da Lucas degli Albizzi sich für nicht zuständig erklärte – sein Abenteuer in den Händen der Rebellen hatte offensichtlich Spuren hinterlassen –, betraute die Signoria Niccolò mit der Aufgabe, den französischen König davon zu überzeugen, daß Florenz bei den Ereignissen vor Pisa keine Schuld traf. Er war Zeuge der Meuterei gewesen und kannte «die Rückseite der Karten», die Intrigen, das Doppelspiel auf beiden Seiten, kurzum all das, was nach Ansicht der Florentiner erklärte, warum die Dinge so gekommen waren und nicht anders.

Niccolò ritt also mit Francesco della Casa nach Lyon, dem Kommissar, den Florenz nach der Auflösung der französisch-schweizerischen Armee zur Untersuchung nach Pisa entsandt hatte. Sein Marschbefehl enthielt wie üblich umfangreiche und genaue Anweisungen, was er wann, wo und zu wem zu sagen oder nicht zu sagen hatte.

Infolge zahlreicher Zwischenfälle auf der Reise trafen die beiden florentinischen Gesandten erst Ende Juli in Lyon ein. Der französische Hof hatte die Stadt bereits wieder verlassen. Lorenzo Lenzi, einer der beiden florentinischen Botschafter, erwartete sie dort, obgleich er so schnell wie möglich nach Florenz zurückkehren wollte; der zweite Botschafter hatte sich bereits auf den Heimweg gemacht. Lenzi ergänzte und vervollkommnete die Anweisungen der Signoria um eine Lektion in Diplomatie. Er war sehr froh, daß er sich aus dieser heiklen Angelegenheit heraushalten konnte, und geizte nicht mit guten Ratschlägen, denn er kannte «die Launen des Hofes». Am wichtigsten war es, schärfte er den beiden Gesandten ein, mit dem Kardinal von Rouen auf gutem Fuß zu stehen, mehr noch, ihn als Fürsprecher zu gewinnen. Georges d'Amboise, Kardinalerzbischof in einem der schönsten und reichsten Bistümer Frankreichs, galt als die graue Eminenz, die bei Hofe alle Fäden zog. Als Ludwig XII. noch Louis d'Orléans geheißen hatte, war der Erzbischof stets an seiner Seite gewesen; nachdem Ludwig nun König war, beriet er ihn bei allen politischen und militärischen Vorhaben. Im April, als Lodovico il Moro zurückgekehrt war und versucht hatte, Mailand einzunehmen, hatte der König den Erzbischof zum Generalleutnant für das Gebiet jenseits der Berge ernannt mit der uneingeschränkten Vollmacht, «in seinem Namen zu befehlen, zu handeln und zu entscheiden». Nachdem il Moro besiegt war, hatte Georges d'Amboise wie ein Herrscher über Politik und Verwaltung von Mailand verfügt und bei seiner Rückkehr nach Frankreich seinen Neffen Charles d'Amboise als Stellvertreter eingesetzt. Er besaß Einfluß in «allen Dingen in Italien», darum mußte man ihn als Gönner und Fürsprecher für Florenz gewinnen. Über dem Werben um seine Gunst durfte man freilich Florimond Robertet nicht aus den Augen verlieren, den Finanzminister, eine weitere wichtige Persönlichkeit am Hof; seiner Freundschaft konnte man gar nicht genug «Nahrung geben». Dann war da noch der Marschall de Gié, der beim König ebensoviel Vertrauen genoß wie der Kardinal, sein Rivale ...

An diesem wichtigen Punkt seiner Laufbahn wäre Niccolò sicher im siebten Himmel gewesen, daß er die Gelegenheit bekam, diesen Hof kennenzulernen, hätte er dem Hof nicht hinterherreiten müssen, und das oft auf schrecklichen Wegen, die vermeintlich Abkürzungen waren. Doch anstatt dem Hof näher zu kommen, fielen sie immer weiter zurück, denn aus Angst vor der im Land grassierenden Keuchhustenepidemie wechselte der König andauernd die Richtung. Sorgen bereiteten Niccolò nicht nur die Launen des Königs und die Launen seines Pferdes, eines alten Kleppers, sondern auch die unzulänglichen finanziellen Mittel. In Lyon war das Leben unerschwinglich teuer, und er hatte dort in drei Tagen das gesamte Geld ausgegeben, das ihm für die Reise zur Verfügung stand. Wie sollte es weitergehen? Sein magerer Lohn reichte schon in Florenz kaum aus, wie sollte er davon «Pferde, Bedienstete und Kleider» bezahlen, denn nach den

Zwischenfällen auf der Reise waren sie «vollkommen nackt und bloß» in Frankreich eingetroffen. Welches «göttliche und menschliche Recht», klagte er, rechtfertigte es, daß sein Gehalt nur halb so hoch war wie das von Francesco della Casa, obwohl sie die gleichen Ausgaben hatten? Und was für Ausgaben! Sobald sie den König in Nevers eingeholt hätten, würde es noch schlimmer werden, und wenn sie ihn auf dem Zug nach Nantes begleiteten, würden sie gezwungen sein, die meiste Zeit «in Privathäusern zu übernachten, wo man für die Küche und alles andere selbst sorgen muß». Die wenigen Gasthäuser unterwegs reichten für all die Menschen nicht aus, und der Hof hatte überall Vorrang.

Da die «respektvollen» Appelle an «Mitgefühl und Menschlichkeit» der Regierung ungehört verhallten, sah sich Niccolò gezwungen, zu erpresserischen Mitteln zu greifen, wie es jeder Angestellte tun wird, der sich ausgebeutet fühlt und weiß, daß er unersetzlich ist: «Nun, meine Erlauchten Herren, ich folge dem Hof auf meine Kosten, und in allem gab und gebe ich soviel aus wie Francesco. Ich bitte geruht mir dieselbe Besoldung zu gewähren oder aber mich abzuberufen ...»

Die «erlauchten Herren» stellten sich taub. Niccolòs Bruder Totto, der die finanziellen Dinge für ihn regelte, mußte «vierzehn Tage lang von morgens bis abends immer wieder vorstellig werden», bis sie endlich ein wenig großzügiger wurden. Am 2. September hatte Niccolò im fernen Frankreich nicht einmal mehr genug Geld, um einen Eilkurier nach Florenz zu schicken, der ein weiteres Mal verlangen sollte, Botschafter mit umfassender Verhandlungsvollmacht zu entsenden, damit der Konflikt endlich gelöst werden konnte.

Aber wir wollen nicht vorgreifen. Am 7. August kamen Niccolò und Francesco, «den Namen des Herrn auf den Lippen», in Nevers endlich ans Ziel ihrer Reise. In der Hölle hätte es nicht schlimmer sein können. Ihre Lage wurde immer dramatischer und war nahezu unerträglich. Sie waren entsandt worden mit dem Auftrag, Florenz von Schuld an dem Debakel vor Pisa reinzuwaschen; ihre Kompetenzen waren klar abgesteckt. Wie ihnen Lorenzo Lenzi empfohlen hatte, suchten sie sogleich nach ihrer Ankunft den Kardinal von Rouen auf.

Er schnitt ihnen das Wort ab, als sie ihre wohlvorbereiteten Argumente zur Rechtfertigung von Florenz vortragen wollten, und wischte die Vergangenheit beiseite: Mögen die Toten die Toten begraben, war der Inhalt seiner Worte, machen wir uns daran, die verlorene Ehre und den entgangenen Profit beider Seiten zurückzuholen.

Was gedachte Florenz zur Rückeroberung von Pisa zu tun?

Das war genau die schwierige Frage. Die Signoria beabsichtigte nicht, die Belagerung von Pisa wieder aufzunehmen, und hatte die Bitte des Königs abgewiesen, die französischen Truppen – fünfhundert Mann Artillerie und dreitausend Infanteristen – in Erwartung neuer Kampfhandlungen vor Cascina zusammenzuziehen. Niccolò und della Casa hatten das aus dem Mund von Lenzi persönlich erfahren, der in Absprache mit dem zweiten Botschafter den Brief der Signoria zurückgehalten hatte, um Niccolò Gelegenheit zu geben, eine Entscheidung abzuändern, die in Anbetracht der Stimmung von Ludwig XII. schwerwiegende Folgen haben konnte.

Der Kardinal führte die beiden Gesandten zum König. Glücklicherweise mußten sie dem Kardinal nicht Rede und Antwort stehen. Georges d'Amboise ließ sie im Vorzimmer zurück und eilte unverzüglich zum König, der sich nach der Mahlzeit zurückgezogen hatte.

Niccolò und sein Begleiter mußten sich lange gedulden, bis sie endlich ihre Beglaubigungsschreiben überreichen durften. Ludwig XII. begrüßte sie herzlich und führte sie persönlich zur Audienz in ein abgelegenes Zimmer. Dort warteten neben dem allgegenwärtigen Kardinal und Robertet vollkommen überraschend auch drei Mailänder. Einer davon war Gian Giacomo Trivulzio, genannt Trivulce – der Hof hatte den Namen des kühnen, unerbittlichen Hauptmanns mit der gedrungenen Statur und der dunklen Hautfarbe, der aus Haß gegen die Familie Sforza den Franzosen seit der Zeit Ludwigs XI. diente, französisiert –, und er wußte – was wiederum die Florentiner wußten –, «von welchem Interesse es für Mailand war, Pisa zu behalten». Die anderen beiden anwesenden Mailänder hatten mit den Pisanern gemeinsame Sache gemacht, und die Abgesandten von Florenz würden darauf zu sprechen kommen müssen.

Was sollten sie tun? Niccolò und Francesco standen wie gelähmt da. Wenn sie öffentlich den Vorwurf des Verrats erhoben, würden die Angeschuldigten künftig Todfeinde von Florenz sein. Lenzi hatte sie gewarnt: Gegenüber dem Kardinal von Rouen durften sie kein Wort über die Unfähigkeit und Korruptheit des Kommandanten der französischen Truppen, Beaumont, sagen; das gute Verhältnis zum wichtigsten Verbündeten von Florenz durfte nicht gefährdet werden. Dafür, was die beiden florentinischen Gesandten mit eigenen Augen gesehen hatten und wovon sie berichten sollten – die Plünderung der von Florenz entsandten Lebensmittellieferungen oder gar das unerhörte Verhalten der Schweizer, die für den Kommissar Albizzi Lösegeld gefordert hatten –, interessierte sich niemand, niemand wollte sie anhören.

Ludwig XII. war von einem Thema besessen: Er wollte eine Antwort der Signoria auf sein Drängen, die Belagerung von Pisa wiederaufzunehmen.

«Was ist mit Pisa? Was haben Eure Erlauchten Herren entschieden?» fragte der König. In der ganzen Fülle seines Leibes saß er auf seinem Sessel, unter der Haarsträhne, die ihm über die Stirn fiel, wanderten seine großen Augen ungeduldig umher.

Die beiden Abgesandten der Republik standen vor einer riesigen Mauer, und sie hatten keine Anweisung der Signoria, die ihnen hätte helfen können, sie zu überwinden.

Einer mußte auf das Geratewohl reagieren. Im Bericht, abgefaßt vom Sekretär Niccolò Machiavelli, heißt es «wir», und beide haben ihn unterschrieben. Wahrscheinlich spielten sie sich gegenseitig die Bälle zu und versuchten Zeit zu gewinnen. Niccolò erfaßte eine Situation blitzschnell und war schlagfertig, vermutlich ergriff er das Wort und teilte mit, die Signoria habe entschieden, sich künftig aus den bewaffneten Auseinandersetzungen herauszuhalten (seit den Unterredungen mit Lorenzo Lenzi wußte er glücklicherweise, was diese Entscheidung bedeutete). Die letzte Niederlage sei für Florenz eine Lehre gewesen, fuhr er fort, die Republik fühle sich nicht in der Lage, sich auf einen neuen Krieg einzulassen. Selbst wenn sie es wollte, fehlten ihr die Mittel dazu. Falls jedoch der König den Krieg siegreich weiterführe und Pisa an Florenz zurückgebe, werde Florenz ihm alle Kosten dieser Unternehmung erstatten.

Der König, der Kardinal von Rouen und alle übrigen Anwesenden stießen wie aus einem Mund einen Schrei der Empörung aus: Der König von Frankreich sollte für Florenz Krieg führen! Auf die beiden unvorsichtigen Gesandten ging ein Hagel von Beschimpfungen und kaum verhüllten Drohungen nieder.

Niccolò und Francesco machten einen Rückzieher. Dies sei nur ihre persönliche Meinung, beteuerten sie rasch, keineswegs die Haltung der Republik, tatsächlich hätten sie zu dieser Frage, die den König so sehr beschäftige, keinerlei Aufträge und Anweisungen ...

Nach und nach legte sich der Sturm der Entrüstung. Der Kardinal gab zu bedenken, die beiden Gesandten der Republik und der Abgesandte des Königs hätten sich womöglich gekreuzt, das erkläre, warum die beiden keine Antwort überbringen könnten. Ludwig XII. ließ jedoch nicht locker: «Warten wir. Ohne die Antwort von Florenz können wir nichts tun, aber sie muß rasch erfolgen. Es ist nötig, daß sich Eure Herrlichkeiten rasch entschließen, um zu wissen, ob man das Fußvolk zu entlassen hat, das auf Euer Begehren dort steht – und auf Eure Kosten.»

Unverzüglich berichtete Niccolò der Signoria, wie der König über die Sache dachte. Zwischen den Zeilen konnte sie lesen, daß sie den schönen Plan, Frankreich für die Zwecke der Republik einzuspannen, aufgeben mußte.

Von Nevers aus folgten Machiavelli und della Casa dem Hof nach Montargis und weiter nach Melun. Der Hof sei kleiner als zur Zeit von Karl VIII., vermerkten sie in ihrem Bericht. Die Prachtentfaltung am Hofe Karls VIII. hatten die Florentiner einst bei seinem triumphalen Einzug in die Stadt bewundern können. «Ein gutes Drittel des Hofes sind Italiener», in erster Linie natürlich Mailänder, aber auch *fuoriusciti,* Emigranten aus Neapel in tiefer Sorge, weil der königliche Rat und vor allem Königin Anna von einem Vormarsch nach Neapel nichts wissen wollten und darauf drängten, zu einer Einigung mit Friedrich von Aragón, dem König von Neapel, zu gelangen. Es hieß, am Hof erwarte man Botschafter aus Neapel. Wenn Ludwig XII. den Krieg nicht führte, würde das für die neapolitanischen Emigranten das Ende aller Hoffnungen bedeuten. Aber auch die Florentiner mußten dann die Hoffnung begraben, daß Frankreich ihnen bei der Rückgewinnung von Pisa helfen würde. Die beiden Angelegenheiten waren eng miteinander verknüpft. Noch zögerte der

König. Er wollte wissen, ob er mit Florenz rechnen könne und vor allem mit den fünfzigtausend Dukaten, die zu zahlen sich die Republik verpflichtet hatte, sobald Pisa wieder in ihren Schoß zurückkehrte. Die Summe würde es dem König gestatten, den Vormarsch nach Neapel zu finanzieren.

Doch Florenz schwieg weiter. Mangels Anweisungen führten die Gesandten weiter nichtssagende Gespräche. Anstelle des Kardinals untermauerte nunmehr Robertet die Beschwerden des Königs und bekräftigte seine Forderungen: die Belagerung wiederaufnehmen, die Schweizer bezahlen, die Schulden zurückzahlen und die französischen Truppen in Garnison nehmen. Ebenso wie der Kardinal weigerte Robertet sich, über die wahren Gründe zu sprechen, warum die Belagerung von Pisa gescheitert war. Und gar nichts hören wollte er von dem in den Augen der Gesandten durchaus vernünftigen Plan – den Florenz ihrer Einschätzung nach hartnäckig verfolgen würde –, die Last der Kriegführung den Franzosen aufzubürden. Damit spotte man Seiner Majestät, sagte Robertet dazu.

Stunden vergingen, Tage, Wochen und bald auch Monate, der Hof zog von Melun nach Blois, von dort nach Nantes und dann nach Tours, und ein Verdacht, den der König hegte, seit die florentinischen Botschafter den Hof verlassen hatten und keine anderen nachgekommen waren, verdichtete sich: Suchte Florenz womöglich neue Verbündete? Hartnäckig hielt sich das Gerücht, Florenz habe Botschafter zum König von Neapel und zu Kaiser Maximilian gesandt. Offensichtlich nahm die Zahl der Freunde von Florenz am französischen Hof rapide ab. «Am ganzen Hofe bleibt Euch, da der König erzürnt ist, kein Freund oder sehr wenige, es verletzt Euch vielmehr jeder ohne Scheu, soviel in seiner Kraft steht», meldeten alarmiert die Abgesandten. «Wenn Eure Herrlichkeiten dem nicht abhelfen, werden sie sich, und zwar bald, in solcher Lage befinden, daß sie werden daran denken müssen, ihren Besitz und ihre Freiheit gegen den König zu verteidigen ...»

War das übertriebener Pessimismus?

Der König zeigte den Gesandten jedenfalls die kalte Schulter. Wenn er nicht gerade auf der Jagd war, zog er sich mit seinen Vertrauten zurück. Die Gesandten wurden nicht zu ihm vorgelassen, «da alle Angelegenheiten in der Hand von Rouen liegen». Er machte sich ebenfalls rar, und wenn er einmal zu sprechen war, hörten die Gesandten von ihm dieselben Vorwürfe und dieselbe Alternative: Entweder zahlt die Republik Florenz ihre Schulden an den König zurück – die achtunddreißigtausend Dukaten, die er für die Schweizer ausgegeben hatte –, oder sie erklärt offen ihre Feindschaft. Seit Mitte September stand Niccolò allein in der Arena; Francesco della Casa hatte aus Gesundheitsgründen die Mission niedergelegt und erholte sich in Paris. Unermüdlich wiederholte Niccolò seine Darstellung gegenüber jedem, der ihm zuhörte. Er bekräftigte die altbekannten Argumente, versicherte, daß Florenz guten Willens sei und freundschaftliche Gefühle für Frankreich hege, da die Florentiner doch «als Franzosen geboren sind und sich immer als Franzosen betrachtet haben und darum so viel und auf so unterschiedliche Weise leiden mußten, daß sie eher Ermutigung und Hilfe verdienen denn Vorwürfe und Entzug der Gunst ...» Auch ohne Francesco della Casa verfaßte Machiavelli ausführlich und im gleichen Tonfall seine Berichte und wiederholte seine Alarmrufe: Unverzüglich solle man Botschafter schicken, und zwar fähige Männer. Und Geld. Alles stehe auf dem Spiel.

Geld war nötig, damit Ludwig XII. bekam, was er forderte, aber auch, um am Hofe Freunde zu gewinnen: «Mit Dukaten verteidigen sich die Pisaner, greift Euch Lucca an, taktiert Venedig, unterstützen König Friedrich [von Neapel] und etliche andere ihre Verhandlungen: Wenn man es anders versuchte, so wäre es gewissermaßen so, als wolle man einen Prozeß gewinnen, ohne den Ankläger zu bezahlen.»

Die Appelle waren vergebens, Florenz blieb hart. Der Hof reagierte zuerst verärgert, dann spöttisch und zuletzt mit Verachtung. Die Situation war nicht nur für den Beamten Machiavelli demütigend, der wußte, wie wenig er zählte und wie wenig man auf ihn hörte, sondern auch für den Florentiner Bürger Machiavelli, der feststellen mußte, daß sein Vaterland und dessen Regierung am Hof geringgeachtet wurden. In den Augen der Franzosen war Florenz nicht bedeutender als Genua oder gar Lucca.

In seinen Berichten nach Florenz verbarg Machiavelli seine Verärgerung nicht mehr. Doch obgleich er immer mehr drängte, zögerte die Signoria weiter mit der Entsendung von Botschaftern. Die gegenwärtige Unbeweglichkeit der «erlauchten Herren» stand in krassem Gegensatz zu der Hast, mit der sie Niccolò und Francesco losgeschickt und zur Eile gemahnt hatten. Freilich muß man in Rechnung stellen, daß die Signoria im September anders zusammengesetzt war als noch im Juli und daß sich in Florenz niemand darum riß, die Gesandtschaft zu übernehmen. Die Männer, an die man herangetreten war, hatten rundweg abgelehnt. Bernardo Rucellai verwies auf seinen schlechten Gesundheitszustand, Giovanni Ridolfi führte häusliche Schwierigkeiten ins Feld und Lucas degli Albizzi «die Unbequemlichkeiten der Reise und die hohen Ausgaben». Die Verzögerung gab dem Gerücht Nahrung, daß die Signoria gespalten sei: Eine Fraktion, so erzählte man sich, wolle mit Pisa nichts mehr zu tun haben und fordere die Rückkehr von Piero de'Medici. Für Niccolò war das ein zusätzlicher Grund, die Signoria zu drängen, zumal die Ankunft des besagten Piero de'Medici in Melun ihn alarmiert hatte: «Wenn ein Feind wie er sich zu den mächtigen anderen gesellte, könnte das die Gefahr beträchtlich vergrößern, sofern Ihr nicht Vorkehrungen trefft.»

Mitte Oktober war der Hof in Blois, und Niccolò hatte endgültig die Hoffnung aufgegeben. Er sagte es immer wieder: Seine Karten waren allesamt ausgespielt. Offensichtlich hatte man ihm die Rolle zugedacht, den Teufel am Schwanz zu ziehen, und das an einem Ort, der von Florenz aus so entlegen schien, «als befände er sich sozusagen auf einem anderen Planeten». Seine Stimmung hatte den Tiefpunkt erreicht. Wie lange sollte er sich noch den Mund fusselig reden und die Ankunft von Botschaftern ankündigen, die Florenz noch nicht einmal verlassen hatten? Was würde geschehen, wenn sie noch lange auf sich warten ließen – oder wenn sie womöglich überhaupt nicht kamen?

«Wir werden alle gestorben sein, bis Deine Sprecher* kommen», höhnte der Kardinal von Rouen.

Machiavelli hatte genug davon, im dunkeln zu tappen und den Sarkasmus des Kardinals sowie kaum verhüllte Drohungen ertragen zu müssen. Denn Georges d'Amboise hatte mit einem maliziösen

* Die Sprecher, lateinisch *oratores,* waren Gesandte der Regierung, selten im Range von Botschaftern.

Lächeln hinzugesetzt: «Doch werden wir trachten, daß andere vorher sterben!»

Die Hinhaltetaktik der Republik hatte zweifellos politische Gründe, aber die Signoria sah keine Notwendigkeit, sie einem kleinen Beamten gegenüber offenzulegen. In Florenz wie in Frankreich herrschte Unsicherheit: Welche Richtung würde die päpstliche Armee unter Cesare Borgia nach der Einnahme von Imola und Forlì einschlagen? Würde sie in die Romagna weiterziehen und Faenza, Rimini und Pesaro besetzen? Oder würde sie sich nach Süden wenden und die Gebiete der verzweigten römischen Familie Colonna angreifen, die mit dem Papst verfeindet war? Am französischen Hof hielt man die zweite Möglichkeit für die wahrscheinliche. Niccolò berichtete der Signoria: «Dieser Vorstoß gefällt dem König, er paßt besser zu seinen Absichten gegenüber dem König von Neapel: Tatsächlich müßte dieser seinen Verbündeten zu Hilfe eilen, was ihn schwächen würde, und dann wäre er gezwungen, mit Seiner Majestät einen günstigen Friedensvertrag abzuschließen, oder er wäre leicht zu besiegen.» Auch für Florenz hatte diese Möglichkeit Vorteile: Die Bedrohung würde sich von den Grenzen der Toskana weg verlagern, und Florenz sähe sich nicht genötigt, die Bindungen an Ludwig XII. fester zu knüpfen.

Dennoch «geht das Gerücht um und ist immer lauter zu hören», schrieb Niccolò an Agostino Vespucci, einen Mitarbeiter in der Kanzlei, «daß er [Cesare], sobald er Faenza und Bologna erstürmt haben wird, gewaltsam Piero de'Medici einen Weg bahnen wird, daß er in einer jener Städte mit dem so sehr verbrecherischen Titel eines höchsten Bürgers herrschen kann». In dem Fall konnte man nur auf Ludwig XII. setzen, wenn man solchem Streben Einhalt gebieten wollte. In Anbetracht der unsicheren Lage war dies für Niccolò ein Grund mehr, den König nicht zu verärgern, und er verstand nicht, warum man die Beilegung des Konflikts immer weiter hinauszögerte.

Die Signoria hingegen war von der Richtigkeit der Verzögerungstaktik überzeugt. Der Aufenthalt von Machiavelli am französischen Hof kostete sie nicht viel. Er erfüllte alle Anforderungen, die man an einen hervorragenden Botschafter stellte, ohne daß er dessen Machtbefugnisse besaß; so konnte er die Situation genau beobachten und sich zugleich im Hintergrund halten – der ideale Puffer!

# Der Mann für alle Fälle

Im Januar 1501 war Niccolò wieder in Florenz. Seine Kollegen bereiteten ihm einen begeisterten Empfang – ohne ihn war es im Büro kaum auszuhalten. «Zuviel Arbeit und zu wenig Grund zum Lachen», meinte Biagio Buonaccorsi. «Sie», eine Schöne aus Lung'Arno delle Grazie, erwartete ihn ebenfalls «wie ein Falke» und wie ... (mit Rücksicht auf das Schamgefühl verschweigen wir Biagios zweiten, obszönen Vergleich).

Machiavelli war glücklich und erleichtert, daß sich die Befürchtung, er könnte seine Stelle verlieren, nicht bestätigt hatte. Im Oktober hatte sein zweiter treuer Mitarbeiter, Agostino Vespucci, ihm einen alarmierenden Brief geschickt: «Kommt so bald wie möglich zurück, ich bitte Euch. Kommt eilends, ich flehe Euch an, kommt so rasch es geht, ich beschwöre Euch. Erst heute hat einer unserer hervorragendsten Mitbürger, welcher Euch ganz besonders zugetan ist, nachdrücklich verlangt, daß Ihr Euren Platz im Palazzo Vecchio verlieren sollt, wenn Ihr weiter fortbleibt ...»

Niccolò hatte nicht erst auf diese Drohung gewartet, sondern schon zuvor mit Entschiedenheit seine Rückberufung gefordert: Die bevorstehende Ankunft des Botschafters mache seine Anwesenheit überflüssig, zudem müsse er wegen dringender Familienangelegenheiten – sein Vater und eine Schwester waren gestorben – unbedingt nach Florenz zurückkehren. Verzweifelt fieberte er der Rückberufung entgegen und brachte sich immer wieder in Erinnerung. Obwohl die Ankunft des Bevollmächtigten von Florenz unmittelbar bevorstand – so hoffte er zumindest! –, sprach er weiterhin immer wieder beim König und bei seinen Ratgebern vor. Er stellte die berechtigten Befürchtungen der Signoria noch dramatischer dar: Die Armee von Cesare Borgia stand vor den Toren, in der Toskana trieben die Hauptmänner des Valentinus, eingeschworene Feinde der Republik, ihr Unwesen, darunter Vitellozzo Vitelli (der Bruder des Kondottiere Paolo Vitelli, den man im Zusammenhang mit der Belagerung von Pisa wegen Hochverrats angeklagt und enthauptet hatte), und ganz besonders beunruhigend war die Nachricht, daß sich Piero de'Medici, der Günstling der Borgia, in Pisa aufhielt. Alle diese Bedenken hatte Ludwig XII. beschwichtigt und erklärt, daß er bereit sei, notfalls militärisch dem Vorstoß des Valentinus Einhalt zu gebieten. «Ihr könnt beruhigt schlafen», versicherte er Niccolò. Robertet bestätigte die Worte seines Herrn: «Ich habe von Seiner Majestät und vom Kardinal die ausdrückliche Anweisung erhalten, an Monsieur de Ligny und an den Botschafter von Rom zu schreiben, daß der eine dem Heiligen Stuhl, der andere dem Valentinus mitteilen möge, wie sehr es Seine Majestät verärgert hat zu hören, daß in der gegenwärtig in der Romagna befindlichen Armee erwogen wird, mit oder ohne gewisse Rebellen gegen Florenz zu ziehen. Seine Majestät hat keinesfalls die Absicht, dies zu dulden.»

Niccolò hätte gern eine Abschrift dieses Briefes gehabt. Was für eine Genugtuung, den greifbaren Beweis für den Erfolg seiner Bemühungen in den Händen zu halten! Seine Vorgesetzten hätten dann endlich den Eifer und die Fähigkeiten ihres gleichermaßen als Berichterstatter und Diplomat begabten Abgesandten angemessen würdigen müssen.

Wie sich herausstellte, war Niccolòs Besorgnis unbegründet gewesen: Kaum einen Monat nach seiner Rückkehr schickte man ihn nach Pistoia; er sollte über den Machtkampf zweier Gruppen berichten. Die eine Gruppe, Anhänger der Medici, wurde von etlichen offenen und heimlichen Feinden der Republik unterstützt, die andere Gruppe befürwortete die demokratische Verfassung von Florenz. Beide Gruppen bekämpften sich blutig, und man fürchtete, die Auseinandersetzungen könnten auf Florenz übergreifen. Der Frieden in der

Region mußte unbedingt und rasch wiederhergestellt werden, aber wie? Niccolò reiste dreimal nach Pistoia, im Februar, im Juli und im Oktober, denn kaum war das Feuer gelöscht, brach es an anderer Stelle erneut aus. Er war inzwischen der Mann für alle Fälle und arbeitete in Florenz an der Formulierung der Politik mit. Die Grundlinien wurden ihm vorgegeben, mit seiner raschen und gewandten Feder übersetzte er sie in präzise Anweisungen. Vor Ort überwachte er, daß die Anweisungen befolgt wurden, und abschließend erstattete er Bericht.

Nachdem alle Versuche, zwischen den beiden Parteien zu vermitteln, gescheitert waren, brachte Niccolò einen Gedanken ins Spiel, den er bei Titus Livius gefunden hatte; inzwischen war er bereits fest davon überzeugt, daß man nur die Römer gründlich lesen mußte, um Handlungsanweisungen für die Gegenwart zu finden: Die Anführer der beiden streitenden Parteien mußten entweder ins Gefängnis geworfen oder verbannt werden. In den *Discorsi* räumte Niccolò später ein, daß es am wirkungsvollsten gewesen wäre, sie zu töten, genau wie es die Römer mit den Ardeaten gemacht hatten. «Da aber Hinrichtungen [...] der Größe und Seelenstärke bedürfen, vermag eine schwache Republik sie nicht durchzuführen.» Im Jahr 1501 wagte er nur möglichst energisches Handeln zu empfehlen, und bereits dies lief der abwartenden Politik von Florenz zuwider. Immerhin war er so vorsichtig, den Ratschlag einem seiner geliebten Römer in den Mund zu legen. Im Sommer 1502, als es darum ging, der Rebellion in Arezzo ein Ende zu machen, griff Niccolò bei der Formulierung der Entscheidung, die Stadt einer unerbittlichen Säuberung zu unterziehen, erneut auf Titus Livius zurück. Niccolò fühlte sich vollkommen frei, da er diese Briefe abfaßte und eigenhändig niederschrieb, sie jedoch nicht seine Unterschrift trugen.

Ein Jahr später legte er, diesmal ganz auf seine Kraft zur Analyse und Formulierung vertrauend, eine Denkschrift vor mit dem Titel *Wie man das empörte Chiana-Tal behandeln sollte.* Darin betont er, daß die «Geschichte die Lehrmeisterin unserer Handlungen ist», denn die Welt bleibe immer gleich, sei immer von Menschen bewohnt, die von denselben Leidenschaften bewegt würden. In dieser Denkschrift erlaubt er sich eine offene und leidenschaftliche Kritik der florentinischen Politik, die aus Halbheiten bestehe, unentschlossen geführt werde, kostspielig sei und keinen Erfolg garantiere. Deutlich stellt er dieser Politik die Prinzipien einer Politik der Stärke gegenüber. Er konnte seine Haltung so entschieden und unzweideutig formulieren, weil sich seine Position in der Kanzlei inzwischen gefestigt hatte: Er war so etwas wie die rechte Hand des im September 1502 auf Lebenszeit ernannten Gonfaloniere der Republik geworden. Die Ernennung auf Lebenszeit zeigt, daß Florenz in Anbetracht der ernsten Lage die politische Kontinuität sicherstellen wollte.

Die Lage war in der Tat ernst. «Ohne zu erörtern, was ihr von dem Fürsten jenseits der Alpen zu befürchten habt», heißt es in der Denkschrift, «wollen wir von der Gefahr sprechen, die uns am nächsten ist.» Und das hieß: von Cesare Borgia.

Der Sohn des Papstes war der Alptraum Italiens, seit er in Imola und Forlì seinen ersten Sieg davongetragen und die unüberwindliche Caterina Sforza bezwungen hatte. Alle päpstlichen Vasallen versuchten vergebens, die unglückliche Gräfin zu vergessen, die man in Ketten nach Rom gebracht hatte und die nun in einem Verlies in der Engelsburg schmachtete. Als nächstes hatte sich Cesare nach Pesaro gewandt, das Lehen eines anderen Sforza war. Es war ein Kinderspiel für ihn. Im April zog er weiter nach Faenza. Die Untertanen von Astorre Manfredi beteten ihren jungen, sechzehnjährigen Herrscher buchstäblich an und hatten geschworen, bis zum letzten Atemzug Widerstand zu leisten. «Sie haben die Ehre Italiens gerettet», schrieb Isabella d'Este, die Markgräfin von Mantua, an ihren Gemahl. Weder Ferrara noch Mantua fühlten sich vor Cesare Borgia sicher.

Cesare Borgia, von seinem Vater zum Herzog der Romagna ernannt, brachte die politische Landkarte von Norditalien und – dank der Untätigkeit Frankreichs – die Politik auf der gesamten Halbinsel durcheinander. Die Borgia lähmten die kleinen Fürstentümer ebenso wie die Republiken. Sie alle fürchteten, ein wahrer Wirbelsturm werde über das Land ziehen; niemand ahnte, welche Richtung er nehmen würde, aber alle spürten, daß dies erst der Anfang war.

Ein Brief vom Frühjahr 1501, in Machiavellis Handschrift geschrieben und mit seinem Namenszeichen versehen, gibt die politische Stimmung in Florenz wieder: «Wenn man es vernünftig betrachtet, erkennt man, daß jener Fürst nur in Italien bewaffnet ist, dieser Sohn des mit dem König befreundeten Papstes, Herr über die Romagna, Günstling der Fortuna und des Himmels ...» Es blieb nichts anderes übrig, als zu verhandeln.

Ohne die Signoria um ihr Einverständnis zu bitten, hatte Cesare sein Lager vor den Toren von Florenz aufgeschlagen. Er wußte, daß er sich in einer starken Position befand, und er verlangte viel: Er forderte freien Durchmarsch durch die Toskana, damit er die Elba gegenüber gelegene Stadt Piombino angreifen konnte. Florenz sollte sich verpflichten, keinen Widerstand zu leisten, und einer *condotta* über dreihundert Lanzenreiter für drei volle Jahre bei einem Sold von sechsunddreißigtausend Dukaten jährlich zustimmen.

Damit Cesare und seine plündernden Männer so schnell wie möglich wieder abzogen, versprach Florenz ihm alles. Die Republik hätte allerdings große Schwierigkeiten gehabt, die von Cesare festgesetzte Summe aufzubringen und ihm auf der Stelle das Geld zu geben, das er als Gegenleistung für seinen Abzug forderte. Glücklicherweise mußte er nach Rom zurückkehren, weil er für den Vormarsch nach Neapel gebraucht wurde. Ludwig XII. und das katholische Herrscherpaar Ferdinand von Aragón und Isabella von Kastilien waren mit dem Segen des Papstes übereingekommen, das Königreich Neapel unter sich aufzuteilen. Nach langem Zögern hatte sich Alexander VI. entschieden, seine neapolitanische Verwandtschaft (darunter einen heißgeliebten Enkel, Sohn seiner Tochter Lucrezia und des Herzogs von Bisceglie, Alfons von Aragón) seinen ehrgeizigen Plänen zu opfern: Er stimmte der Zerstückelung des Königreichs zu unter der Bedingung, daß die Invasoren dem Papst Gehorsam schworen und daß Frankreich den Vorstoß seines Sohnes Cesare in der Romagna unterstützte.

Während Cesare in französischen Diensten Capua verwüstete und beißender Brandgeruch über der Stätte unvorstellbarer Massaker aufstieg, atmete Florenz erleichtert auf.

Doch die Erleichterung währte nicht lange. Nachdem die Dynastie Aragón in Neapel ausgerottet war, ließ sich der Valentinus auf seinem eigenen Land nieder. Die Borgia hatten unterdessen ihre Tochter und Schwester Lucrezia mit dem Erben des Herzogs von Ferrara,

Alfonso d'Este, verheiratet und dadurch in Norditalien einen weiteren Brückenkopf errichtet. Lucrezias zweiten Ehemann hatte Cesare ermordet – aus Eifersucht, sagten die einen, aus politischen Gründen, sagten die anderen. Das Haus Este, eines der ältesten und angesehensten von Italien, hatte angesichts dieser Verbindung die Nase gerümpft, zumal Lucrezia – ob zu Recht oder zu Unrecht, sei dahingestellt – in einem denkbar schlechten Ruf stand. Doch letztlich gab die Politik den Ausschlag, und die Ehe wurde geschlossen. Ferrara würde dem neuen Verwandten Cesare Borgia keine Steine in den Weg legen.

«Camerino zittert, Urbino fügt sich, und über Piombino sage ich nichts», schrieb im August 1501 Agostino Vespucci aus Rom an Niccolò Machiavelli. Cesare eroberte Piombino im September und «spazierte» von dort bis zum Frühjahr in die Romagna. Doch zu seinem großen Bedauern konnte er Bologna nicht angreifen, weil die Stadt unter dem Schutz Ludwigs XII. stand. Im Sommer hieß es, er marschiere auf Camerino zu, eine kleine Stadt an den Ostausläufern des Apennin.

Die Signoria von Florenz wußte nicht mehr, woran sie war, die neuen politischen Verhältnisse in Italien waren zu verwirrend. Man tappte sozusagen im dunkeln.

Cesare schlug der Signoria vor, ein regelrechtes Bündnis abzuschließen. In Florenz hatte man guten Grund zu vermuten, daß Cesare die treibende Kraft war bei den Unruhen in der Toskana, die seine Hauptleute Vitellozzo Vitelli und Oliverotto da Fermo angezettelt hatten. Vitelli hatte geschworen, die Hinrichtung seines Bruders zu rächen; Oliverotto da Fermo, ein besonders übler Haudegen, hatte kurz zuvor auf heimtückische Weise seinen Onkel und Mentor, den Herrn von Fermo, ermordet und dessen Herrschaft an sich gerissen.

Die Signoria beschloß, den Bischof von Volterra zu Cesare zu senden. Francesco Soderini war zwar nicht sehr gerissen, aber als Patrizier trat er sicher und gewandt auf, und er sprach so freundlich und salbungsvoll, wie es sich für einen künftigen Kardinal gehörte. Zusammen mit Machiavelli würde er dieser dornigen Mission wohl gewachsen sein. Anders konnte man es nicht ausdrücken: Das Lager von Cesare Borgia war ein Dornengestrüpp.

Für Niccolò wurde es eine faszinierende, unvergeßliche Erfahrung. Sie inspirierte ihn zu seinem Hauptwerk, das Cesare unsterblich machte. Damit entstand die Gleichung, die sich über Jahrhunderte hielt: Cesare Borgia = der Fürst = Machiavelli.

Alles begann in dem kleinen Dorf Ponte a Sieva. Seit dem 22. Juni 1502 waren Soderini und Machiavelli auf dem Weg zu Cesares Lager, das sie vor Camerino vermuteten. In Ponte a Sieva trafen sie einen Mönch. Cesare sei nicht vor Camerino, eröffnete jener ihnen fröhlich – der Scherz war gelungen –, sondern in Urbino! Alle Welt hatte damit gerechnet, daß Cesare nach Camerino vordringen würde, doch sieben Meilen vor der Stadt hatte er kehrtgemacht und war in einem Zug, ohne ein einziges Mal anzuhalten, nach Cagli marschiert, unmittelbar vor die Tore von Urbino. Herzog Guidobaldo di Montefeltro konnte die Stadt nicht verteidigen und war geflohen.

Die Nachricht war ein Schock, die Leistung unvorstellbar. Da die beiden Abgesandten von Florenz keine anderen Anweisungen besaßen, setzten sie ihren Weg fort. Ein Bote von Cesare, der ihnen entgegengeschickt worden war, bestätigte die Worte des Mönchs: Cesare Borgia hielt sich tatsächlich in Urbino auf und erwartete sie dort ungeduldig.

Niccolò war fassungslos vor Bewunderung: Cesare hatte ein ganzes Herzogtum – und was für ein Herzogtum! – erobert, ohne einen Tropfen Blut zu vergießen, und dies hatte nicht länger gedauert, als die Nachricht Zeit brauchte, um nach Florenz zu gelangen. Hier hatten sie es mit einem wahren Kriegsherrn zu tun, der rasch entschied und entschlossen handelte. Keiner kam ihm gleich, ausgenommen selbstverständlich die großen Männer der Antike. Die Herren der Signoria sollten sich an ihm ein Beispiel nehmen.

Soderini teilte Niccolòs Begeisterung nicht. Er fühlte sich, als sollten sie einem wilden Tier zum Fraße vorgeworfen werden. Er dachte an den Herzog von Urbino, der geflohen war. Cesare vermutete, daß er in der Toskana Zuflucht gesucht hatte. Falls Florenz sich in den Kopf setzen sollte, ihn zu schützen, könnte die Lage schwierig werden. Aber wahrscheinlich war Guidobaldo di Montefeltro bereits tot, denn in den Bergen lauerten überall Soldaten. Niccolò hatte für

Montefeltro kein Mitgefühl. Der Herzog war einst ein großer Feldherr gewesen, nun hatte er seinen Meister gefunden. Ein Römer hätte sein Reich bis zum letzten Blutstropfen verteidigt und wäre mit der Waffe in der Hand gestorben, Montefeltro hingegen war geflohen – wie Lodovico il Moro, der Herzog von Mailand, wie Friedrich von Aragón, der König von Neapel. Fürsten, die ihren Staat verlieren, «sollten nicht das Schicksal anklagen, sondern ihre eigene Feigheit. Denn in ruhigen Zeiten dachten sie nie daran, daß sich diese ändern könnten (wie es ein allgemeiner Fehler der Menschen ist, bei Meeresstille nicht mit dem Sturm zu rechnen); und als widrige Zeiten kamen, dachten sie nur an die Flucht statt an Verteidigung und trugen sich mit der Hoffnung, das Volk würde sie aus Empörung über die Übergriffe der Sieger zurückrufen.»

Der Weg nach Urbino war weit und beschwerlich. Nach einem einzigen Tagesritt, vom Morgengrauen bis in die Abenddämmerung, waren die Männer und die Pferde gleichermaßen erschöpft. Als Soderini und Machiavelli vor der zwischen Hügel eingebetteten Stadt eintrafen, waren die Tore verschlossen. Cesares Sekretär Francesco Agapito, der sie empfangen sollte, war nirgends zu sehen. Sie mußten selbst einen Weg finden, in die Stadt und zum Sitz des Bischofs zu gelangen, wo sie wohnen sollten.

Mitten in der Nacht tauchte Agapito bei ihnen auf und führte sie zu Cesare.

Man kann sich leicht ausmalen, wie beeindruckt Machiavelli war, als er in der mondhellen Nacht den berühmten Palast der Montefeltro vor sich sah, der das Meer der Dächer überragte. Zu dieser Stunde war alles wie ausgestorben, und die Stille verstärkte die imposante Wirkung noch.

Auch im Innern des Palastes herrschte Stille – die Stille, die den Eroberer verrät. Cesare hielt sich mit einigen wenigen Getreuen im Palast auf und genoß allein den Anblick der unzähligen Kunstwerke, für die dieser Hof, einer der kultiviertesten in Italien, berühmt war. Niccolò hingegen war wahrscheinlich so sehr mit dem Ziel seiner Mission beschäftigt, daß sein Blick die Säle und Galerien nur flüchtig streifte und er die wunderbaren, eine perspektivische Wirkung erzeugenden Einlegearbeiten an den Türen, die Kunstkenner späterer Jahrhunderte begeisterten, kaum zur Kenntnis nahm.

Endlich waren sie am Ziel – bei Cesare Borgia. Die «Geißel Italiens» war ein verführerischer Mann, *bello e biondo,* blond und schön; Frauen und Mädchen schwärmten von seinem düsteren Blick und den sinnlichen Lippen. Die Spuren der «französischen Krankheit» – oder der «neapolitanischen Krankheit», wie das Leiden bei den Franzosen hieß – taten in weiblichen Augen seinem Charme genausowenig Abbruch wie das Gerücht, er habe seinen Bruder, seinen Schwager und den Liebhaber seiner Schwester ermordet.

Für Machiavelli stand nach wenigen Sätzen fest, daß sein Gegenüber als Verhandlungspartner all die Qualitäten besaß, die er bewunderte: Er war scharfsinnig, beißend, einzigartig geschickt in Ausweichmanövern, überwältigend im Angriff. Was für ein Auftrag! Wie es sich für einen Sekretär gehörte, blieb Machiavelli immer einige Schritte hinter Soderini zurück, zitternd vor Aufregung beobachtete er die Szene, jederzeit bereit, anstelle von Soderini in den Vordergrund zu treten, denn hier wurde eine für den guten Bischof etwas zu scharfe Klinge geführt.

Cesare beklagte sich über Florenz – Angriff war immer die beste Strategie. Er machte Florenz für die Raubzüge seiner Männer verantwortlich. So kommt es, wenn man sich nicht an die Abmachungen hält! Hätte man ihm wie vereinbart das Geld und die Waffen gegeben, dann wäre alles ganz ruhig und geordnet abgelaufen. Nun wünschte oder vielmehr forderte er Garantien für die Sicherheit seiner an Florenz angrenzenden Gebiete. Ein Bündnis sollte geschlossen werden, andernfalls ... Die Drohung war ernst zu nehmen: «Im letzten Jahr lag es allein in meiner Macht, die Verbannten zu Euch zurückkehren zu lassen und Euch einen Knüppel als Regierung zu geben, oder vielleicht auch einen Hund!»

Cesare Borgia wollte keine Zeit verlieren mit Diskussionen, Streitereien und Spitzfindigkeiten, und das sagte er klipp und klar. Als Soderini zur Widerrede ansetzte, schnitt Cesare ihm barsch das Wort ab: «Genug geredet! Taten! Garantien! Ein Abkommen! Seid Ihr bereit zu unterschreiben, ja oder nein?»

Der Bischof von Volterra versteckte sich hinter den Institutionen, hinter der Regierung. Er müsse berichten, beraten ...

Cesare fuhr auf: «Eure Regierung gefällt mir nicht, ich vertraue ihr nicht; wechselt die Regierung und versichert mir, daß Ihr die Verpflichtungen halten werdet, die Ihr mir gegenüber eingehen werdet, sonst werdet Ihr sehr schnell lernen, daß ich in einem so unsicheren Zustand nicht leben will. Wenn Ihr meine Freundschaft nicht wollt, werdet Ihr meine Feindschaft zu spüren bekommen.»

Dem Bischof verschlug es die Sprache. Das war ganz und gar nicht der höfliche diplomatische Umgangston, den er gewohnt war!

«Wir glaubten, man habe uns aus einem anderen Grund gerufen, als um uns dies anzuhören! Darauf war die Republik nicht gefaßt!»

Cesare lachte ihm ins Gesicht.

«Was habt Ihr gedacht? Etwa, daß ich mich rechtfertigen würde?»

«In Anbetracht Eurer Größe und der Bedeutung, die Ihr, wie wir wissen, der Freundschaft mit der Republik beimeßt», erwiderte der Bischof, der immer noch vom Wert der Schmeichelei überzeugt war, «erhofften wir uns von Euch einen großen Gefallen, einen Gefallen, der durchaus in Eurer Macht gestanden hätte. Vitellozzo Vitelli ist einer von Euren Männern ...»

Diesmal lachte Cesare nicht. «Ein Gefallen», gab er schneidend zurück, «will verdient sein, und die Republik hat ihren Kredit verspielt.» Ja, Vitellozzo Vitelli sei einer seiner Männer, doch er, Cesare, habe mit den Rebellionen in Arezzo und im Chianatal, die er angeblich angezettelt habe, nichts zu tun. Das könne er beschwören. Im übrigen wolle er ganz offen sprechen: «Ich war nicht verärgert über das, was Ihr verloren habt, im Gegenteil, es hat mir große Freude bereitet, und ich werde mich noch mehr freuen, wenn es so weitergeht!»

Noch ganz im Bann der Unterredung stehend, notierte Niccolò die Drohungen Wort für Wort. Die Signoria mußte endlich begreifen, mit wem sie es zu tun hatte und daß mit einem Cesare Borgia ein Gespräch nach der üblichen diplomatischen Art nicht möglich war. Statt zu plaudern, mußte gehandelt werden. Kurzum: Die Mission, wie sie sich die Signoria vorgestellt hatte, war gescheitert. Wenn es dabei bliebe, würde es schwerwiegende Folgen haben: «Die Taktik dieser Männer ist es, schneller bei Euch zu sein, als Ihr es ahnt ...»

In Gegenwart von Cesare Borgia hielt sich Niccolò, seiner Stellung entsprechend, im Hintergrund; der wichtige Mann war der Bischof von Volterra. Ganz anders war es einige Stunden später bei den römischen Baronen Orsini, die sich an der Unternehmung des Herzogs von Valentinois beteiligten. Mit ihnen verhandelte man von gleich zu gleich, allerdings vergebens. Die Orsini amüsierten sich darüber, daß Florenz auf französische Unterstützung hoffte: «Ihr oder wir, eine Partei wird die betrogene sein», sagten sie, «und das werdet Ihr sein.» Niccolò berichtete der Signoria diese Worte in der Hoffnung, sie könnten seine Herren zum Handeln anstacheln. «Die Belagerung von Florenz ist beschlossene Sache ... Das ganze Gebiet von Arezzo bis hier ist besetzt ... In wenigen Tagen wird man noch mehr hören.» Auch das sagten ihm die Orsini, und Niccolò gab es getreulich weiter. Er berichtete über die Truppenstärke des Valentinus, und das waren eindrucksvolle Zahlen, selbst wenn man in Rechnung stellt, daß er durch leichte Übertreibungen die Signoria vom Ernst der Lage überzeugen wollte.

Zur Abrundung zeichnete er ein Porträt von Cesare: «Als Mann des Hofes ist er überaus glänzend und großartig, als Kriegsherr so unternehmungslustig, daß ihn jede große Sache gering dünkt; sobald es darum geht, Ruhm oder Gebiete zu erringen, kennt er keine Ruhe, keine Erschöpfung und keine Gefahr. Er kommt an einem Ort an, bevor man noch erfährt, daß er einen anderen verlassen hat; die Soldaten lieben ihn; er hat die besten Männer Italiens um sich geschart. All dies macht ihn unbesiegbar und gefährlich, vor allem wenn sich beständiges Glück dazugesellt.»

Die Gesandten aus Florenz mußten eine Weile auf die zweite Unterredung mit Cesare warten. Als es soweit war, präsentierte er ihnen ein Ultimatum: Die Signoria solle binnen vier Tagen erklären, ob sie auf seiner Seite stehe oder nicht.

Niccolò galoppierte nach Florenz. Als Vorwand gab er an, er wolle die Botschaft persönlich überbringen, in Wahrheit wollte er auf diese Weise die Frist zum Nachdenken ein wenig verlängern. Francesco Soderini blieb reichlich verwirrt in Urbino zurück. Der Bischof räumte ohne Umschweife ein, «daß ich nicht der Mann bin, der eine solche Verantwortung tragen will noch tragen kann», und verlangte nachdrücklich, man möge einen zweiten Mann schicken.

Nachdem keine Reaktion erfolgte, bat er um seine Abberufung; er war so verängstigt, daß er bei dem Gedanken zitterte, sich allein auf den Weg machen zu müssen.

Niccolò nach Urbino zurückzuschicken kam nicht in Frage. Auf den Sekretär der Kanzlei wartete im Palazzo der Signoria viel zuviel Arbeit. Er mußte alles für den Empfang der französischen Truppen vorbereiten, die in Arezzo und im Chianatal Ordnung schaffen sollten. Ludwig XII. war im Begriff, mit Georges d'Amboise nach Italien vorzurücken. Er ließ sich von Cesare Borgias Unschuldsbeteuerungen nicht täuschen und mahnte ihn scharf, dem Treiben in der Toskana ein Ende zu machen: Der Herzog von Valentinois solle seine Hunde zurückpfeifen. Vitellozzo Vitelli solle aus Arezzo abziehen, wo er sich gewaltsam eingenistet hatte. Die französischen Truppen unter dem Kommando des Sire d'Imbaut hatten den Auftrag, die Stadt den Rebellen abzunehmen und an Florenz zurückzugeben. Die Signoria atmete auf: Damit war sie aus der Zwangslage befreit, die Verhandlungen mit Cesare Borgia waren gegenstandslos geworden.

Doch die Angelegenheit entwickelte sich anders als geplant. Niccolò wurde in aller Eile nach Arezzo entsandt und beobachtete dort, wie sich die Franzosen und die Rebellen laut und fröhlich verbrüderten. Entgegen seinen Anweisungen hatte d'Imbaut mit den Aretinern ein Abkommen geschlossen unter dem Vorwand, dies diene den Interessen der Krone mehr. Den Wortlaut des Abkommens hatte selbstverständlich Vitellozzo Vitelli ausgeheckt. Er tat so, als weiche er dem Druck, und zog sich aus der Stadt zurück; Arezzo sollte künftig unter französischem Schutz stehen. Machiavelli brauchte nicht einmal eine Woche, um den französischen Hauptmann wieder zur Vernunft zu bringen, zumal er den Zorn seines Königs fürchten mußte, dessen Ehre auf dem Spiel stand. Was auch den Ausschlag gegeben haben mochte, am 26. August war der Konflikt jedenfalls gelöst. Nun mußte noch der Aufruhr in der Stadt besänftigt werden. Niccolò verfaßte Anweisungen, um jeden Hinterhalt auszuschließen: Bevor die Franzosen abzogen und Truppen von Florenz die Stadt besetzten, sollten Säuberungen durchgeführt werden. «Wir erachten es als notwendig, daß Du die Aretiner genau überprüfst und alle diejenigen auswählst, die Dir aufgrund ihres Ansehens, ihres Reichtums, ihrer körperlichen oder geistigen Fähigkeiten zu etwas nütze erscheinen. Sie alle wirst Du nach Florenz bringen lassen, und Du wirst lieber dreißig festnehmen als einen, falls sie die Stadt verlassen wollen. Dieses Vorhaben wirst Du mit dem nötigen Eifer verfolgen. Es wird leichter durchzuführen sein, solange die Franzosen noch in der Stadt sind, als nach ihrem Abzug ...» Niccolò hatte seinen Titus Livius in der Tat gründlich studiert.

Die Anweisungen tragen das Datum 8. September und sind an «Piero Soderini, Kommissar in Arezzo» gerichtet. Derselbe Piero Soderini, ein Bruder des Kardinals Francesco, wurde einige Wochen später zum Gonfaloniere auf Lebenszeit gewählt: Das Volk «erkühnte sich, das Steuer einem einzigen Mann zu geben [...], um einen festen Fels zu haben, darauf den Frieden zu errichten», schrieb Niccolò wenig später im ersten Gedicht der *Dezennalen.*

Für Florenz wie für Machiavelli war dies ein entscheidender Wendepunkt. Niccolò kannte Soderini gut und hatte gewiß nicht für ihn gestimmt. Sie hatten in letzter Zeit einige Male miteinander zu tun gehabt, und Niccolò hatte sich sein Urteil gebildet: Soderini war ernsthaft und aufrichtig, aber farblos und weich – nach Ansicht vieler der ideale Präsident auf Lebenszeit, und so war die Entscheidung auf ihn gefallen. Für Machiavelli selbst war die Wahl eines Soderini an die Spitze der Regierung ein großer Glücksfall, denn Piero und sein Bruder Francesco, der Bischof von Volterra, hatten sich ein positives Bild von ihm gemacht: «Da du sowohl an *virtù* des Geistes wie an Qualitäten des Herzens nicht deinesgleichen hast», schrieb Francesco an Niccolò als Antwort auf dessen Glückwünsche, «wirst du bei uns bei weitem mehr geschätzt und gewürdigt werden als in der Vergangenheit.»

Tatsächlich genoß Machiavelli von Anfang an das Vertrauen des neuen Gonfaloniere, was allerdings in materieller Hinsicht keine Verbesserung brachte. Dabei hätte er eine deutliche Erhöhung seiner Einkünfte dringend benötigt, denn er hatte vor kurzem ein junges Mädchen aus guter Familie geheiratet, Marietta Corsini. Die beiden kannten sich von klein auf, denn die Eltern waren auf dem Land Nachbarn gewesen. Mit zweiunddreißig war es an der Zeit, einen Strich unter das wilde Junggesellenleben zu ziehen, das seine Kameraden immer wieder zu derben Späßen veranlaßte, und Verantwortung als Familienoberhaupt zu übernehmen, zumal er seit dem Tod seiner Schwester für seinen kleinen Neffen sorgte.

Das Vertrauen des Gonfaloniere drückte sich vor allem darin aus, daß Niccolò mit noch mehr Arbeit überhäuft wurde. Marietta, seine junge, leidenschaftliche und energische Ehefrau, beklagte sich bitter darüber. Sie hatte geheiratet, um einen Ehemann zu haben, und kaum steckte der Ring an ihrem Finger, mußte sie schon wieder leben wie eine Witwe. «Steig in den Sattel», befahl die Signoria am 3. Oktober wieder einmal, «wir schicken dich zu Seiner Exzellenz, dem Herzog von Valentinois, nach Imola.» Marietta raste vor Wut, und Niccolò konnte seine freudige Erregung kaum verbergen.

# Komödie ... und Tragödie

Niccolò fühlte sich im Sattel offensichtlich wohler als im Ehebett. Diesmal hatte die Signoria ihn auf den Weg geschickt, weil es in der Romagna brannte.

Erst als Cesare Borgia seinen Kondottieri eröffnete, daß sein nächstes Ziel Bologna sei, begriffen sie, daß sie dem Wolf die Tür zum Schafstall geöffnet hatten, ohne daß sie selbst daraus einen Vorteil ziehen konnten. Vitellozzo Vitelli fühlte sich um seine Rache betrogen und war darum besonders wütend, die anderen mußten befürchten, daß sie als nächste Beute ausersehen waren.

Die Orsini beschlossen als erste, sich von Cesare abzuwenden. An einem Samstag im Herbst trafen Kardinal Giambattista, das Oberhaupt des Clans, und seine beiden Brüder Paolo und der Herzog von Gravina mit dem Sohn des Herrn von Bologna zusammen. Das Treffen fand auf der Festung Magione hoch über dem Trasimenischen See statt. Anwesend waren außer den Genannten Pandolfo Petrucci, der Herr von Siena, Giampagolo Baglioni, der Herr von Perugia, und Oliverotto da Fermo; Vitellozzo Vitelli war krank und hatte sich in einer Sänfte hinbringen lassen. Der Herzog von Urbino, der in Venedig Zuflucht gesucht hatte, und seine Schwester Giovanna di Montefeltro, die Präfektin von Sinigaglia, hatten schriftlich ihre Unterstützung zugesichert. In Magione rechnete man außerdem mit der Unterstützung des venezianischen Kondottiere Bartolomeo d'Alviano.

Baglioni berichtete folgendes nach Florenz: «Der Samstag ist vorüber ... Zum Wohle aller und damit wir nicht einer nach dem anderen von dem Drachen verschlungen werden, haben wir uns in aller Form zusammengeschlossen und verbündet, und wir stellen gemeinsam siebenhundert Männer mit blanken Waffen, dazu eine große Zahl leichter Reiter und Fußsoldaten. Gott möge Euch erleuchten, damit Ihr Euch den anderen zur Sicherung ihrer Freiheit und der Freiheit ganz Italiens anschließt; mögen daraus bald Angst und Schrecken entstehen. Doch es wird kommen, wie es Gott gefällt. Wir sind bereit, für diese Sache zu sterben; jedenfalls werden die, welche nach uns übrigbleiben, es um so schwerer haben, je weniger für ihre Befreiung unternommen wurde. Ich habe heute alle meine leichten Reiter nach Oggobio entsandt, und morgen folgen die Bewaffneten; das gleiche tut Vitellozzo und tun die Orsini. In der Tat, wir haben mit den Waffen den Rubikon überschritten, und *effecti sumus hostes* [wir sind zu Feinden geworden], doch wie Gott weiß *inviti* [gegen unseren Willen].»

Die Herren von Florenz waren ebenfalls gebeten worden, einen Vertreter nach Magione zu entsenden, hatten dies jedoch unterlassen. Baglionis Brief konnte sie nicht umstimmen. Von Anfang an war ihnen klar, daß dieses Unternehmen wenig Aussicht auf Erfolg hatte. Sie taten so, als glaubten sie, der Zusammenschluß richte sich gegen Frankreich und den Papst, und befanden, es sei ihre Pflicht, Cesare Borgia ihres Wohlwollens zu versichern, ganz nach dem Motto «die Freunde unserer Freunde sind auch unsere Freunde». Mit diesem Auftrag machte sich Niccolò am 5. Oktober 1502 auf den Weg.

«Du wirst auf jede Weise an den Tag legen, daß wir viel Vertrauen und Hoffnung auf Seine Exzellenz setzen ...» Wieder einmal hatte der Sekretär nichts als Worte im Gepäck, aber ganz bestimmt nicht die Worte, die der Herzog von Valentinois hören wollte. Immerhin drängte Cesare nun schon seit Monaten nicht nur auf ein förmliches Bündnis, sondern auf eine *condotta,* denn er brauchte Geld; seine finanzielle Lage wurde immer verzweifelter.

«Weiter sollst du in dieser Sache nichts sagen.» Niccolò waren die Hände gebunden. Wieder einmal sollte er sich in der Kunst der Ausflucht üben, und das bei einem Gegner, der – wie er bereits hatte feststellen können – nur eine Kunst kannte, die des Angriffs.

Immerhin war diesmal die Verzögerungstaktik berechtigt.

Zum einen konnte man hoffen, daß die Schafe womöglich selbst zu

Wölfen würden, wenn sich ihr Zorn nur genug steigerte. Allein auf die Nachricht von dem Treffen in Magione hin war es in der Romagna zu einem Aufstand gekommen. Die Festung des Herzogtums Urbino, San Leo, über die Dante sagte, nirgendwo auf der Erde gebe es einen so rauhen Gipfel, hatte ihre Tore den Rebellen geöffnet, aber es dauerte nicht lange, und Guidobaldo di Montefeltro konnte nach Urbino zurückkehren, jubelnd empfangen von seinen Untertanen.

Zum anderen wußte man nicht, ob der französische König Cesare zu Hilfe kommen würde, falls jener Schiffbruch erleiden sollte. Ludwig XII. hatte Sympathien für Guidobaldo di Montefeltro und noch mehr für die Herren von Bologna und Siena; überdies mußte ihn die Aussicht beunruhigen, daß Cesares Vorrücken die Macht des Papstes vergrößerte. In der Tat hing alles davon ab, wie sich der König verhalten würde. Man mußte abwarten. Abwarten war klug, aber gefährlich, denn der Herzog von Valentinois würde auf eine sofortige Entscheidung drängen.

Machiavelli brachte diese schwierige Mission, für die er ganz allein die Verantwortung trug, in materieller Hinsicht nichts ein. Er hatte das Privileg, an vorderster Front dabei zu sein, wenn Geschichte geschrieben wurde, und er konnte zu einem Zeitpunkt mit einer einzigartigen Persönlichkeit seines Jahrhunderts sprechen, da deren Schicksal sich möglicherweise wendete.

Niccolò rechnete damit, Cesare in Imola sorgenvoll, unruhig und niedergeschlagen anzutreffen. Unterwegs hatte er gehört, daß überall der Aufruhr loderte; an einigen Verteidigungslinien hatten die Hauptleute des Herzogs Anweisung erhalten, sich zurückzuziehen und statt dessen die Garnisonen zu verteidigen.

Doch Cesare zeigte keinerlei Anzeichen von Angst, er war vollkommen beherrscht und selbstsicher. Er begrüßte Niccolò mit ausgebreiteten Armen wie einen ungeduldig erwarteten alten Freund und plauderte mit ihm, als führte er das Gespräch vom Vorabend fort. «Ich werde dir etwas anvertrauen, was ich noch niemandem erzählt habe ...»

Bot Cesare seine gesamte Verführungskunst auf, um den Abgesandten zu verzaubern, weil er hoffte, Niccolò werde sich bei der

Signoria für ein Bündnis mit ihm einsetzen? Oder war Cesare angezogen von der Intelligenz, die er in den Augen des Sekretärs blitzen sah, und von seinem Sinn für Ironie? Oder verspürte der große Einzelgänger den Wunsch, seine Geheimnisse mit jemandem zu teilen? Auf jeden Fall schüttete er Niccolò gleich bei der ersten Begegnung in einer langen, bitteren Klage sein Herz aus. «Ich bin nicht der, für den man mich hält», war die Quintessenz seiner Worte, «und Florenz hat meine Absichten mißverstanden. Sie mißtrauen mir zu Unrecht, denn ich habe sie gegenüber den Absichten anderer verteidigt, und oft gegen unerhörte Schwierigkeiten. Wie oft haben mich, wenn wir in der Toskana waren, Orsini und Vitelli beschworen, vor Florenz oder Pistoia zu rücken, es wäre ganz leicht, sagten sie! Ich wollte dem niemals zustimmen, ganz im Gegenteil, ich habe sie stets gewarnt, daß ich mich dem widersetzen würde, wenn nötig mit der Waffe in der Hand! Dafür wollen sie sich rächen. [...] Vitelli verzeiht mir nicht, daß ich ihn gezwungen habe, Arezzo aufzugeben, und die Orsini, daß ich nicht Piero de'Medici nach Florenz zurückgebracht habe. [...]»

Niccolò hörte reglos zu, wie der Herzog von Valentinois sich als Retter von Florenz darstellte. Er konnte nichts erwidern. Vor allem wollte er die wahren Hintergründe erfahren. Da Cesare offensichtlich in der Stimmung war, Bekenntnisse abzulegen – vielleicht ehrliche, vielleicht falsche –, wagte er zu fragen: «Und was ist mit dem Herzogtum Urbino? Was ist der Grund des Aufstands dort?»

«Daß ich milde war, hat mir geschadet! Ich bin nachsichtig gewesen, zu gut, und ich habe die Lage verkannt. Ich nahm, wie du weißt, das Herzogtum in drei Tagen, und ich krümmte niemandem ein Haar. [...] Ich bin weitergezogen, und ich habe vielen aus den ersten Familien Staatsämter erteilt. [...] Sie haben mich verraten.»

Niccolò sog jedes Wort auf und prägte sich die Regel ein: Zu große Milde ist gefährlich.

«Das hat keine Bedeutung!» wischte Cesare das Thema beiseite. «Es gibt Gewinn und Verlust, und ich werde für alles ein Mittel finden.»

Das hatte er schon zuvor bekräftigt: Wenn er das Herzogtum Urbino verlor, hinderte ihn nichts, es wieder zurückzuerobern ... Niccolò bewunderte Cesare vom ersten Tag an grenzenlos. Nun wußte er, was die *virtù* eines großen Feldherrn ausmachte: Selbstbeherrschung und die Fähigkeit, dem Lauf der Dinge seinen Willen aufzuzwingen.

Alle Gespräche fanden in der Nacht statt, denn Cesare Borgia war ein Nachtmensch. Bei der nächsten Unterredung verfolgte er die gleiche Taktik, aber noch entschlossener. Er führte seine Schläge sehr genau und blieb dabei immer freundschaftlich im Ton.

Wieder beteuerte er, die wahre Bedrohung der Freiheit Italiens seien die Orsini und ihre Helfershelfer, er hingegen, Cesare Borgia, sei der Befreier. Der König von Frankreich habe das verstanden und sich darum von den Rebellen abgewandt. «Sieh her, Sekretär ...», und er schwenkte einen Brief des päpstlichen Gesandten am französischen Hof. Ludwig XII. teilte ihm mit, daß er sich dem Angriff auf Bologna nicht mehr widersetze und ihm dreihundert Lanzen zur Verfügung stelle.

«Siehst du, wie freundlich der Ton ist? Bedenke nun, wie erst der sein wird, den ich anschlagen werde, um mich gegen diese Leute zu verteidigen, die zum größeren Teil die größten Feinde Seiner Majestät des Königs sind.»

Florenz mußte endlich begreifen: Der König würde die Republik als Feind betrachten, wenn sie sich nicht mit Cesare Borgia verbündete. Die Gefahr, die diese Rebellion für ihn bedeute, habe er fast herbeigesehnt: «Glaube mir, dieser Vorfall nützt mir. [...] Ich konnte zur Befestigung meiner Staaten nichts wünschen, was mir vorteilhafter gewesen wäre, denn ich werde nun erfahren, vor wem ich mich zu hüten habe und wer meine Freunde sind. [...] Ich teile dir dies mit und werde dir mitteilen, was im Lauf des Tages noch vorfallen wird, damit du es deinen Herren schreiben kannst. Sie sollen daraus sehen, daß ich mir nicht selbst untreu werde und daß es mir auch nicht an Freunden fehlt, worunter ich Ihre Herrlichkeiten zählen will, wenn sie bald von sich hören lassen. Tun sie es nicht, so bin ich entschlossen, sie auf die Seite zu setzen. Ich werde dann nie mehr von Freundschaft sprechen, und sollte mir das Wasser an der Kehle stehen. [...]»

Cesare Borgia trieb sein Spiel mit wohlkalkulierter Aufrichtigkeit. Niccolò blieb in seinen Berichten nach Florenz stets objektiv; er zitierte Cesare seitenweise wörtlich, damit wurden die Argumente farbiger, lebendiger, eindrucksvoller. Es ist ein Unterschied, ob man liest: «Der Herzog droht ...», oder ob man die Drohung aus seinem Mund hört. Niccolò entdeckte sein Talent als Dramatiker.

Die wörtlich wiedergegebenen Monologe des Herzogs kommentierte er jeweils aus seiner Sicht. Mit den Kommentaren verfolgte er ein bestimmtes Ziel, auch die Informationen, die er berichtete, waren entsprechend ausgewählt: Er hielt es für nötig, ja unerläßlich, auf Cesare Borgia zu setzen. Der Stil spiegelt seine Absicht wider: Verben, die Bewegung ausdrücken, herrschen vor, ihre häufige Wiederholung unterstreicht Cesares Entschlossenheit und Kraft. In seinem Eifer überschreitet Niccolò sogar die Grenzen seines Auftrags und übermittelt genaue militärische Informationen, was niemand von ihm verlangt hat. Er habe geglaubt, es gehöre zu seiner Aufgabe, entschuldigte er sich. Tatsächlich wollte er seinen Herren die Warnung einschärfen, mit der Cesare ihr Gespräch beendet hatte: «Er erinnerte mich nochmals, ich solle Eure Herrlichkeiten aufmerksam machen, daß Ihr durchaus verlieren müßtet, wenn Ihr die Mitte hieltet, und daß Ihr gewinnen könntet, wenn Ihr Euch [ihm] anschlösset.» Angesichts der zaudernden Haltung der Signoria war Niccolò so dreist, daß er es wagte, Ratschläge zu erteilen: «[...] reizt ihn nicht und bringt ihn nicht gegen Euch auf, indem Ihr erkennen laßt, daß Ihr untätig seid. Gebt Euch den Anschein, etwas zu tun.» Neutralität schien Niccolò gefährlich, dem Eigeninteresse eines Staates zuwiderlaufend. Dies wurde einer der Grundsätze seines Denkens. Diesmal braucht man nicht darauf zu verweisen, was Titus Livius über die Achäer schreibt: Niccolò glaubte an Cesare Borgia, er war regelrecht verliebt in Cesare Borgia.

Durch Niccolò Valori, einen bei der Regierung geschätzten Mann, erfuhr Machiavelli, daß man mit ihm zufrieden war. Man überschüttete ihn mit Lob: «Eure Worte und der Bericht wurden mit großer Billigung aufgenommen, und jeder erkannte, was ich schon lange an Euch erkannt habe: Klarheit, Genauigkeit und Ehrlichkeit in der Darstellung, kurzum alles, was man braucht, um sich zuverlässig darauf stützen zu können.» Man nimmt seine Worte höchst wohlwollend auf, man «stützt sich darauf» – aber man handelt nicht.

Die Signoria bestärkte Machiavelli in der Rolle des Geheimagenten, und er sammelte eifrig und beharrlich Nachrichten und Gerüchte, die erkennen ließen, daß der Herzog von Valentinois politisch in Europa und in Italien unterstützt wurde, während sich zugleich militärisch «das Waffenglück zugunsten Seiner Exzellenz zu wenden scheint», denn die Rebellion erlahmte allmählich. Ohne genauen Schlachtplan und vor allem ohne einheitliche Führung verfolgte jeder seine eigene Strategie. Einige Rebellen, so zum Beispiel die Orsini, bekamen Angst vor ihrer eigenen Courage und traten unauffällig und vorsichtig den Rückzug an. Paolo Orsini war zu einer Unterredung mit Cesare nach Imola gekommen. Immer öfter war von «Ausgleich» die Rede, und Niccolò fürchtete sehr, daß Florenz die Zeche zahlen müßte.

Im Palazzo Vecchio nahm man die Mitteilungen des Sekretärs Niccolò Machiavelli zur Kenntnis und legte sie zu den Akten.

Cesare wurde ungeduldig. Die Verstärkung aus Frankreich war im Anmarsch, worauf warteten die Florentiner noch? Er war bereit, einen «Vertrag über feste und unverbrüchliche Freundschaft» mit ihnen abzuschließen, aber was für ein Spiel spielten sie?

Drohende Blitze zuckten in den Augen des Herzogs, und Niccolò bekam es mit der Angst zu tun: Verdächtigte Cesare ihn womöglich, er mißbrauche sein Vertrauen und verrate ihn? Machte er ihn, den Sekretär, verantwortlich für die Hinhaltetaktik der Republik? Ermutigt durch die Komplimente für seine Arbeit, unternahm Niccolò am 27. Oktober einen neuen Versuch, die Signoria zum Handeln zu bewegen: «Wenn man die Verhältnisse [...] betrachtet, so sieht man den Herzog als einen mutigen, glücklichen Mann, voll Hoffnung, unterstützt von einem Papst und einem König. [...] Die Verbündeten sieht man, fürchtend für ihre Staaten, ängstlich wegen seiner Macht, ehe sie ihn beleidigt hatten, und jetzt noch viel ängstlicher, seitdem sie ihn so beleidigt haben. Gegenwärtig sind sie nach meinem Dafürhalten nicht mehr in der Lage, ihm großen Schaden zuzufügen. [...]» Damit wiederholte er eine Einschätzung, die er bereits am 17. abgegeben hatte: «Diejenigen, welche Anstalten gemacht haben, ihm die Zähne zu zeigen, sind nicht mehr in der Lage zu beißen, und morgen werden sie dazu noch weniger in der Lage sein als heute.»

Diese Schlußfolgerungen wurden höheren Ortes nicht gern gehört. Man nahm es Niccolò übel, daß er immer wieder in dieselbe Kerbe haute. Dachte er etwa, die Signoria würde sich nach den Worten eines Sekretärs richten, selbst wenn er die Feder noch so brillant führte? Dachte er, Florenz würde sein Schicksal mit dem von Cesare Borgia verbinden, weil ein gewisser Niccolò Machiavelli es für nötig hielt? Von da war es nur noch ein kleiner Schritt, Machiavelli zu verdächtigen, er mache gemeinsame Sache mit dem Herzog, und einige in Florenz zögerten nicht, den Verdacht laut auszusprechen. Buonaccorsi beschwor seinen Freund in einem teilweise chiffrierten Brief, seine Begeisterung für den Herzog von Valentinois zu zügeln, denn nicht alle in Florenz teilten sie. Auch solle er nicht so offensichtlich Ratschläge geben: «Überlaßt es anderen, Schlußfolgerungen zu ziehen.»

Niccolò wehte der Wind ins Gesicht. Man klopfte ihm auf die Finger, seine Auslagen wurden nicht beglichen, sein Geld reichte nicht einmal für eine warme Kappe. Als wäre das nicht schon schlimm genug, ging das Gerücht um, die Gehälter sollten gekürzt werden, möglicherweise auch die Gehälter für die Beschäftigten der Kanzlei. Und dann war da noch Marietta, die in ihrer Verzweiflung, daß ihr Ehemann fortwährend weg war, «tausend Verrücktheiten» anstellte.

Doch von Rückkehr war keine Rede. «Der Gonfaloniere hat mir heute morgen gesagt, es erscheine ihm vollkommen unmöglich, daß Ihr abreist», schrieb ihm Anfang November Marcello Adriani, der nach wie vor der Ersten Kanzlei vorstand. «Es sei noch nicht soweit, sagte er, und unsere Stadt könne nicht darauf verzichten, an einem so wichtigen Orte vertreten zu sein. Was die Möglichkeit anbetrifft, jemand anders zu entsenden, so weiß man niemanden, der unsere Angelegenheiten besser erledigen könnte als Ihr, und dies in vielerlei Hinsicht.» Das war zwar ein schmeichelhaftes Zeugnis, aber einfach nur Präsenz zu demonstrieren genügte Niccolò nicht. Er wollte sich mit dem Gedanken nicht abfinden, daß seine Berichte zu nichts anderem gut sein sollten als dazu, die staubigen Regale im Archiv zu füllen. Immerhin hatte er inzwischen eine Möglichkeit entdeckt, die Gedanken und Gefühle auszudrücken, die man in Florenz nicht hören wollte, wenn sie von ihm kamen: Er hatte einen «Freund» erfunden, der über die Entwicklungen stets auf dem laufenden war und Cesares Vertrauen genoß. Unter dieser Verkleidung erteilte er weiterhin die gleichen Ratschläge: Verhandelt rasch mit dem Herzog, glaubt nicht, daß er Euch lange Zeit lassen wird. Doch auf den «Freund» hörte man in Florenz genausowenig.

Eine Woche nach der anderen ging ins Land. Die Situation entwikkelte sich für Cesare günstig; man sagte, «er ißt die Artischocke Blatt für Blatt». Niccolòs Lage hingegen verschlechterte sich von Tag zu Tag. Ihm war kalt, er war müde, Magenschmerzen und ein hartnäkkiger Husten quälten ihn; er hatte seinen Herren kaum noch etwas zu berichten, und Marietta verkündete lautstark, sie habe ihren Glauben an Gott verloren und durch die Heirat mit diesem Phantom ihre Mitgift und ihre Jungfräulichkeit dem Teufel hingeworfen. Was sollte das noch? Niccolò bat, drängte, flehte, daß man ihn zurückrief, doch es nützte nichts. Jeden Tag zitterte er davor, daß er Cesare mit leeren Händen gegenübertreten mußte. Kurz bevor Cesare am 8. November eine Vereinbarung mit Paolo Orsini unterzeichnete, rief er Niccolò um ein Uhr morgens zu sich.

«Nun, was ist mit der *condotta?* Will Florenz sie mir geben oder nicht?»

Um die *condotta* drehte sich alles, kein Gespräch, in dem Cesare sie nicht erwähnte. Ohne die *condotta* waren alle Freundschaftsbeteuerungen der Republik nur leere Worte.

An diesem 8. November schäumte Cesare vor Wut: Florenz hatte mit dem Markgrafen von Mantua eine *condotta* abgeschlossen, warum nicht mit ihm, Cesare Borgia? Glaubte man, er sei nicht in der Lage oder nicht würdig, der Republik zu dienen?

Machiavellis verlegene Erklärungen befriedigten Cesare nicht im mindesten.

«Ich bitte dich, Sekretär, sage mir, ob deine Herren im Sinne haben, mit mir weiter zu gehen als bis zu einer allgemeinen Freundschaft, denn wenn diese ihnen genügen sollte, will ich auch nichts weiteres. Und gebt mir bald eine Antwort ...»

Aus Florenz verlautete nichts, obwohl Niccolò flehentlich um eine Antwort bat. Das Schweigen brachte ihn in Gefahr. Falls Niccolò seine Lage nicht absichtlich dramatisierte, mißtraute Cesare ihm zusehends. Tatsächlich fanden ihre Unterredungen immer seltener und in zunehmend gespannterer Atmosphäre statt. Mit den Männern in Cesares Umgebung erging es Niccolò nicht besser: Man wich ihm aus, überhörte seine Fragen oder überschüttete ihn mit nichtssagenden Worten, glaubwürdige und wichtige Informationen erhielt er kaum noch. Niccolòs Rivalen in Florenz rieben sich die Hände: Die Stimmen mehrten sich, die ihm Untätigkeit oder Unfähigkeit vorwarfen. Nun war er schon so viele Monate im Lager des Herzogs von Valentinois, und noch immer wußte er nicht genau, was der Herzog vorhatte. Niccolò verteidigte sich, er schrieb, daß «die Politik hier kein leichtes Ratespiel ist, wir haben es mit einem Fürsten zu tun, der mit eigener Hand regiert. Damit man sich keinen Träumereien hingibt, muß man das Gelände sehr genau studieren. Und während man dies tut, vergeht die Zeit. Ich vergeude die Zeit keineswegs, sondern nutze sie, so gut es mir möglich ist. [...]» Ohne ins Spekulieren zu verfallen, könne er nur sagen, «daß die Dinge den Verlauf nehmen, den ich vorausgesehen habe», daß man zwar von Frieden spreche, aber den Krieg vorbereite. Krieg gegen wen? Das konnte er zwar nicht sagen, aber es lag auf der Hand, welches Risiko Florenz durch die zögernde Haltung einging. Es war durchaus möglich, daß Cesare sich mit seinen Hauptleuten auf Kosten von Florenz einigte, denn er vergaß niemals, wenn ihn jemand beleidigt hatte.

«Niccolò, Ihr werdet leer ausgehen», schrieb ihm sein Pylades Buonaccorsi, «denn Ihr habt dort unten geglaubt, Ihr würdet uns zu einer Vereinbarung bewegen, welche dem fraglichen Herrn gefiele, und die heutige Antwort macht alles zunichte. Ihr müßt schon ein rechter *cazzo* [Tölpel] sein, daß Ihr geglaubt habt, wir würden den Stock so teuer bezahlen, mit dem man uns dann prügelt.»

Niccolò zog sich in sein Schneckenhaus zurück. Gut, wenn man nur Informationen wollte und sonst nichts, dann würde er Informationen liefern, und zwar reichlich und wichtige: Die Kondottieri hatten sich reumütig anders besonnen und auf Druck der Orsini nach einigem Widerstreben alle den von Cesare Borgia abgefaßten Friedensvertrag unterschrieben. Nachdem dies bekanntgeworden war, hatte der Herzog von Urbino seinen Widerstand aufgegeben und angeordnet, alle seine Festungen zu schleifen: «Das Herzogtum wird ohne einen einzigen Schwerthieb zurückerobert werden.» Doch von den französischen Truppen wurde nicht ein Mann entlassen. Wer brauchte sie noch und wozu?

Inzwischen war es Dezember, und die Lage war weiterhin unklar. Niccolò wußte nur, daß der Herzog Weihnachten in Cesena verbringen würde, und er hatte nicht die geringste Lust, ihm dorthin zu folgen. «Seit zwölf Tagen fühle ich mich so elend», seufzte er und bat ein weiteres Mal um seine Abberufung, «daß ich fürchte, wenn es so weitergeht, werde ich nur in einer Sänfte zurückkehren können.» Seine Herren zeigten sich davon nicht beeindruckt. Da Cesare «mit all seinen Leuten» nach Cesena zog, mußte Machiavelli sich unverzüglich ebenfalls dorthin begeben und erkunden, was der Herzog plante. So machte er sich auf den Weg.

Eine Unterkunft in Cesena zu finden war nahezu unmöglich. Das Lager für die Soldaten war außerhalb der Stadtmauer aufgeschlagen worden, um jegliche Unruhe in der Stadt zu vermeiden. Doch die Offiziere, das große Gefolge des Herzogs, fremde Beobachter und Flüchtlinge aus den umkämpften Gebieten in der Romagna hatten sämtliche Zimmer in den wenigen Herbergen gemietet, und alle verfügbaren Privatquartiere, auch die einfachsten, mit Beschlag belegt. Für einen Sekretär der Republik Florenz, der kaum Geld hatte, war es fast unmöglich, mit drei Bediensteten und drei Pferden Unterschlupf und etwas zu essen zu finden. Mariettas Ehemann stand ein trauriges Weihnachtsfest bevor.

Niccolò hielt im Palazzo und auf den Straßen die Ohren offen und registrierte jedes Gerücht, jede Spekulation. Die einen sahen Cesare bereits im Anmarsch auf Venedig, die anderen sagten voraus, er werde nach Rom marschieren und sich Anweisungen vom Papst holen. Niccolò glaubte nicht, daß die Dinge in Rom entschieden wurden, sondern in Cesena, und daß nur ein Mann die Entscheidung kannte, nämlich Cesare Borgia. Immer wieder schrieb er es an die Signoria: Der Herzog von Valentinois «teilt sich stets nur mit, wenn er Befehle gibt, und er gibt die Befehle, wenn ihn die Notwendigkeit dazu zwingt, das heißt unmittelbar vor der Ausführung». Die Beobachter, die sich in den Vorzimmern drängten, wurden somit enttäuscht.

In der Woche vor Weihnachten empfing Cesare niemanden mehr und widmete sich nur noch seinen Vergnügungen – hauptsächlich, so munkelte man, einer heimlichen Liebschaft. Angeblich handelte es sich um ein junges Mädchen aus vornehmer Familie, das er im letzten Jahr entführt hatte, zum Entsetzen aller italienischen Höfe und zur besonderen Empörung von Venedig, denn es hieß, die junge Dame sei mit einem bedeutenden Hauptmann der Serenissima verlobt gewesen.

Niccolò besuchte kein Fest, keinen Ball und kein Turnier, sondern lief tatenlos durch die Stadt. In nahezu jeder Straße gab es eine Baustelle, denn der Baumeister Leonardo da Vinci, inzwischen im Dienste des Herzogs, wollte aus Cesena die Hauptstadt des neuen Herzogtums Romagna machen. Die Kälte trieb Niccolò in die verräucherten Tavernen, wo sich die Soldaten drängten. Gelegentlich schnappte er die eine oder andere Neuigkeit auf; immer neue Gerüchte hörte er über den unerwarteten Rückzug der französischen Truppen, der «hier alle Köpfe durcheinandergebracht hat».

Am Tag nach Weihnachten brach Cesare Richtung Pesaro auf. Niemand wußte, was er als nächstes vorhatte. Niccolò war am Ende seiner Kräfte. Doch er beklagte sich zu Unrecht darüber, daß man ihn nicht endlich zurückrief, denn so wurde er Augenzeuge von Ereignissen, die sein Denken und sein Werk entscheidend prägten – und seinen schlechten Ruf begründeten.

Früh am Morgen des 26. Dezember zog die Armee in die verschneite Landschaft hinaus. Im Palazzo herrschte tiefe Stille, auf dem Platz davor bot sich ein schauerlicher Anblick: Der Leichnam von Ramiro del Orca lag «in zwei Stücke gehauen» da. Am Abend zuvor war Ramiro noch Statthalter der Romagna gewesen. Neben ihm steckte im blutüberströmten Richtblock noch das Beil, mit dem man das Urteil vollzogen hatte.

War das nur eine Kleinigkeit am Rande? Niccolò widmet dem

Vorfall eine Zeile in seinem Brief und setzt einen nüchternen Kommentar hinzu, daß der Fürst «auf diese Weise allen zeigt, daß er die Männer nach Gutdünken zu erheben und zu vernichten weiß, je nach ihren Verdiensten». Und im nächsten Satz bestätigt er den Empfang von fünfundzwanzig Golddukaten und sechzehn Ellen schwarzen Damast – endlich kann er essen und sich angemessen kleiden.

Das war die Darstellung nach außen hin. Tatsächlich stand Niccolò lange auf dem vom Blut des Statthalters rot gefärbten Platz, hörte der «zufriedenen, dummen» Menge zu – das letzte Adjektiv ist durchaus so hart gemeint –, und er begann zu verstehen.

Der Herzog hatte Ramiro gerufen, weil er einen Mann brauchte, der mit harter Hand durchgriff, der in der Romagna Ordnung schaffte und mit Plünderern, Räubern und Verbrechern aller Art aufräumte. Cesare hatte ihm alle Vollmachten übertragen, nach Machiavellis Einschätzung ein kluger Schritt, denn wer ein Gebiet eroberte, mußte einen Herrn einsetzen oder jemanden, der ihn mit gleichen Vollmachten vertrat, sonst war er zum Untergang verurteilt. Innerhalb kurzer Zeit war in dem Gebiet dank des «entschlossenen und grausamen» Statthalters wieder «Ruhe und Einheit» eingekehrt. Aber um welchen Preis! Unzählige Greueltaten gingen auf das Konto des blutdürstigen Statthalters; er machte kurzen Prozeß mit jedem, der gegen seine Befehle verstieß, sich gegen ihn auflehnte oder nur versehentlich eine Anweisung mißachtete. Es hieß, er habe einmal einen ungeschickten Diener ins Kaminfeuer geworfen, weil dieser beim Servieren etwas auf seine Kleidung verschüttet habe. Für Niccolò war es offensichtlich, daß die Grausamkeit Cesare Borgia schadete, weil sie dem Bild des toleranten, großzügigen Fürsten zuwiderlief, das er gerne von sich vermitteln wollte. So hatte er zum Beispiel aus eigener Tasche Getreide in Venedig gekauft, um eine schlimme Hungersnot zu lindern; ein anderes Mal hatte er einen Umweg in Kauf genommen, um sich die Klagen der Ärmsten der Bevölkerung anzuhören. Der Ruf des Wohltäters paßte nicht zu Ramiros Schreckensherrschaft. Die Grausamkeiten waren unnötig und brachten den Fürsten in Verruf, denn man argwöhnte, er habe sie angeordnet. Die Schlußfolgerung lag auf der Hand: Der Statthalter mußte beseitigt werden.

Doch Cesare wollte nicht auf eine Stufe gestellt werden mit jenen

Duodezfürsten, die er angeblich mit dem Ziel bekämpfte, ihre Untertanen aus tyrannischer Herrschaft zu befreien. Darum richtete er einen Gerichtshof ein, dem ein besonnener Mann vorstand und Rechtsanwälte aus allen Städten angehörten. Nicht der Fürst verhängte die Strafe über Ramiro del Orca, sondern die Justiz. Der Leichnam «in zwei Stücken» auf dem Platz vor dem Palazzo war ein Geschenk Cesares an seine Untertanen, ein Zeichen, daß sie nunmehr einer vermeintlich unabhängigen Justiz unterstellt waren, die Unterdrücker ohne Ansehen ihres Ranges bestrafte. So war es nicht verwunderlich, daß das Volk in Cesena wie in allen anderen Städten, die Cesare unterworfen oder die sich ihm freiwillig angeschlossen hatten, jubelte: «Es lebe der Herzog!»

Machiavelli untersuchte genau, wie es Cesare gelungen war, an allen Fronten zu siegen, und analysierte dabei bis ins Detail die Probleme, die die Macht mit sich bringt – und die so leicht zu lösen sind, wenn man keine Macht hat. Natürlich würde man die Grausamkeit des Fürsten anprangern. Aber wer sie kritisierte, argumentierte moralisch und nicht machtpolitisch. Wenn man ganz offen darüber nachdachte und nicht davor zurückschreckte, sich unbeliebt zu machen – und man mußte sich zwangsläufig unbeliebt machen, wenn man die Ideen der Weisen von Florenz bis in ihre letzten Konsequenzen verfolgte –, dann gelangte man zu dem Schluß, daß Grausamkeit zur Wiederherstellung von Frieden und Einheit, mit anderen Worten für das Glück des Volkes unerläßlich war. Milde kann unmenschlich sein, wenn man unter dem Deckmantel der Milde Unordnung einreißen läßt, «aus der Mord und Plünderung entstehen». Ein Beispiel dafür ist «Florenz, das, um dem Ruf der Grausamkeit zu entgehen, die Zerstörung von Pistoia zuließ». Nach Machiavellis Ansicht war es Cesare Borgia gelungen, die klassische Frage «Soll ein Fürst eher geliebt oder gefürchtet werden?» mit «sowohl – als auch» zu beantworten: In Cesena wurde er geliebt und gefürchtet.

Zwei Tage später ergänzte Cesare die Lektion um einen Nachsatz: «Da es aber schwer ist, beides zu vereinigen, ist es viel sicherer, gefürchtet als geliebt zu sein, wenn man schon auf eines von beiden verzichten muß.»

Seit Wochen rätselte man über die Pläne des Herzogs von Valentinois, innerhalb weniger Stunden schaffte er Klarheit. Cesare zog nach Sinigaglia, zwischen Pesaro und Ancona gelegen, das dem jungen Neffen von Guidobaldo di Montefeltro gehörte. Dort ließ er höchstpersönlich die Falle zuschnappen, die er den Kondottieri gestellt hatte. Man hatte sie zusammengerufen, damit sie bei der Übergabe der Festung dabei sein sollten, die sich angeblich nur dem Herzog ergeben wollte und nicht Oliverotto da Fermo, der am Vorabend auf Cesares Anweisung in die Stadt eingezogen war.

Fassungslos hörte Machiavelli die Nachricht, Oliverotto, der Herzog von Gravina und sein Bruder Paolo Orsini, Vitelli und andere seien gefangengenommen und möglicherweise schon tot. Im Eiltempo machte er sich auf den Weg nach Sinigaglia. In der Stadt herrschte ein unbeschreibliches Durcheinander: Einem Teil der Truppen der Kondottieri war die Flucht gelungen, Cesares Männer waren darauf wütend über die Stadt hergefallen und hatten begonnen zu plündern. An der Spitze einer Handvoll Reiter preschte Cesare durch die Straßen und versuchte Ordnung zu schaffen. An den eisernen Ringen über den Brunnen hingen die Leichen von Meuterern, in den Gassen schwammen Köpfe und Gliedmaßen in Strömen von Blut.

Mehr tot als lebendig schrieb Niccolò nieder, was er sah, ohne daß er wußte, wie er die Nachricht nach Florenz schicken sollte, denn niemand traute sich mehr hinaus, nicht einmal gegen Bezahlung in Gold. Nach seiner Einschätzung würden die Brüder Orsini, Vittellozzo Vitelli und Oliverotto da Fermo «morgen früh nicht mehr am Leben sein». Er hatte die Depesche vor sich, die der Herzog an alle ausländischen Höfe senden ließ: Die Orsini und ihre Handlanger seien in ihren verbrecherischen Absichten rückfällig geworden und hätten den Herzog der Romagna in eine Falle locken wollen. Er sei ihnen jedoch zuvorgekommen und habe sie festgesetzt.

Die offizielle Verlautbarung überzeugte Niccolò nicht. Er erinnerte sich, daß Cesare ihm an einem Abend im Oktober anvertraut hatte, was er über die Annäherungsversuche der Orsini dachte: «Sie wollen mich einlullen, doch ich bin vorsichtig, ich warte, bis meine Stunde gekommen ist.» In Sinigaglia war es dann soweit. «Was sind sie doch für Kinder, daß sie glauben, man könnte Dolchstöße mit Worten wiedergutmachen!» hatte ein Vertrauter des Herzogs ausgerufen, als die Kondottieri im November den Friedensvertrag unterzeichneten. Nun hatte ein anderer den Dolch in der Hand.

Mitten in der Nacht, als alles in der Stadt wieder ruhig war, tauchte ein Sekretär bei Niccolò auf: Er solle mitkommen, Cesare erwarte ihn. Cesare war allerbester Stimmung, von einer Liebenswürdigkeit, die dem Besucher die Sprache verschlug. Niccolò gegenüber gab er sich keine Mühe zu behaupten, er habe lediglich rasch und entschlossen auf eine gefährliche Situation reagiert. Er rechtfertigte sich mit keinem Wort, sondern war bereit, die Glückwünsche dafür entgegenzunehmen, daß er «des Königs, seine und Eure Todfeinde vernichtet» und «jeden Samen von Zwietracht und das Unkraut ausgerottet» habe, «das Italien zu verwüsten drohte».

Damit erschienen die Ereignisse in einem ganz anderen Licht. Niccolò rekonstruierte, was Cesare eingefädelt hatte. Schauplatz des Geschehens: eine kleine Stadt, die an der einen Seite von Bergen umgeben war und auf der anderen Seite ans Meer und einen Fluß grenzte – die ideale Falle. Der Vorwand: eine Festung, die sich nur dem Herzog persönlich ergeben wollte – eine hervorragende Gelegenheit, um alle Kondottieri zusammenzurufen. Sie konnten nicht ablehnen, denn eine solche Bekundung von Mißtrauen hätte ihren Freundschaftsbeteuerungen und dem soeben abgeschlossenen Friedensvertrag widersprochen. Um sie vollends in Sicherheit zu wiegen, demonstrierte Cesare Borgia Vertrauen: Er erschien zu dem Treffen nur mit wenigen Begleitern, einigen Edelleuten und einer Handvoll Fußknechten. In Anbetracht der beengten Verhältnisse in der Stadt zogen sich die Truppen der Kondottieri ins Umland zurück mit Ausnahme der Männer von Oliverotto da Fermo. Sie blieben in der Vorstadt, aber hinter verschlossenen Türen, um keine Zwischenfälle zu provozieren.

Cesare wartete mit seinen Offizieren wie vorgesehen einige Meilen vor der Stadt. Der Einzug in die Stadt sollte gemeinsam erfolgen, als eine Art symbolischer Akt: Es sollte demonstriert werden, daß die Vergangenheit vergessen war. Ein Kondottiere nach dem anderen stieß zu Cesare. Nur Baglioni, der Herr von Perugia, kam nicht, er ließ sich wegen Krankheit entschuldigen. Die anderen erschienen vollzählig, sogar Vitellozzo Vitelli, der tatsächlich krank war. Es hatte die Orsini viel Mühe gekostet, ihn zu überreden, daß er nicht

Baglionis Beispiel folgte. Cesares alter Waffengefährte saß totenbleich auf einem Maulesel, den fröstelnden Körper in einen schwarzen, grün gefütterten Umhang gehüllt. Er sah aus, als reite er dem Tod entgegen. Cesare begrüßte ihn fröhlich, herzlich, mit einem offenen Lachen und warmen Blick. Unter munterem Geplauder bewegte der Zug sich sodann auf die Stadt zu. Alles war unauffällig, ruhig – zumindest scheinbar.

Auf der Brücke, die zur Stadtmauer führte, standen die vorausgeeilten Edelleute des Herzogs in einer Doppelreihe Spalier; die eine Reihe dem Fluß zugewandt, die andere Reihe den Bergen. Kaum hatten Cesare und seine Begleiter das Spalier erreicht, da tauchten hinter den Reihen zu Hunderten, ja zu Tausenden Cesares Söldner auf, die sich bis dahin zwischen Büschen und Bäumen verborgen gehalten hatten. Die Kondottieri konnten nicht zusammenrücken, denn neben jedem gingen zwei Männer des Herzogs. Als sie das Gebäude erreicht hatten, in dem Cesare residierte, hatten sie es eilig, sich zu verabschieden, doch Cesare stellte sich taub: Waren sie nicht gekommen, um gemeinsam festlich zu speisen und einen neuen Schlachtplan auszuarbeiten? Warum wollten sie dann nicht mit ihm hineinkommen?

Wahrscheinlich unter dem Vorwand, er wolle sich nach dem langen Ritt erfrischen, ließ Cesare seine Gäste mit den Offizieren seiner Wache allein. Die Türe zum Vorzimmer wurde geschlossen, und kaum daß die Kondottieri sich dessen gewahr wurden, blitzten Lanzenspitzen an ihren Hälsen.

Das weitere war ein Kinderspiel.

*«Bellissimo inganno!»* – schönster Betrug! – nannte Paolo Giovo, der freundliche, hochgelehrte Bischof von Nocera, später den Handstreich. Niccolò bewunderte die Tat ebenso, nicht wegen ihrer Skrupellosigkeit, wie man vielleicht vermuten könnte – und wie man bisweilen behauptet hat –, sondern wegen der raschen Ausführung und der Entschlossenheit, mit der Cesare sie ins Werk setzte. Offenkundig war alles bis ins kleinste geplant und vorbereitet worden, auch der überraschende Rückzug der französischen Truppen fand nun eine Erklärung. Alles paßte zusammen, mit Ausnahme vielleicht des Absatzes in dem Vertrag, der besagte, daß die Kondottieri sich durch einen einzigen von ihnen hätten vertreten lassen können. An

diesem Absatz hätte das Vorhaben scheitern können, doch nun konnte Cesare darauf hinweisen, daß die Kondottieri allesamt aus freien Stücken gekommen waren – bis auf Baglioni.

Ganz Italien bewunderte Cesare Borgia, weil er sich so geschickt «den Fuchs zum Vorbild» genommen hatte, wie Niccolò schrieb. Der Trick war nicht neu, aber in Sinigaglia hatte man ihn in höchster Vollendung vorgeführt. Isabella d'Este, die als die intelligenteste, kultivierteste und tapferste junge Frau ihrer Zeit galt, pries ebenfalls den *bellissimo inganno,* das Meisterstück, und als Zeichen ihrer Bewunderung schickte sie Cesare Borgia – hundert Masken! Freilich wollte die Herrscherin des kleinen Staates Mantua Cesare damit auch umwerben, denn angesichts des Schreckens, den er verbreitete, war jedermann daran gelegen, ihn günstig zu stimmen. Niccolò war mehr denn je davon überzeugt, daß Florenz mit dem Herzog das wirkungsvolle Militärbündnis abschließen mußte, das er unter Hinweis auf gemeinsame Interessen verlangte. Mit der Unterstützung von Florenz wollte er mit den Männern abrechnen, die seiner Falle entgangen waren, Baglioni aus Perugia vertreiben und Petrucci, die Seele der Verschwörung, aus Siena. Aus Erfahrung klug geworden, gab Niccolò seine Empfehlung als die Meinung von «einsichtsvollen Männern und Freunden der Republik» aus. Über die Absichten des Herzogs könne nicht der geringste Zweifel bestehen, sagten sie angeblich: Vitellozzo und Oliverotto da Fermo seien «als Tyrannen, Meuchelmörder und Verräter» gestorben; Paolo Orsini und den Herzog von Gravina wolle Cesare nach Rom bringen, wahrscheinlich in der Hoffnung, daß sich der Kardinal und ihr anderer Bruder bereits in der Gewalt des Papstes befanden. Dort «wird ihnen sodann der Prozeß gemacht und sie [werden] gerichtlich verurteilt». Wie das Urteil ausfallen würde, war nicht schwer zu erraten.

Was wollte der Herzog, was plante er?

In seiner Umgebung hieß es, er wolle «alle Städte der Kirche von den Parteien und den Tyrannen befreien, sie dem Papst zurückgeben und nur die Romagna für sich behalten. Seiner Exzellenz ist nichts wichtiger, als der Signoria von Florenz zu gefallen, doch diese solle die Gelegenheit am Schopfe ergreifen und unverzüglich einen der ersten Bürger der Stadt als Botschafter entsenden.»

Niccolò erlitt einen schweren Rückschlag: Er hatte die Signoria unter allen erdenklichen Schwierigkeiten mit ausführlichen Berichten förmlich überschwemmt, während er unter härtesten Bedingungen der Armee folgte, und von seinen ersten Briefen war kein einziger in Florenz eingetroffen. Straßenräuber hatten seinen Boten ausgeraubt, und nun schimmelten die Briefe vermutlich irgendwo in einem Graben. In Cesares Lager wunderte man sich unterdessen, daß die Signoria es ganz und gar nicht eilig hatte, auf die dringende Bitte des Herzogs zu antworten. Die Ereignisse von Sinigaglia, die Hinrichtung von Vitellozzo und Oliverotto, die Gefangennahme der Orsini, die Übergabe von Perugia, der Marsch nach Siena – die Signoria erfuhr alles, aber nicht von Niccolò Machiavelli. Wäre er tot gewesen, wie seine Freunde angesichts des beunruhigenden Schweigens vermuteten, hätte man ihm vielleicht vergeben, doch wenn er lebendig nach Florenz zurückkehrte, würde er als unfähiger Versager gelten, der seine Aufgabe nicht erfüllt hatte. Wer würde ihm allein das Geld erstatten, das die vielen Depeschen gekostet hatten?

Die ersten Berichte waren Niccolò unter dem Eindruck der Ereignisse aus der Feder geflossen und hatten seine Bewegung widergespiegelt. Am Rande der Verzweiflung, weil er davon keine Kopien angefertigt hatte, und ohne sich zu vergewissern, ob die späteren Briefe ebenfalls verlorengegangen oder abgefangen worden waren, setzte er sich hin, rekapitulierte zum wiederholten Male die Ereignisse und faßte die Gespräche zusammen. Er gab die Unterredungen ausführlich und mit dem gewohnten Sinn für das Dramatische wieder, aber der Schwung und das Feuer der ursprünglichen Fassung fehlten.

Nur einen Trost fand er: Als doch noch einer seiner Berichte sein Ziel erreichte, entschloß sich die Signoria endlich, einen Botschafter zu entsenden. Niccolò konnte nach Florenz zurückkehren.

# Der große Handel

«Solange der Papst lebt und die Freundschaft zum König hält, bleibt dem Herzog das Glück hold», schrieb Niccolò und rechnete nicht damit, daß sich an Cesare Borgias Situation bald etwas ändern würde.

Seit Sommeranfang grassierte in den unteren Stadtvierteln Roms die Malaria. Sie griff bald auf die höher gelegenen Wohnviertel der Aristokraten über, vertrieb die ausländischen Gesandten aus der Stadt und rückte schließlich bis in den Vatikan vor. Am 18. August 1503 starb Papst Alexander VI. am Fieber. Sofort brach sich der Haß auf die Borgia Bahn. Der Tod des Borgia-Papstes brachte Rom an den Rand eines Bürgerkrieges.

Cesare hatte für den Fall, daß sein Vater sterben würde, zwar vorgesorgt, aber mit diesem frühen Ende hatte er nicht gerechnet. Der Zeitpunkt war denkbar ungünstig: Seine Macht in der Romagna war zwar gefestigt, aber überall in Italien lauerte der Feind. In diesem entscheidenden Augenblick war er ans Bett gefesselt und konnte von Rom aus keine Militäroperation leiten. Außerdem fielen die Unruhen, die bei jeder Sedisvakanz ausbrachen, diesmal besonders heftig aus: Die Feinde der Borgia kehrten in die Stadt zurück, die zudem von ausländischen Truppen in Latium bedroht wurde.

Auf die Nachricht vom Tod des Papstes hatte das französische Expeditionskorps, das dem Herzog von Nemours im Königreich Neapel zu Hilfe eilte, bei Viterbo sofort haltgemacht. Obwohl die Aufteilung Neapels zwischen Frankreich und Spanien beschlossene

Sache war, machten sich die Kontrahenten die Beute immer noch streitig. Der spanische Heerführer Gonsalvo de Córdoba hielt die Stadt Neapel besetzt. Ludwig XII. versuchte ihn hinauszuwerfen, aber nach dem Tod Alexanders VI. stand eine wichtigere Schlacht ins Haus: der Kampf um die Tiara. Georges d'Amboise, der Kardinal von Rouen, setzte auf einen Sieg und war mit einer Garde von zweihundert Bogenschützen bereits auf dem Weg nach Rom. Zur Unterstützung seiner Kandidatur hielt sich La Trémoille mit Ludwigs tausend Lanzenreitern, seiner leichten Reiterei und seinen sechstausend Fußsoldaten in der römischen Campagna in Bereitschaft. Vor allem ging es aber darum zu verhindern, daß eine der Parteien Rom an sich reißen würde.

Noch konnten sich Franzosen und Spanier nicht zu einem Handstreich entschließen, aber schon strömten marodierende Söldner in die Stadt. Die Orsini kamen mit zweihundert Arkebusieren und vierhundert Infanteristen nach Rom zurück, um an Cesare Borgia Rache zu nehmen. Sie lieferten sich in den Straßen Scharmützel mit dem Erzfeind, den Colonna, die mit den anderen Verbannten ebenfalls zurückgekehrt waren.

Die verfeindeten Parteien errichteten Barrikaden, steckten Stadtpaläste in Brand und metzelten sich gegenseitig nieder. Cesare Borgia konnte den Vatikan nicht verlassen. Auf der Straße war sein Leben keinen Pfifferling mehr wert. Trotzdem schien ihm Fortuna, sein «außergewöhnliches Glück», noch hold. Trotz Krankheit und Schwäche führte er mit den verschiedenen Parteien geschickte Verhandlungen. Da die Orsini ihm nach dem Leben trachteten, verständigte er sich mit den Colonna und zog so ihre starken Verbündeten, die Spanier, mit auf seine Seite. Die Franzosen konnte er mit dem Versprechen, die Kandidatur von Georges d'Amboise zu unterstützen, ebenfalls auf seine Seite bringen, denn noch besaß er Einfluß. Als das Konklave einberufen wurde, mußte er den Vatikan auf Druck der Kardinäle verlassen. Unter dem Schutz französischer Truppen ließ er sich auf einer Sänfte in die sicherere Festung von Nepi, in die Nähe von La Trémoilles Truppen, bringen.

Fortuna behütete ihn offenbar noch immer. Dabei waren die Neuigkeiten aus seinem Herzogtum niederschmetternd: Die Vitelli hatten Città di Castello zurückerobert, und Guidobaldo di Montefeltro war ins Herzogtum Urbino zurückgekehrt. Perugia und Sinigaglia hatten ihre Garnisonen vertrieben, Camerino seinen Gouverneur niedergemetzelt. Zu allem Unglück ging auch noch das Gerücht um, der Kondottiere Bartolomeo d'Alviano sei zu den Venezianern übergelaufen und erobere für sie die Romagna. Doch obwohl die Tage der Herrschaft Cesares gezählt schienen, erkor das Konklave einen Mann zum Papst, der ihm wohlgesinnt war: Pius III. erlaubte ihm die Rückkehr nach Rom, bestätigte seine Ansprüche auf die Romagna und verbot, «daß man seinem lieben Sohn Cesare Borgia von Frankreich, dem Herzog der Romagna und von Valentinois, dem Gonfaloniere der Kirche, ein Unrecht tue». Ausdrücklich billigte er einen Feldzug zur Rückeroberung seiner Gebiete.

Ein großes Glück für den Valentinus! Die internationale Politik hatte weder die Wahl eines französischen noch eines spanischen Papstes ermöglicht: Die spanischen Kardinäle hatten für den Fall, daß Georges d'Amboise den Papstthron besteigen sollte, mit dem Schisma gedroht. Die italienischen *papabili* wie Giuliano della Rovere – der Neffe Sixtus' IV. und die spätere rechte Hand von Innozenz VIII. – und Ascanio Sforza – der Bruder des unglücklichen Lodovico il Moro – hatten nicht genug Zeit gehabt, Stimmen zu kaufen, und sich deshalb ebenfalls auf den Übergangspapst verständigt. Der hochbetagte Kardinal Piccolomini stand bei seiner Wahl zum Papst bereits mit einem Bein im Grab. Sechsundzwanzig Tage später beförderte ihn ein renommierter Chirurg mit einem ungeschickten Schnitt mit der Lanzette ins Jenseits. Den florentinischen Gesandten war nicht mehr die Zeit geblieben, nach Rom zu galoppieren und dem neuen Papst zur Wahl zu gratulieren.

Mit seinem Tod war wieder alles offen. Diesmal wurde allerdings noch erbitterter um die Tiara gestritten, und vom Ergebnis dieses Kampfes hing das Schicksal des Valentinus und das der florentinischen Republik ab. Die Signoria war noch immer beunruhigt über Cesare Borgias Ambitionen in der Toskana. Außerdem ging das Gerücht, die französischen Truppen in der Lombardei würden abrükken: Damit wäre das Gebiet schutzlos dem Valentinus preisgegeben, oder, im Falle seines Untergangs, den Venezianern, die bereits in die Romagna eingefallen waren. Und auch Kaiser Maximilian bereitete angeblich einen Marsch nach Norditalien vor. Ludwig XII. sollte sich nach Ansicht der Signoria also besser um den Norden kümmern, als vom Süden zu träumen!

Als die Nachricht vom neuen Konklave in Florenz eintraf, schickte der Rat der Zehn Machiavelli sofort nach Rom. Er sollte die einflußreichsten Prälaten aufsuchen, die jetzt alle Fäden in den Händen hielten: Georges d'Amboise, den Kardinal von Rouen, und Giuliano della Rovere, Kardinal von San Pietro in Vincula und Erzbischof von Avignon, beide Kardinäle der profranzösischen Partei. Bei der Mission ging es darum, ihnen die florentinischen Befürchtungen vorzutragen und die Unterstützung der Republik zuzusichern, wenn sie ebenfalls zum Beistand bereit seien.

Niccolò hatte Georges d'Amboise, mit dem er bereits während seiner Mission in Frankreich zusammengetroffen war, gründlich kennengelernt: Trotz der gütigen Miene war der Kardinal ein knallharter Verhandlungspartner. Dem gefürchteten Giuliano della Rovere war er bislang noch nicht begegnet, aber er wußte, daß dieser rebellische Prälat der Rivale und Erzfeind Alexanders VI. gewesen war. Alexander hatte alle seine Güter mit Beschlag belegt und ihn ins französische Exil getrieben. Della Rovere war von jeher ein Freund der Franzosen gewesen und hatte deren Italienpolitik stets unterstützt.

Als Machiavelli Ende Oktober 1503 in Rom eintraf, war das Erscheinungsbild der Stadt alles andere als eindrucksvoll.

Während sich auf den Hügeln Gemüse- und Weingärten, Olivenhaine, karge Behausungen und Überreste antiker Bauten abwechselten, bestanden die unteren Stadtviertel aus finsteren, verwinkelten und stinkenden Gassen, die zugleich als Kloaken dienten; doch traf man auch dort schon vereinzelt an schmucklosen Plätzen auf prachtvolle Stadtpaläste. Zahllose Kuppeln und Kirchtürme zeugten von den Jahrhunderten religiöser Prachtentfaltung, aber auch von Niedergang und Verfall.

Wie jeder Reisende aus dem Norden passierte Machiavelli die Porta del Popolo, überquerte den gleichnamigen Platz und ritt durch die trostlose Via Lata bis zur Piazza di Spagna, über der bereits an der Kirche Trinità dei Monti gebaut wurde. Erst in unmittelbarer Nähe zum Pantheon erwachte Rom zum Leben. Eine bunte Menge schob sich durch die Gassen, von denen manche so eng waren, daß gerade ein Pferd hindurchpaßte. In vielen türmten sich die Barrikaden, in anderen stand noch das Wasser des Tibers, der wieder einmal über die Ufer getreten war.

Niccolò war erschöpft, kotbespritzt und «ohne ein trockenes Haar». Seit der Abreise aus Florenz hatte es unablässig geregnet. Sein einziger Wunsch war ein Dach über dem Kopf und ein Stall für sein Pferd. Man hatte ihn fortgehetzt ohne Rücksicht auf seinen miserablen Gesundheitszustand, auf das Wetter oder den wohlverdienten Wunsch nach einer Atempause: Das ganze Frühjahr hindurch hatten die Kanzleien pausenlos versucht, der Aufstände in den Tälern von Chiana und Arno Herr zu werden, Unruhen, die wie der neuerliche Widerstand der Pisaner auf das Konto Cesare Borgias gingen.

Andererseits war Niccolò wohl auch ganz froh, dem bürokratischen Mief des Palazzo Vecchio entronnen zu sein und die Schlacht um die Tiara aus nächster Nähe verfolgen zu können. Und sicher war er sehr gespannt auf das Verhalten des Valentinus, der jetzt eine gefährliche Situation meistern mußte.

Die denkbar beste Unterkunft für Niccolò wäre Dantes Lieblingsherberge «Orso» gewesen, freilich weniger wegen des Andenkens an den florentinischen Dichterfürsten als vielmehr wegen der Nähe zur Engelsburg.

Denn dort saß Cesare Borgia im Augenblick fest. Nach der Rückkehr nach Rom hatte er zunächst Zuflucht in den Gemächern von Georges d'Amboise gefunden; allerdings hatten die Orsini und die Colonna über ihrer Rachsucht alle Feindschaft vergessen und beschlossen, den Valentinus gemeinsam zu vernichten. Nachdem sie mit einem Sturm auf den Vatikan gedroht und dort eine Tür in Brand gesteckt hatten, befand man es für besser, Cesare durch den Geheimgang in die Engelsburg zu bringen. Im sicheren Obergeschoß und nur im Kreise von vier ergebenen Dienern hatte er auch vom Tod Pius' III. erfahren.

Der unbeugsame Cesare gab bei der künftigen Papstwahl den Ausschlag, denn alle Beobachter waren sich einig: Es würde nur einen Papst geben, der sich mit Cesare verständigt hätte. Cesare konnte die Stimmen der Anhänger der Borgia und der noch unschlüssigen, aber diszipliniert abstimmenden spanischen Kardinäle – insgesamt die Mehrheit im Konklave – in die Waagschale werfen. So herrschte an der Engelsburg täglich ein reges Kommen und Gehen, das Niccolò mit gespannter Aufmerksamkeit beobachtete.

Kaum hatte der Übergangspapst seine Seele ausgehaucht, wurde Giuliano della Rovere als aussichtsreichster Kandidat für die Nachfolge gehandelt. Als Feind der Borgia konnte er bei Cesare allerdings kaum auf Unterstützung hoffen: Der sterbende Alexander hatte seinen Vertrauten geraten, Roveres Wahl unter allen Umständen zu verhindern. Trotzdem bestätigte Kardinal Soderini, als sich Niccolò nach seiner Ankunft in Rom von ihm die Situation erklären ließ, daß della Rovere bei der Papstwahl große Siegeschancen habe. Es sehe so aus, meldete Machiavelli der Signoria sofort, als ob ihm der Kardinal von Rouen «den Steigbügel hält».

Warum sollte d'Amboise ihn auch nicht unterstützen? Della Rovere war ein Freund der Franzosen, und er selbst machte sich angesichts des erbitterten Widerstands der spanischen Kardinäle über die eigenen Chancen keine Illusionen mehr. Aber wie auch Niccolò wußte, waren die Kardinäle «drinnen zumeist ganz anderer Meinung als draußen. Die Leute, die über hiesige Angelegenheiten gut Bescheid» wußten, versicherten, «man könne jetzt noch nichts sagen». Man mußte eben abwarten.

In Rom traten die Vorbereitungen zur Papstwahl in die heiße Phase. Binnen Stunden stiegen die Gewinnchancen Giuliano della Roveres von sechzig Prozent am 30. Oktober auf achtzig Prozent am 31., als sich die Türen zum Konklavesaal schlossen. Zwei Konkurrenten, so erfuhr man, hatten zu seinen Gunsten auf die Kandidatur verzichtet. Vor allem aber hatte Giuliano von Cesare Borgia in der Engelsburg eine Zusage für die spanischen Stimmen erhalten, ein Viertel im Heiligen Kollegium. «Man errät leicht», schrieb Niccolò der Signoria, «warum sie sich auf seine Seite geschlagen haben: Der eine muß zu neuem Leben erweckt werden, die anderen müssen sich bereichern.»

Machiavelli hielt von Prälaten nicht mehr als später Luther. In Rom war alles käuflich. Gehandelt wurde öffentlich auf der Straße, wie der venezianische Botschafter bemerkte, und dabei ging es nicht um kleine Summen. Kardinal Ascanio Sforza hatte sich schon beim vorigen Konklave so verausgabt, daß er jetzt keine Chance mehr hatte.

Von einem Diener Giuliano della Roveres, der in seiner Herberge untergebracht war, erfuhr Machiavelli, daß sein Dienstherr zum Papst gewählt worden war und den Namen Julius II. angenommen hatte. Der Diener hatte seine Informationen vom Konklavisten des Kardinals. Obwohl ihn die Neuigkeit nicht völlig überzeugte, schrieb Niccolò eine Meldung, schickte sie aber nicht sofort ab: «Derlei Nachrichten verdienten wie viele andere Ereignisse, die sich hier stündlich zutragen, mit dem Eilboten abgesendet zu werden, doch haben mir Eure Herrlichkeiten dazu keine Weisung gegeben, und ohne formelle Anordnung stürze ich mich in Unkosten» – eine kleine Spitze des Gesandten, der von seinen Vorgesetzten in jeder Hinsicht kurzgehalten wurde. «Im übrigen», fuhr er fort, «verbietet es die nächtliche Stunde, Kuriere rufen zu lassen oder sich selbst nach einem umzusehen. Die Straßen sind nicht sicher, und jener Mann, der vom Palast kam, wurde von zwanzig bewaffneten Gardesoldaten eskortiert.»

Rom war bereits in gewöhnlichen Zeiten ein gefährliches Pflaster, auf dem zahlreiche Verbrechen verübt wurden. In den augenblicklichen stürmischen Tagen, in denen sich die verfeindeten Faktionen im Schutz der Dunkelheit bekriegten und französische Haudegen auf jeden einhieben, der seiner Haarfarbe nach ein Spanier sein konnte, war jeder nächtliche Ausgang ein gefährliches Wagnis. Wenn Niccolò mehr als ein «akribischer Beamter» sein und sein Leben riskieren sollte, mußte man seinen Ehrgeiz schon anstacheln! «Die Menschen in diesen Zeiten haben beim Voranrücken, nicht beim Rückzug Mühe», schrieb er später und verlangte mit deutlicher Ungeduld zum hundertsten Mal die Erstattung seiner Spesen, wenn man ihn schon nicht besser besolden könne!

Allerdings war angesichts des spannenden Konklaves aller Ärger wie verflogen. In Erwartung einer Bestätigung für die Wahl Giuliano della Roveres tat Niccolò die Nacht über kein Auge zu. Als sie am Morgen schließlich eintraf, griff er aufgeregt zur Feder. «Die Wahl und die Proklamation», so schreibt er, «waren ganz außergewöhnliche Dinge.» Sie seien ein «Wunder» gewesen. Alle Parteien im Heiligen Kollegium hätten sich für Rovere erklärt; auch die Könige von Spanien und Frankreich, die sich vor kurzem noch bekriegt hätten, sowie die verfeindeten römischen Barone Orsini und Colonna mit ihren Faktionen. «San Giorgio [Kardinal Riario, Caterina Sforzas Sohn] hat ihn unterstützt; der Valentinus hat ihn unterstützt. Alles hat zu seinem Erfolg beigetragen.»

Was Giuliano della Roveres Wahlversprechen anging, die auf die Parteien wie das himmlische Manna niedergeregnet waren, so würde Julius II. «allerhand Winkelzüge machen müssen, um sie zu erfüllen: Eine große Zahl ist widersprüchlich!» Die Manöver des Papstes zu beobachten würde Machiavelli ein Genuß sein! Für kein Königreich der Welt wollte er von seinem Posten weichen. Fast hätte er vergessen, daß Marietta in Florenz bald ihr erstes Kind zur Welt bringen würde.

Julius II. galt als jähzorniger und unbequemer, aber aufrichtiger Mann mit skrupulösem Ehrgefühl. Würde er Wort halten und Cesares Rechte auf das Herzogtum Romagna anerkennen? Eine Einschränkung gab es bereits: Das Herzogtum Urbino, so hieß es, sollte sein Neffe Francesco Maria della Rovere erben. Francesco war zugleich der Neffe Guidobaldo di Montefeltros. Im Gegenzug für diese Erbschaft sollte er die Tochter von Cesare Borgia und Charlotte d'Albret heiraten. Als Pfand war dem Valentinus vom Papst der Hafen Ostia überlassen worden.

Auf alle Fälle rechnete Cesare mit einer Ernennung zum Gonfaloniere der Kirche. Mit Hilfe des ruhmreichen Amtes als Oberbefehlshaber der päpstlichen Truppen hoffte er seinen zerfallenden Staat zurückzuerobern. Im Augenblick logierte er wieder mit vierzig Dienern im Vatikan über dem Appartement Borgia in den neuen Gemächern, die bald darauf von Raffael ausgeschmückt werden sollten.

In Rom schossen die Gerüchte ins Kraut. Viele glaubten nicht daran, daß Julius II. die zehn Jahre Exil, die er den Borgia verdankte, so einfach vergessen würde. Niccolò teilte die Skepsis und äußerte die Befürchtung, Cesare sei zu vertrauensselig: «Er verläßt sich auf das Wort anderer, das er für sicherer hält, als sein eigenes gewesen ist ...» Ob er sich verrechnete? Die Beantwortung dieser Frage überlasse «man besser der Zeit, der Mutter aller Wahrheit».

Eine kluge Einsicht! Mit den Voraussagen politischer Beobachter ist es wie mit den Prognosen von Sportkommentatoren. Als weitsichtig erweisen sie sich stets erst im nachhinein. Trotzdem beweihräuchert man gerne Machiavellis «außergewöhnlichen Scharfblick», lobt man seine «hellsichtigen Berichte» oder preist man sein «klares Urteilsvermögen». Mit gleichem Recht könnte man ihm aber auch seine Kurzsichtigkeit vorhalten, die er mit heutigen Journalisten teilt, wenn sie stets dem Tagesgeschehen nacheilen und sich kaum tiefere Einblicke verschaffen können. Machiavellis Hellsicht ist nur allzu oft ein Aufguß dessen, was in der Gerüchteküche seiner Umgebung zusammengebraut wird. Oft leitet er seine Kommentare mit einem «Es heißt» oder «Man glaubt» ein, immer wieder läßt er sich von der Woge der Meinungen mitreißen und erleidet dabei mehr als einmal Schiffbruch. Man entscheide selbst:

Am 4. November 1503 bezweifelte er, daß Julius II. seine Zusagen an Cesare einhalten konnte oder wollte.

Am 8. schien ihm offenkundig, daß «Cesare den Kommandostab nicht erhalten» würde: Im ersten Konsistorium, das ihn als Gonfaloniere der Kirche hätte bestätigen sollen, sei von keiner Ernennung die Rede gewesen. Der Papst habe ihn fallenlassen.

Am 11. war Machiavelli sicher, daß der Papst zu einer Unterstützung Cesares bereit sei, um die Romagna nicht den Venezianern zu überlassen.

Andere warfen Julius II. ein Doppelspiel vor. Demnach durfte man sich von seinem empörten Aufschrei bei der Eroberung von Imola und seiner Hetzkampagne gegen die Venezianer nicht täuschen lassen: Er sollte sich mit der Serenissima arrangiert haben, um dem Borgia den Untergang zu bereiten.

An so viel Niedertracht mochte Niccolò nicht glauben: Wie Kardinal Soderini, mit dem er sich beraten hatte, nahm er die heftigen

Gefühlsausbrüche des Papstes als Garantie für seine Aufrichtigkeit! Seiner Meinung nach verhielt sich die Sache so: Da der Papst seine Wahl allen verdankte, müsse er so lange taktieren, bis der Augenblick gekommen sei, da er «umarmen kann, wen er will». Julius hatte tatsächlich die feste Absicht, die Venezianer in der Romagna zu stoppen, notfalls auch mit Gewalt. Aber er befand sich in einer Zwangslage: Er hatte weder Geld noch Truppen, noch die Unterstützung der Franzosen, die am Ufer des Garigliano den Spaniern gegenüber im Morast festsaßen. (Die prunkvolle Papstkrönung konnte nicht darüber hinwegtäuschen, daß der Krieg im Königreich Neapel keineswegs beendet war.) Auf wen hätte er sich in dieser Situation stützen können, wenn nicht auf Cesare Borgia? Julius II. war ihm zwar nicht besonders «zugetan, aber er schont[e] ihn aus zwei Gründen: Um sein Wort zu halten, das als sicher [galt], und aus Dankbarkeit, da er ihm zum großen Teil die Papstwürde» verdankte. Vor allem aber war Cesare «am ehesten in der Lage, den Venezianern die Stirn zu bieten».

Der Beweis: Der Heilige Vater drängte den Herzog zum Aufbruch und bat Niccolò, der Signoria schleunigst seinen Wunsch zu überbringen, ihm freies Geleit zu geben und seinem Heer den Durchmarsch zu erlauben.

Am 13. schrieb Niccolò erneut: «Der Papst ist für den Herzog, denn er ist durch seine Versprechen gebunden.» Über das Datum seiner Abreise entschied Julius gemeinsam mit den wichtigsten Kardinälen. Cesare sollte sich spätestens in zwei oder drei Tagen von Ostia aus nach La Spezia einschiffen, dann durch die Garfagnana nach Ferrara marschieren und bei Imola zu seinen Truppen stoßen. Diese müßten die Toskana durchquert haben und mit der erhofften Verstärkung aus Florenz, aus Frankreich und vom Papst dort eingetroffen sein.

Niccolò hielt dieses Szenario für sicher. Er hatte seinen «Fürsten» wieder. Der Gewittersturm bei der ersten kurzen Begegnung vom 6. November dieses Jahres war in weite Ferne gerückt.

An jenem Tag hatte die florentinische Kanzlei die Nachricht vom «Unglück des Herzogtums Romagna», vom Einmarsch der Venezianer, verbreiten lassen. Niccolò entfaltete eine fieberhafte diplomatische Aktivität, um für seine Dienstherren erst den Papst und dann verschiedene Kardinäle auf den richtigen Kurs einzuschwören: Es gehe «jetzt nicht mehr um die Freiheit der Toskana, sondern um die Freiheit der Kirche; an dem Tag, an dem man die Venezianer noch mächtiger werden läßt – und das [waren] sie schon zu sehr! – [würde] ihr Papst nur noch ihr Kaplan» sein.

Nachdem er sich in Schwung geredet hatte, suchte er damals aus Neugierde Cesare Borgia auf, um zu erfahren, wie er auf die Nachricht vom Debakel in der Romagna reagierte.

Beim Valentinus erwartete ihn mehr als nur ein Gewitter. Kaum hatte Niccolò die Tür geöffnet, fuhr ihm ein Orkan entgegen:

«Deine Dienstherren sind meine Feinde!» brüllte Cesare. «Mit hundert Mann hättet ihr Imola retten und die Venezianer vor Faenza wegfegen können. Aber das wolltet ihr nicht. Gut, ihr werdet es als erste bereuen! Imola ist verloren. Meinetwegen. Ich bin nicht so dumm, daß ich Truppen zu seiner Befreiung aushebe und dann den Rest verliere. Ihr haltet mich nicht mehr zum Narren! Ich werde den Venezianern mit eigenen Händen helfen, eure Republik zu zertreten! Und glaubt nicht, daß euch die Franzosen helfen. Sie wollen Neapel nicht verlieren. So sehr wie ihnen die Spanier zu schaffen machen, können sie sich nicht um euer Schicksal kümmern.»

Nach dieser «Flut giftiger und haßerfüllter Worte» räumte Niccolò schließlich das Feld. Später rechtfertigte er sich: Zwar habe es ihm nicht an Argumenten oder Worten gefehlt, aber mit einem Tobsüchtigen solle man nicht streiten! Man müsse ihn beruhigen und sich dann «absetzen».

Am nächsten Tag überlegte Cesare es sich anders. Er rief Kardinal Soderini zu sich und schlug versöhnlichere Töne an, obwohl er sich noch immer über Gott und die Welt, insbesondere über die Franzosen, beschwerte.

Bei der Signoria erkundigte sich Niccolò, wie er sich «gegenüber dem Herzog zu verhalten habe, denn ihn nach Florenz zu bringen und ihm Sicherheit zu geben», scheine «hier zweckmäßig». Nachdem der Valentinus die Florentiner mit bösen Worten für die Entwicklung in der Romagna verantwortlich gemacht hatte, behauptete er jetzt, alles vergessen zu wollen. Er denke nur noch an die gemeinsamen

Interessen, damit den Venezianern nicht die ganze Romagna in die Hände falle.

Niccolò glaubte Cesare erneut und schloß sich in seinem Bericht an die Signoria der Ansicht des Stadtherrn von Bologna an: Dessen Sohn hatte ihm am 14. November anvertraut, «der Einzug der Venezianer sei eine so schlimme Sache, daß er glaube, sein Vater und die gesamte Republik würden den Herzog nach Kräften unterstützen, wenn dies das einzige Mittel sei, sie aufzuhalten». Die gleichen Töne kamen aus Ferrara. «Este hat versichert», teilte Niccolò der Signoria mit, «sein Vater werde sich nicht entziehen.»

Kardinal Soderini hingegen war skeptisch: Wäre der Herzog als Nachbar nicht mindestens ebenso gefährlich wie die Venezianer? Außerdem sei Cesare augenblicklich unentschlossen und argwöhnisch. Es sei zweifelhaft, ob er überhaupt aus Rom abrücke. Und andere Gesprächspartner äußerten die Ansicht, der Borgia sei so «entschlußlos und konfus», als sei er nicht bei Sinnen.

Aber Niccolò war im stillen davon überzeugt, daß er schon entscheidungsfreudiger werden würde, wenn nur Florenz sich entscheide.

Dann kam aus Florenz die Absage! Kein freies Geleit für den Valentinus! Cesare war außer sich, Niccolò versank fast im Boden. «Wenn Ihr uns schreibt», warnte ihn Buonaccorsi mitleidig, «daß die Person noch munter sei, dann macht Ihr Euch bei allen zum Gespött. Einige glauben natürlich, Ihr habt es noch auf ein Trinkgeld abgesehen; das aber hat kaum Aussichten auf Erfolg, denn hier wird nicht darüber gesprochen, wie man den Herzog aufmuntern kann, sondern darüber, wie man ihn vernichtet.»

In Florenz ging man davon aus, daß der Papst Cesare nicht unterstützen, sondern ihn aus Rom entfernen wollte.

Niccolò mußte diese Neuigkeit erst einmal verdauen. Julius II. hatte auf die Nachricht, daß die Signoria Cesare das freie Geleit verweigerte, merkwürdig reagiert: «Gut», hatte er nur gesagt, den Kopf gehoben und das Thema gewechselt.

Eine Kehrtwendung war angesagt! Auf Buonaccorsis Warnung hin hängte Niccolò sein Fähnchen nach dem Wind und berichtete Florenz von seiner Begegnung mit Julius II.: «Hier ist man fest davon überzeugt, der Papst wolle [Cesare] so schnell wie möglich aus seiner Gegenwart entfernen, deshalb rede er davon, ihn in die Romagna und nicht anderswohin zu schicken.»

Niccolò war Vater geworden – er hatte einen «schönen und kräftigen Jungen» bekommen, «einen richtigen kleinen Raben, so schwarz ist er» –, also konnte er es sich nicht leisten, seine Dienstherren zu verärgern und seine Arbeit zu verlieren!

Dann aber vergaß er wieder alle Vorsicht und hob hervor, Julius II. bemühe sich nach Kräften, nicht wortbrüchig zu werden. Der Papst sei froh, daß die Weigerung aus Florenz und nicht von ihm gekommen sei. Über mehr Scharfblick – oder über eine bessere Informationsquelle – verfügte zur gleichen Zeit der venezianische Botschafter: «Der Papst ist dabei, den Herzog zu vernichten. Er möchte aber nicht als der Verantwortliche dastehen.»

Am 19. November schlug Niccolò die Warnungen seines treuen Mitarbeiters erneut in den Wind und meldete nach Florenz, Cesare sei «munterer» denn je und warte in Ostia auf günstigen Wind, um sich mit seinen fünfhundert Bewaffneten einzuschiffen. Inzwischen waren siebenhundert Berittene in die Toskana unterwegs. Die Signoria mußte sich in acht nehmen: Der rachsüchtige Herzog konnte mit den Pisanern gemeinsame Sache machen, mit den Venezianern oder «gegebenenfalls mit dem Teufel» paktieren, wie er bei der letzten stürmischen Unterhaltung angedroht hatte! Im Augenblick mußte man vor allem die Venezianer im Auge behalten. Cesare war der einzige, der Florenz vor ihnen schützen konnte. Die Franzosen fielen aus, weil sie von «den Wassern des Himmels und der Erde» am Ufer der Garigliano festgehalten wurden; der Papst konnte mangels Waffen und Geld nichts anderes tun, als den Beteuerungen der Serenissima zum Schein zu glauben: Sie gab sich als gehorsame Tochter der Kirche, allein vom Haß auf den Borgia beseelt. Machiavelli hätte in seinen Sendschreiben an die Signoria nicht deutlicher werden können: Sie sollte mit Cesare verhandeln.

Aber schon am nächsten Tag änderte er seine Meinung: Der Bischof von Ragusa war in Julius' Auftrag in die Romagna gereist, um – vielleicht auf Kosten des Valentinus – mit den Venezianern

Gespräche zu führen. Niccolò sah jetzt klarer. Er hatte sich etwas weit aus dem Fenster gelehnt und mußte sich korrigieren: «Ich sage Euch erneut: Wenn Ihr es infolge neuer Umstände für angebracht haltet, den Herzog zu unterstützen, so mögt Ihr dies tun. Indes verschweige ich Euch nicht, daß der Papst es lieber sähe, wenn Ihr ihn fallenlassen würdet.» Ohne eine Prognose über das weitere Schicksal des Valentinus schloß er: «Wir werden sehen, wohin ihn der Wind trägt, ob seine Truppen Erfolg haben und was Ihr beschlossen habt.»

Der Wind sollte Cesare nicht einmal bis La Spezia tragen. Nach drei Tagen brachen für ihn schlimme Zeiten an: «Für den Herzog ist der Wettlauf vorüber», konstatierte Niccolò am 26. November. Gerüchten zufolge hatte ihn der Papst in den Tiber werfen lassen! «Ich bestätige dies weder», schrieb Machiavelli, «noch dementiere ich es. Ich glaube allerdings, wenn es noch nicht geschehen ist, dann geschieht es noch.» Der Papst, dem Niccolò noch vor einigen Tagen Ehrgefühl, «Rücksichten und Skrupel» attestiert hatte, begann «seine Schulden mit dem Schwamm des Tintenfasses» auszulöschen.

«Wenn sich die Ereignisse anders entwickeln, als die Menschen wollen», so heißt es, «[...] dann entscheidet allein die Zweckmäßigkeit.» Obwohl Julius II. Cesare verabscheute, hatte er ihn aus Ehrgefühl oder aus politischen Erwägungen vielleicht tatsächlich schonen und für sich benutzen wollen, aber jetzt stand die Zweckmäßigkeit dagegen. Am 21. November war die Nachricht eingetroffen, daß die Venezianer Faenza erobert hatten. In der folgenden Nacht, so hieß es, tat der Papst kein Auge zu und ersann bis zum frühen Morgen einen Rettungsplan für die Romagna: Die Venezianer gaben vor, die Romagna von der Tyrannei des Valentinus befreien zu wollen, also mußte der Valentinus seine Festungen «nominell» der Kirche übergeben. Er sollte sie als päpstlicher Vikar zurückerhalten, sobald die venezianische Gefahr gebannt sein würde.

Kardinal Soderini hatte sich bereit erklärt, mit dem Kardinal von Sorrento nach Ostia zu eilen, um sich von Cesare Borgia die Losungsworte für die Übergabe der Festung geben zu lassen. Bald darauf kehrte ein Kurier in gestrecktem Galopp mit der Nachricht zurück, der Valentinus habe die Übergabe abgelehnt. Das Zorngebrüll des Papstes hallte durch den Vatikan. Es hieß, er habe die sofortige Verhaftung des Herzogs und die Entwaffnung seiner Truppen befohlen, die in Perugia und Siena eingetroffen seien. Cesares Leben schien keinen Heller mehr wert. Vor einer Meldung an die Signoria wartete Niccolò allerdings die Rückkehr Soderinis ab, der das Gerücht bestätigen sollte.

Am 27. November teilte ihr Machiavelli lediglich mit: «Mir ist nur soviel bekannt, daß der Herzog in Ostia in der Gewalt des Papstes ist.» Am 28. wußte er mehr: «Soviel aber sieht man, daß der Papst bitteren Ernst mit ihm macht!» Man hatte Cesare Borgia unter strenger Bewachung nach Rom zurückgebracht. Sein Schicksal war ungewiß, aber Niccolò sah Schlimmes für ihn voraus: «Man sieht, daß ihn seine Sünden allmählich zur Buße gebracht haben. Gott gebe das Beste!» Ob die fromme Bemerkung aufrichtig war, oder ob Niccolò ablenken wollte, weil er für Cesare mehr als eine Lanze gebrochen hatte, sei dahingestellt!

Cesare Borgias Leiche trieb nicht im Tiber wie im Vorjahr der schöne Astorre Manfredi, der junge Stadtherr von Faenza, der im Auftrag der Borgia mit einem Stein um den Hals in die Fluten geworfen worden war. Vielmehr überführte man den Herzog in die Gemächer des Kardinals von Rouen. D'Amboise, der sich einen angenehmeren Gast hätte vorstellen können, quartierte ihn in dem Raum ein, in dem Cesares Meuchelmörder Micheletto vor fünf Jahren den jungen Alfons von Aragón, den Gatten seiner Schwester Lucrezia Borgia, erdrosselt hatte. Als Cesare in den Raum geführt wurde, soll er erschrocken und in Tränen ausgebrochen sein. War es Reue oder Furcht vor dem gleichen Schicksal? Man wußte es nicht.

Niccolò Machiavelli war bei dieser Szene nicht anwesend, aber er wurde Zeuge eines anderen Schauspiels, bei dem Cesare ebensoviel Schwäche zeigte: Guidobaldo di Montefeltro, der pompös in Rom empfangen worden war, wartete im Vorzimmer des Papstes darauf, daß ihn Cesare Borgia für die Vertreibung aus Urbino um Vergebung bitten würde.

Erst bei dieser Szene, die zahlreiche Zeugen mit Bestürzung oder

Genugtuung verfolgten, ermaß Machiavelli, wie tief der Herzog der Romagna gesunken war: Auf Knien, mit seinem Barett in der Hand und mit Tränen in den Augen flehte Cesare Borgia den Herzog von Urbino um Vergebung für das begangene Unrecht an!

Der höfliche und großzügige Guidobaldo empfand eine solche Szene natürlich als beschämend. Er half seinem Feind auf und nahm gerührt seine Entschuldigung an, die zu einem endlosen Plädoyer in eigener Sache geriet. Er habe aus «jugendlichem Leichtsinn» gehandelt, sei unerfahren gewesen und habe als «stolze und leidenschaftliche Seele» den «Verlockungen der Macht» nicht zu widerstehen vermocht. Er sei «dem verhängnisvollen Einfluß seiner Ratgeber» erlegen, vor allem den Ratschlägen seines Vaters, des Papstes Alexander, der für seine verbrecherischen Unternehmungen allein verantwortlich» sei. Schluchzend schwor er, alles wiedergutzumachen, wenn man ihm nur Zeit gebe.

Durfte man sich von diesen Tränen rühren lassen? Soviel Selbsterniedrigung war verdächtig. Cesare war noch immer Cesare, ein Meister der Verstellung: Der Beweis war seine wochenlange Weigerung, dem Papst seine Festungen zu übergeben, obwohl ihn dies die Freiheit kostete. Der Valentinus spielte mit den Gefühlen des Herzogs von Urbino. Mit seiner demütigen Geste erkaufte er sich die Fürsprache eines einflußreichen Fürsten, der später das Amt des Gonfaloniere erhielt, das Cesare sich mit der Unterstützung Giuliano della Roveres bei der Papstwahl zu sichern gehofft hatte.

Sollten Cesare Borgias Ruhm und seine Stärke nur eine Täuschung gewesen sein? Vielleicht war der Sohn Alexanders VI., der einst die Devise *aut Caesar aut nihil* (Caesar oder nichts) gewählt hatte, in Wahrheit nur ein Nichts. Der glanzvolle Fürst und Abenteurer, Fortunas Liebling, wurde jetzt von der Glücksgöttin im Stich gelassen.

Dies dürfte Niccolò Machiavelli in diesem Augenblick durch den Kopf gegangen sein.

Viel später, sechs Jahre nach seinem mysteriösen Tod – Cesare war vor den Spaniern zu seinem Schwager Henri d'Albret nach Navarra geflohen und dort bei der Belagerung einer kleinen Festung in einen Hinterhalt geraten – sollte er Eingang in Machiavellis *Fürsten* finden:

«Fasse ich nun alle Maßnahmen des Herzogs zusammen, so könnte ich ihm keinen Vorwurf machen; es scheint mir im Gegenteil richtig, ihn, wie ich es getan habe, allen denen zur Nachahmung zu empfehlen, die durch Glück und mit fremder Waffenhilfe zur Herrschaft emporgestiegen sind. Da er herrschen wollte und voll großer Pläne war, konnte er gar nicht anders handeln; nur die kurze Lebensdauer Alexanders und seine eigene Krankheit verhinderten die Ausführung seiner Pläne. [...] Man kann ihm nur sein Verhalten bei der Ernennung des Papstes Julius zum Vorwurf machen; hier hatte er eine schlechte Wahl getroffen. Da er, wie ich schon sagte, den päpstlichen Stuhl nicht nach seinem Willen besetzen konnte, so stand es doch in seiner Macht zu verhindern, daß einer Papst wurde. Er durfte keinesfalls der Wahl eines Kardinals zum Papst zustimmen, den er einmal beleidigt hatte und der ihn nach seiner Erhebung zum Papst zu fürchten hatte. Denn die Menschen befehden einander aus Furcht oder aus Haß. [...] Infolge dessen mußte der Herzog in erster Linie einen Spanier zum Papst machen, und wenn er dazu nicht imstande war, so durfte er seine Zustimmung nur zur Wahl des Kardinals von Rouen und nicht zu der des Kardinals von San Pietro in Vincoli geben. Wer glaubt, daß große Herren wegen neuer Wohltaten alte Kränkungen vergessen, täuscht sich. So beging der Herzog bei dieser Wahl einen Fehler; dies war der Anlaß zu seinem schließlichen Untergang.»

Cesare Borgia war letztlich dem Größenwahn – und wie die Kondottieri beim Hinterhalt von Sinigaglia – seiner Gutgläubigkeit zum Opfer gefallen. Gutgläubigkeit paßte vielleicht zu einem Vitellozzo, Orsini oder Oliverotto da Fermo, aber zum Valentinus? Niccolò, der dies alles hautnah miterlebte, war jedenfalls verunsichert und um eine Illusion ärmer: Cesare hatte hoch gespielt und alles verloren. Wehe den Besiegten! Als Sekretär der florentinischen Republik, nicht als künftiger Verfasser des *Fürsten,* stimmte er damals in den Chor der Borgia-Feinde mit ein: «Mögen auch die Herren von Florenz gegen den Herzog verfahren wie die anderen, die über ihn zu klagen haben; sie sollen Wiedergutmachung für den Schaden verlangen, den der Herzog und seine Truppen auf dem Territorium der Republik verursacht haben, und sie sollen irgendeinen mit der Ermächtigung losschicken, Prokuratoren zu substituieren [d. h., ihm den Prozeß zu machen]», riet er am 14. Dezember. Und am 16. meinte er erneut, man müsse in der «Angelegenheit des Herzogs von Valentinois» eine Entscheidung treffen.

Das Schicksal des Valentinus war besiegelt. Niccolò nahm dies mitleidlos, ja mit Geringschätzung zur Kenntnis. In Rom hatte er sich schließlich mit vielen anderen Dingen zu befassen: zum Beispiel mit den französischen Truppen im Königreich Neapel. So teilte er der Signoria am 12. Dezember gerade noch mit, der Herzog sei «noch immer dort, wo ich in meinem Schreiben vom 9. mitgeteilt habe [also in Gefangenschaft im Vatikan, von wo aus er bald darauf in die Engelsburg übergeführt wurde], in Erwartung der Entwicklung seiner Staaten in der Romagna».

Näheres erfuhr man vier Tage später, als Niccolò hustend und Schleim spuckend – Rom wurde von einer gefährlichen Erkältungswelle heimgesucht – die Heimreise nach Florenz antrat – zur großen Erleichterung seiner liebevollen jungen Frau Marietta, die, so ihr Brief, «ohne ihn weder Tag noch Nacht Ruhe» gefunden hatte.

# Die «Affären ...»

Allen kann man es nicht recht machen. Sollte sich Niccolò einmal darüber hinweggetäuscht haben, so holten ihn seine Freunde rasch auf den Boden der Tatsachen zurück: «Bei Eurer Rückkehr teile ich Euch Einzelheiten mit, die ich besser nicht schreibe», deutete Biagio Buonaccorsi in einem Brief an. «Ihr sollt nur wissen, daß es boshafte Menschen gibt. Dem einen mißfällt, daß Ihr Gutes über Volterra [Kardinal Francesco Soderini] gesagt habt; dem anderen mißfällt dieses oder jenes.»

Für die Feindschaften und Reibereien des alltäglichen Lebens wurde Niccolò wenigstens durch treue Freunde entschädigt. Aber als Vertreter der Macht geriet er leicht unter Beschuß und würde einmal vielleicht sogar als Sündenbock herhalten müssen.

Der Gonfaloniere hielt große Stücke auf ihn, weshalb er denn auch sofort nach der Rückkehr aus Rom zur Unterstützung des Botschafters Niccolò Valori nach Lyon geschickt wurde: Gemeinsam sollten sie Ludwig XII. an seine Pflichten erinnern, Florenz wirksamen Schutz und finanzielle Unterstützung zu gewähren, sonst werde sich die Republik leider «anderswo umsehen» müssen.

Die Signoria hatte allen Grund zur Besorgnis. Die Spanier begnügten sich dem Anschein nach nicht mehr damit, die Franzosen aus dem Königreich Neapel hinauszuwerfen. Sie wollten ihren Machtbereich über ganz Italien ausdehnen und den französischen Einfluß zurückdrängen, der seit der Rückeroberung Mailands vorherrschend war. Im Dezember waren die Franzosen am Garigliano geschlagen worden. Am 1. Januar fiel ihre letzte Festung Gaeta, worauf sie den Rückmarsch in die Lombardei sozusagen im Hemd antreten mußten. Jetzt war zu befürchten, daß Gonsalvo de Córdoba die Offensive nach Norden fortsetzen und Mailand an sich reißen würde. Bei seinem Durchmarsch durch die Toskana könnte er die Gelegenheit nutzen und den Medici, die er bekanntlich favorisierte, zur Rückkehr nach Florenz verhelfen. Gonsalvos Mitstreiter Piero de'Medici war zwar in den Fluten des Garigliano ertrunken – die einzige positive Nachricht während des gesamten Krieges um Neapel! –, aber mit Giovanni und seinem Bruder Giuliano hofften zwei weitere Medici auf die Rückkehr der Dynastie nach Florenz.

Nicht weniger Sorgen bereitete der Signoria das rebellische Pisa, das «Säfte aus der Hölle ziehen würde, um Florenz zu vernichten», wie Machiavelli gegenüber dem Kardinal von Rouen bemerken sollte. Pisa würde es durchaus fertigbringen, sich den Spaniern in den Rachen zu werfen.

«Deine Reise soll dazu dienen, dich mit eigenen Augen von den dortigen Rüstungsanstrengungen zu überzeugen, uns unmittelbar darüber in Kenntnis zu setzen und deine Vermutungen und dein Urteil mitzuteilen», lautete Niccolòs Auftrag, der prompt erfüllt wurde.

Auf der Durchreise durch Mailand traf Machiavelli am 22. Januar mit Chaumont d'Amboise, dem Statthalter von Mailand und Neffen des Kardinals von Rouen, zusammen, von dem er beruhigende Worte hörte. Alarmierendes wußte dagegen ein Informant zu berichten, dessen Namen er aus Sicherheitsgründen nicht nennen durfte: Ludwig XII. sei militärisch geschwächt und praktisch mittellos, seine Armee in Auflösung begriffen. Er habe keine Fußsoldaten, und «auf der anderen Seite säßen frisch die Feinde im Sattel, und das Glück und der Sieg gehörten ihnen».

Als Niccolò am 28. am französischen Königshof eintraf, herrschte dort üble Stimmung. Weder für den gleichen noch für den nächsten oder übernächsten Tag war eine Audienz beim König zu bekommen. Ludwig XII. war krank; krank vor Kummer, Zorn und Scham. Immerhin wurden Machiavelli und Valori vom Kronrat empfangen.

Georges d'Amboise verbreitete Optimismus und bat die Gesandten fröhlich, Florenz zu beruhigen: «In einer Woche wird über Krieg oder Frieden entschieden. Wenn es Frieden ist, wie man glaubt, können sich die Herren von Florenz, da sie Verbündete und Konföderierte sind, völlig sicher fühlen; wenn es Krieg ist, dann müssen sie wissen, daß ihre Interessen und die des Königs ein und dasselbe sind. Es ist bereits Befehl ergangen, tausendzweihundert Lanzenreiter ins Herzogtum Mailand zu entsenden.»

Tausendzweihundert Lanzenreiter! Eine große Enttäuschung für die Gesandten. Mit dieser Streitmacht konnte man nicht auf Sieg setzen. Die Venezianer, die Norditalien in Schutt und Asche legen wollten und es den Spaniern noch leichter machten, waren damit nicht zu stoppen! Es war also besser, sich für den Frieden einzusetzen, auch wenn Niccolò Machiavelli – oder Valori? – nicht an ihn glauben konnte: «Die spanischen Sprecher behaupten, die Sache sei entschieden, aber in diesem Fall erlaube ich mir, anderer Meinung zu sein als alle.»

Niccolò und Valori blieben nicht untätig. Sie waren dauernd unterwegs, suchten Mitglieder des Kronrates auf, verhandelten, taktierten, antichambrierten beim König und häufiger noch bei den Prälaten. Als Ludwig XII. sie endlich empfing, versuchten sie ihn mit allen Mitteln dazu zu bewegen, sich besser zu bewaffnen. «In Italien muß man so stark sein», sagten sie ihm, «daß man jederzeit Waffen zeigen kann, denn die größten Fürsten drohen die Würde zu verlieren, wenn sie ohne Armee verhandeln.» Zugleich bemühten sie sich zu verhindern, daß Pisa im Falle eines Friedens zwischen Frankreich und Spanien in den Vertrag mit einbezogen würde. Außerdem warnten sie Ludwig vor Verhandlungen mit den gerissenen Venezianern und beobachteten das Kommen und Gehen der deutschen Gesandten: Ludwig XII. strebte eine Allianz mit Kaiser Maximilian an. Man sagte, die Verhandlungen seien bereits weit gediehen.

Die Spanier verschleppten die Verhandlungen mit Frankreich. Gonsalvo de Córdoba war gegen jeden Waffenstillstand, der ihm die Möglichkeit zu einem glanzvollen Sieg im Mailändischen nehmen würde: Er strebte einen Titel wie den des Vizekönigs an ... Als Niccolò seine Abreise vorbereitete, war noch immer unklar, ob er Frieden oder die Mittel zum Krieg mit nach Hause bringen würde, Mittel, «von denen er nicht [wußte], ob sie Florenz einigermaßen schützen» würden.

Mitte Februar gelangte die Ratifizierung des französisch-spanischen Waffenstillstands schließlich nach Lyon. Der König war wütend und fühlte sich betrogen. Er schimpfte, er «wisse nicht, was er tun würde, wenn er nicht an sein Wort gebunden» wäre. Aber der Vertrag war unterzeichnet, und die Florentiner hatten ihre Ruhe wieder: Die Republik wurde als Verbündete Frankreichs genannt.

Niccolò konnte nach Florenz zurückkehren. Diese neue delikate Mission hatte seine Meinung von den Franzosen nicht verändert: Er mochte sie nicht! Das Urteil in seiner Schrift *De natura Gallorum* fällt schlichtweg vernichtend aus. «Wankelmütig und frivol» seien sie, «eher pedantisch als klug» und zudem käuflich, undankbar, opportunistisch und natürlich arrogant!

Kaum war Machiavelli wieder im Palazzo Vecchio, mußte er erneut aufbrechen. Soderini schickte ihn in das von Siena bedrohte Piombino, um den Stadtherrn «zu bewegen, daß er alles mögliche zur Erhaltung [seines Staates] aufbiete». Anschließend mußte er sofort nach Perugia weiterreiten. Perugias Stadtherr Baglioni, der dem Hinterhalt von Sinigaglia entronnen war, war aus unerfindlichen Gründen nicht mehr bereit, das militärische Kommando zu übernehmen, für das er bereits seine Zusage gegeben hatte. Niccolò sollte ihm auf den Zahn fühlen, um herauszubekommen, was der Kondottiere im Schilde führte. Beide Missionen waren ebenso erfolglos wie die folgende zum Markgrafen von Mantua, der für seine *condotta* mehr Geld und eine offizielle Bestätigung seiner Treuepflicht gegenüber den Franzosen verlangte. Nicht mehr Glück hatte Machiavelli mit seiner Gesandtschaft nach Siena zu Pandolfo Petrucci, den das noch immer beunruhigte Florenz als Verbündeten zu gewinnen hoffte.

Der florentinischen Republik standen schwere Zeiten bevor: Sie wurde von Bartolomeo d'Alviano bedroht. Der gefährliche Kondottiere war durch den Waffenstillstand zwischen Franzosen und Spaniern arbeitslos geworden und hoffte nun, mit Hilfe erklärter oder heimlicher Feinde von Florenz, ein Stück Toskana zu erobern. Die Signoria zählte erneut auf Niccolò, um «der Sache auf den Grund zu gehen und dieselbe nach allen Richtungen umzuwälzen», wie es im Missionsbefehl heißt. Wie dies zu bewerkstelligen war, mußte er «im Lauf des Gesprächs selbst sehen, und [er werde] es klug anstellen, wie [er] es gewohnt» sei.

Pandolfo Petrucci war kein unbeschriebenes Blatt. Cesare Borgia hielt ihn für seinen gefährlichsten Gegner. Der skrupellose Abenteurer ohne Religion, Gesetz und Moral war gelegentlich auch Grandseigneur, aber vor allem ein geschickter Innen- und Außenpolitiker, kurz, ein Staatsmann von Format. In dieser Woche im Juli 1505 in Siena glaubte Machiavelli, so schrieb er jedenfalls, er werde «den Kopf verlieren», ehe er ihn «nach Florenz zurückbringen» könne! Dafür war die Mission aber alles andere als Zeitverschwendung, durfte Machiavelli doch aus Petruccis reichem Erfahrungsschatz schöpfen! Als er sich bei ihm darüber beklagte, daß die gegenwärtige Situation undurchschaubar geworden sei und man sich auf nichts und niemanden mehr verlassen könne, antwortete Petrucci, er «regiere nur für den Tag und beurteile die Geschäfte nach ihrem stündlichen Wechsel, um nicht zu irren. Denn diese Zeiten [seien] mächtiger als [die] Gehirne.» Ein solcher Grundsatz rechtfertigte natürlich alle Kehrtwendungen eines wortbrüchigen Herrschers, vor allem aber war er ein Beweis für die brillante Intelligenz des Stadtherrn von Siena. Petrucci hatte erkannt, daß man in Umbruchzeiten auf der Grundlage der Vergangenheit keine Zukunftsprognosen aufstellen konnte. Die gegenwärtige Epoche war einzigartig, sie hatte ihre eigenen Regeln, und denen kam man nur mühselig auf die Schliche.

Fast hätte Piero Soderini Machiavelli nach Neapel zu Gonsalvo de Córdoba geschickt. Gonsalvo galt allgemein als Drahtzieher des Widerstandes in Pisa. Außerdem wurde befürchtet, er wolle die florentinische Republik stürzen und mit Bartolomeo d'Alvianos Hilfe die Toskana den Spaniern «untertan machen». Die Mission in Neapel war allerdings so wichtig, daß der Rat der Zehn Machiavellis Ernennung ablehnte.

«Ihr müßt wissen, daß Ihr gemocht werdet», schrieb ihm Kardinal Francesco Soderini und erklärte sich bereit, als Beweis seiner Wertschätzung und Zuneigung die Patenschaft von Mariettas zweitem

Kind zu übernehmen. Das war schmeichelhaft, aber gefährlich! Wenn er von den Soderini «gemocht» wurde, dann hatte er deren Feinde gegen sich: die Anhänger der Medici, die Oligarchen, die Soderinis allzu «demokratische» Gesinnung als Verrat betrachteten; und bei allen möglichen anderen Gegnern, denen der Gonfaloniere bald zu feige, bald zu dreist war, wobei seine Dreistigkeit damals allgemein auf Machiavellis Einfluß zurückgeführt wurde. Einige in der Regierung waren der Meinung, Piero Soderini müsse sich vom Sekretär der Signoria trennen, er sei in «Affären» verstrickt.

Welche Rolle spielte Machiavelli beispielsweise 1504 beim unseligen Versuch, den Arno umzuleiten? Dieses Abenteuer kam den florentinischen Steuerzahler teuer zu stehen. Nach Machiavellis Verteidigern, die am Mythos von seinem «außergewöhnlichen Scharfblick» unbedingt festhalten wollen, stammte der irrsinnige Plan, Pisa durch eine Umleitung des Arno von der Versorgung abzuschneiden und es so zur Kapitulation zu zwingen, nicht von Machiavelli. Er soll sich sogar gegen das Vorhaben ausgesprochen haben, das Piero Soderini mit der typischen Halsstarrigkeit schüchterner Menschen durch den Rat der Zehn gepeitscht hatte.

Am 20. August 1504 schrieb Niccolò im Namen der Zehn an den tapferen Kommissar Antonio Giacomini:

«Man hat Dir gestern abend unsere Entscheidung mitgeteilt, den Arno bei der Torre al Fagiano umzuleiten. [...] Wir teilen Dir jetzt noch einmal mit: Der Beschluß ist gefaßt, und wir erwarten, daß er in die Tat umgesetzt wird; allerdings geht es nicht nur darum, ihn umzusetzen, *sondern auch darum, daß er sich als klug erweist.* Wir teilen Dir dies für den Fall mit, daß ein Kondottiere anderer Meinung sein sollte. Du kannst ihm so unseren Willen kundtun. Und wir erwarten, daß er mit Taten und Worten befolgt wird.»

Am 28. September 1504 – Giacomini hatte sich krank gemeldet und zurückgezogen – schrieb Niccolò an Kommissar Tosinghi: «Das Werk muß unter allen Umständen fortgeführt werden; statt aufzugeben, müssen die Anstrengungen ohne Rücksicht auf Kosten und Mühen verdoppelt und das Vorhaben ans gewünschte Ziel gebracht werden: Man treibt uns mit unbeschreiblicher Leidenschaft an, so daß weder von unserer noch von Eurer Seite gezögert werden darf. [...]»

Sollte Niccolò hier etwa nicht mehr als die Rolle des Sprachrohrs erfüllt haben? Wenn dem so ist, warum nur in dieser und nicht auch in anderen Situationen? Wer vermag schon zu sagen, was an der offiziellen Korrespondenz der Kanzlei «reiner Machiavelli» ist und was dem widerstrebenden Sekretär in die Feder diktiert wurde? Nichts rechtfertigt die Behauptung, Niccolò habe sich dem Arno-Projekt widersetzt oder auch nur Zweifel an seiner Richtigkeit gehabt. Und wie wäre es um die Glaubwürdigkeit eines Menschen bestellt, der sich mit der Feder für ein Unternehmen leidenschaftlich einsetzt und es in Wahrheit mißbilligt?

Die Idee, den Arno durch Schleusen und Kanäle schiffbar zu machen, stammt übrigens von Leonardo da Vinci und geht auf eine Zeit zurück, als der Künstler und Ingenieur für Lodovico il Moro an den Plänen zu den Kanälen in der Lombardei gearbeitet hatte. Man kann nicht ausschließen, daß er mit Machiavelli über sie gesprochen hatte, als er ihm sicher in Imola und wahrscheinlich auch in Cesena in Cesare Borgias Lager begegnet war. Nach dem Entwurf der Mailänder Kanäle und dem Bau des Kanals von Cesena nach Porto Cesenatico, den er ebenfalls angeregt hatte, grübelte da Vinci über ein entsprechendes Großprojekt in der Toskana mit unabsehbaren wirtschaftlichen Folgen nach: ein Kanal zwischen Pisa und Florenz. «Wenn man den Verlauf des Arno umlenkt», vermerkte er in seinem Skizzenbuch mit den Entwürfen zu den seltsamen Maschinen, die er für das Bauvorhaben eigens erfunden hatte, «dann finden alle, die wollen, in jeder Parzelle des Gebietes einen Schatz.» Schwärmte er Machiavelli etwas von der wohltätigen Kraft des Wassers vor, das nicht nur Mühlräder antreiben, sondern auch ein Industriegebiet mit Töpferöfen, Waffenschmieden, Seidenspinnereien, Tuchwebereien und Sägewerken entstehen lassen könne? «Der Kanal würde den Wert der Region steigern», verkündete da Vinci, «Prato, Pistoia und Pisa werden wie Florenz zweihunderttausend Dukaten jährlich verdienen und dieses nützliche Unternehmen wie Lucca unterstützen.»

Trotz der Sehnsucht nach Frieden und Wohlstand war die Realität für Florenz seit Jahren der Krieg. Die Florentiner hatten die Pisaner Campagna verwüstet, die Mündung des Arno mit drei Galeeren aus der Provence blockiert und den Nachbarn schreckliche

Vergeltung angedroht, falls sie Pisa unterstützen sollten: Nichts hatte die Stadt in die Knie zwingen können. Da Pisa, so Niccolò, «Säfte aus der Hölle ziehen würde, um Florenz zu vernichten», war kein Preis zu hoch, um die rebellische Stadt unter die Knute zu zwingen. Warum also nicht durch eine Umleitung des Arno, wenn diese nach da Vinci doch möglich war? Es ging also nicht mehr um eine Verbindung zwischen Pisa und Florenz zum gegenseitigen Nutzen, sondern darum, die Stadt an ihrem Lebensnerv zu treffen, sie von der Versorgung abzuschneiden und auszuhungern. Aus einem stolzen Hafen würde eine tote Stadt, die bei Regen im Schlamm versinkt! Und sie würde schließlich um Gnade bitten. Man hätte den Feind ohne Blutvergießen in die Knie gezwungen, ein Triumph des Geistes über die Waffen!

Im Jahre 1503 war da Vinci vielleicht auf Bitten Machiavellis oder unter dem Druck der Ereignisse nach Florenz zurückgekehrt, wo er seine Lehrzeit absolviert und seine ersten künstlerischen Erfahrungen gesammelt hatte. Möglicherweise hatte sich das Verhältnis zwischen dem aufrichtigen und wahrheitsliebenden Leonardo und Cesare Borgia nach dem *bellissimo inganno* abgekühlt, auch wenn er sich darüber niemals geäußert hat. Die Lüge blieb für ihn ein nicht zu entschuldigendes Unrecht, eine schändliche Niedrigkeit, die, «selbst zur Verherrlichung des großen Schöpfungswerkes Gottes eingesetzt, eine Beleidigung seiner Göttlichkeit wäre».

Als Chefingenieur des Herzogs der Romagna – Cesare war zu dieser Zeit noch mächtig – genoß da Vinci bei der Signoria hohes Ansehen. Machiavellis Begeisterung tat ein übriges. So zeigte sich Soderini von den Plänen, den Arno abzuleiten und die Pisaner so vom Nachschub über den Wasserweg abzuschneiden, fasziniert. Wenn er den Krieg mit einem Streich beenden und Pisa zur Räson bringen würde, bedeutete dies eine Festigung seiner wankenden Autorität. Seine Popularität und sein Ruhm wären gesichert. In seiner Umgebung hielt man das Projekt für Wahnsinn, für ein weiteres Luftschloß da Vincis, über das man nach Kräften spottete. Hatte der Phantast nicht auch behauptet, er könne das Baptisterium aus den Angeln heben? Aber der Gonfaloniere ließ sich nicht beirren. Ende Juni erkundete Leonardo das Terrain. Soderini ordnete ihm

Giovanni Piffero bei, den Vater Benvenuto Cellinis, der neben seinem Beruf als städtischer Querpfeifer Modelle von Brücken und Maschinen schuf.

Im Spätsommer hatte da Vinci die Karten erstellt, Flußbettprofile gezeichnet und das Projekt berechnet. Damit war seine Aufgabe erfüllt. Im Anschluß daran sollte er den Saal der Fünfhundert im Palazzo Vecchio mit Fresken ausmalen, ein Auftrag des Gonfaloniere, der ebenfalls durch Machiavellis Fürsprache zustande gekommen war.

Nach da Vincis Gutachten und «vielen Diskussionen und Zweifeln» im Lager der florentinischen Armee wurde das Projekt der Ableitung des Arno schließlich für zweckmäßig befunden. «Das Werk käme sehr gelegen», hieß es im schriftlichen Bericht an die Signoria, «und wenn man den Arno tatsächlich umleiten oder ihm durch einen Kanal das Wasser entziehen kann, dann wird dies zumindest verhindern, daß der Feind unsere Hügel angreift.»

Für die Signoria war das Unternehmen beschlossene Sache. Allerdings tauchten vor Ort rasch allerlei Probleme auf. Der Arno mußte durch einen Damm gesperrt und es mußte ein doppelter Kanal gegraben werden, um das Wasser zu einem kleinen See bei Livorno und von dort aus weiter ins Meer zu leiten, und das alles sollte in Rekordzeit bewerkstelligt werden. Der Optimismus der Florentiner trieb die Kommissare zur Verzweiflung. Das Projekt erwies sich nach und nach als undurchführbar. Es fehlte an Arbeitskräften und Geld, und der Winter nahte. Immer wieder kam es zu Überfällen durch die Pisaner, die die ausgehobenen Abschnitte des Kanals notdürftig wieder zuschütteten. Die Soldaten, die mit der unheroischen Aufgabe betraut waren, die Baustelle zu bewachen, sorgten eher für Ärger, als daß sie sie wirksam schützten. Doch dann herrschte Jubel: Bei Hochwasser füllte sich der erste ausgehobene Graben. Die Freude war von kurzer Dauer: Mit sinkendem Pegel zog sich das Wasser wieder in den Arno zurück. Die Ingenieure waren mit ihrem Latein am Ende. Die Soldaten, die ihre Patrouillen vor einem unnützen Schlammloch satt hatten, begannen zu meutern. Die Pisaner frohlockten. Aber Soderini dachte nicht daran, das Projekt aufzugeben. Nach hitzigen

Debatten im Rat der Achtzig wurde seine Fortsetzung beschlossen. Die Signoria heuerte zusätzliche Erdarbeiter, Aufseher und lombardische «Wassermeister» an. Machiavelli überwachte von Florenz aus mit fester Führung die Arbeiten. Selbstbewußt erteilte er technische Ratschläge. Man müsse die «Mündung der Gräben so breit wie möglich machen [...], sie sorgfältig planieren und jede Unebenheit beseitigen [...], den Damm aus Holz im Fluß befestigen».

Am 3. Oktober 1504 ließ der Rat der Zehn, wieder durch Machiavelli, den neuen Projektleiter schriftlich beglückwünschen. Das Ziel schien zum Greifen nahe. Trotz der widrigen Bodenverhältnisse sah es so aus, als könnten die Arbeiten in weniger als sechs Tagen durchgeführt werden.

Am 26. kam dann die Schreckensmeldung: «Der Grund des Sees, in den der Arno fließen soll, liegt höher als das Flußbett», vermerkte der Geschichtsschreiber Francesco Guicciardini. «Wie groß ist oft der Unterschied zwischen einem Plan und seiner Durchführung!»

Die Florentiner waren am Boden zerstört. Kardinal Soderini schrieb seinem *carissimo* Niccolò Machiavelli: «Wir waren aufs äußerste bestürzt, wie bei den Gewässern eine so schwerwiegende Fehleinschätzung unterlaufen konnte. Angesichts des großen Irrtums können wir nicht umhin zu glauben, daß den Meistern ein Fehler unterlaufen ist; wenn es nicht Gott gefallen hat, die Sache einem besseren, uns unbekannten Zweck zuzuführen.»

Auch der sichtbare Himmel hatte sich gegen Florenz verschworen: Heftige Regenfälle sorgten im Baugebiet für Überschwemmungen. Die Arbeiter machten sich davon, ebenso die Soldaten, die von der Untätigkeit und dem Warten auf den Sold genug hatten. Die Pisaner nutzten die Gelegenheit und schütteten die Gräben wieder zu.

Zu allem Unglück waren die Galeeren, die die Mündung des Arno blockiert hatten, im Sturm mit Mann und Maus untergegangen.

Florenz hatte gewaltige Summen in das Unternehmen gepumpt und nur Hohn geerntet. Als das ganze Ausmaß des Debakels ans Tageslicht kam, brach in der Öffentlichkeit ein Sturm der Entrüstung los.

So erstaunt es überhaupt nicht, daß sich einige Beteiligte von jeder Mitschuld reinwaschen wollten und behaupteten, sie hätten von Anfang an Vorbehalte gehabt. Giacomini, der sich offen gegen das Unternehmen ausgesprochen, es aber «aus Gehorsam gegenüber der Vaterstadt» unterstützt hatte, konnte sich geschickt aus der Affäre ziehen. Dagegen soll sich der Sekretär der Zehn, der nach Meinung einiger die Bedenken des Kommissars geteilt hatte, bis zum bitteren Ende für das Katastrophenprojekt eingesetzt haben!

Sicher ist immerhin soviel, daß Niccolò Freunden – oder sogar Soderini – gegenüber die Ansicht geäußert hat, man könne Pisa mit einfacheren Mitteln als mit einer Ableitung des Arno zur Räson bringen.

Machiavelli setzte sich seit langem für die Aufstellung einer Miliz ein. Im Frühjahr 1504, als Florenz dank des Waffenstillstands zwischen Frankreich und Spanien freie Hand hatte, um gegen Pisa den entscheidenden Schlag zu führen, war Soderini seinem Vorschlag noch immer mit Skepsis begegnet. Allerdings hatte Machiavelli dessen Bruder, Kardinal Soderini, davon überzeugen können, daß man die Probleme der florentinischen Armee nur mit der Aufstellung einer Bürgerwehr lösen könne. «Zweifelt nicht daran», hatte der Kardinal ihm geschrieben, «daß sie uns eines Tages mangels anderer Mittel den Ruhm bringt.» Das klägliche Scheitern des Projektes am Arno, das vor allem auch durch desertierende Soldaten verursacht worden war, zeigte einmal mehr die Unzulänglichkeit der Söldner, die sich bei Gefahr rasch aus dem Staub machten oder zum Feind überliefen. Dagegen konnte die bessere Kampfmoral der Soldaten einer Bürgerwehr, die ihre Heimat verteidigten, die bessere Ausbildung von Berufssoldaten durchaus wettmachen. Die Aufstellung einer Bürgerwehr bedeutete gewissermaßen eine Rückbesinnung auf die «republikanische» Tradition von Florenz, was bei den Wahlen zu einem wichtigen Argument werden konnte. Im übrigen schlugen sich in Niccolòs Idee seine Erfahrungen in Cesare Borgias Lager nieder.

Wenn Piero Soderini den Vorschlag ablehnte, so aus Furcht vor öffentlichen Protesten. Eine solche Heeresreform lief alten Gewohnheiten zuwider und schürte allerhand Ängste: Die entstehende «bäuerliche» Streitmacht hätte sich gegen Florenz wenden und die Unabhängigkeit einzelner Distrikte der Republik verlangen können. Außerdem war zu erwarten, daß man gegen ihn den Vorwurf erheben würde, er wolle mit dem Milizheer nur seine eigene Macht stärken. Die Angst vor der Wiederkehr der Tyrannei saß tief in Florenz!

Trotzdem freundete sich der Gonfaloniere mit dem Gedanken an eine Heeresreform allmählich an, um so mehr, als Florenz im März 1505 eine weitere Niederlage einstecken mußte: Als die florentinische Reiterei von den Pisanern zurückgeschlagen wurde, suchten die Schweizer Fußsoldaten das Weite. Zu dieser neuerlichen «großen Schmach» hatten neben einem taktischen Fehler der Hauptleute auch Feigheit und fehlender Kampfgeist der Soldaten geführt. Für den Gonfaloniere konnte es zu einer Frage des politischen Überlebens werden, ob «die verlorene Ehre» zurückerobert und «die Autorität und das Ansehen» von Florenz wiederhergestellt würden.

Mit diesen Aufgaben wurde der gewählte Generalkommissar Antonio Giacomini betraut, während die Signoria Machiavelli nach Mantua, Perugia und Siena schickte. Er sollte dort die Absichten der Regierungen erkunden und um Unterstützung werben.

Im September erlitten die Florentiner beim Sturm auf die Stadtmauern von Pisa erneut eine schändliche Niederlage, die fast zum Sturz der Regierung führte. Erst jetzt konnte Machiavelli in Soderinis Auftrag, ohne offizielles Mandat allerdings, mit der Aufstellung einer Bürgerwehr beginnen.

Von Januar bis März 1506 durchstreifte er die Täler von Mugello und Casentino und klapperte Dorf für Dorf ab, um Bauern und Handwerker für die Verteidigung der florentinischen Republik zu gewinnen. Da er diesmal von der eigenen Überzeugung bei der Stange gehalten wurde, vergaß er völlig, sich über die Kälte und den Wind zu beklagen.

Machiavelli rekrutierte Männer im Alter zwischen siebzehn und vierzig Jahren und teilte sie in sogenannte *bandiere,* Truppeneinheiten unter dem florentinischen Lilienbanner, ein, die sich ihrerseits in Bataillone untergliederten. Die Rekruten wurden mit Lanzen, Musketen, Spießen und Partisanen bewaffnet und erhielten zudem Mützen, Wämser, Oberschenkelhosen und Schuhe. Die Ausbildung, bei der sie die verschiedenen Marschordnungen und Signale erlernten, wurde an Sonn- und Feiertagen durchgeführt.

Machiavelli hatte mit allerhand Schwierigkeiten zu kämpfen. «Wenn jemand mir nicht glaubt», schrieb er verärgert über die Ungeduld der Signoria, «soll er es selbst versuchen: Er wird schon sehen, was es heißt, einen solchen Bauernhaufen zusammenzuhalten.»

Die Rekruten zeigten einen «unverbesserlichen Ungehorsam» und trugen kleinliche Lokalhändel aus. Hinzu kam der übliche Ärger mit den langsam mahlenden Mühlen der Bürokratie: «Wenn die Waffen ausbleiben und wenn man mir keine Feldherren schickt, dann kann ich die Arbeit unmöglich fortsetzen», schimpfte er. Zudem mußte er diesen täglichen Kleinkrieg ganz alleine ausfechten: Giacomini war trotz seiner eindringlichen Appelle zurückgetreten, nachdem er wegen der «Affäre Pisa» – die Schweizer Söldner hatten sich geweigert, durch eine Bresche in die Stadt einzudringen und sie zu erobern – unter heftigen Beschuß geraten war. Ohne Giacomini fehlte dem entstehenden Milizheer ein geeigneter Oberbefehlshaber, der es zum Sieg führen konnte.

So setzte Machiavelli den gefährlichen Don Michele oder Micheletto als Heerführer durch, Cesare Borgias ehemaligen Hauptmann und bösen Geist, dem unter anderem die Ermordung von Lucrezia Borgias Gatten Alfons von Aragón und die Federführung beim Hinterhalt von Sinigaglia angelastet wurden. Niccolò versprach sich von dieser dubiosen Persönlichkeit, daß er mit der «Strenge des Fabius Maximus» in der neuen Bürgerwehr für eiserne Disziplin sorgen würde.

Die Florentiner, denen man die Reform als Experiment präsentiert hatte, waren sich noch unschlüssig, ob sie sie gutheißen oder als Bedrohung des inneren Friedens und ihrer Freiheit betrachten sollten.

Als die Fußsoldaten des *contado* dann aber zum Karneval 1506 erstmals in weißer Uniform, mit weißer Mütze, blinkendem Harnisch und Lanze durch die Straßen von Florenz paradierten, wurden sie vom Volk bejubelt. Von da an war die öffentliche Meinung auf ihrer Seite.

Offiziell bestätigt wurde die Reform allerdings erst im Dezember 1506 mit der Schaffung einer neuen Behörde, der «Neun der Miliz». Ihr Emblem war ein «Bildnis Johannes' des Täufers, umrahmt von dessen Namenszug», so der Erlaß, den Machiavelli aufgesetzt hatte. Machiavelli behielt bei der weiteren Organisation die Federführung, sah alle Einwände voraus und kam jeder Kritik an den verschiedenen Dienstvorschriften der neuen Behörde zuvor.

«Ihr dürft nicht wenig stolz sein, daß man es Eurer Fürsprache verdankt, wenn diese wertvolle Einrichtung zustande kam», schrieb Kardinal Soderini aus Rom. Niccolò war in der Tat stolz, denn man hatte ihn zum Sekretär der Neun und zum Verantwortlichen seiner Miliz ernannt, eine Auszeichnung, die mit den Anreden «Messer» (Herr) und «Magnifico» (Eure Herrlichkeit) verbunden war. Allerdings kam seine neue Aufgabe zu den alten hinzu, ohne daß sie in irgendeiner Weise vergütet worden wäre. Und den Gegnern Soderinis und seiner «republikanischen» Herrschaft war er jetzt verdächtiger denn je.

Zur gleichen Zeit gab es noch weitere «Affären», an denen Machiavelli nicht ganz unbeteiligt war. Zwar hatten sie nicht das Gewicht der «Affäre Pisa», aber sie wirkten sich auf das Ansehen der Stadt aus.

Daß sich in Machiavellis Werken und seiner Korrespondenz kein Hinweis auf die kulturellen Leistungen seiner Zeitgenossen findet, hat oft Anlaß zur Behauptung gegeben, er habe sich nicht im geringsten für Kunst interessiert. Diese Schlußfolgerung ist natürlich übereilt. Man darf in Werken wie dem *Fürsten,* den *Discorsi* oder der *Kriegskunst* keine kunsthistorischen Betrachtungen erwarten. Gesandte am Anfang des 16. Jahrhunderts interessierten sich in anderen Städten mehr für den Charakter, die Sitten und Gebräuche der Bewohner als für deren städtebauliche Kulissen. Als Machiavelli im Dom zu Siena mit Petrucci zum politischen Gespräch zusammentraf, hatte er ganz andere Gedanken als heutige Touristen, die vom Kirchenschiff oder von der schwarzweißen Marmorfassade dieses großartigen Baus hingerissen sind. Der Dom in Siena oder Giottos Kampanile in Florenz waren für die Bürger ein alltäglicher Anblick. Sienesen wie Florentiner hatten keine Museen erbaut, sondern lebendige Städte. Kunst schwängerte die Atemluft, und sie war der Boden, auf den man mit den Füßen trat.

Betrachtungen zur Kunst findet man nur in den Niederschriften der Fürsten oder Prälaten, die sich als Kunstförderer betätigten oder auf wertvolle Sammlerobjekte aus waren. (Über die Ansichten Cesare Borgias, der nach der Eroberung von Urbino Montefeltros Kunstschätze in Kisten packen und auf Mauleseln abtransportieren ließ, ist freilich nichts überliefert.) Einfache Bürger beschränkten sich darauf, zu besonderen Anlässen auf Straßen und Plätzen über Kunst zu diskutieren: So lief die ganze Stadt zusammen, als man in Rom in einem Weingarten die *Laokoon-Gruppe* fand, die Darstellung des troischen Apollonpriesters, der mit seinen beiden Söhnen von zwei riesigen Schlangen erwürgt wird. Die Menge, die angesichts der wiederauferstandenen Vergangenheit von einer Welle des Patriotismus erfaßt wurde, eskortierte den blumengeschmückten Karren mit dem Meisterwerk, das Papst Julius II. für sich beanspruchte, unter Glokkengeläut und Kanonendonner aus der Engelsburg durch die beflaggten Straßen vom kapitolinischen Hügel zum Belvedere. Und zwei Jahre zuvor hatte sich ganz Florenz auf der Piazza della Signoria vor dem «Gigante», Michelangelos *David,* versammelt: Die einen sahen in ihm ein Symbol für das stolze, tapfere Florenz, das sich gegen die Goliaths Frankreichs, des Heiligen Römischen Reichs oder des Papsttums zur Wehr setzte, die anderen ein Sinnbild für den Sieg der Republik über die Tyranneien der Medici und Savonarola. Damals wurde heftig darüber gestritten, ob das Standbild, das den jungen Bildhauer Michelangelo schlagartig berühmt machte, nach Sangallos und da Vincis Vorschlag nicht besser unter dem Dach der Loggia aufgestellt werden sollte – um den kostbaren CarraraMarmor vor Regen zu schützen und weil das Kunstwerk «die Meßfeiern stören» könnte. Es herrschte aber Einigkeit darüber, daß es nicht in eine Kirche verbannt werden sollte. Auch Gonfaloniere Soderini bewunderte das Werk, kritisierte allerdings die etwas zu groß geratene Nase des *David.* Michelangelo tat so, als wolle er dem Mangel auf der Stelle abhelfen, und stieg auf eine Leiter.

Für die Stadt Florenz war dieser Augenblick jedenfalls so bedeutend, daß man spätere Ereignisse danach einteilte, ob sie vor oder nach der Aufstellung des *David* stattgefunden hatten. Kann man daraus, daß von Machiavelli zu diesen Ereignissen nichts Schriftliches überliefert ist, ernsthaft schließen, er habe nicht Anteil genommen? Er wäre sicher der einzige gewesen, und das ist um so unwahrscheinlicher, als er das gewaltige Standbild beim Betreten des Palazzo Vecchio, wo er arbeitete, einfach nicht übersehen konnte.

Im Jahre 1501 defilierten die Florentiner dann zwei Tage lang ehrfürchtig am Entwurf zur *heiligen Anna selbdritt* vorbei, einem

Altarbild, das die Serviten bei Leonardo da Vinci für die Kirche Sant'Annunziata in Auftrag gegeben hatten. Sollte Machiavelli auch hier wieder als einziger gefehlt haben? Man kann eher davon ausgehen, daß er sich 1503 aus Bewunderung für das Werk und seinen Künstler bei Piero Soderini dafür einsetzte, da Vinci mit der Ausschmückung des neuen großen Ratssaales im Palazzo Vecchio zu beauftragen.

Die Signoria wollte die Wände des riesigen Saales mit heroischen Szenen aus der florentinischen Geschichte ausmalen lassen. Als Motiv gab sie da Vinci die Schlacht bei Anghiari von 1440 vor, einen Sieg der Florentiner über die Mailänder. Das Material zu der historischen Szene lieferte Machiavellis Behörde. So taucht in Leonardos Skizzenbuch ein detaillierter Entwurf von Niccolòs Mitarbeiter Agostino Vespucci auf, der möglicherweise unter Machiavellis Anleitung entstand und dem Künstler eine Orientierung geben oder ihn sogar in eine bestimmte Richtung lenken sollte.

Was Machiavelli von dem gewaltigen Karton hielt, den da Vinci wie üblich vor dem eigentlichen Fresko angefertigt hatte, kann man sich sehr leicht denken. Leonardo hatte sich nämlich weder an das vorgegebene Material noch an die historischen Fakten gehalten, wenn man die *Geschichte von Florenz* als Grundlage nimmt. Die Vorgabe einer Verherrlichung der florentinischen Armee machte natürlich eine Dramatisierung der Schlacht notwendig, die nach dem oben erwähnten Werk ziemlich unspektakulär über die Bühne gegangen war: «Es gab nur einen Gefallenen, und dieser starb nicht an seinen Wunden oder einem bravourös ausgeführten Hieb, sondern er stürzte vom Pferd und wurde von den Hufen zu Tode getrampelt.» Im Gegensatz dazu war im Bericht für da Vinci von einem «Gemetzel» die Rede, ein Ausdruck, von dem sich der Künstler dann leiten ließ.

Niccolò, der mit Begeisterung der Schaffung einer Bürgerwehr entgegensah, erwartete von diesem Fresko eine glorreiche Darstellung der militärischen Tugenden. Leonardo konfrontierte ihn mit Szenen von abstoßender Grausamkeit. Nie hatte man etwas Schrecklicheres gesehen. Säbel fuhren in menschliche Leiber, die sich vor Schmerz zusammenkrümmten, Reiter rissen an den Zügeln ihrer Streitrösser, die sich fast senkrecht aufbäumten und durch geblähte Nüstern Feuer zu speien schienen. Soldaten gerieten unter ihre Hufe und wurden im Staub zertreten, andere schnitten sich neben Leichenbergen gegenseitig die Kehlen durch, kurz, Leonardo hatte die ganze *pazzia bestialissima* des Krieges abgebildet, die er so sehr haßte.

Machiavelli hatte mit da Vinci sicher keine glückliche Wahl getroffen. Leonardo hatte die Signoria als Ingenieur wie als Maler enttäuscht und Machiavelli jede Lust genommen, sich für ihn einzusetzen, als Soderini entgegen einer Zusage seinen Rivalen Michelangelo damit beauftragte, den übrigen Raum mit einem Fresko auszuschmücken.

Diesmal ließ die Kanzlei dem Künstler bei der Wahl seines Motivs freie Hand. Michelangelo schuf die *Schlacht bei Cascina,* das die Florentiner «die Badenden» nennen sollten: Der Entwurf zeigt florentinische Soldaten, die beim Baden von den feindlichen Pisanern überrascht werden, ein Motiv, das es dem Künstler erlaubte, seine bildhauerischen Erfahrungen beim männlichen Akt in der Malerei umzusetzen. Ganz Florenz nahm begeisterten Anteil an dieser «Schlacht der Kartons», die von einem vielversprechenden und einem umstrittenen Künstler ausgetragen wurden. Michelangelo hatte dabei von Anfang an mehr Bewunderer als da Vinci.

Leider wurde keiner der beiden Entwürfe als Fresko verwirklicht. Da Vinci machte sich aus Ärger über die Schwierigkeiten mit dem Putz – angeblich soll er mit der Rezeptur aus einer Schrift des Plinius experimentiert haben – im Mai 1506 zur Empörung des Gonfaloniere kurzerhand aus dem Staub. Auch Michelangelo verschwand, da er dem verlockenden Angebot Julius' II. nicht widerstehen konnte, ihm für zehntausend Dukaten ein grandioses Grabmal zu errichten! Damit war die Angelegenheit der Ausschmückung des Großen Ratssaales zu einer ärgerlichen Affäre geworden, die allerdings um so schneller in Vergessenheit geriet, als auf die «Schlacht der Kartons» bald richtige Schlachten folgen sollten: Julius II. zog in den Krieg.

# Wenn ein Papst in den Krieg zieht …

Niccolò hatte in seiner Freizeit «die Prüfungen, die Italien in den letzten beiden Lustren […] erdulden mußte», in Verse gegossen und damit ein hochgelobtes Werk geschaffen. Von diesen *Dezennalen* war sogar bereits eine Fälschung im Umlauf. Niccolòs Freunde hofften schon auf eine brillante literarische Karriere, bei der er besser verdienen würde als bei der Signoria. Aber die Politik ließ Machiavelli nicht mehr los. Er verschmähte den Dichterruhm und vielleicht auch sein Glück und ritt Julius II. hinterher. Denn nicht Florenz, wie es am Ende seines Versepos heißt, sondern der Papst sollte im Sommer 1506 «den Tempel des Mars wieder öffnen».

Julius II. lief der Schimäre der weltlichen Macht des Papsttums hinterher. Er wollte das Erbe der Kirche mit aller Gewalt zurückerobern und Besatzer wie die Venezianer und unbotmäßige Vasallen wie die Baglioni in Perugia oder die Bentivoglio in Bologna aus dem Kirchenstaat vertreiben. Damit trat er in die Fußstapfen seines Vorgängers Alexander VI., wobei er sich allerdings nicht damit begnügte, die Expedition von den Mauern der Engelsburg herab zu segnen. Vielmehr tauschte er Tiara und Zepter gegen Helm und Schwert und übernahm persönlich die Führung.

Die internationale politische Lage war für sein Unternehmen besonders günstig, denn Julius konnte auf die Hilfe der Franzosen wie der Spanier zählen.

Auf der Apenninhalbinsel hatte es seit dem Krieg im Königreich Neapel zahlreiche Umwälzungen gegeben. Inzwischen hatten sich die Kriegsparteien fürs erste geeinigt. Ludwig XII. verzichtete auf das Königreich Neapel und verheiratete dafür seine Nichte Germaine de Foix mit Ferdinand von Aragón, der zum rechten Zeitpunkt Witwer geworden war. Ferdinand zählte dafür auf die Unterstützung der Franzosen im Zwist um das Erbe Isabellas von Kastilien, das ihm von seinem Schwiegersohn Philipp dem Schönen streitig gemacht wurde. Seine Hoffnungen schienen schon dadurch berechtigt, daß sich die Beziehungen zwischen Frankreich und Habsburg merklich abgekühlt hatten: Ludwig XII. hatte gegen eine erkleckliche Summe zwar die Investitur für das Herzogtum Mailand entgegengenommen, dann aber sein Versprechen gebrochen, seine Tochter Claude von Bretagne mit Philipps Sohn, dem zukünftigen Karl V., zu verheiraten.

Wenn der Pontifex gerade diesen Augenblick für die Operation zur «Befreiung des Kirchenstaates» wählte, so deshalb, weil die Venezianer wegen der Gerüchte über einen Einmarsch Kaiser Maximilians nach Norditalien verunsichert waren. Die Serenissima war im Augenblick zu beschäftigt, als daß sie sich mit den Ereignissen in der Romagna hätte befassen können.

Der Papst hatte bei den Franzosen, Spaniern, den italienischen Fürsten und bei der florentinischen Republik Verstärkung angefordert, aber statt auf diese Truppen zu warten, setzte er sich am 25. August, achtundzwanzig Tage nach Bekanntgabe seiner Entscheidung, mit seinen Soldaten von Rom aus in Marsch. Damit stellte er die Verbündeten vor vollendete Tatsachen und nahm ihnen jede Möglichkeit, sich mit ihm über das weitere Vorgehen abzustimmen.

Am 27. August 1506 traf Niccolò beim Papst in Nepi ein. Julius saß zu Tisch und war nicht in der Stimmung, um über Staatsangelegenheiten zu sprechen. Erst am nächsten Tag in Civitá Castellana konnte ihm der florentinische Sekretär die Entschuldigung der Signoria überbringen, daß sie ihm ihren Kondottiere Marcantonio Colonna im Moment nicht zur Verfügung stellen könne: «Der Krieg mit Pisa [ist] vom selben oder größerem Gewicht denn je. [...] Überdies haben die [Florentiner] dieses Jahr ungefähr 200 Gendarmen entlassen und sich nur so viele vorbehalten, als zu ihrer Verteidigung nötig sind. Sie haben keinen Oberbefehlshaber, der so geeignet wäre, diese Gendarmen zu befehligen, wie Marcantonio. [...]»

Vor allem aber hatten die Florentiner keine Lust, Julius II. blindlings in ein Abenteuer zu folgen, das selbst die Leute in seiner Umgebung für riskant hielten. Aber Machiavelli mußte ihm diese Neuigkeit schonend beibringen.

Und nicht nur Florenz versuchte die päpstliche «Kriegsbegeisterung zu dämpfen»: Die Venezianer bewaffneten sich bis an die Zähne, wohl wegen der Warnungen ihres Botschafters, nach denen der Kaiser seinen Marsch nach Italien vorbereitete, vor allem aber damit sich der Papst nicht zu unüberlegten Aktionen hinreißen ließ. Außerdem zögerte der Markgraf von Mantua, den Julius II. zu sich beordert hatte. Darin sahen einige ein sicheres Anzeichen dafür, daß der französische König aus dem Bündnis wieder ausgeschert war. Ludwig XII. sollte seine Zusage nur widerwillig und auf Betreiben der frommen, papsttreuen Königin Anna gegeben haben.

Niccolò hatte die Aufgabe, die Absichten aller Beteiligten zu erkunden und die Stärke der päpstlichen Truppen einzuschätzen, falls sich die Lage als ernst herausstellen sollte. Die Truppen des Papstes waren rasch gezählt, und seine Pläne lagen auf der Hand: Nichts konnte ihn davon abhalten, Perugia zu belagern. Wie es dann weiterging, hing nach Machiavelli ganz von den Franzosen ab. Wenn Julius II. sie nicht auf seine Seite ziehen konnte, blieb ihm noch immer die Möglichkeit, die Serenissima um Unterstützung für die Strafexpedition zu bitten – der Wunschtraum der Venezianer, die auf diesem Wege Rimini und Faenza, die sie Cesare Borgia entrissen hatten, zu behalten hofften. Julius II. hatte sich trotz der Unsicherheit der Verhältnisse in Bologna angekündigt und seinen Statthalter beauftragt, Unterkünfte für fünfhundert französische Lanzenreiter bereitzuhalten. Aus Naivität oder um den Feind einzuschüchtern, gab er sich besonders optimistisch: Er habe «die Unterschrift des Königs», daß er ihn unterstützen werde, versicherte er Machiavelli, und das genüge ihm. Und Ludwig XII. hatte tatsächlich Chaumont d'Amboise, den Statthalter von Mailand, angewiesen, alle verfügbaren Truppen für den Papst bereitzuhalten.

So nahm Niccolò an einem Feldzug teil, der eher den Anschein einer päpstlichen Pastoralreise erweckte. Damit während seiner Abwesenheit keine Unruhe aufkam, hatte Julius II. alle Kardinäle und ihre Familien mitgenommen. Nur die Kranken und Alten waren in Rom geblieben.

Im Eilmarsch ging es von Viterbo über Montefiascone nach Orvieto, wobei das Gefolge im Morgengrauen oder auch mitten in der Nacht im Schein von Fackeln weiterzog: Der sechzigjährige Papst kannte keine Ruhe.

Auf jeder Etappe strömte eine gewaltige Menge herbei, um den päpstlichen Segen zu empfangen. In Orvieto bereitete man Julius II. einen großartigen Empfang. Auf dem Marktplatz war eine riesige Eiche, eine Anspielung auf das Wappen der Rovere, aufgestellt worden. Vor dem Baum sagte ein Orpheus zum Ruhme des Papstes lateinische Verse auf, die von einem jugendlichen «Engelschor» im Geäst nachgesungen wurden. Ein wahrer Triumph!

Als der päpstliche Zug am Trasimenischen See eintraf, war der «Kreuzzug» fürs erste vergessen. Der Papst konnte der Schönheit der Gegend nicht widerstehen. Er mußte haltmachen, ließ sich mit einigen Kardinälen auf die Inseln hinüberrudern und genoß eine reizende Angelpartie mit Musik. Andere vergnügten sich lieber bei der Jagd. So war alles auf dem Weg nach Perugia dazu angetan, das Ziel der Expedition vergessen zu machen.

Die Ausgelassenheit des Papstes hatte ihren Grund. Giampagolo Baglioni war persönlich nach Orvieto gekommen, um seine Unterwerfung anzubieten. Machiavelli konnte es nicht fassen: Der Stadtherr von Perugia hätte dem Papst auf seinem befestigten Hügel über dem Tal des Tibers mühelos trotzen können. Seine Reiterei und Infanterie waren der päpstlichen Armee haushoch überlegen. Statt dessen hatte er sie in den Dienst des Papstes gestellt und sich ihm zu Füßen geworfen!

Angesichts der Skrupellosigkeit und der verbrecherischen Vergangenheit Giampagolos mußte man hinter dem demütigen Akt eine Falle sehen oder zumindest sehr vorsichtig sein. Aber der Papst traf keinerlei Sicherheitsvorkehrungen und warf sich dem Wolf geradezu in den Rachen. Julius II. hatte den Kondottiere nicht nur aus Orvieto nach Perugia abziehen lassen, wo er ihm angeblich einen denkwürdigen Empfang bereiten wollte: Am 12. September ließ er auch noch seine Soldaten vor den Mauern der Stadt zurück und begab sich – Machiavelli war bestürzt – fast nur mit seinen Prälaten in die Höhle des Löwen! Ein perfekter Hinterhalt. Machiavelli weist zu Baglionis Ehrenrettung allerdings darauf hin, daß er seine Truppen in noch größerer Entfernung zur Stadt stationiert hatte.

In Perugia herrschte ein Chaos, das einem Handstreich Tür und Tor öffnete. Die Sänfte des Papstes blieb in der jubelnden Menge der Schaulustigen stecken, Julius' Leibgarde war irgendwo verschwunden. Baglioni hatte ihn in der Hand.

Allerdings übernahm er keinerlei Versuch, den Papst ganz in seine Gewalt zu bringen oder ihn zu ermorden.

«Wie das enden wird, weiß ich nicht», vermerkte Machiavelli. «Es wird sich in den sechs bis acht Tagen zeigen müssen, die der Papst hier bleiben wird.» Der seltsame Gesinnungswandel des Stadtherrn von Perugia sollte Machiavelli noch lange beschäftigen. Julius II. nahm sich viel Zeit für Zeremonien und spektakuläre Versuche, die verfeindeten Sippen der Stadt miteinander auszusöhnen. Baglioni bekam also weiterhin Gelegenheit, einen Handstreich vorzubereiten. Aber der erwartete Schlag blieb aus, wie Machiavelli später mit Bedauern berichtet:

«Allen vernünftigen Männern im Gefolge des Papstes fielen dessen Verwegenheit und die Feigheit des [Giampagolo] auf; sie konnten nicht begreifen, warum dieser zu seinem unsterblichen Ruhm weder seinen Feind mit einem Schlag niedergemacht noch sich mit Beute bereichert hatte, da alle Kardinäle mit all ihren Kostbarkeiten *[con tutte le loro delizie]* den Papst begleiteten. Es war auch nicht anzunehmen, daß er dies aus Edelmut unterlassen oder daß ihn sein Gewissen zurückgehalten hätte; denn in der Brust eines Verbrechers, der mit seiner Schwester in Blutschande lebte und aus Herrschsucht seine Vettern und Neffen ermordet hatte, konnte keine fromme Scheu mehr aufkommen.»

Als Machiavelli zwischen 1513 und 1519 diese Zeilen der *Discorsi* schrieb, hatte er offenbar das Urteil vergessen, das er in seinem Gesandtschaftsbericht an die Signoria geschrieben hatte: «[U]nd wenn [Giampagolo] dem nichts zuleide tut, der gekommen ist, ihm die Herrschaft zu entreißen, so sind seine Güte und Menschlichkeit die Ursache!» Wollte Machiavelli die Signoria schonen, die die Verteidigung ihres Staates in die blutbefleckten Hände dieses Mannes gelegt hatte, oder meinte er es ironisch?

Weder noch. Aus dem unwiderstehlichen Bedürfnis heraus, den Dingen auf den Grund zu gehen, suchte er nach einer rationalen Erklärung für ein Verhalten, das aus politischer Sicht auf den ersten Blick irrational erschien. In seinem Bericht an die Signoria stellt Machiavelli die merkwürdige Haltung Baglionis – in den *Discorsi* nennt er sie später nur noch «Feigheit» – als eine wohl durchdachte politische Entscheidung dar. Baglioni hatte Niccolò anvertraut, daß er für den Erhalt eines Staates nur zwei Alternativen sehe: eine Politik der Stärke oder die Unterwerfung. Mit einem Anschlag auf den Papst hätte der Kondottiere ganz Italien, aber auch die Franzosen und Spanier gegen sich aufgebracht. Er hätte wohl der schwachen päpstlichen Streitmacht, nicht aber einer Allianz standhalten können. Für eine Unterwerfung sprach andererseits die Tatsache, daß Baglioni in der Umgebung des Papstes einen mächtigen Fürsprecher hatte. Guidobaldo di Montefeltro hatte nach der Vertreibung aus Urbino durch Cesare Borgia in Perugia Zuflucht gefunden. Guidobaldo war nicht der Mann, der Freunde verleugnete oder sich undankbar zeigte. Deshalb, so heißt es in Machiavellis Bericht weiter, habe Baglioni «sein Schicksal in die Hände des Herzogs von Urbino gelegt». Er hätte keinen besseren Fürsprecher finden können.

Angesichts der Sicherheitsgarantie – Guidobaldo hielt sich damals in Perugia auf – erscheint das unerschrockene Verhalten des Papstes denn auch als weniger verwegen, als es zunächst den Anschein hatte. Und dabei hatte sich Julius II. mit diesem klugen Schachzug allgemeines Ansehen erworben und sich bei seinen Feinden Respekt verschafft.

Das heißt natürlich nicht, daß die Situation überhaupt nicht riskant gewesen wäre. Aber sie war es eben nur in beschränktem Maße. Im übrigen stimmen die Berichte von Zeitgenossen mit Machiavelli, der die Situation etwas dramatisiert hat, nicht ganz überein. Bei mehreren Memoirenschreibern ist nämlich die Rede von einer «Menge Bewaffneter zu Fuß und zu Pferd», die den Papst und seine Kardinäle beim Einzug in die Stadt eskortiert hätten. Zu Recht sollte Machiavelli später im Vorwort zu den *Discorsi* schreiben: «Man kennt nie die ganze Wahrheit über die Vergangenheit!»

Wenn die Aussichten, die volle Wahrheit zu erfahren, mit der Zeit auch geringer werden, so mag der zeitliche Abstand andererseits für mehr Objektivität sorgen. Zwischen dem Machiavelli der *Discorsi* und dem Sekretär, der im Herbst 1506 seine Berichte an die Signoria schreibt, liegen die Widrigkeiten eines enttäuschten Lebens, die seine Einschätzung der Menschen und Ereignisse bestimmen. Aus Machiavellis größeren Werken spricht eine Verbitterung und Verzweiflung, die sich im Sarkasmus Luft macht. Wer dies nicht sehen will, versteht die zynische Schlußfolgerung des eben zitierten Kapitels nicht:

«So achtete Gia[m]pagolo Blutschande und Verwandtenmord offenbar für nichts, er verstand es aber nicht, oder besser gesagt, er wagte nicht, trotz der günstigen Gelegenheit eine Tat auszuführen, bei der jedermann seinen Mut bewundert und durch die er seinen Namen unsterblich gemacht hätte; denn er wäre der erste gewesen, der den Prälaten gezeigt hätte, wie wenig man sich aus Leuten zu machen braucht, die wie sie leben und regieren, und er hätte eine Tat vollbracht, deren Größe jeden Schimpf und jede Gefahr, die daraus entstehen konnten, überwogen hätte.»

Machiavelli bringt wie viele andere seinen Abscheu über den korrupten Klerus zum Ausdruck. Es ist Wasser auf die Mühlen der Reformation, wenn er feststellt, daß Italien «durch das böse Beispiel des päpstlichen Hofes alle Gottesfurcht und alle Religion verloren hat, was unzweifelhaft zahllose Übelstände und endlose Unordnung nach sich zieht; denn wie sich dort, wo Religion lebendig ist, alles Gute voraussetzen läßt, so muß man da, wo die Religion fehlt, das Gegenteil voraussetzen. Wir Italiener verdanken es also in erster Linie der Kirche und den Priestern, daß wir religionslos und schlecht geworden sind.»

Ebenso, wenn er meint, daß «zusammengesetzte Dinge wie Republiken oder Religionen» des Wandels und der ständigen Erneuerung bedürften, «um sie zu ihrem Ausgangspunkt» zurückzuführen. So preist er den heiligen Franziskus und den heiligen Dominicus, die Apostel der Armen, die sich auf die Ursprünge besannen und verhinderten, daß durch «das lasterhafte Leben der Prälaten und Kirchenfürsten die Religion nicht zugrunde» gerichtet wurde.

Einige Machiavelli-Forscher haben die Ansicht vertreten, hinter solchen Äußerungen steckten nicht religiöse, sondern rein politische Überlegungen des Florentiners. Man könnte ihnen ein Wort entgegenhalten, das Niccolò 1510 zum Problem der portugiesischen Marranen, der Juden, die nach der Zwangsbekehrung an ihrem Glauben festhielten, geäußert hat: «Äußerst schwierig ist es, die richtigen oder falschen religiösen Empfindungen der Menschen zu beurteilen!» Obwohl von einer strenggläubigen Mutter erzogen, ging Niccolò Machiavelli nicht regelmäßig zur Messe, und wenn man seinen Freunden glauben darf, machte er sich über sein Seelenheil überhaupt nur wenig Gedanken. Man darf von ihm also nicht den Glaubenseifer der italienischen Reformatoren erwarten, die später auf dem Scheiterhaufen enden sollten. Aber muß man Machiavelli deshalb zum Atheisten machen? Richtig ist, daß seine Domäne nicht die Theologie, sondern die Politik ist, weshalb seine Schriften denn auch wie die vieler Zeitgenossen von einem grimmigen Antiklerikalismus geprägt sind. Machiavelli warnt vor allem vor einem Papsttum, das mit seinem gierigen Griff nach der weltlichen Macht ganz Italien ins Verderben zu reißen droht: Der Heilige Stuhl, meint er, halte «Italien geteilt und ohnmächtig» und liefere das Land den Einfällen der «Barbaren» aus, mit deren Hilfe er sich immer wieder die Vorherrschaft über die anderen Staaten sichere.

Im September 1506 war Machiavelli allerdings noch nicht so weit zu bedauern, daß Baglioni Italien nicht den großen Dienst eines Papstmordes erwiesen hatte. Noch sah er die Dinge anders. Er zog abenteuerlustig und neugierig mit Julius II. und seinen Kardinälen in den Krieg, die sich den Feldzug mit allen Annehmlichkeiten des Lebens versüßten.

Kaum war Perugia ohne einen Schwertstreich unterworfen, nahm der Papst Bologna ins Visier.

Ludwig XII. war sicher nicht geneigt, dem Pontifex bei der Strafexpedition gegen Giovanni Bentivoglio zu helfen, denn er war mit dem Stadtherrn von Bologna befreundet. Noch delikater war die Situation des Markgrafen von Mantua, Francesco Gonzaga, der mit Bentivoglio verwandt war. Doch was konnten sie einem Papst entgegnen, der seine Mission als heilig betrachtete? Angeblich wollte er «die italienischen Städte von Tyrannen befreien und sie dem Erbe der Kirche eingliedern». Julius II. behauptete sogar, er müsse sich «vor Gott schuldig» fühlen, «wenn er zur Erlangung dieses Ziels nicht alle verfügbaren Mittel einsetzen würde».

Machiavelli war mit dem ganzen päpstlichen Hof dem Markgrafen von Mantua entgegengezogen, der mit hundert berittenen Armbrustschützen in Perugia eintraf. Die Nachricht löste beim Papst Jubel aus. Die Venezianer wollten ihn mit der Warnung vor einem drohenden Einmarsch des Kaisers von seinem Unternehmen abbringen, aber er spielte die Gefahr herunter. «Diese Venezianer», hatte er vor einigen Tagen gesagt, «lassen sich den Kaiser recht gelegen herüberkommen. Aber alles wird sich lösen, wenn der Markgraf von Mantua kommt und wenn der König [von Frankreich] Ernst macht. [...]»

Jetzt war Francesco Gonzaga endlich da. Doch so mancher hoffte, daß er den Papst davon überzeugen würde, sich mit Bentivoglio so gütig zu einigen wie mit Baglioni. Tagelang belagerten verbannte Mitglieder der Sippe Bentivoglio Julius II. und versuchten ihn von einem Eilmarsch nach Bologna abzubringen. Wenn man Giovanni aus Bologna vertreiben wolle, müsse man den Krieg nur in die Länge ziehen. Seine spärlichen Mittel seien bald erschöpft, dann werde er schon aufgeben. Machiavelli war freilich skeptisch, daß man den Papst mit solchen Vorschlägen aufhalten konnte. Julius II. hatte sein «Unternehmen bisher mit Leidenschaft durchgeführt. Jetzt [war] er richtig begeistert.»

So brach Niccolò mit dem Expeditionskorps aus Perugia auf und zog in den Apennin. Am 22. September trafen der Papst und sein Gefolge, ziemlich erschöpft schon, in Gubbio ein. Dahinter erwartete sie ein steiler Gebirgspaß, der von Berggipfeln mit gewaltigen Festungen überragt wurde. Menschen und Tiere quälten sich den engen Pfad an den Hängen einer Schlucht hinauf. Zahlreiche Maulesel stürzten mitsamt ihrer Last ab. Welche Erleichterung, als der Papst am übernächsten Tag die lieblicheren Hänge über dem Tal des Metauro erreichte! Am 25. September kamen schließlich die beiden schlanken Türmchen des Herzogspalastes von Urbino in Sicht.

Der Papst zog in die Stadt ein. Herzog Guidobaldo stellte ihm seinen Palast zur Verfügung, diese «Stadt in der Stadt», wie ihn

Baldassare Castiglione einmal beschrieben hat. Der kunstliebende Julius II. fand dort alle Annehmlichkeiten einer prunkvollen Renaissanceresidenz vor. Selbst die von Cesare Borgia geraubten Kunstschätze waren wieder an Ort und Stelle. Vier Tage verweilte der Papst in der Stadt, in der sich Niccolò Machiavelli an seine Begegnung mit dem Valentinus erinnert haben mag. In Urbino wurde Julius II. die strikte Weigerung der Bologneser überbracht, dem päpstlichen Befehl zur Auflösung ihrer Garnison zu folgen. Es hieß sogar, sie richteten sich auf eine Belagerung ein. In Bologna und Venedig sang man Spottverse auf den Papst: «Kehr zurück, o Heiliger Vater, auf deinen Heiligen Stuhl, und leg deinem glühenden Wunsch Zügel an, denn losmarschieren und zurückgeschlagen werden ist schändlicher als zu Hause bleiben.» Der Papst nahm die Beleidigungen so gelassen hin wie Bentivoglios Drohung mit einem Konzil, falls ihn der päpstliche Bannfluch treffen sollte: Der französische König ließ ihn wissen, er werde ihm zehntausend Fußsoldaten und tausend Lanzenreiter schikken, sehr viel mehr, als ursprünglich versprochen.

Für den ungeduldigen Papst war diese Nachricht genug, um allen Ratschlägen zum Trotz zum Aufbruch blasen zu lassen. Aus Furcht vor den Venezianern mied er auf dem Weg nach Cesena Rimini und nahm statt dessen mit einem verkleinerten Gefolge, das ihn nicht aufhalten würde, die Route durch die Berge. Niccolò schlug mit dem übrigen Hof den normalen Weg ein, «weil in den zwei Tagen, die er braucht, um nach Cesena zu gehen, nichts von Wichtigkeit vorkommen kann», wie er entschuldigend meinte. Tatsächlich wollte er sich das Kampieren in rauhester Wildnis und einen schlammigen Marsch durch den Septemberregen ersparen. Sein Entschluß stellte sich als klug heraus: Von den dreihundert Saumtieren des Papstes blieben bis auf zwei alle auf der Strecke!

In Cesena empfing Julius II. die Gesandten aus Bologna, darunter Bentivoglios Privatsekretär. Niccolò wurde Zeuge dieser Szene, die eine Wende im Drama bedeutete.

Die Gesandten standen Todesängste aus: In Bologna war der Vater des Datarius, des mit der Ausfertigung päpstlicher Ordonnanzen betrauten Beamten, ermordet worden. Dieses Verbrechen konnte sie das Leben kosten, aber die Ratgeber des Papstes kamen überein, daß sie dem Papst lebend mehr nutzten. Zu allem Überfluß mußten sie dem Papst auch noch die Mitteilung machen, daß ihre Dienstherren nicht daran dachten, sich der Kirche zu unterwerfen. Sie beriefen sich auf Übereinkünfte mit früheren Päpsten. Julius II. war außer sich. Die Versprechen seiner Vorgänger gingen ihn nichts an, brüllte er, die Verträge seien unter Zwang zustande gekommen. Bentivoglio werde Bologna der Kirche zurückgeben, freiwillig oder mit Gewalt.

Niccolò hatte der Signoria geschrieben, in Cesena werde sich herausstellen, «ob es Frieden oder Krieg gibt». Das Ultimatum, das der Papst den Bentivoglio stellte, bedeutete Krieg.

Vier päpstliche Kuriere wurden mit der gefährlichen Aufgabe betraut, nach Bologna zu reiten und dort öffentlich die päpstliche Bulle mit der Aufforderung an die Bentivoglio auszuhängen, ihre Armee binnen neun Tagen aufzulösen und die Stadt zu verlassen. Andernfalls drohte der Bannfluch. Um die Kuriere zu schützen, behielt der Papst die Bologneser Gesandten in seinem Lager, «nicht als Geiseln, sondern als Gäste», wie es in einer später noch häufiger verwendeten Formulierung hieß.

Je mehr Tage vergingen, desto deutlicher wurde, daß Bentivoglio nicht nachgeben würde. Und der Papst konnte nicht mehr zurück. Wenn er Krieg führen wollte, mußte er es sofort tun, denn der Tyrann von Bologna bereitete fieberhaft die Verteidigung der Stadt vor.

Julius II. eilte so rasch, wie das schlechte Wetter, sein Rheumatismus und die Folgen seiner Syphilis es zuließen, seinem Ziel entgegen. Aus Furcht vor einem Überfall der Venezianer schlug er beim Marsch nach Imola erneut eine abenteuerliche Route durch die Berge ein. In Imola wurde er am 20. Oktober von Machiavelli und dem übrigen päpstlichen Hof empfangen.

Einige Tage später führte Marcantonio Colonna, der Kondottiere von Florenz, hundert Lanzenreiter nach Imola. Mit dieser Entscheidung der Signoria war Machiavellis Mission beendet. In der Tat hatte sich Niccolò kaum als nützlich erwiesen, was natürlich Wasser auf die Mühlen seiner Gegner war. So war es höchste Zeit, nach Florenz zurückzukehren und seine Stellung zu behaupten. «Seht zu», hatte ihm der stets wachsame Buonaccorsi geschrieben, «daß Ihr bis zur neuen Sitzungsperiode wieder hier seid.»

Jedenfalls gab es nichts mehr zu berichten. Die Sache mit Bologna war praktisch entschieden. Selbst der Herzog von Ferrara hatte sich, obwohl eng mit den Bentivoglio verwandt, in Marsch gesetzt. Bentivoglio blieb nur noch, sich und seine beweglichen Güter zu retten. Seine weitsichtige Gattin war bereits seit Tagen damit beschäftigt, Tapisserien und Schmuck nach Mailand zu schicken. Chaumont d'Amboise verhalf den Bentivoglio schließlich zur Flucht. Der Papst zeigte sich als geschickter Fürst oder Politiker und erlaubte ihm, sich unter dem Schutz der Franzosen mitsamt seiner Habe ins Mailändische zurückzuziehen.

So konnte Niccolò am 11. November 1506 nicht mehr am Siegeszug des Papstes teilnehmen, der als «Befreier» und «Vertreiber der Tyrannen», wie es auf einem Triumphbogen hieß, mit allen Würdenträgern der Kurie, italienischen Fürsten oder ihren Vertretern in die Stadt einzog. Julius II. wurde in seiner purpurnen, mit Gold und Edelsteinen besetzten *Cappa magna* auf seiner *sedia gestatoria,* dem päpstlichen Stuhl für zeremonielle Anlässe, in einer Schar der Prälaten durch Bologna getragen. Auch wenn Machiavelli dieses Schauspiel entging, so zog er aus dem seltsamen Abenteuer eine Lehre, die eine frühere, bei Cesare Borgia gesammelte Erfahrung bestätigte: «Mit Kühnheit und Ungestüm erreicht man oft, was man mit gewöhnlichen Mitteln nie erreichen würde.»

# Eine einsame Insel

Man kann sich das Bankett bei Alamanno Salviati und Bartolomeo Ridolfi, den Anführern der Opposition gegen die Regierung Soderini, gut vorstellen. Während Trebbia-Wein in Strömen floß, schwatzten die jungen Adeligen und zogen über den *mannerino* her, die Marionette, den Hanswurst und Stiefellecker des Gonfaloniere. «Seit ich den Zehn angehöre», versicherte Salviati, «habe ich diesen Lüstling noch nie mit einer Mission betraut.» Der Hanswurst und Lüstling war kein anderer als Niccolò Machiavelli.

Machiavelli hatte Salviati mit seiner schmeichelhaften Widmung in den *Dezennalen* offenbar nicht für sich einnehmen können. Und dabei hatte er für diesen scharfsinnigen und energischen Gonfaloniere und Politiker, der einst Pistoia und das Chianatal befriedet hatte, aufrichtige Bewunderung übrig. Und als Soderinis Amt geschaffen worden war, hätte er sich seine Wahl auf Lebenszeit gewünscht. Doch so sehr Machiavelli Salviati verehrte, so unverhohlen begegnete dieser ihm mit Mißtrauen, und zwar allein wegen seiner Beziehungen zu Soderini.

Salviati und seine Freunde verziehen es Soderini nicht, daß er seinen Klüngel verraten und sich als «Demokrat» gezeigt hatte. Bei Savonarolas Sturz hatten sie auf den Sieg der oligarchischen Partei und eine Verfassung nach venezianischem Vorbild mit einem allmächtigen Senat gehofft: Dann hätten sie als die Optimaten, die Mitglieder der reichsten und mächtigsten Familien, alle Sitze für sich beansprucht.

Die Opposition, die in der Exekutive stark vertreten war, begehrte in jüngster Zeit wieder stärker auf: Die Ankündigung des Habsburgers Maximilian, er wolle nach Rom ziehen und sich dort zum römisch-deutschen Kaiser krönen lassen – diesen Titel hatte er sich bereits selbst zugelegt –, stellte die gesamte florentinische Außenpolitik in Frage.

Wohl aus ghibellinischer Tradition strebten die Optimaten eine Annäherung an das Reich an, mit der die florentinische Position in Italien gestärkt worden wäre. Soderini sah das anders: Zum einen gab er Maximilian keine Chance, sein Ziel zu erreichen, denn dazu hätte er der Zustimmung und finanziellen Unterstützung aller deutscher Fürsten und Städte bedurft, und sie zu bekommen schien praktisch unmöglich. Zum anderen würde Ludwig XII. einem Durchmarsch kaiserlicher Truppen durch die Lombardei nur sehr ungern zusehen. Da die Franzosen gefährlich werden konnten, durfte man es mit ihnen nicht verderben. Dagegen warfen die Gegner Soderini vor, seine franzosenfreundliche Politik diene nur seinen Interessen und denen seines Bruders, des Kardinals Soderini, der seine Pfründen in Frankreich nicht verlieren wollte.

Jedenfalls mußte die Signoria herausbekommen, was der Kaiser vorhatte. Julius II. hatte ihn vergeblich von einem Marsch nach Rom abzubringen versucht – angeblich wollte er sogar nach der Tiara greifen! – und angeboten, einen Legaten mit den Vollmachten für eine Krönung vor Ort über die Alpen zu schicken. Wollte Maximilian tatsächlich nach Rom marschieren, oder war dies reine Prahlerei? Soderini beschloß, Machiavelli loszuschicken, um der Sache vor Ort auf den Grund zu gehen, aber die Opposition stellte sich quer: warum stets ein Bürokrat? Es gab genug junge Leute aus gutem Hause, die sich als Gesandte beim Kaiser die ersten Sporen verdienen wollten; zum Beispiel der junge Francesco Vettori, dem – eine Spitze gegen die Bewunderer von Machiavellis Feder – zudem ein hervorragender Schreibstil bescheinigt wurde.

Soderini fügte sich und schickte Vettori zum Reichstag nach Konstanz, allerdings ohne den Titel des Gesandten. Ein solcher sollte erst dann ernannt werden, wenn sich die Mission als wichtig erwiese.

Die Freunde trösteten Niccolò und bekundeten Freude darüber, daß ihr «Machia» den «Kaiser den Kaiser sein ließ», wie einer ihm schrieb. Bitterer dürfte es für Machiavelli gewesen sein, daß man im August nicht Vettori an seiner Stelle nach Siena geschickt hatte, um die Gastgeschenke der Sienesen an den päpstlichen Legaten, der sich zu seiner erfolglosen Mission nach Deutschland aufgemacht hatte, zu bilanzieren: zwei Kälber, abgezogen und ausgenommen, sechs Hammel, *dito,* dreizehn Säcke Hafer, zwei Körbe Brombeeren, zwei Körbe Melonen, zwölf Stangen Wein – sechs Paar Flaschen auf die Stange – neun Stangen Hühner – sechs Paar auf eine – und dergleichen mehr, kurzum, eine nicht unbedingt erstrebenswerte Gesandtschaft für einen ehrgeizigen Diplomaten.

Aber noch war nicht aller Tage Abend. Während die Opposition bei einem Mann der Regierung mangelnde Objektivität befürchtete, traute es Soderini einem Mann wie Vettori zu, daß er bewußt oder unbewußt die Interessen seiner Gegner fördern würde. Außerdem war dieser unerfahrene Mann sicher kein ernst zu nehmender Verhandlungspartner am Hof Maximilians, der seinen Einfluß auf ganz Italien ausdehnen wollte und für seinen Schutz sehr viel Geld verlangen würde. Soderini mußte dem jungen Vettori zur Kontrolle Machiavelli hinterherschicken, und zwar mit genauen Direktiven: Wenn man dem Kaiser Geld geben mußte, dann möglichst wenig, möglichst spät, in Raten und erst dann, wenn er die Grenze nach Italien tatsächlich überschritten haben würde.

Ein Vorwand für die Entsendung des Sekretärs war rasch gefunden: die unsicheren Postverbindungen. Es mußte gewährleistet sein, daß Vettori die letzten Instruktionen der Signoria erhalten würde, also erhielt Machiavelli die Aufgabe des Kuriers.

Er brach Ende Dezember 1507 aus Florenz auf und wählte, wohl um den Franzosen und den Venezianern aus dem Weg zu gehen, die Route über Savoyen und die Schweiz. Als er schließlich in Konstanz eintraf, konnte er Vettori die Anweisungen der Signoria nur noch mündlich mitteilen: Bei einer Durchsuchung in der Lombardei hatte er die Briefe vernichten müssen. Ein gewöhnlicher Kurier hätte ihren Inhalt nicht gekannt. Das Problem sollte übrigens während der gesamten Mission bestehen bleiben: Die Briefe wurden entweder vom Büttel des Kaisers abgefangen oder sie kamen – wie oft bei Botschaften, die im Schuh oder in einer Brotkugel geschmuggelt werden – unlesbar beim Empfänger an.

Weder Salviati noch Soderini dürfte vorausgesehen haben, daß sich zwischen Vettori und Machiavelli eine großartige Zusammenarbeit entwickeln würde. Aus ihr entstand eine tiefe Freundschaft, die von gegenseitiger Bewunderung und Wertschätzung geprägt war. Und das gemeinsame brennende Interesse an der Politik löschte alle Unterschiede von Alter und Stand aus.

Vettori mußte seine Berichte nicht von Machiavelli überarbeiten lassen, sein Stil ist ebenso elegant, seine Wortwahl ebenso treffend wie die des Sekretärs der Signoria. In den Briefen, die er Niccolò diktiert und mit seinem Namen unterzeichnet hat, spricht er von sich in der ersten und von Niccolò in der dritten Person. Er taucht darin als einziger Gesprächspartner des Kaisers und seiner Ratgeber auf.

Dagegen scheute sich Vettori nicht, den erfahreneren Gesandten zu Rate zu ziehen und sich dazu auch zu bekennen, wenn er schreibt: «Machiavelli und ich haben lange diskutiert.» Der Signoria gegenüber erklärt er Niccolòs Anwesenheit für unbedingt notwendig, auch wenn gelegentlich anklingt, daß er die Federführung nicht aus der Hand gibt: «Ich habe Niccolò nach Trient geschickt. [...] Ich habe Niccolò beauftragt, an den Hof zu gehen, dort alle Ereignisse zu beobachten und mir Bericht zu erstatten, damit ich weitere Anweisungen geben kann. [...]» Vielleicht sollten solche Zeilen auch die Opposition beruhigen, die befürchtete, ihr Schützling könne zu sehr unter den Einfluß von Soderinis Sekretär geraten und die These vom «bedürftigen Kaiser» bestätigen, der für den geplanten Marsch nach Italien nicht die notwendigen Streitkräfte zusammenbringt.

Vettori war sich bewußt, daß seine Berichte der Opposition, die auf die Kunde von einem selbstsicheren und starken Kaiser hoffte, nicht gefallen würden, deshalb versichert er immer wieder: «Ich kann die Dinge nicht anders sehen als so, wie ich sie in meinen Briefen darstelle.» Oder: «Wenn ich es als einziger so sähe, dann müßte ich befürchten, daß ich mich irre, aber vom Klügsten bis zum Dümmsten glauben hier alle dasselbe.» Oder er schreibt: «Wenn jemand anderer Meinung ist, dann soll er hierherkommen oder es schreiben, und ist er klug und unvoreingenommen, dann sieht er, daß man mir nicht vorwerfen kann, die Dinge anders gezeichnet zu haben, als sie sind.»

Vettoris Briefe enthalten zahlreiche Hinweise auf die besonderen Schwierigkeiten, Ereignisse richtig einzuschätzen und ihren weiteren

Verlauf vorauszusagen: «Man muß das Glück auf seiner Seite haben, wenn man das Richtige erahnen will»; noch tiefgründiger ist das Aperçu, wonach man «die Ereignisse tagtäglich vor Augen haben» könne, aber «doch immer nur die Rückseite der Karten» sehe.

Solche Äußerungen waren ganz im Sinne Machiavellis, und gewiß teilten die Freunde den Ärger über die Kritik aus dem Palazzo Vecchio, wo man sich über widersprüchliche Nachrichten aus dem Reich wunderte und sich nicht vorstellen konnte, daß der Wind dort ständig drehte. Vettoris und Machiavellis Stile verschmelzen in dieser Korrespondenz zu einem Ganzen und stellen diejenigen, die unbedingt ihre jeweiligen Beiträge identifizieren wollen, vor eine unlösbare Aufgabe.

Wenn man «das Richtige» nicht ohne Glück «erahnt», so hat man doch die Möglichkeit zu raten. Francesco Vettori und Niccolò Machiavelli eilten wie Kriegsberichterstatter, die verzweifelt Informationen zu erhaschen versuchen, nach Trient, Bozen und Meran. Sie sahen nichts, hörten nichts und brachten nichts in Erfahrung, wie sie der Signoria gegenüber, naiverweise vielleicht, einräumten. Trotzdem schrieben sie unzählige endlos lange Briefe. In Ermangelung eines Besseren und vielleicht zum Zeitvertreib spekulierten sie über die Strategien des Kaisers, des Papstes, der Franzosen und der Venezianer, ergingen sich in Vermutungen über Kräfteverhältnisse und verwechselten schließlich ihre Planspiele mit der realen politischen Bühne, auf der sich die Mächte gegenüberstanden.

Vettori, der erste diplomatische Erfahrungen sammelte, fand hier sicher ein neues Betätigungsfeld für Überlegungen. Niccolò kannte dagegen bereits die begrenzten Möglichkeiten des Beobachters, der auch mit viel Scharfsinn den geheimen Motiven der Herrscher nur schwer auf die Spur kommt. Julius II. war so unberechenbar wie Cesare Borgia, und noch undurchschaubarer war der schwache, wankelmütige Kaiser Maximilian, von dem selbst sein Minister sagte, «was er an einem Tag errichtet, das zerstört er am nächsten». Man könne «auf seine Entscheidungen nicht bauen».

Am Ende ihrer sechsmonatigen beobachtenden Mission, die wegen der Größe des Landes, der Isolation und der ständigen Überwachung praktisch unerfüllt blieb, konnten die florentinischen Gesandten von einer vernichtenden Niederlage Maximilians im Friaul berichten. Die Venezianer waren zwar bereit gewesen, den Kaiser mit einer schwachen Eskorte zur Krönung nach Rom ziehen zu lassen, hatten einen Durchmarsch mit einer großen Streitmacht aber entschieden abgelehnt. Dann hatten sie im Trentino zahlreiche Gegenoffensiven gestartet und zahlreiche Städte erobert. Die Niederlage war um so schmachvoller, als sich Maximilian beim Kurfürsten von Sachsen gebrüstet hatte, er werde den Feind mit einem Bissen verschlingen: «Die Venezianer», so hatte er erklärt, «stellen ihren Löwen mit zwei Pfoten im Meer, mit der dritten auf einer Ebene und der vierten auf einem Berg dar. Die Pfote auf dem Berg haben wir fast ganz erobert. Es fehlt nur noch eine Kralle. So Gott will, gehört sie uns in ungefähr acht Tagen. Anschließend können wir die Pfote auf der Ebene erobern.»

Die Niederlage führte im Juni 1508 zur Unterzeichnung eines schmerzlichen Waffenstillstandes, bei dem Maximilian die Eroberungen der Venezianer anerkennen mußte.

Auch wenn Vettori – als Zugeständnis an die deutschfreundliche Partei – schrieb, der Kaiser könne jetzt fröhlicher denn je sein, so war dessen Traum doch erst einmal ausgeträumt.

Damit war auch das Feilschen mit den Unterhändlern des Kaisers um den finanziellen Beitrag der Florentiner an Maximilians Unternehmen, zumindest für den Augenblick, hinfällig geworden. Machiavellis Mission war damit beendet. Er bereitete seine Rückreise nach Florenz vor, nicht zuletzt deshalb, weil er unter ernsthaften Schwierigkeiten beim Wasserlassen litt. Vettori, auf dessen Schultern die ganze Verantwortung lastete, geriet beim Gedanken an die Abreise des Freundes geradezu in Panik. Allein in Trient zu bleiben, wo er sich nach eigenem Bekunden «wie auf einer einsamen Insel» fühlte, ging über seine Kräfte. Er versicherte der Signoria, er sei ebenfalls krank. Sein Bleiben sei völlig überflüssig und könne sich sogar als schädlich erweisen. Falls die Signoria Verhandlungen mit dem Kaiser für notwendig erachte, solle sie doch ordentliche Gesandte schicken! Ernannt waren sie ja schon seit längerem: Alamanno Salviati und Piero Guicciardini, ein Bruder des Geschichtsschreibers. Soderini hatte allerdings eine Parteinahme zugunsten der deutschfreundlichen Seite befürchtet und ihre Abreise deshalb hinausgezögert.

Francesco und Niccolò hatten sich im Reich wie «auf einer einsamen Insel» gefühlt. Sie hatten kaum oder nur sehr oberflächlich Kontakt zu den Bewohnern bekommen, die eine andere Mentalität und andere Sitten und Gebräuche hatten als die Italiener. Als Machiavelli im Januar 1508 wie der Blitz durch die Schweiz galoppiert war, wollte er in zwei Stunden bei einem Abendessen den Operationsplan und die Rüstung des Kaisers durchschaut haben, ein Unterfangen, das dem Botschafter von Savoyen, einem erfahrenen Diplomaten, nach eigenem Bekunden in mehreren Monaten nicht gelungen war. Ebenso hatte Niccolò vom Reich nicht viel mehr kennengelernt als einen Zipfel von Tirol und sich dabei nicht einmal mit den Menschen außerhalb der gebildeten Kreise, die Italienisch oder Latein sprachen, unterhalten können. Dies alles hinderte ihn nicht daran, sofort nach der Rückkehr einen *Rapporto di Cose della Magna* zu schreiben, den er im folgenden Jahr zum *Discorso di Cose della Magna* umarbeitete und viele Jahre später «literarisch vervollkommnet» unter dem Titel *Ritratto delle Cose dell'Alamagna* (Porträt der deutschen Angelegenheiten) herausgab. Machiavelli hatte auf seiner «einsamen Insel» nicht viel gesehen, und das wenige, das er gesehen hatte, sah er mit «den Augen des Cäsar», wie es später hieß. Immerhin hatte er erfaßt, worauf es ankam, die Ursachen für die Schwäche des Kaisers: Sie lagen in der Zersplitterung des Staates, einer instabilen Zentralgewalt, der Autonomie der freien Städte und in einem veralteten Militärapparat.

# Pro salute et dignitate patriae

Die Signoria ließ Machiavelli wenig Zeit, seinen Harngrieß auszukurieren oder sich von Marietta verwöhnen zu lassen: Sie hatte einmal mehr beschlossen, Pisa in die Knie zu zwingen. Niccolò, der am 16. Juni 1508 zurückgekehrt war, erhielt bald darauf einen Missionsbefehl, den er am 16. August als Sekretär der Zehn selbst unterzeichnen mußte:

> «Wir Zehn der Freiheit und Baglia der florentinischen Republik bedeuten jedem, der diesen Unseren Patentbrief sehen wird, daß Vorzeiger desselben Unser Sekretär, der ehrenwerte und kluge Messer Niccolò Bernardo di Machiavelli ist, den Wir senden, um eine gewisse Anzahl Fußknechte auszuheben und ins Pisanische zu führen. Zu diesem Zweck befehlen Wir Euch allen in die Ordonnanz Unserer Republik Eingeschriebenen, daß Ihr ihm, Niccolò, gerade so gehorcht, als ihr Uns als Magistrate gehorchen würdet ...»

So eilte Niccolò Machiavelli, den Biagio Buonaccorsi mit «Herrlichster Generalkapitän» anredete, nach San Miniato und Pescia, um Bataillone zusammenzuziehen und sie in die pisanischen Weizenfelder zu führen. Bei dieser Operation ging es darum, die Ernte des Feindes zu vernichten. Allerdings hatte sie nicht die erhoffte Wirkung, da die Verheerungen, so Soderini, nicht energisch genug durchgeführt worden seien. Außerdem wurden die Pisaner von Lucca,

Genua und mehr oder weniger offen auch von Venedig, das einen Konkurrenten im Handel schwächen wollte, mit Lebensmitteln versorgt. Der Damm, mit dem man den Arno bei San Pietro a Grade zum Meer hin gesperrt hatte, reichte ebenfalls nicht hin, um den Pisanern den Versorgungsweg abzuschneiden. Man errichtete einen weiteren im Fiume Morto, während Miliz und Kavallerie bei San Iacopo und Mezzana versuchten, den Lebensmittelnachschub über die Täler von Serchio und Calci zu unterbinden.

Niccolò war überall, auch am Kanal von Osole, wo es ihm und seinen Fußsoldaten «mit Gottes Hilfe» gelang, «drei Reihen von Pfählen» in die Erde zu hauen, «fünfzehn je Reihe, mit Eisenbändern verbunden, damit sie die Pisaner nicht ausreißen noch abhauen» konnten. Der entstandene Damm war so fest, daß «das Heer des Xerxes übersetzen» könne, so Machiavelli voller Stolz auf sich und seine Truppen.

In der Tat konnte niemand bestreiten, daß sich die Soldaten seiner Bürgerwehr hervorragend führten. Die Männer schienen «Geschmack am Dienst zu finden», denn die Beurlaubten meldeten sich am vereinbarten Tag wieder zurück. Nur ein Wermutstropfen mischte sich in die Freude: Ein Korporal trat mit einem Dutzend Soldaten in den Dienst der Venezianer und versuchte, mit ein paar Dukaten eine ganze Kompanie zur Meuterei anzustiften. Natürlich konnte dies Machiavelli in seinem Glauben an die Miliz und ihre grundsätzliche Überlegenheit über einen Haufen Söldner, die ohne Liebe zum Vaterland kämpften, nicht erschüttern. Aber da die Menschen nun einmal schlecht waren, mußte mit Zuckerbrot und Peitsche erzogen, mußten Verräter bestraft und Loyale gezielt mit Wohltaten belohnt werden.

Dabei war der erbittertste von Machiavellis Kämpfen der gegen die Signoria, bei der er immer wieder ausstehenden Sold anmahnen und verzweifelt Finanzmittel erbetteln mußte. Als Brückenbaupionier, Zahlmeister und Heeresverwalter war er für einfach alles verantwortlich: vom Ankauf von Stroh, Hacken und Spaten über die Versorgung und den Abtransport der Verwundeten bis hin zur Beschaffung von Brot – dies alles «ohne einen Heller», und doch, so Niccolò, «müssen wir essen!».

Zwar wurde an oberer Stelle anerkannt, daß die Verantwortung für diese Blockade ganz allein auf seinen Schultern ruhte, aber dies hinderte die Signoria nicht daran, ihn in beobachtender und diplomatischer Mission nach Lucca und zum Stadtherrn von Piombino zu hetzen, der als Vermittler tätig wurde.

Kurzum, Machiavelli – der sich die Befehle inzwischen selbst erteilte – besaß noch nie so viel Autorität, zum Verdruß von Alamanno Salviati, der am Ende des Winters, zu Niccolòs Entlastung und um Soderinis Gegnern den Wind aus den Segeln zu nehmen, zum Feldkommissar ernannt worden war. Ein Eklat war unvermeidlich: «Ihr seid nicht hier, um Soldaten Befehle zu erteilen», herrschte der Kommissar Machiavelli an, und bald darauf reagierte auch die Kanzlei auf den Zwischenfall. Biagio appellierte an Niccolòs Klugheit und verwies auf den Lauf der Welt: «Die Mächtigeren müssen eben immer recht behalten. Man muß ihnen mit Respekt begegnen.» Und ihnen schöntun. Ein bißchen Verstand, zum Teufel! Niccolò solle dem Kommissar in einem oder zwei Briefen mitteilen, daß er die Neun von der Miliz nicht habe übergehen wollen: «Jeder hat es gern, wenn er beweihräuchert und beachtet wird; das ist eine Notwendigkeit in Eurer Funktion, und ein paar nette Worte und ein paar freundliche Hinweise machen Freude und bringen Nutzen.» Soderini appellierte dagegen an Machiavellis Gefühl und mahnte über Biagio «aus Freundschaft zu ihm» zur Geduld.

Vielleicht steckte Alamanno Salviati dahinter, als die Zehn auf den Gedanken kamen, Niccolò im folgenden Monat aus dem Lager zu entfernen und ihn nach Cascina zu schicken, wo er die gesamte Armee mit dem Kommissar Niccolò Capponi mit Waffen und Proviant versorgen sollte. Niccolò nahm diese Abberufung nicht hin: «Ich weiß, dieser Aufenthalt wäre weniger gefährlich und mühsam, aber wenn ich jede Gefahr und Mühe vermeiden wollte, dann hätte ich Florenz nicht verlassen. So bitte ich Eure Herrlichkeiten, mich im Lager zu lassen. Hier kann ich mich inmitten von Kommissaren um die laufenden Geschäfte kümmern und bin zu etwas gut; dort wäre ich zu nichts nutze und würde vor Verzweiflung sterben.»

Das leidenschaftliche Plädoyer in eigener Sache führte zum Ziel: Es war keine Rede mehr davon, Machiavelli von seiner Armee, «seiner Sache» und vom Schauplatz der Operation zu entfernen, die er bis jetzt, da das Ziel zum Greifen nahe war, geleitet hatte: die Unterwerfung Pisas.

In Wahrheit verdankte man die Kapitulation Pisas, das Florenz seit vierzehn Jahren demütigende Niederlagen bereitet hatte, allerdings weniger der Blockade der Stadt als vielmehr der großen Politik.

Im Dezember 1508 war es Julius II. gelungen, Frankreich, Spanien, das Deutsche Reich und die norditalienischen Fürstentümer zu einem Schulterschluß zu bewegen, mit dessen Hilfe er die Romagna von den Venezianern zu befreien hoffte. Diese Liga, die in Cambrai zustande kam und nach der Stadt benannt ist, setzte es sich zum Ziel, «die unersättliche Gier und Herrschsucht der Venezianer wie eine gemeinsame Feuersbrunst zu ersticken». Die Serenissima hielt nämlich nicht nur Städte des Kirchenstaates besetzt: Sie hatte auch Gebiete des Reichs wie Friaul, Verona, Vicenza und Padua an sich gerissen, sich im Mailändischen Städte und Festungen wie Bergamo, Brescia und Cremona einverleibt und zudem Hand an die wichtigen Adriahäfen des Königreichs Neapel gelegt. Eine bedrohliche Kriegsmaschinerie setzte sich gegen Venedig in Bewegung. Florenz, das ebenfalls zur Entsendung von Truppen aufgefordert wurde, gelang es, unter dem Vorwand des Krieges gegen Pisa Neutralität zu wahren.

Dennoch profitierte die Republik von der Unternehmung. Die Pisaner konnten nicht mehr mit der Hilfe der Venezianer oder anderer italienischer Staaten rechnen. Die Großmächte und Kleinstaaten wie Mantua, Monferrato, Ferrara oder Savoyen hatten damit zu tun, die Republik Venedig in Stücke zu reißen und sich ihren Teil der Beute zu sichern. Wer interessierte sich in dieser Situation schon für die Unabhängigkeit von Pisa! Im Gegenteil: Ludwig XII. und Ferdinand der Katholische, die für das Unternehmen der Liga horrende Summen benötigten, waren bereit, der Republik Florenz gegen klingende Münze freie Hand zu lassen. Nur aus der Ferne verfolgte Niccolò den schmutzigen Handel, bei dem Florenz «jedem das riesige Maul und den Rachen stopfte», wie er in der zweiten *Dezennale* schreibt. Aber hunderttausend Dukaten waren für die Unterwerfung Pisas schließlich nicht zuviel.

Schon im März 1509 kamen die weitsichtigen Pisaner den Florentinern vorsichtig einen Schritt entgegen. Im Mai begannen die Friedensverhandlungen, eine Woche nachdem Ludwig XII. die venezianische Armee unter Führung des Kondottiere Bartolomeo d'Alviano, des Feindes der Florentiner, bei Agnadello vernichtend geschlagen hatte. «Die Venezianer», schrieb Machiavelli später, «verloren an einem Tag, was sie in achthundert Jahren mühselig zusammengetragen hatten.» Vor diesem Hintergrund nimmt sich sein Kommentar zur Eroberung Faenzas durch die Serenissima geradezu prophetisch aus: «Entweder ist es für sie die Tür, die ihnen ganz Italien öffnet, oder es ist ihr Untergang.»

Am 8. Juni läuteten in Florenz alle Glocken. Auf allen Straßen loderten Freudenfeuer. Menschen weinten, lachten und sangen. Die ganze Stadt war in einem Taumel des Glücks. Niccolò, der aktiv an den Friedensverhandlungen teilgenommen hatte, hielt sich mit einer Hundertschaft seiner Bürgerwehr in Pisa auf. Wäre er zu dieser Zeit in Florenz gewesen, hätte ihn die begeisterte Menge im Triumph durch die Stadt getragen. So mußte er sich mit schriftlichen Huldigungen begnügen: In einem Brief pries man ihn als den Urheber und die «treibende Kraft» dieses «schönen Werkes», in einem anderen verglich man ihn sogar mit dem «größten Propheten der Juden oder aller anderen Nationen».

An offizieller Stelle fanden die Lobeshymnen freilich keine Resonanz: Der Bericht vom 6. Juni 1509, durch den die Signoria vom erfolgreichen Ausgang der Verhandlungen erfuhr, trug lediglich die lateinischen Unterschriften der drei Generalkommissare Antonius de Filicaria, Alamanno Salviati und Niccolò Capponi. Die gleichen Kommissare, und nur sie, unterzeichneten auch den Friedensvertrag. Machiavellis Name erschien auch nicht auf der marmornen Tafel, die an diesen denkwürdigen Tag erinnerte. Er war und blieb Sekretär, ein kleines Rädchen im Getriebe der florentinischen Politik. Man fürchtete, der Erfolg könne ihm zu Kopf steigen. Er hatte doch nur einem militärischen Konzept zum Durchbruch verholfen, das Kardinal Soderini zwei Jahre zuvor «unsere Hoffnung *pro salute et dignitate patriae*» genannt hatte. Er sollte sich bloß nicht als Retter des Vaterlands fühlen! Sonst verlangte er weiß Gott was, seinen Namen in den «Beuteln» für die nächsten Wahlen oder, noch schlimmer, eine Erhöhung der Bezüge!

# Der Geheimagent

Wer Machiavelli im Palazzo Vecchio nicht sehen wollte, dem kam der Kaiser gerade recht: Schon bald wurde Niccolò nach Mantua und Verona entsandt, die erneut vom Löwen von San Marco, der wieder zu Kräften gekommen war, bedroht wurden.

Für die Teilnahme an der Liga von Cambrai hatte man Maximilian Padua, Vicenza und Verona sowie das Friaul und andere Gebiete versprochen, die er bei seinem mißglückten Marsch zur Krönungsfeier an die Venezianer verloren hatte. Ludwig XII. hielt Wort und schickte ihm nach dem Sieg von Agnadello die Schlüssel sämtlicher Städte, die die Venezianer geräumt hatten. Maximilian begnügte sich fürs erste damit, Vögte zu entsenden, die die Städte mit wenigen Soldaten für ihn in Besitz nahmen. Seinen eigenen Aufbruch schob er so lange hinaus, bis Ludwig XII. das Warten schließlich satt hatte, mit dem Gros seiner Truppen nach Frankreich zurückmarschierte und nur wenige Kontingente im Veneto zurückließ.

Im Juli zogen nach einer Rebellion gegen den Kaiser wieder die Venezianer in Padua ein. Die anderen Städte standen ebenfalls kurz davor, sich dem venezianischen Löwen in den Rachen zu werfen. Es dauerte noch bis August, ehe der Kaiser schließlich an der Spitze von dreißigtausend Mann in Italien eintraf, eine Verspätung, die ihn teuer zu stehen gekommen war.

Da sich die kaiserliche Armee nun unbestreitbar auf italienischem Boden befand, konnte Florenz nicht umhin, seinen Verpflichtungen nachzukommen. Eine erste Anzahlung von vierzigtausend Dukaten für den Kaiser – das Verhandlungsergebnis der florentinischen Gesandten in Trient nach Niccolòs Abreise – war bereits im Oktober geleistet worden. Im November erhielt Machiavelli den Auftrag, in Mantua eine zweite Zahlung von dreißigtausend Florentiner Goldgulden zu entrichten.

Soderini dürfte es peinlich gewesen sein, Niccolò zum Begleiter eines Geldtransports zu machen, aber dieser Auftrag diente in Wahrheit zur Tarnung einer zweiten Mission, bei der es darum ging, die Vorgänge im Hauptquartier der kaiserlichen Armee in Verona zu beobachten. Dorthin hatte sie sich nach dem mißlungenen Versuch, Padua den Venezianern wieder abzunehmen, zurückgezogen. Nach dem Missionsbefehl sollte sich Niccolò «nach Verona begeben oder wo es [ihm] am zweckmäßigsten [erschien], um die Dinge genauer zu erfahren».

Machiavelli traf bald darauf in Mantua ein, wo zu dieser Jahreszeit wegen der zahlreichen Gewässer in der Umgebung häufig dichter Nebel herrscht. Er quartierte sich, wie angewiesen, bei einem gewissen Giovanni Borromei ein, wo sich auch der kaiserliche Gesandte einfinden sollte, bei dem es sich möglicherweise um den gleichen handelte, der im Oktober die erste Zahlung in Empfang genommen hatte. Man hatte ihn Machiavelli als einen kleinen rundlichen Mann mit Bart und stark gelocktem rotem Haar zwischen dreißig und zweiunddreißig Jahren beschrieben. Niccolò konnte nicht vorsichtig genug sein. Der Bote würde sich auf alle Fälle ausreichend ausweisen müssen.

Der erste Teil der Transaktion wurde am Tag von Machiavellis Ankunft ohne Zwischenfälle abgewickelt. Der Agent des Kaisers war ein anderer als erwartet, aber er konnte sich durch eine handgeschriebene Vollmacht Maximilians legitimieren. Aus einer sofortigen Weiterreise nach Verona wurde nichts: Ein weiterer Geheimbote, der aus Verona kam und dem Machiavelli tausend Dukaten aushändigen sollte, war zwar aufgetaucht, hatte aber keine Vollmacht vorweisen können. Machiavelli hatte Order, das Geld in Mantua und nirgendwo sonst auszuzahlen. So mußte er vor der Weiterreise nach Verona warten, bis der Bote von dort mit einer entsprechenden Akkreditierung zurückkehren würde. Die Verzögerung war um so ärgerlicher, als in der Stadt offenbar etwas in Bewegung kam. Möglicherweise bahnte sich das gleiche an wie in Vicenza, dessen Bewohner, so war zu erfahren, die kaiserliche Garnison aus der Stadt gejagt hatten.

Niccolò hatte in einer solchen Situation nicht genug Ruhe, um an seinen *Dezennalen* weiterzuschreiben. Er durchstreifte die Stadt und sondierte die Stimmung unter den Bürgern. Um die Meinung bei Hof zu hören, schlenderte er durch die labyrinthartigen Gänge der *reggia*, des imposanten Palastes der Gonzaga.

Er erhielt eine Audienz bei der Markgräfin von Mantua, der er die Grüße der florentinischen Signoria zu überbringen hatte.

Isabella d'Este war mit zweiunddreißig Jahren noch immer die schöne und intelligente junge Frau, in die sich Leonardo da Vinci angeblich verliebt hatte. Da Vinci war nach dem Sturz seines Dienstherrn Lodovico il Moro nach Mantua übersiedelt und soll die Stadt wegen dieser Romanze wieder verlassen haben. Niccolò wurde von Isabella freundlich empfangen, auch wenn er keinen Blick in ihr berühmtes *studiolo* werfen durfte, das Andrea Mantegna ausgeschmückt hatte und in dem sie zwischen Büchern, Gemälden und Musikinstrumenten den Großteil ihrer Zeit verbrachte. Die Markgräfin empfing ihn im großen Saal, in dem sie seit der Gefangennahme ihres Gatten Gonzaga die Staatsgeschäfte führte.

Francesco Gonzaga war bei der Belagerung von Padua dem Feind in die Hände gefallen und schmachtete seit August in der Torresella von Venedig, dem Kerker des Dogenpalastes, den man für den illustren Gefangenen eigens mit neuen Riegeln und Gittern versehen hatte. Die Venezianer rächten sich für den Verrat Gonzagas, der ihnen als ruhmreicher Kondottiere gedient hatte und dann zur Liga von Cambrai übergelaufen war. Auf die Nachricht von seiner Gefangenschaft hin hatte der Papst einen Fluch auf den heiligen Petrus ausgestoßen und seine Mütze auf den Boden geschleudert!

Die *grande dame* Isabella d'Este, deren Devise *nec spe nec metu* (ohne Hoffung noch Furcht) lautete, hatte sich nach dem Schicksalsschlag rasch gefaßt und die Zügel des Staates ergriffen. In ihrer Regentschaft setzte sie Himmel und Hölle in Bewegung, um ihren Mann freizubekommen. Bislang waren ihre Bemühungen ergebnislos geblieben. Ludwig XII., Julius II. und Maximilian setzten sich weniger für den Markgrafen ein, als daß sie sich bemühten, in Mantua festen Fuß zu fassen unter dem Vorwand, eine wehrlose Frau beschützen zu wollen. Isabella hatte alle Hände voll zu tun, sie auf Distanz zu halten.

Allerdings ließ sie sich vor dem florentinischen Gesandten ihre Sorgen nicht anmerken. Und Machiavelli hatte mit Gonzaga nicht mehr Mitleid als seinerzeit mit Cesare Borgia. Der ehrgeizige Markgraf hatte versucht, ohne jede Verstärkung Legnago, eine kleine Festung an der Etsch, zu erobern. Er wurde von einem Bauern verraten, als er völlig unbewacht auf einem Gehöft schlief. Beim Überfall konnte er sich zunächst noch im Hemd mit einem Sprung aus dem Fenster retten, bevor er wie ein Hase durch die Felder gejagt und gefangengenommen wurde. Über die Torheit spottete ganz Italien.

Als humanistisch gebildeter Mensch glaubte Machiavelli an die Willensfreiheit und sprach dem Individuum eine Eigenverantwortung an seinem Glück und Unglück, seinem Wohlstand und Ruin zu. So heißt es im *Fürsten,* «daß Fortuna zur Hälfte Herrin über unsere Taten ist, daß sie aber die andere Hälfte oder fast so viel uns selber überläßt». Der Mensch ist Überschwemmungskatastrophen zum Beispiel nicht hilflos ausgeliefert, denn er hat die Möglichkeit, ihnen in ruhigen Zeiten mit dem Bau von Dämmen vorzubeugen. Das Schicksal ist für Machiavelli nichts Übernatürliches, sondern das Wesen der Dinge selbst. Der Mensch kann ihren Lauf weder aufhalten noch sich ihm ungestraft entgegenstemmen, aber er kann sie mit Intelligenz, Willenskraft und Kühnheit in die richtigen Bahnen lenken. Und der Markgraf Gonzaga hatte sich zwar kühn, aber weder intelligent noch weitsichtig gezeigt.

Dagegen trotzte Isabella d'Este mit der notwendigen *virtù* allen Widrigkeiten des Schicksals. Machiavelli fühlte sich an die Herrin von Forlì erinnert, der er am Anfang seiner diplomatischen Laufbahn begegnet war. Aber während sich bei Caterina Sforza der Vergleich mit der streitbaren Athene aufdrängte, war Isabella d'Este eine Muse. Beide strahlten die gleiche Energie aus, entfalteten die gleiche Tatkraft und beide galten als geschickte Politikerinnen.

Isabellas Meinung zur Annäherung zwischen dem Papst und Venedig, die sich seit Juli abzeichnete und für Frankreich einen Dolchstoß bedeutete, kam bei der rein protokollarischen Visite nicht zur Sprache. Der Fall war ohnehin klar: Die Markgräfin erhoffte sich von einem Frieden mit Venedig die Freilassung ihres Ehemannes. So brachte Machiavelli das Gespräch lediglich auf Vicenza. Isabella konnte nur Gerüchte wiedergeben: Die Truppen des Kaisers seien ohne Blutvergießen aus der Stadt gejagt worden, was soviel bedeutete, daß sie wie in Padua das Weite gesucht hatten. Zu einem möglichen Übergreifen der Aufstände auf Verona befragt, meinte die Herrin von Mantua, die heranrückenden Franzosen – man beschaffte für sie schon Unterkünfte – und die tausendfünfhundert Spanier der Garnison würden genügen, um die Veronesen zur Vernunft zu bringen.

War Niccolò kühn genug, ihr zu entgegnen, daß sich das Volk nicht von Vernunft leiten ließ? Oder hat er diesen Gedanken nach dem insgesamt enttäuschenden Besuch lediglich in seinem schriftlichen Bericht an die Signoria geäußert?

Zwei Tage später, am 20. November 1509, wollte Niccolò nur noch eines: Mantua so schnell wie möglich verlassen, denn dort «wachsen, ja regnen die Lügen, und der Hof ist mehr damit angefüllt als der Markt». Er wollte «so nah zum Kaiser» gehen, wie er konnte, «wenn die Wege so beschaffen» seien, «daß man durchkommt». In Florenz lächelte man über den Vorbehalt, und Biagio wunderte sich: «Niccolò hatte schon größere Risiken in Kauf nehmen müssen, als nach Verona zu gelangen!» Die Signoria machte sich kein Bild von der unsicheren Lage in Norditalien. Von den Venezianern aufgestachelt, führten die Bauern einen Kleinkrieg gegen die neuen Besatzer, während der Kaiser nur vom Adel unterstützt wurde. Und die venezianischen Truppen sollten nach einer Meldung bereits vor den Toren Veronas stehen. Ein Tag später, und Niccolò wäre der Weg in die Stadt versperrt gewesen.

Trotz allem traf er in den ersten Dezembertagen wohlbehalten in Verona ein. Der Kaiser war nicht in der Stadt. Einige behaupteten, er sei nach Innsbruck, andere, er sei nach Augsburg zum Reichstag abgereist; die Fortsetzung des Italienfeldzugs war fürs Frühjahr geplant. Mit dem Winter kehrte erst einmal Ruhe ein. Die kriegführenden Parteien starrten sich feindselig an: «Hier sind zwei Monarchen, von denen der eine Krieg führen könnte und es nicht tut, und der andere ihn wagen will, es aber nicht kann.»

Niccolò schluckte seinen Ärger hinunter, schlug Zeit tot und wandte sich wieder seiner «gereimten Beschwerde», der zweiten *Dezennale,* zu. Daneben schrieb er Freunden und berichtete Luigi Guicciardini als Antwort auf dessen Liebesbekenntnisse ein anrüchiges Abenteuer, in das ihn der sexuelle Notstand getrieben hatte. Machiavelli hat dieses Abenteuer zur Belustigung des Lesers mit allerhand deftigen Details ausgeschmückt, so daß es der Biograph nicht unbedingt für bare Münze nehmen muß. Immerhin zeigt er als Nacheiferer Bandellos ein beachtliches literarisches Talent.

Mitte Dezember kehrte Niccolò, der in Verona nichts mehr zu tun hatte, nach Mantua zurück und erwartete die Anweisungen der neuen Prioren. Jede Veränderung in der Staatsführung zog in Florenz wie anderswo neue Verfügungen an die Gesandten nach sich. Die vergangene hatte ihn angewiesen, nach dem Abmarsch des Kaisers nach Florenz zurückzukehren, die jetzige würde ihm vielleicht befehlen, Maximilian nach Deutschland zu folgen. Letzteres konnte Niccolò schlaflose Nächte bereiten, war er doch ganz und gar nicht geneigt, auf die «einsame Insel» seiner Legation mit Vettori zurückzukehren. Folglich warnte er Florenz entschieden vor einer entsprechenden Order: Aus Erfahrung wisse er, daß ihm der Kaiser nicht die Bewegungsfreiheit lassen werde, um brauchbare Beobachtungen zu machen. Maximilian habe es nicht gern, wenn ausländische Agenten an seinem Hof herumschnüffelten, er betrachtete Gesandte letztlich als Spione! Er wäre also zu nichts nütze. Um die Signoria vollends abzuschrecken, warnte er vor den Kosten. Viel Geld würde er vor der Abreise benötigen, denn «in diesen Städten findet man niemanden, der einem mit einem Soldo dient».

Das Manöver war geglückt. Niccolò Machiavelli erhielt die Erlaubnis zur Rückkehr nach Florenz. Mit der Weisung der Signoria traf allerdings auch ein verzweifelter Brief Biagio Buonaccorsis ein: Niccolò solle bleiben, wo er sei! Er könne sich in Florenz nicht blicken lassen, bevor der Scheiterhaufen, den seine Feinde für ihn aufgeschichtet hätten, verglommen sei! Sicher las Niccolò immer und

1 Ein zeitgenössisches Porträt von Niccolò Machiavelli.

2

2 Papst Leo X. (Giovammi de' Medici). Raffael (1483-1520) schuf dieses Gemälde, das den Papst gemeinsam mit den Kardinälen Luigi Rosso und Giulio de' Medici zeigt, im Zeitraum von 1517/1518.

3

4

3 Florenz um 1490. Aquarell nach einem Kupferstich von Francesco Rosselli (1445-1513).
4 Benozzo Gozzoli: Zug der Heiligen Drei Könige. Benozzo Gozzoli (1420-1497) porträtierte in seinem Wandgemälde (ca. 1460) wichtige Persönlichkeiten der Familie Medici.

5

5 Lorenzo de' Medici (Il Magnifico). Postumes Idealporträt von Giorgio Vasari (1511-1573).

6

7

6 Bernardino Pinturicchio (1454-1513): Die Auferstehung (ca. 1493). Der Ausschnitt des Freskos im Appartamento Borgia (Vatikan) zeigt Papst Alexander VI.
7 Albrecht Dürer (1471-1528): Rosenkranzfest (1506). Der Ausschnitt des Bildes vermittelt ein Porträt von Papst Julius II.

8

8 Bernhard Strigel (1460-1528): Maximilan I. (1515).

9

10

9 Giuseppe Bezzuoli (1784-1855): Einzug Karls VIII. in Florenz.
10 Jean Marot: Voyage de Genes. Die zeitgenössische Buchillustration zeigt Ludwig XII. bei seinem Aufbruch von Alessandria nach Genua (24.4.1507).

11

11 Bartolomeo Veneto (nachweisbar von 1502-1530): Weibliches Brustbild. Dieses Gemälde gilt als Porträt von Lucrezia Borgia.

12

13

12 Tizian (1488-1576): Isabella d'Este, Herzogin von Mantua.
13 Sandro Boticelli (1445-1510): Caterina Sforza, porträtiert als „Die heilige Katharina".

14

14 Cesare Borgia als Condottiere auf einem zeitgenössischen Bild.
15 Piero Sonderini. Dieser Holzschnitt aus dem Jahre 1575 stammt von Tobias Stimmer (1539-1584) und wurde in den *Elogia virorum bellica virtute illustratum* von P. Giovio 1596 veröffentlicht.

immer wieder Biagios Schreiben, in dem von einer Rufmordkampagne gegen ihn die Rede war:

«Gestern vor acht Tagen ist ein Unbekannter, der sich sorgfältig vermummt hatte, mit zwei Zeugen beim Notar [...] vorstellig geworden und hat ihm – mit der Aufforderung, die Sache weiterzuleiten – eine Mitteilung gemacht. Darin heißt es, daß Ihr als Sohn Eures Vaters usf. Euer jetziges Amt auf keinen Fall ausüben könntet usf.»

Biagio mußte offenbar nicht deutlicher werden, damit Niccolò wußte, worum es ging. Hinter dem ersten «usf.» verbarg sich offenbar eine peinliche Angelegenheit, die er aus Rücksicht auf den Betroffenen lieber nicht beim Namen nannte.

Worum handelte es sich? Oreste Tommasini hat vermutet, man habe Machiavellis legitime Abstammung angezweifelt, eine Hypothese, der sich mehrere andere Biographen angeschlossen haben. Damit war das Vorstellungsvermögen der ernsthaften Historiker offenbar erschöpft. Es reichte nicht einmal so weit, sich an den «Fall da Vinci» zu erinnern, dem man Homosexualität vorgeworfen hatte.

Andere Historiker, die der Quelle Tommasini kritischer gegenüberstanden, brachten die Anspielung mit der immerhin verbürgten Tatsache in Verbindung, daß Bernardo Machiavelli zahlungsunfähiger Schuldner der Stadt Florenz gewesen war, im Prinzip ein ernsthaftes Hindernis für denjenigen, der sich um ein öffentliches Amt bewarb. Allerdings nur im Prinzip, denn nach Biagio, der sich offenbar mehr um Machiavellis Ansehen als um den Ausgang der Affäre sorgte, gab es bereits einen Präzedenzfall, nach dem «das Gesetz ganz auf [seiner] Seite» sei.

Für Niccolò war das Ganze ein Sturm im Wasserglas. Mochten es, wie Biagio warnte, die Spatzen schon von den Dächern pfeifen, er trat gelassen die Heimreise an und traf am 2. Januar in Florenz ein. Als er wie gewohnt im Palazzo Vecchio erschien, herrschte dort allem Anschein nach keinerlei Aufregung.

Die ganze Kampagne hatte offenbar zur Destabilisierung der Regierung Soderini dienen sollen, aber so einfach ließ sich der Gonfaloniere nicht aus der Ruhe bringen. Niccolò Machiavelli blieb im Amt und erfüllte für die Signoria, die Zehn und die Neun der Miliz weiterhin Dienste. Für letztere mußte er erneut losziehen, um *pro dignitate et salute patriae,* wie es Kardinal Soderini ausdrückte, Soldaten aus dem *contado* anzuwerben: Julius II. hatte seine «heiligen Banner» wieder «in den Wind gehängt», und diesmal würde Florenz von den Kriegswirren vielleicht nicht mehr verschont bleiben.

# Der Vermittler

Die einen hatten es befürchtet, die anderen erhofft: Die Liga von Cambrai zerfiel. Julius II. verzieh dem Kriegsgegner und unterzeichnete gegen den Widerstand der französischen Kardinäle im Februar 1510 einen separaten Frieden mit den Venezianern. War diese Kehrtwendung, die einen Dolchstoß in den Rücken Ludwigs XII. bedeutete, eine Laune des Papstes? Keineswegs. Julius II. hatte die Liga dazu benutzt, die Venezianer zu einem Kniefall vor seinem Thron zu zwingen. Ihren Untergang hatte der Papst, der über die Serenissima einmal sagte, «wenn es sie nicht gäbe, müßte man sie erfinden», niemals beabsichtigt.

Nachdem er seine Ziele in der Romagna mit Hilfe der Franzosen und ihrer Verbündeten erreicht hatte, konnte er sich daran machen, Italien mit venezianischer Hilfe von den hochmütigen Franzosen zu «säubern». So folgte auf die Parole «Tod für Venedig» der Schlachtruf «Hinaus mit den Barbaren», ein Ruf, den angeblich der Markgraf von Mantua aufgebracht haben soll und der bei der Bevölkerung schon deshalb Gehör fand, weil sich Ludwigs Armee zusehends verhaßt machte. Die Devise «Italien den Italienern» wäre ganz im Sinn Machiavellis gewesen, hätte sie nur nicht der Papst für sich beansprucht, der die Fremdmächte doch erst ins Land geholt hatte.

«Diese Franzosen», beklagte sich Julius II., «verderben mir die Lust an Speise und Trank.» Und sie raubten ihm den Schlaf. Er ging die ganze Nacht in seinen Gemächern im Vatikan auf und ab und klopfte mit dem Stock, den schon etliche Diener, Sekretäre und wegen einer ungehörigen Bemerkung selbst ein Bischof zu spüren bekommen hatten, immer wieder auf den Boden. Der Papst schäumte vor Zorn. Noch bevor die Partie mit Ludwig XII., der dem Pontifex Verrat vorwarf, eröffnet war, schob er seine Bauern vor: Er schickte einen Gesandten in die Schweiz, um die Eidgenossen dazu zu bringen, den Vertrag mit Frankreich nicht zu erneuern und ihm allein Waffen und Söldner zur Verfügung zu stellen. Einen zweiten entsandte er im Juli nach Spanien, um den König mit dem ganzen Königreich Neapel zu belehnen. Die Bulle Alexanders VI., die eine Aufteilung Neapels unter Spanien und Frankreich vorsah, erklärte er für null und nichtig. Ein dritter Gesandter eilte mit der geweihten goldenen Rose nach England, um den jungen Heinrich VIII. zu einer Landung an der französischen Küste zu überreden. Den Kaiser glaubte der Papst dagegen weder hofieren noch kaufen zu müssen, denn nach eigenem Bekunden fürchtete er ihn «nicht mehr als ein nacktes Neugeborenes».

Alle Zeichen standen auf Sturm. Auch erschien am Himmel ein Komet, dessen Schweif in Form eines Schwertes nach Norden wies. Der Papst, so sagten die Römer, habe die Schlüssel Petri in den Tiber geworfen und halte jetzt nur noch das Schwert des Paulus in der Hand. Hatte er von Michelangelo nicht verlangt, er solle ihn mit einem Schwert darstellen? Bei seinem Reiterstandbild auf dem Vorplatz der Kathedrale von Bologna mußte er sich allerdings mit einem erhobenen Zeigefinger begnügen.

Florenz drohte zwischen Hammer und Amboß zu geraten, und auch andere Staaten waren in Gefahr. Julius II. ließ den Worten Taten folgen und machte sich an die Eroberung Ferraras, da Herzog Alfonso d'Este als treuer Verbündeter Frankreichs Ludwig XII. nicht verraten wollte. Damit geriet auch der Markgraf von Mantua unter Druck. Als der Papst, der ihn aus der venezianischen Gefangenschaft befreit hatte, seine Gefolgschaft verlangte, lief er Gefahr, sich nicht nur den Haß der Franzosen, sondern auch den seiner Frau zuzuziehen! Isabella d'Este war Herzog Alfonsos Schwester, und ihr Familiensinn und ihre Franzosenfreundlichkeit trieben Julius II. zur Verzweiflung. Zu allem Unglück hatte Francesco Gonzaga dem Papst als Versicherung seiner Loyalität seinen jungen

Sohn und Erben als Geisel überstellen müssen. Um neutral zu bleiben, meldete sich Gonzaga unter Hinweis auf die Folgen seiner Kerkerhaft kurzerhand krank. Die florentinische Signoria hatte leider keine solche Ausrede, aber zum Glück verfügte sie über Niccolò Machiavelli.

Der Posten des Botschafters am französischen Hof war derzeit unbesetzt, da der Amtsinhaber vor Ankunft seines Nachfolgers nach Florenz zurückbeordert worden war. Diese Situation war nicht neu und wohl auch beabsichtigt, denn sie gab der Signoria Gelegenheit, sich in der ungewissen Situation eine neue Strategie zurechtzulegen. Ein Vermittler ohne Titel und Vollmachten konnte erst einmal die Lage sondieren, eine Aufgabe, die Niccolò Machiavelli bereits während seiner ersten Legation nach Frankreich übernommen hatte. Diesmal besaß er allerdings das uneingeschränkte Vertrauen des Gonfaloniere Soderini und trat gewissermaßen als dessen persönliches Sprachrohr auf.

Machiavellis offizielle Mission für die Zehn bestand darin, dem König von Frankreich das Wohlwollen der Republik Florenz zuzusichern und ihm die Schwierigkeiten in der gegenwärtigen politischen Situation zu erläutern. Außerdem sollte er ihn dazu bewegen, den Preis für seine Vormachtstellung in Norditalien zu bezahlen: Der Krieg gegen die Venezianer mußte bis zu ihrer endgültigen Vernichtung fortgesetzt werden.

Soderini hegte sogar den Wunschtraum, den Konflikt auszuweiten. Ludwig XII. könnte den König von Ungarn dazu bewegen, die Venezianer in Dalmatien anzugreifen. Der Verlust dieses Territoriums wäre für die Serenissima der endgültige Untergang. Auf alle Fälle sollte Niccolò den französischen König von der Notwendigkeit überzeugen, «die Venezianer in Bedrängnis zu halten. Geschieht dies, so bleiben der Papst und Spanien auf seiner Seite, weil der eine keine guten Soldaten hat und der andere zu weit entfernt ist, um ihn anzugreifen.»

Bei dieser simplen Sichtweise blieben allerdings die Menschen und ihre Leidenschaften ausgeklammert. Der Untergang Venedigs wäre zwar eine «ausgezeichnete Sache» gewesen, wie sich der Gonfaloniere ausgedrückt hatte, aber Ludwig XII. war über Roms Unverschämtheiten inzwischen so erbost, daß er den Untergang des Papstes für eine noch bessere hielt.

Aber gerade dies wollte Piero Soderini auf keinen Fall. Nach seinen Instruktionen – sie waren ebenso widersprüchlich wie illusorisch – sollte Niccolò Ludwig trotz der neuen Politik des Papsttums zur Fortsetzung des Krieges gegen Venedig drängen. Zugleich aber sollte er ihn überreden, einen Bruch mit dem Papst unter allen Umständen zu vermeiden, «denn ein Papst als Freund ist nicht viel wert, schadet aber viel als Feind, weil die Kirche großes Ansehen hat und weil man gegen ihn nicht *de directo* Krieg führen kann, ohne sich die ganze Welt zum Feind zu machen». Kardinal Soderini hatte ins gleiche Horn gestoßen und seinen «liebsten» Niccolò ermahnt, «für das gute Einvernehmen dieses Fürsten mit seiner Heiligkeit, dem Papst, zu sorgen». Es sei notwendig, «daß sie nicht unabhängig voneinander» handelten, «auch wenn es zuweilen Unstimmigkeiten» gebe.

Nach drei Wochen Ritt kam Machiavelli am 18. Juni 1510, zum zweiten Mal nach zehn Jahren, wieder nach Blois, der Lieblingsresidenz des französischen Königs. Er kannte bereits das Schloß, das sich im Vergleich zu den prachtvollen italienischen Schlössern eher bescheiden ausnahm, auch wenn der neu errichtete Hauptbau viel der italienischen Baukunst verdankte und die terrassenförmigen, sich bis an die Loire erstreckenden Parkanlagen von dem italienischen Gartenbaumeister Pacello da Mercogliano geschaffen worden waren. Auch mit dem Hof und seinen Umgangsformen war Machiavelli vertraut, bis hin zu den Gepflogenheiten bei Trink- und Schmiergeldern, die man für verschiedene Dienste zu entrichten hatte. Diesmal sollte er allerdings weder mit Georges d'Amboise noch mit dessen Türsteher zu tun haben. Der Kardinal von Rouen, der «wirkliche König von Frankreich», war zum Jubel Julius' II. im Mai verstorben. Niccolò sollte den Tod dieses gefürchteten Gegners am Ende seiner Legation schließlich noch bedauern und erkennen müssen, was Frankreich und Italien an ihm verloren hatten.

Als Ersatz für d'Amboise führten gegenwärtig zwei Ratgeber für Ludwig die Staatsgeschäfte: der besonnene und kluge Monseigneur de Paris, mit dem es sich, so Niccolò, gut verhandeln ließ, und der noch immer mächtige Schatzmeister Florimond Robertet, der bei allen Botschaftern für seinen Einfluß auf den König, seine Skrupellosigkeit und Käuflichkeit bekannt war.

Nicht einmal das Gastgeschenk – ein Drittel der zehntausend Dukaten, die der Kardinal von Rouen gewöhnlich erhalten hatte – konnte Robertets Laune aufbessern, wohl deshalb nicht, weil der König noch schlechtere hatte. Julius II. bot alle Mittel auf, um Ludwig XII. zu schaden. Zur Unterstützung der Aufrührer, die Genua vom französischen Joch befreien wollten, hatte er den Florentinern den Kondottiere Marcantonio Colonna abspenstig gemacht. Machiavelli mußte sich von Robertet in barschem Ton vorwerfen lassen, daß Colonna mit einem Passierschein der florentinischen Regierung an der Spitze der päpstlichen Truppen nach Genua marschierte. Florenz hatte sich nicht einmal die Mühe gemacht, den französischen König zu warnen. Das alles paßte schlecht zu den Artigkeiten, die Machiavelli dem König zu übermitteln hatte: Der Gonfaloniere Soderini wünsche «nur drei Dinge auf der Welt: den Ruhm Gottes, das Glück seines Vaterlandes und das Glück und den Ruhm Seiner Majestät, des Königs von Frankreich». Er könne sich nicht «vorstellen, daß sein Vaterland ohne das Glück und den Ruhm der Krone von Frankreich das geringste Glück» finde. Jedenfalls wünsche sich der Gonfaloniere, daß «Seine Majestät sein Ansehen und seine Macht in Italien erhalten und vergrößern möge»!

Niccolò beteuerte die Loyalität der Regierung von Florenz: Sie habe Colonna tatsächlich einen Passierschein bewilligt, aber nicht für den Durchmarsch nach Genua, sondern nach Bologna. Außerdem habe man sich in Florenz nicht die leiseste Verstimmung zwischen dem König und dem Papst vorstellen können. Das sei doch alles viel Lärm um nichts! Wenn die Signoria über ernsthafte Intrigen gegen Frankreich informiert gewesen wäre, hätte sie den König sofort informiert.

Nachdem Robertet beruhigt schien, mußte Machiavelli noch Ludwig XII. Sand in die Augen streuen: Der König hob hervor, er sei weder dem Papst noch sonst irgend jemandem feindlich gesinnt, aber angesichts der plötzlich entstandenen Feindschaften und Freundschaften müsse er Niccolòs Dienstherrn auffordern, sich sofort für ihn zu erklären. Außerdem müsse sich die Signoria festlegen, wie sie dem Papst oder einer anderen Macht entgegentreten werde, falls sie die französischen Staaten in Italien bedrängen wollten.

Ludwig XII. verlangte sofort eine Antwort aus Florenz. Er wollte «wissen, wer Freund und wer Feind» sei.

Durch das Fenster des königlichen Arbeitszimmers konnte man auf die friedvolle Atmosphäre am Ufer der Loire hinabblicken, die seltsam mit der Aufregung am Hof kontrastierte. Man sprach nur noch vom Krieg.

Robertet eröffnete Machiavelli, der König sei gegebenenfalls sogar zu einem Italienfeldzug mitten im Winter bereit. Denn jetzt, im Juli, ging es schon nicht mehr nur um die «Meinungsverschiedenheiten», über die Kardinal Soderini klagte. Der junge Francesco Maria della Rovere, der Neffe des Papstes und Herzog von Urbino, hatte als frischgebackener Generalkapitän der Kirche das Herzogtum Ferrara angegriffen und Gebietsgewinne gemacht. Die ganze Operation wurde als Strafaktion des Papstes gegen einen unbotmäßigen Vasallen hingestellt. In Wahrheit ging es dem Papst natürlich um einen Vernichtungsfeldzug gegen den treuesten und am besten bewaffneten Verbündeten Frankreichs.

Während der Herzog von Urbino einen Großteil der Region südlich der Teiche von Comacchio besetzte (der Streit um die dortigen Salinen lieferte weiteren Zündstoff für den Konflikt zwischen Julius II. und Este), rückten tausend Schweizer Söldner des Papstes nach Norditalien vor.

Am französischen Königshof und an der römischen Kurie gossen einige Öl ins Feuer: «Was man über den Papst redet, können sich Eure Herrlichkeiten vorstellen. Ihm den Gehorsam aufkündigen, ein Konzil gegen ihn einberufen und ihn vom weltlichen und geistlichen Thron stürzen ist das kleinste Unheil, das sie ihm androhen.»

Dagegen bedauerten die Besonnenen, «daß sich einstige Freunde bis aufs Messer» bekämpften. Monseigneur de Paris hatte Niccolò vertraulich mitgeteilt, «wenn der Krieg zum Ausbruch komme, so werde man seit langem keinen größeren und hartnäckigeren gesehen haben». Und der päpstliche Gesandte meinte, «wenn er bedenke, welch einen Krieg dies geben, auf welche Weise angegriffen und verteidigt werden könne, so stünden ihm die Haare zu Berge».

Über die Neuigkeiten bestürzt, wandte sich Niccolò an die Signoria, die sich einen Monat nach seiner Ankunft noch immer nicht festgelegt hatte: Sie müsse reagieren und sich irgendwie für Frankreich erklären, wenn sie die Unterstützung der Franzosen behalten wolle. Finstere Gewitterwolken zogen am politischen Horizont herauf: «Die Wunde, die der Papst Frankreich schlagen wollte, ist für den König so schmerzhaft, daß ich dieses Urteil wohl sicher fällen kann: Entweder er rächt sich zu seiner großen Genugtuung und Ehre, oder er verliert, was er in Italien besitzt.» Die Vision einer gewaltigen Armee, die die Alpen überschritt und einmal mehr plündernd und brandschatzend durch Italien zog, erschreckte nicht nur Machiavelli.

Ludwig XII. und Julius II. schienen es darauf anzulegen, sich gegenseitig zu zerfleischen. Trotzdem gaben Robertet und der päpstliche Gesandte in Blois die Hoffnung nicht auf, «sie wieder miteinander auszusöhnen». Anfang August schien eine Einigung noch möglich. Der Papst war mit dem Versuch, Genua zur Rebellion anzustacheln, kläglich gescheitert. Die venezianische Flotte, die das Unternehmen hätte unterstützen sollen, hatte kehrtgemacht. England, das Julius II. zu einer Landung in Frankreich hatte überreden wollen, hatte mit den Franzosen in Blois einen Friedensvertrag unterzeichnet. Dies alles war ganz dazu angetan, die Kriegslust des Papstes zu zügeln und ihm deutlich zu machen, «daß das Stück schwieriger zu bekommen» war, «als er sich eingebildet» hatte. Außerdem konnte man den König von Frankreich leicht davon überzeugen, daß er mit einem Angriff auf die Kirche alle Mächte gegen sich aufbringen würde. So versicherte er auf Drängen des Vermittlers Machiavelli: «Der Papst hat mich beleidigt, und ich ertrage nichts so schlecht, als wenn man an meine Ehre rührt oder wenn ich etwas von meinen Staaten verliere. Doch verspreche ich Euch soviel: Wenn mir der Papst ein Zeichen von Freundschaft gibt, so groß wie das Schwarze am Nagel, so werde ich eine Elle auf ihn zugehen.» Der Zwist konnte also beigelegt werden, vorausgesetzt, man fand «vertrauenswürdige Friedensstifter, die zum allgemeinen Wohl der Christenheit und zum besonderen Italiens eingreifen» würden.

Die Ratgeber blickten voller Hoffnung nach Florenz. Kardinal

Soderini, der sich in Rom aufhielt, schien der Mann der Stunde. Giovanni Girolami, der Geschäftsträger des Kardinals in Frankreich, hielt sich bereit, um nach Florenz zu eilen und die Signoria um Vermittlung zu bitten. Dabei sollte unter allen Umständen der Anschein vermieden werden, daß der Vorstoß auf die Initiative Frankreichs zustande gekommen war.

Niccolò billigte diesen Plan Robertets, aber er bezweifelte, daß die Signoria den Vermittlungsbemühungen große Aussichten auf Erfolg einräumen würde. Deshalb teilte er Robertet mit, «damit [meine] Herrlichkeiten die Sache gern übernehmen, ist es nötig, daß [ich] ihnen schreiben kann, dieses Unternehmen gefalle dem König. [...] Wenn der König dies nicht selbst sagen will, so möge dies wenigstens durch seine Räte gesagt werden.»

Machiavellis Vorschlag erwies sich als geschickt. Robertet erklärte sich bereit, beim König vorzufühlen, ob er zumindest zu einem solchen Schritt bereit sein würde. Ludwig XII. wurde nicht nur von seinen Ratgebern in diese Richtung gedrängt, sondern auch von der strenggläubigen Königin Anna, die ihn beschwor, einen Konflikt mit dem Papst unter allen Umständen zu vermeiden. Schließlich gab sich der König geschlagen und stimmte der Vermittlung von Florenz zu. Allerdings sollten die Verhandlungen unbedingt geheim bleiben. Niccolò konnte bei seiner Mission einen ersten persönlichen Erfolg verbuchen und hatte Giovanni Girolami die Rolle des einfachen Kuriers zugewiesen!

Machiavelli glaubte im Sinne Soderinis gehandelt zu haben, der den Bruch zwischen König und Papst um jeden Preis verhindern wollte. Aber das Ziel war noch nicht erreicht. Die Unterstützung der Prioren mußte gewonnen und die Opposition mundtot gemacht werden. Soderinis Gegner waren ganz auf der Seite des Papstes, da er ihnen einen Regierungswechsel in Florenz versprochen hatte.

Machiavelli versuchte der Signoria den Ernst der Lage mit drastischer Schärfe vor Augen zu führen. Der König sei zum Äußersten entschlossen, warnte er, er treffe gewaltige Kriegsvorbereitungen. Er wolle alle französischen Prälaten zu einem Konzil nach Orléans bestellen, um Frankreich vom Gehorsam gegenüber Rom entbinden zu lassen. Außerdem habe er den Kaiser für kommendes Frühjahr zu einem Feldzug aufgefordert und «bei seiner Seele geschworen, daß er eines von beiden wolle, entweder sein Reich verlieren, oder den Kaiser krönen und einen Papst nach seinem Wunsch machen». Außerdem habe er vom spanischen König einen Brief erhalten, «völlig günstig für den [französischen] König, worin er sich über das Unternehmen des Papstes gegen Genua beklagt». Die Rolle des Vermittlers war zugleich eine Prestigefrage, wie Niccolò abschließend hervorhob: «Nun betrachten Eure Herrlichkeiten, welches Verdienst sich derjenige bei Gott und den Menschen machen würde, der solchen Brand bekämpfen und durch seine Klugheit Mittler werden würde.»

In Florenz hielten selbst gut informierte Beobachter wie Vettori die Haltung des Papstes für eine reine Drohgebärde, wie er Machiavelli unmißverständlich mitteilte. Julius II. könne sich nur auf die ausgeblutete Serenissima stützen. Wenn es nach ihm ginge, so Vettori, würde der «König Bologna erobern, seine Erfolge fortsetzen und den Papst aus Rom verjagen». Und die Florentiner würden «das Zaudern beenden, selbst wenn alles zum Teufel» ginge.

Ins gleiche Horn stieß Niccolò in seinem Bericht vom 18. August: «Es wäre zu wünschen, daß auch unsere Priester lernen, was es auf dieser niedrigen Welt heißt, ein paar Kröten zu schlucken.» Allerdings war Florenz wegen seiner geographischen Lage besonders bedroht. Ludwig XII. war fern, aber der Papst ganz nah.

Beim Ausbruch des Krieges würden die Florentiner in Zugzwang geraten und müßten sich für eine der beiden Seiten erklären – «trotz der Skrupel, welche [die Signoria] der anderen Seite gegenüber haben» könne, wie Machiavelli vorsichtig schrieb.

Jedes weitere Taktieren war zwecklos: Die Franzosen würde «es nicht schrecken, [Florenz] gegen sich zu haben» und sie hätten auch keine Angst davor «ohne [die Republik] auskommen zu müssen», warnte Niccolò. Dazu seien sie «zu stolz und zu mächtig».

Da Florenz nicht neutral bleiben konnte, lag es nahe, auf einen Sieg der Franzosen zu setzen und sich die riskante Parteinahme im Erfolgsfall gut bezahlen zu lassen. Die Versprechungen des Königs von großen Gewinnen oder die konkretere von Robertet auf «ein Herzogtum wie Urbino», das Florenz doch sicher willkommen sei, konnten den Ausschlag geben. Wenn die Signoria sich entscheide, «es sei gut, das Glück mit Frankreich zu wagen», dann stehe «die Sache so, daß [sie] über einen guten Teil der Toskana nach Belieben» verfügen könne; «die Eroberung würde Frankreich übernehmen, gegen einen jährlichen Tribut von angemessener Dauer».

Allerdings konnten die Franzosen einen Krieg nur im Bündnis mit dem Reich und England gewinnen, und diese Mächte würden Italien anschließend unter sich aufteilen. Nicht nur Niccolò befürchtete, Florenz könne dann zum Zankapfel der Sieger werden.

Folglich mußte der Krieg verhindert werden. Wenn eine Aussöhnung zwischen König und Papst schon nicht möglich sei, so Machiavelli, müsse man wie die «Italiener bei Hofe, die viel zu verlieren» hätten, dem König «aufzeigen, daß man, um einen Papst im Zaume zu halten, weder des Kaisers» bedürfe «noch so großen Lärm machen» müsse. Man brauche nur dafür zu sorgen, daß ihn die römischen Barone in die Engelsburg einsperrten; diese seien nämlich «nicht so vernichtet [...], als daß sich nicht Mittel fänden, die Barone wieder zu erwecken».

Obwohl Machiavelli vielleicht Beispiele aus der Geschichte angeführt hatte, machte sich Robertet seinen Vorschlag, den Papst ohne erklärten Krieg auszuschalten, nicht zu eigen. Bescheidener verkündete der Sekretär, es bedürfe mehrerer Italiener mit Autorität, um den Franzosen «diese Muster in den Sinn zu prägen». Der Krieg war unausweichlich. Jede Hoffnung auf Aussöhnung hatte sich als Illusion erwiesen. Julius II. hatte die Lust auf einen Feldzug auch nach der gescheiterten Rebellion in Genua nicht verloren. Mit aller Gewalt wollte er Ferrara an sich reißen: «Ferrara, t'avrò, al Corpo di Dio!» – Ferrara, ich bekomme dich, beim Leib Gottes! – Nichts konnte ihn aufhalten, nicht einmal das Netz der weiblichen Intrigen, das zur Rettung des Herzogtums gesponnen wurde.

Die Markgräfin von Mantua, die ihren Bruder um jeden Preis retten wollte, setzte ihren Ehemann unter Druck, sich der Forderung des Papstes zu entziehen, die päpstlichen Truppen gegen Ferrara zu führen. Zugleich versuchte sie über ihre Tochter Einfluß auf ihren Schwiegersohn, den Herzog von Urbino, zu gewinnen. Als Generalkapitän der Kirche hatte er die Möglichkeit, den Feldzug gegen Ferrara zu sabotieren. Isabella d'Este schreckte nicht einmal davor zurück, die Romanze zwischen ihrem Ehemann und ihrer Schwägerin Lucrezia Borgia, der Gattin Alfonso d'Estes, für ihre Ziele zu benutzen: Wenn sich Francesco Gonzaga der päpstlichen Forderung, Alfonso d'Este an einer zweiten Front anzugreifen, schon nicht entziehen konnte, sollte er den Angriff wenigstens unauffällig hintertreiben. Isabella spann ihre Fäden natürlich in aller Heimlichkeit: Julius II. hatte noch immer ihren Sohn in der Hand. Wenigstens verfügten sie und ihre Tochter mit der Papsttochter Felicita della Rovere über eine Unterstützerin im Vatikan. In Frankreich zählten sie dagegen auf die Hilfe Annas von Bretagne, falls Ludwig XII. das Herzogtum Ferrara opfern sollte, um sich mit dem Papst auszusöhnen.

In den ersten Septembertagen hatte Julius II. die zögerliche Haltung seiner Kapitäne, hinter der er Verrat witterte, endgültig satt. Im Eilmarsch rückte er mit seinen Kardinälen nach Bologna vor und erwartete dort die französische Armee unter der Führung von Chaumont d'Amboise. Auf zwei mutige Kardinäle, die ihn aufzuhalten versucht und Verhandlungen vorgeschlagen hatten, war ein Hagel von Beschimpfungen niedergeprasselt. Was konnte Kardinal Soderini noch tun? Nach dem wochenlangen Zögern der Signoria kam jede Vermittlung zu spät. Außerdem hatte Julius II. den Florentinern vorgeworfen, sie seien «Franzosen von Herzen und ohne Einschränkung». Wo war die undichte Stelle gewesen? Die Franzosen beteuerten ihre Verschwiegenheit, hatten aber größtes Interesse daran, Florenz zu kompromittieren.

Julius II. hatte sich in ein irrsinniges Abenteuer gestürzt, das Robertet als «lächerliche Kinderei» bezeichnete. Nach der Eroberung von Modena, eine der stattlichsten Festungen im Ferraresischen, räumte ihm Niccolò allerdings Erfolgsaussichten ein. Der Papst hatte schon früher bewiesen, «daß es besser ist, draufgängerisch als bedächtig zu sein». Wer Kühnheit zeigte, dem lächelte Fortuna, von der Machiavelli später sagte, sie sei «ein Weib; um es unterzukriegen», müsse man «es schlagen und stoßen». Obwohl vor allem «den jungen Menschen freund», schien das Glück auch dem alten Pontifex zu winken, auch wenn er neben dem Alter, seinem Rheumatismus und der Syphilis auch das Wetter gegen sich hatte: Von Oktober bis Februar überschwemmten sintflutartige Regenfälle alle Straßen.

Ansonsten stellten sich ihm keine ernsthaften Hindernisse in den Weg. Ludwig XII. war ganz mit Kriegsvorbereitungen befaßt und kümmerte sich nicht um die Ereignisse in Italien, auch nicht um Ferrara. Und dabei hätte eine Verstärkung von einigen hundert Lanzenreitern genügt, um das Schlimmste zu verhindern. «Während so der König nicht daran denkt und die Heilung vernachlässigt», heißt es in Niccolòs Bericht, «stirbt der Kranke.»

Nach der Eroberung Modenas wartete Niccolò nicht lange auf neue Weisungen aus Florenz. Betroffen führte er dem König und seinen Ratgebern den Ernst der Lage vor Augen: «Wenn Ferrara verlorengeht, gehen andere Staaten verloren, zur Schande des Königs und zum Schaden seiner Freunde.» Die Warnung war vergebens. Ludwig XII. verließ sich auf den «Feldzug im Frühjahr», der schon «alle Schäden beheben» werde.

Jedenfalls konnte Frankreich weder jetzt noch später mit einer militärischen Unterstützung durch die Florentiner rechnen. Niccolò betonte immer wieder, die Republik wolle sich ihren Bündnisverpflichtungen nicht entziehen, aber wegen ihrer geographischen Lage seien ihr die Hände gebunden: Wenn sie ihre Truppen nach Norden schicke, könne sie sich nicht verteidigen, wenn sie von päpstlichen Truppen eingeschlossen würde. Wenn Florenz ernsthaft in Bedrängnis geriete, sei es nur noch mit einem hohen Einsatz von Menschenleben und Material zu retten. Und der Verlust von Florenz bedeute den Verlust der gesamten Toskana. Niccolò vertrat seinen Standpunkt so wortreich, daß ihm Ludwig XII. hundert Lanzenreiter versprach. Florenz sollte sie erhalten, sobald die Schweizer dem Kirchenstaat freiwillig oder mit Gewalt den Rücken kehren und die Lombardei nicht mehr bedrohen würden.

Diese Zusage war für Machiavellis dreimonatige Mission ein mageres Ergebnis, wenn nicht sogar ein Mißerfolg. Der Sekretär war losgezogen, um an Friedensgesprächen teilzunehmen, und als er wieder abreiste, war Florenz in den Krieg «verstrickt».

Für das Scheitern der Friedensgespräche war natürlich nicht Machiavelli verantwortlich zu machen: So bedeutend die Republik Florenz auch sein mochte, auf internationaler Ebene hatte sie wenig

Einfluß und «weder Kredit noch Ansehen», wie der hellsichtige Buonaccorsi bitter schreibt.

Die Geschichte lehrte von jeher eines: Ob die guten Dienste eines Drittstaates zum Erfolg führen, hängt weniger vom Ansehen und von der Geschicklichkeit des Vermittlers ab als vielmehr von der Bereitschaft der Konfliktparteien, ihren Zwist auf unblutige Weise zu beenden. Julius II. wollte den Krieg, und Ludwig XII. reizte ihn trotz seines angeblichen Friedenswillens bis aufs Blut, indem er die französische Kirche und ihre Schäflein der päpstlichen Obedienz zu entziehen versuchte.

Machiavelli hatte das Gespenst eines Krieges beschworen, um der franzosenfreundlichen Politik Soderinis zum Durchbruch zu verhelfen. Diese Strategie erwies sich im nachhinein allerdings als zweischneidiges Schwert.

Da Ludwig XII. an seinem italienischen Verbündeten wenig Interesse zeigte, bestand die Gefahr, daß die Kriegsangst die Signoria dem Papst in die Arme treiben würde. Auch hieß es, die florentinischen Kaufleute in Rom hätten bereits unter Repressalien zu leiden. In dieser Situation trug Niccolò ein Gerücht weiter, das den Florentinern Mut einflößen sollte. Angeblich hatte der König im Staatsrat erklärt, es sei «notwendig, die Republik größer und mächtiger zu machen», und gemeint, «man komme nie zu großen Dingen, wenn man nicht Risiken in Kauf nimmt». Hatte Niccolò die Illusion, dic Signoria werde seine Ermahnungen ernst nehmen? Buonaccorsi, den ihre Schaukelpolitik erbitterte, sah die Tatsachen jedenfalls nüchtern: «Wir sind ein Volk, das bei Wärme dahinschmilzt und bei Kälte schrumpft.»

# Das Aus für das Konzil

Ludwig XII. wollte sich am 27. September 1510 in Tours von der Bischofssynode ermächtigen lassen, dem Papst den Krieg zu erklären, ein Schritt, der seinem weiteren Vorgehen den Anschein der Legitimität verleihen und Königin Annas Gewissen beruhigen sollte. Trotz der ernsten Lage ließ er sich auf der Reise nach Tours viel Zeit und vergnügte sich unterwegs bei der Jagd. Machiavelli, der ihm dorthin folgte, frönte ähnlichen Vergnügungen. Wenn ihn Buonaccorsi spöttisch daran erinnern mußte, daß seine Frau «am Leben ist und die Kinder auf ihren Füßchen laufen», so lag das freilich weniger an der Überlastung des Sekretärs als vielmehr an einer «schönen Fischhändlerin». Immerhin fand er in Tours beim Warten auf den neuen florentinischen Botschafter die Zeit, das Neueste zu den Vorbereitungen der Synode zusammenzutragen. Die Prälaten der gallikanischen Kirche hatten sich unter anderem mit der Frage zu befassen, ob «ein Papst, der sein Papsttum erkauft und seine Pfründen verkauft» habe und dem «endlose Greuel nachzuweisen» seien, vom Amt abberufen werden könne. In diesem Fall könnte man seine Interdikte als gegenstandslos betrachten.

Die Vorschläge der Synode beunruhigten Niccolò anscheinend nicht besonders, ja vielleicht amüsierten sie ihn sogar. Dabei hatte das Verhängnis seinen Lauf genommen, und zwar nicht für den Papst, sondern für die florentinische Republik, die Regierung Soderini und folglich auch für Niccolò Machiavelli.

Die Versammlung von Tours tat, was von ihr erwartet wurde. Ludwig XII. wurde das Recht zugesprochen, zur Verteidigung seines Verbündeten, des Herzogs von Ferrara, nach Italien zu marschieren und einen Kirchenausschluß oder andere päpstliche Repressionen gegebenenfalls zu ignorieren.

Faktisch bedeutete dies den Bruch der gallikanischen Kirche mit Rom. Entsetzt über das Schisma, beschwor Königin Anna ihre bretonischen Geistlichen, die radikalen Beschlüsse von Tours nicht zu unterschreiben.

Die Situation in Italien spitzte sich zu: Chaumont d'Amboise war auf Befehl des Königs mit seinen Truppen abmarschiert. Erbittert schleuderte Julius II. seinen Bannfluch gegen die französischen Feldherren. Der Kampf gegen Frankreich wurde zum heiligen Krieg.

Der Papst hatte in Bologna wieder alle Kardinäle um sich geschart. Fünf flohen nach Mailand, um sich dem Schutz Ludwigs XII. zu unterstellen: zwei Franzosen, darunter Guillaume Briçonnet, der Kardinal von Saint-Malo, der unter Ludwig XI. und unter Karl VIII. Finanzminister gewesen war und unter letzterem für die Beziehungen zum Papsttum verantwortlich gezeichnet hatte; daneben die beiden spanischen Kardinäle Carjaval und Borgia, erbitterte Gegner Julius' II., und der italienische Kardinal Sanseverino, der ebenso jähzornig war wie sein gefürchteter Bruder, der Capitano Fracasso.

Die abtrünnigen Kardinäle beschlossen die Einberufung eines Generalkonzils, das den Papst absetzen sollte, ein schwerwiegender Beschluß, der allerdings erst im März 1511 nach zahlreichen Hindernissen und heftigen Debatten auf einer zweiten Synode verkündet werden sollte: Die Kardinäle beriefen sich dabei auf das Konstanzer Dekret *Frequens,* das für alle zehn Jahre die Einberufung eines ökumenischen Konzils vorsah und den Papst an sein feierliches Versprechen bei der Thronbesteigung band, diesen Schritt so rasch wie möglich zu tun. Weiterhin waren eine Erwägung der Kirchenrechtsreform und damit zusammenhängend die Möglichkeit vorgesehen, einen Papst wegen «verderbter Sitten» oder wegen seiner Kriegführung anzuklagen.

Kaiser Maximilian setzte sich für Florenz als Tagungsort des Konzils ein und wollte die Florentiner für diese Ehre zur Kasse bitten. Die Signoria reagierte auf das Ansinnen allerdings alles andere als begeistert, so daß Ludwig XII. als Treuebeweis verlangte, sie solle wenigstens Pisa, wo schon 1409 ein Konzil stattgefunden hatte, als Versammlungsort zur Verfügung stellen.

Nach erbitterten Diskussionen und in Rückbesinnung auf den Papstgegner Savonarola wurde der Vorschlag schließlich gebilligt. Allerdings sollte der Beschluß so lang wie möglich geheimgehalten werden, da der Papst Florenz bislang noch nicht offen feindselig begegnete und man noch immer auf Verhandlungen hoffte.

Außerdem konnte Julius II. im Augenblick optimistisch sein. Im Oktober war der Versuch von Chaumont d'Amboise, ihn in Bologna in die Enge zu treiben, kläglich gescheitert. D'Amboise hatte offenbar zu viele Skrupel, einen Papst anzugreifen: Während er mit Julius II. verhandelte, trafen schließlich die spanische und die venezianische Verstärkung ein und setzten der Belagerung ein Ende. Nach diesem ermutigenden Erfolg beteiligte sich der Papst im Januar im Schneegestöber an der Belagerung und Eroberung Mirandolas. Der Verlust dieser kleinen Festung in den Sümpfen der Po-Ebene vierzig Kilometer vor Ferrara war für die Franzosen ein schwerer Schlag: Sie hatte besondere strategische Bedeutung, und die Gräfin Francesca Pico, die sie heldenhaft verteidigt hatte, war eine natürliche Tochter des Marschalls von Frankreich, Gian Giacomo Trivulzio.

Der Krieg verschlang gewaltige Summen. Während Alfonso d'Este sein Familiensilber und den Schmuck seiner Frau versetzen mußte, griff Julius II. auf bewährte Einnahmequellen zurück: Er kreierte Kardinäle. Die Ernennungen füllten nicht nur die Kriegskasse, sie dienten auch politischen Zielen: Zu den neuen Purpurträgern gehörten der Botschafter von England, der Schweizer Schiner und Matthias Lang, der Bischof von Gurk, die rechte Hand des Kaisers. Ohne die Unterstützung Heinrichs VIII., der Schweizer Kantone und Maximilians war das Konzil Ludwigs XII. nicht mehr als eine Farce.

Eine Farce oder eine Tragödie? Die Aufforderung an den Papst, sich zum 1. September 1511 vor dem Konzil in Pisa zu verantworten, wurde an allen Kirchen der Christenheit angeschlagen. Sie prangte auch an den Toren der Kirche von Rimini wenige Schritte von dem Palast entfernt, in den sich Julius II. nach dem Fall von Bologna zurückgezogen hatte. Denn im Mai 1511 hatte sich der Wind gedreht. Der zweite Marsch auf Bologna war nicht mehr vom verzagten Chaumont d'Amboise angeführt worden, der wegen seines Angriffs auf den Papst angeblich noch immer völlig zerknirscht war, sondern von dem Haudegen Trivulzio und dem jungen, hitzigen Kapitän Gaston de Foix, dem Neffen des Königs. Der Herzog von Urbino, der die Franzosen nicht hatte zurückschlagen können, behauptete später, die Stadt sei dem Feind «durch Verrat ausgeliefert» worden. Rasch war ein Verräter ausgemacht: Kardinal Alidosi, der Günstling des Papstes und Statthalter von Bologna. Der Herzog von Urbino, der von Julius II. nach Ravenna zitiert worden war, übernahm eigenhändig das blutige Geschäft, ihn am hellichten Tag auf dem Marktplatz hinzurichten.

Julius II. wurde vom Fieber geschüttelt und von Zorn und Kummer zerfressen. Kaiser Maximilian hatte verkündet, er werde seine Bischöfe zum Konzil nach Pisa entsenden, nachdem man seinem Gesandten, der dem Papst einen Vorschlag zu Friedensverhandlungen in Mantua hätte unterbreiten sollen, einen üblen Empfang bereitet hatte. Außerdem hieß es, der Kaiser wolle die Könige von Ungarn und Polen zum gleichen Schritt bewegen. Doch der Papst dachte nicht daran, sich kampflos zu ergeben.

Nach seiner Rückkehr nach Rom faßte sich Julius II. wieder und beschloß, die Schläge der Feinde zu parieren. Auf die «ketzerische Kirchenversammlung» des Königs würde er mit der Einberufung eines ökumenischen Konzils zum Frühjahr 1512 reagieren, ein Schritt, der dem Papst vorbehalten war, wie jeder Laie in Fragen des Kirchenrechtes wußte. Er war sich seiner Sache sicher. Bevor ihm der König von Frankreich die Tiara nehmen würde, hätte er ihm die Krone vom Kopf gerissen und sie dem König von England gegeben! Einstweilen verhängte er über die abtrünnigen Kardinäle den Kirchenbann und drohte allen Städten und Staaten, die das schismatische Konzil begünstigten, mit dem Interdikt.

Florenz war in der Zwickmühle. Entweder die Signoria zog ihre Zusage an Ludwig XII. zurück und schlug sich auf die Seite seines Feindes, oder sie duldete das Konzil in Pisa und wurde vom päpstlichen Bannfluch getroffen.

Die Signoria suchte rasch nach einer Lösung und schickte Niccolò sofort nach Frankreich. In den Verhandlungen mit dem König sollte er nacheinander drei Forderungen aus dem Hut ziehen: Ludwig XII. sollte das Konzil absagen oder, falls dies nicht möglich sei, es verlegen oder, falls auch dies nicht möglich sei, es wenigstens um einige Monate verschieben. In dieser Zeit könnten sich «verschiedene Umstände ergeben», die «den gegenwärtigen Zwist schlichten» würden. Gemeint war natürlich der Tod Julius' II., mit dem man schon zweimal fest gerechnet hatte. Im August hatte sein Ende schon so nah geschienen, daß bereits die Kuriere ausgeschwärmt waren, um die Kunde in alle Himmelsrichtungen zu verbreiten. Am nächsten Tag kehrte er dann ins Leben zurück, aß Erdbeeren und trank ein Glas Malvasier. «Als die Kardinäle erfuhren», schrieb der venezianische Botschafter, «daß der Papst lebte, starben sie fast.» Die weniger empfindsamen Florentiner gaben dagegen die Hoffnung auf eine dritte Krise nicht auf.

Vor allem mußten die Kardinäle, die das Konzil initiiert hatten – nach dem plötzlichen Tod Francesco Borgias waren es noch vier –, auf dem Weg von Genua nach Pisa abgefangen werden. Sie durften unter keinen Umständen durch Florenz reisen. Machiavelli sollte ihnen entgegenreiten und «sie auffordernd, ermahnend und bittend» – die Vielzahl der Ausdrücke verrät die Verzweiflung der Zehn – veranlassen, eine andere Route zu nehmen. Falls Niccolò ihnen nicht begegnen würde, sollte er sofort nach Frankreich weiterreiten.

Die Reise wurde zum Wettlauf gegen die Zeit. In Borgo San Donnino schließlich begegnete Niccolò den vier Kardinälen. Er erreichte bei ihnen nicht mehr als das Versprechen, auf anderem Wege nach Pisa zu reisen. Über Mailand, wo er mit Ludwigs Feldherrn Gaston de Foix zusammentraf, reiste er nach Blois weiter und erhielt einen Tag nach seiner Ankunft eine Audienz beim französischen König und seinem Ratgeber Robertet – nur zehn Tage nach Erhalt des Missionsbefehls.

Niccolò focht dieses Gefecht gemeinsam mit dem florentinischen Botschafter Roberto Acciaiuoli aus. Beide hatten die ganze Nacht über das feindliche Terrain sondiert. An Munition für die Gespräche fehlte es ihnen nicht. Die Signoria hatte für die Verhandlungen genaue Instruktionen gegeben, und es ging nur noch darum, die Argumente überzeugend genug darzulegen.

Ludwig XII. befand sich in arger Bedrängnis. Er wurde in verschiedene Richtungen gedrängt: einerseits von den streitbaren Kardinälen und andererseits von seiner verängstigten, schwangeren Gattin Anna. Der Papst hatte ihren bretonischen Bischöfen prophezeit, sie werde einen Dauphin zu Grabe tragen müssen, wenn sie ihren Mann nicht von dem Krieg und der ketzerischen Kirchenversammlung würde abbringen können!

Der König beteuerte seinen Wunsch nach Frieden und setzte auf das Konzil als einzige Möglichkeit, den Papst zu Verhandlungen zu zwingen.

Machiavelli und der Botschafter gaben zu bedenken, daß er Julius II. mit einem Konzil nicht einschüchtern könne und ihn noch mehr gegen sich aufbringe. Trotzdem war der König von seinem Vorhaben nicht abzubringen.

So blieb nichts anderes übrig, als sich auf das zweite Verhandlungsziel zu konzentrieren: Das Konzil mußte verlegt werden. Aber auch dazu war Ludwig XII. nicht bereit. Er zeigte zwar Verständnis für die florentinischen Befürchtungen, berief sich aber darauf, daß die Prälaten bereits zum Tagungsort unterwegs waren. Ohne sie und den Kaiser könne der Beschluß, das Konzil in Pisa abzuhalten, nicht widerrufen werden. Ludwig hielt die Ängste der Florentiner ohnehin für übertrieben: Der Papst werde weder Repressalien gegen die florentinischen Kaufleute ausüben – wenn sie Angst hätten, bräuchten sie ja nur ihre Warenlager zu verkleinern! –, noch wegen des Konzils einen Krieg vom Zaune brechen, da sich der König von Spanien nicht daran beteiligen würde. Eine militärische Konfrontation in der Toskana sei sehr unwahrscheinlich.

Insgesamt gewannen Machiavelli und der Botschafter den Eindruck, daß der König ihnen zwar gern entgegengekommen wäre, aber durch Sachzwänge daran gehindert wurde. Ludwig hatte tragischerweise eine Maschinerie in Gang gesetzt, die sich jetzt nicht mehr aufhalten ließ. Bei einem Mißerfolg des Konzils hätte er das Gesicht verloren. Doch hatte seine starre Haltung einen weiteren Grund, den Machiavelli und der Botschafter von Robertet erfuhren: Eine Änderung des Programms hätte die Kardinäle verärgert, und das hätte

Kaiser Maximilian den Vorwand geliefert, sich aus dem Unternehmen zurückzuziehen.

So blieb den Florentinern nur noch das dritte und letzte Mittel, die offene Konfrontation mit dem Papst zu vermeiden: Das Konzil mußte verschoben werden. Dazu war Ludwig XII. gern bereit, denn er hoffte auf eine Klärung der Situation innerhalb der nächsten beiden Monate: auf eine erfolgreiche Vermittlung durch die Florentiner, auf den Tod des Papstes oder den Winter, der Kriegshandlungen erst einmal verhindern würde (obwohl sich im Vorjahr bei der Eroberung Mirandolas gezeigt hatte, daß nicht einmal Schneestürme Julius II. aufhalten konnten). So beschloß der französische König, «daß man von jetzt bis Allerheiligen nicht nach Pisa gehe». Aus Angst vor einem Rückzieher des Kaisers wagte er es allerdings nicht, den Beschluß öffentlich bekanntzumachen. Er begnügte sich damit, die Arbeit der Verwaltung zu verzögern: Ohne Geleitbriefe und Sicherheitsgarantien würden die Kardinäle nicht nach Pisa weiterreisen ...

Mehr konnte Florenz vom französischen König nicht erwarten. Allerdings war damit der Papst noch nicht beschwichtigt, geschweige denn der Weg für Verhandlungen frei. Wegen der Bereitwilligkeit der Signoria, die «ketzerische Kirchenversammlung» auf ihrem Territorium zu dulden, hatte Julius II. die erhoffte Vermittlung erbost abgelehnt. Am gleichen Tag, als Niccolò Ludwig XII. in Blois vergeblich von seinem Vorhaben abzubringen versuchte, verhängte er über Florenz das Interdikt.

Die Florentiner machten sich freilich weniger Sorgen wegen der kirchlichen Zwangsmaßnahme als vielmehr wegen des gefährdeten Handels, des Abbruchs der Bankverbindungen mit Rom und eines drohenden Einmarschs fremder Truppen.

Die Republik kümmerte sich nicht um den Kirchenbann und beschloß, die Messe wie gewohnt zu feiern. Zur Verteidigung ihres Hoheitsgebiets verließ sie sich auf die Bürgerwehr, die Machiavelli rekrutiert und ausgebildet hatte. Mit Soderinis Unterstützung hatte er schon begonnen, für diese sogenannte Ordonnanz eine leichte Reiterei aufzubauen, die sich bislang allerdings noch im experimentellen Stadium befand.

Andererseits hatte man nicht verhindern können, daß die Kardinäle in Pisa für die Eröffnung des Konzils zu Allerheiligen bereits erste Aufgaben verteilt hatten. Folglich war es fürs erste unbedingt notwendig, sie aus der Stadt zu entfernen.

Die undankbare Aufgabe fiel Niccolò zu. Einen Tag nach der Ankunft aus Frankreich mußte er wieder in den Sattel steigen und mit einem Bataillon nach Pisa galoppieren. Die Soldaten sollten die Sicherheit der Kardinäle garantieren und verhindern, daß sie sich französischen Bogenschützen aus Mailand unterstellten. Vor allem aber sollten sie den Kirchenfürsten deutlich machen, daß sie ihre Arbeit besser anderswo fortsetzten.

Als Machiavelli in Pisa eintraf, herrschte helle Aufregung. Die Pisaner Geistlichen waren vor dem päpstlichen Interdikt aus der Stadt geflohen, die Tore der Kathedrale waren verrammelt. Die Schismatiker hatten sich in die große alte Basilika San Michele del Borgo zurückgezogen. Dieses sogenannte ökumenische Konzil bestand in Wahrheit nur aus vier Kardinälen, zwei Erzbischöfen, vierundzwanzig Bischöfen, davon sechzehn Franzosen, sowie aus einigen Äbten, Theologen und Kanonisten.

Auch eine spanische Minderheit war vertreten, aber außer einem Abt kein Italiener, Deutscher oder Engländer. Der wankelmütige Kaiser war drauf und dran, einmal mehr eine Kehrtwendung zu vollziehen und der Heiligen Liga beizutreten, die Julius II. am 4. Oktober ins Leben gerufen hatte: Spanien und Venedig hatten sich verpflichtet, mit ihm das Schisma zu bekämpfen und die Gebiete des Kirchenstaates zurückzuerobern. Ferdinand von Aragón hatte seinen Schwiegersohn Heinrich VIII. von England bereits zu diesem Schritt überredet, und der Papst hatte auch die Schweizer kaufen können – kurz, als das Konzil von Pisa am 5. November 1511 mit allem Pomp eröffnet wurde, war es bereits zum Scheitern verurteilt.

Machiavelli nahm an dieser ersten Sitzung teil. In einer feurigen Anklagerede gegen den Papst rechtfertigte der italienische Abt die Versammlung, die sich eine Reform der Kirche «im Kopf und in den Gliedern» vorgenommen hatte. Die Situation erinnerte an Savonarola und seine Haßtiraden gegen Alexander VI.! Sicher hat Machiavelli die Ironie am Ende der Sitzung genossen, als die Teilnehmer ein Symbol für das Siegel des Konzils wählten: eine Taube.

Nach dieser ersten Sitzung trat Machiavelli in Aktion. Er suchte zunächst Carjaval, den Kardinal von Santa Croce, auf, dem er bereits im September in dem kleinen Marktflecken Borgo San Donnino in der Emilia begegnet war. Damals hatte Carjaval noch leidenschaftlich an das Gewissen der florentinischen Signoria appelliert, das Konzil im Namen «der Liebe Christi und des Wohls der Kirche» zu unterstützen. Das jetzige Gespräch verlief allerdings ruhiger, und der äußere Rahmen war weniger abenteuerlich. Machiavelli berief sich vor allem auf die großen Schwierigkeiten bei der Unterbringung der Kardinäle, denen die Pisaner nur auf Druck der florentinischen Beamten Quartiere zur Verfügung gestellt hatten. Fadenscheinig war sein Argument, die Situation werde mit der Ankunft von Nachzüglern noch kritischer werden, denn inzwischen war offenkundig, daß keine weiteren Kardinäle eintreffen würden.

Carjaval ließ sich nicht täuschen. Er war sich bewußt, daß es nicht um die Bequemlichkeit der Prälaten, sondern um die florentinischen Interessen ging. Trotzdem stimmte er der Verlegung des Tagungsortes zu.

War dies Machiavellis Überzeugungsarbeit zu verdanken oder dem feindseligen Klima in Pisa? Die verstörten Prälaten bangten um ihr Leben. Die florentinischen Soldaten, die sie schützen sollten, waren wie die Pisaner vom Interdikt betroffen. Immer wieder kam es zu Übergriffen durch die Bevölkerung. Ihren Haß bekamen die Geistlichen überall auf der Straße zu spüren. Sie hätten ihre Koffer auch ohne Machiavelli gepackt. Am 12. November beschlossen sie die Verlegung des Konzils nach Mailand. Die Republik Florenz atmete auf. Aber die Gefahr war keineswegs gebannt.

# Der Blitz

Der Blitz schlug in den Palazzo Vecchio ein und schwärzte die drei goldenen Lilien auf der Fassade. Niccolò verfaßte sein Testament und äußerte die Überzeugung, daß sich «in einer Stadt oder einem Staat niemals eine große Veränderung anbahnt, ohne daß sie durch Hellseher, Offenbarungen, Wunder oder himmlische Zeichen angekündigt wird». Als im April 1492 ein Blitz in die Spitze des Doms gefahren war, war Lorenzo der Prächtige gestorben. Als der Blitz im November 1511 die Lilien des florentinischen Wappens versengte, bedeutete dies offenbar ein böses Omen für Frankreich und damit auch für Florenz.

Ludwig XII. wurde von allen Seiten bedroht: Die Schweizer rückten in die Lombardei vor, der König von Spanien schickte sich zum Einmarsch in Navarra an, und Heinrich VIII. bereitete eine Landung an der Küste der Normandie vor. Maximilian stand kurz davor, in den Krieg einzutreten. Und jedermann wußte, daß die Entscheidungsschlacht auf italienischem Boden, zwischen Verona, Mailand, Como und Bologna, geschlagen würde.

Soderini wiegte sich in der Illusion, er könne Florenz aus dem Konflikt heraushalten. Zur Erfüllung der Bündnisverpflichtungen – und mit Rücksicht auf die Zukunft – hoffte er Ludwig XII. mit einigen Lanzenreitern abspeisen zu können. Die Forderungen des Papstes, am Krieg teilzunehmen, lehnte er unter dem Vorwand der angeschlagenen Finanzen der Republik ab.

Die ersten Erfolge der spanisch-päpstlichen Truppen unter dem

Vizekönig von Neapel, Ramón de Cardona, gaben den Pessimisten in Florenz recht. Im Januar lagerten die Truppen der Heiligen Liga vor den Stadtmauern von Bologna. Julius II. würde es die Bologneser teuer bezahlen lassen, daß sie sein bronzenes Reiterstandbild niedergerissen hatten: Aus den Trümmern hatte der Herzog von Ferrara eine Kanone, die *Giulia,* wie man sie höhnisch nannte, schmelzen lassen!

Zum Glück verfügte Frankreich über einen Drachentöter: Ludwigs vierundzwanzigjähriger Neffe Gaston de Foix, der Herzog von Nemours, war nicht nur ein bildschöner Mann, sondern auch ein tapferer Märchenritter und ein militärisches Genie. Die Fähigkeiten dieses Mannes, der alles besaß, was Machiavelli an Cesare Borgia bewundert hatte, wurden auch von späteren Historikern gepriesen: «Besondere Umsicht und Gewandtheit» attestiert ihm Henri Lemonnier, «ein klares Urteilsvermögen, viel Intuition, eine unvergleichliche Präzision seiner Bewegungen, einen Sinn für die Verhältnismäßigkeit der Mittel und die Kunst, sie richtig einzusetzen, das richtige Empfinden für Zeit und einen erstaunlichen Blick für Strategie und Taktik.»

Zwischen Februar und April 1512 rettete Gaston de Foix Mailand vor den Schweizern, ohne einen Mann zu verlieren oder einen Dukaten auszugeben. Mit dem Herzog von Ferrara schlug er den Feind vor Bologna in die Flucht, besiegte die venezianische Armee, eroberte Brescia – der Papst raufte sich den Bart – und stellte trotz schlechtester Wetterverhältnisse den flüchtenden Truppen der Liga nach. Am 11. April 1511 errang er – mit einer vorbildlichen Taktik, wie Machiavelli meinte – bei Ravenna schließlich einen blutigen Sieg, der im französischen Lager neben Jubel auch Trauer auslöste: Der König erfuhr vom Tod seines ruhmreichen Neffen.

Im feindlichen Lager herrschte Bestürzung: Die Franzosen hatten in wenigen Tagen die gesamte Romagna erobert. Kardinal Sanseverino, der Legat des Konzils von Pisa, hatte sich bereits aufgemacht, um Julius II. abzusetzen. Derweil wurde der Legat der Liga, Kardinal Giovanni de'Medici, den man in Ravenna ergriffen hatte, als Gefangener nach Mailand gebracht.

Würde Julius II. fliehen, wie ihm geraten wurde? Wer dies glaubte, kannte den Papst schlecht. Er brüllte, er werde seine Tiara verkaufen, um den Krieg fortzusetzen. Noch sei nichts verloren. In seiner Umgebung herrschte Verblüffung über seinen Optimismus, dann aber brachte Giuliano de'Medici ermutigende Nachrichten von seinem Bruder, dem Kardinal: Seit dem Tod von Gaston de Foix herrschte in der französischen Armee Verwirrung. Die Führung war gespalten. Auf die Kritik der französischen Hauptleute hatte sich der Herzog von Ferrara empört in sein Zelt zurückgezogen. In Mailand stand eine Offensive der Schweizer unmittelbar bevor; und der Kaiser ließ seine Verbündeten im Stich.

Mehr als auf die Waffen zählte Julius II. auf das Laterankonzil, das er für den 3. Mai einberufen hatte. Es würde ihn als Oberhaupt der katholischen Kirche bestätigen und die verunsicherten Prälaten dem ketzerischen Einfluß der Franzosen entziehen. Einstweilen beugte er sich zum Schein den Ereignissen und stimmte Verhandlungen zu.

Obwohl Machiavelli mit vielen anderen vor einer Politik der Neutralität warnte – sie zieme sich nur für den Starken, sollte Guicciardini schreiben –, wollte Piero Soderini nicht einsehen, daß sein Schlingerkurs durch die Klippen eine Gefahr bedeutete. Er stellte sich taub und begnügte sich damit, Guicciardini zu Verhandlungen nach Spanien zu schicken. Mit seinen halbherzigen Schritten rief er überall nur Verärgerung hervor.

Dabei war in Florenz die medicitreue Opposition auf dem Vormarsch und unterwanderte bereits die Zehn. Fünfzehn dieser *palleschi,* wie man die Anhänger der Medici nach den Kugeln in deren Familienwappen nannte, waren im vorigen Dezember bei einer Verschwörung verhaftet worden. Der Rat hatte Soderini daraufhin ausdrücklich das Vertrauen ausgesprochen und eine Sondergesetzgebung zur Verteidigung der republikanischen Freiheiten verabschiedet. Mit der Ernennung des Kardinals Giovanni zum päpstlichen Legaten der Armee der Heiligen Liga erhielt die medicitreue Partei in Florenz allerdings erneut Auftrieb. Ob Julius II. die Franzosen besiegen oder sich mit ihnen auf Verhandlungen einlassen würde, die *palleschi* würden auf alle Fälle davon profitieren.

Der Sieg der Franzosen bei Ravenna hätte das Ende ihrer Hoffnungen bedeutet, wenn die französischen Truppen den Papst gestürzt hätten. Aber die Franzosen waren augenblicklich ohne Führung. Außerdem hatte der Kaiser seine Landsknechte aus der Lombardei abgezogen und das Feld den Schweizern des Kardinals Schiner überlassen. Als die französische Armee zu retten versuchte, was zu retten war, erlebte sie eine Katastrophe. Nach ihrer Niederlage und Flucht Ende Juni «löste sie sich», so Vettori, «wie Nebel im Wind auf», oder «wie eine Schar Dirnen», wie es Kardinal Schiner derber faßte.

Der totale Zusammenbruch der französischen Truppen bestätigte Niccolò in einem Urteil, das er irrtümlich Julius Cäsar zuschrieb: «Die Franzosen sind am Anfang mehr als Männer und am Ende weniger als Weiber.»

Italien war «befreit» und Rom gerettet. Und dabei war der Heilige Stuhl nicht einmal ins Wanken geraten: Die «ketzerische Kirchenversammlung», die in Mailand ebenfalls schlecht aufgenommen worden war, hatte sich mit der französischen Armee in Luft aufgelöst. Julius II. jubelte. Er ließ zahlreiche Dankgottesdienste abhalten, verteilte Opfergaben und gab bei Raffael das Fresko mit der Vertreibung des Tempelräubers Heliodor in Auftrag. Nach der Begeisterung kam die Abrechnung. Der Papst hatte geschworen, «das Unkraut mit der Wurzel auszureißen», und damit war auch die Regierung Soderini gemeint, die sich nach dem Zusammenbruch der französischen Truppen noch immer sträubte, der Heiligen Liga beizutreten. Julius II. sah nur eine Möglichkeit, um die Bande zwischen Florenz und Frankreich zu durchtrennen: Man mußte den Medici zur Rückkehr nach Florenz verhelfen.

Auf Initiative des Kaisers traten die Mitglieder der Heiligen Liga im August in Mantua zusammen, um die sich aus dem französischen Zusammenbruch ergebenden Fragen zu erörtern. Auf der Landkarte standen Veränderungen an: Wer würde das Herzogtum Mailand erhalten? Was sollte mit Ferrara und seinem Herzog geschehen? Sollte die florentinische Republik gestürzt werden oder nicht?

Der Papst hatte sich als Tagungsort für die Versammlung Rom

gewünscht, um die Oberaufsicht zu führen, und war über die Wahl von Mantua erbittert. In Ermangelung eines Besseren entsandte er mit entsprechenden Weisungen Giuliano de'Medici in die Markgrafschaft. In Mantua setzte Isabella d'Este alle Hebel in Bewegung, um ihren Bruder zu retten. Sie empfing den Kongreß als Herrscherin, setzte alle ihre weiblichen Reize ein, bot, um die Anwesenden zu bezirzen, ein ganzes weibliches Bataillon in Gestalt ihrer Ehrenfräulein auf, ließ all ihren Charme spielen und versuchte mit viel Intelligenz und politischem Sachverstand, sein Schicksal günstig zu beeinflussen. Mit ebensoviel Engagement setzte sie sich für ihren jungen Neffen Massimiliano Sforza ein, den Sohn ihrer verstorbenen Schwester Beatrice mit Lodovico il Moro, der im Kerker von Loches gestorben war. Sie wollte Massimiliano zum Herzogtum Mailand verhelfen, das der Kaiser und der König von Spanien ihrem Enkel, dem kleinen Karl von Gent-Luxemburg, dem zukünftigen Karl V., sichern wollten.

Keinen Fürsprecher hatten dagegen die Florentiner, und über das Schicksal ihrer Republik waren sich ohnehin alle von Anfang an einig. Giovanni Soderini, ihr unglücklicher Vertreter – Machiavelli war bezeichnenderweise nicht entsandt worden –, hatte für die Signoria und seinen Verwandten Piero schlechte Neuigkeiten: Die Heilige Liga verlangte eine Wiedereinsetzung der Medici, und sie war bereit, diese mit Waffengewalt durchzusetzen.

In Florenz hoffte man, der Papst würde einen solchen Schritt nicht wagen; dazu, so hieß es, sei sein Verhältnis mit den Spaniern viel zu gespannt. Die Florentiner wollten es auch dann noch nicht wahrhaben, als sich die Armee Ramón Cardonas, des Vizekönigs von Neapel, von Bologna aus in Marsch gesetzt hatte. Als sie die Gefahr schließlich ernst nahmen, war der Feind nur noch einen Tagesmarsch von den toskanischen Grenzen entfernt: Man konnte ihn nicht mehr daran hindern, die Berge zu überschreiten.

Nur schwer läßt sich auseinanderhalten, was an den Entscheidungen der Zehn Blindheit, taktische Fehler oder Verrat war. Antonio Giacomini, der ruhmreiche Kapitän, der nach Machiavelli «allen Florentinern vieles voraushatte», schlug vor, sich der Invasionsarmee mit dreitausend Fußsoldaten und hundert Berittenen am Passo della Futa in den Weg zu stellen. Die Regierung lehnte das Angebot des glühenden Patrioten – der inzwischen allerdings erblindet und krank war – ab und hielt das Wagnis einer offenen Feldschlacht mit dem Feind für grundsätzlich verfehlt. Die Frage war vielmehr, wo und mit welcher Truppenstärke man Widerstand leisten sollte, da man nicht alle Streitkräfte aus Florenz abziehen und die Stadt dem inneren Feind preisgeben konnte. Andere meinten allerdings, zu viele Bewaffnete in der Stadt seien nicht weniger gefährlich!

Schließlich wurde beschlossen, die gesamte Armee in der Festung von Prato in der Ebene vor dem Mugello-Gebirge zehn Meilen vor Florenz zusammenzuziehen. Von dort aus sollte sie der Stadt im Fall eines Angriffs zu Hilfe eilen und den Feind an der Grenze bei Firenzuola so lange wie möglich zurückhalten. Mit der Durchführung dieser Operation wurde Machiavelli betraut.

Seit seiner Rückkehr aus Pisa war er mit Vollmachten, wie es sie in Florenz noch nie gegeben hatte, durch das Mugello-Gebirge und die Täler von Arno und Chiana geeilt, hatte seine Bürgerwehr inspiziert, Truppen ausgehoben, für Kommandos gesorgt, Konflikte geschlichtet, Festungen begutachtet und Verteidigungsanlagen verstärkt. Eine aktive Teilnahme am Kriegsgeschehen war für ihn allerdings etwas völlig Neues. Er hatte kaum Zeit, seine vor Angst zitternde Marietta zu beruhigen, und überließ diese Aufgabe dem treuen Biagio. Er bewies seine Zuneigung und Wertschätzung ein für allemal dadurch, daß er ihr testamentarisch die Obhut über seine Kinder und die Verwaltung seiner bescheidenen Habe übertrug.

Niccolò war fest davon überzeugt, daß die Spanier vor Firenzuola haltmachen würden. Sie würden im Etappengebiet keine starke Garnison hinterlassen und damit das Risiko in Kauf nehmen, im Rücken gefaßt zu werden. Es wäre genug Zeit vorhanden, das Gros der Streitkräfte in Prato zusammenzuziehen und dort Proviant und Munition einzulagern. Optimistisch versicherte er der Signoria am 23. August, ein paar Kanoniere mehr wären zwar wünschenswert gewesen, aber trotzdem seien die Verteidiger «besten Willens und ohne Furcht».

Am gleichen Tag traf ein Emissär der Signoria im Lager der Spanier ein, um die Absichten des Vizekönigs zu erkunden. Für diese Mission hatten die Zehn statt des erfahreneren und geeigneteren

Machiavelli einen biederen Soldaten gewählt, und dies kam nicht von ungefähr: Einige unter ihnen erhofften sich vom Vormarsch des Feindes einen Regierungswechsel, und ein fähiger Mann Soderinis hätte Cardona womöglich vom Weitermarsch abgebracht oder wichtige Informationen beschafft, mit denen man ihn noch aufhalten konnte. Tatsächlich erreichte der Gesandte der Signoria, der vom spanischen Generalstab zwei Tage lang ausgequetscht worden war, überhaupt nichts und kam nur mit der Gewißheit nach Florenz zurück, daß «die Armee und die Artillerie» am 25. August in Barberino di Mugello sein würden.

Das bedeutete, daß Cardona überraschend eine andere Route gewählt hatte. Machiavelli erwartete ihn mit tausend Fußsoldaten vergeblich in Firenzuola! Alles deutet darauf hin, daß die Liga über die Taktik der Zehn genau im Bilde war und offenbar keine militärische, sondern eine politische Lösung suchte. Mit ihrem raschen Direktmarsch auf Florenz übte sie Druck auf die Stadt aus, in der die Parteigänger der Medici zusehends an Einfluß gewannen. Kardinal Giovanni und sein Bruder Giuliano, die zur spanischen Armee gestoßen waren, verfügten in der Republik über ein Netz von Informanten, denen sie über einen Bauern in bester Verschwörermanier Instruktionen zuspielten. Um die Florentiner in Angst und Schrecken zu versetzen und sie zum Aufstand anzustacheln, wurde in Scarperia, dreißig Kilometer vor der Stadt, die Villa eines Kommissars geplündert. Die Soldateska machte die Verteidiger nieder, die Frauen wurden vergewaltigt und verschleppt. Zur gleichen Zeit erkaufte sich Giuliano de'Medici auf allen besetzten Gebieten im Mugello-Gebirge mit Geld und Versprechen die Sympathien der Bevölkerung.

In der Nacht des 25. August suchte der Gesandte des Vizekönigs bei der Signoria um eine Audienz nach. Die spanische Armee sei weder als Feind gekommen, sagte er, noch plane sie einen Angriff auf die Freiheiten der Stadt. Sie sei von der Liga entsandt worden, um Florenz zum Beitritt zu bewegen. Allein der Gonfaloniere, ein notorischer Freund der Franzosen, stehe den Interessen von Florenz und Italien im Wege und müsse gestürzt werden.

Die Ereignisse spitzten sich dramatisch zu. Soderini, der sofort vor den Großen Rat geladen wurde, eroberte die Zuhörerschaft mit der Wortgewalt eines römischen Redners, die man an ihm bislang nicht gekannt hatte: Er sei zum Rücktritt bereit, wenn seine Mitbürger, und nur sie, dies wünschten. Er sei vom Volk in sein Amt berufen worden, und nur dem Volk werde er weichen.

Allerdings mußte sich das Volk seine Schritte genau überlegen, wie er zu bedenken gab. Denn auf wen hatte man es abgesehen? Auf ihn oder auf die Republik? Es ging nicht um seine Person, sondern um die Freiheit!

Nach einem feurigen Appell an die Standhaftigkeit und Opferbereitschaft der Florentiner raste die Versammlung vor Begeisterung: «Es lebe die Republik! Es lebe Soderini! Tod den Medici!»

Der Rat der Acht, die politische Justizbehörde, verhaftete Mitglieder der fünften Kolonne der Medici, junge Adlige aus den besten Familien wie den Rucellai, Albizzi und Tornabuoni. Zugleich berieten sich die Kondottieri und sprachen sich einstimmig dafür aus, Florenz mit allen verfügbaren Mitteln zu verteidigen. Soderini, der vor allem einen Staatsstreich verhindern wollte, zeigte sich zufrieden. Und Machiavelli berichtete, Prato sei bestens gesichert. Die dortige Garnison war – vermutlich auf seine Veranlassung – von den ursprünglich vorgesehenen zweitausend auf dreitausend Mann aufgestockt worden.

Denn Machiavelli war wieder in Florenz. Die Signoria hatte ihn eilends zurückbeordert, nachdem er auf ihre Anweisung hin die Lage in Scarperia erkundet und bestätigt hatte, daß die Bevölkerung loyal geblieben war. Machte er sich Illusionen, oder wollte er Soderini nicht demoralisieren? In Wahrheit hatten Kardinal Medici und sein Bruder die Städte und Dörfer, durch die ihre Truppen zogen, ganz auf ihrer Seite. Sie betonten, daß sich die Expedition gegen die Regierung, nicht gegen das Volk richte. Und der unter der Steuerlast ächzende *contado,* der einen Krieg führen sollte, der nicht seiner war, fühlte sich weder mit der Hauptstadt noch mit der Regierung solidarisch.

Am 26. August griff Cardona, wieder um die Florentiner zu demoralisieren, Prato an. Allerdings erlitten die Spanier eine Niederlage, und der florentinische Widerstand siegte.

Da die spanischen Truppen nach der Schlacht von Ravenna stark geschwächt waren, war ihnen ein zweiter Angriff fast nicht zumutbar. Und überdies hatte Cardona außer den beiden Kanonen, die Kardinal de'Medici mitgebracht hatte und von denen eine explodiert war, keine Artillerie. So verlegte er sich aufs Verhandeln und verlangte von der florentinischen Signoria nur noch den dringend benötigten Proviant und Geld. Die Forderung, den Gonfaloniere abzusetzen, ließ er fallen und legte die «Sache der Medici in die Hände Seiner Katholischen Majestät, welche die Florentiner durch Bitten statt durch Gewalt dazu bringen könnte, sie aufzunehmen».

Wer gedacht hatte, dies bedeute den Frieden, sah sich eines Besseren belehrt. Übertrieben siegessicher ging Soderini den *palleschi* ins Garn, die sich um den totalen Sieg gebracht fühlten und alles daran setzten, Cardona zum Kampf zu zwingen.

Man kann hier auf die *Discorsi* verweisen, wo Machiavelli anhand von Soderinis Haltung demonstriert, daß «man oft alles verliert, wenn man zuviel gewinnen will». Der Gonfaloniere hätte sich demnach darauf konzentrieren müssen, das Wesentliche, also die Regierung, zu retten. Freilich ist die Kritik in den *Discorsi* erst lange nach den Ereignissen entstanden. Machiavellis Landwehr hatte Soderini so viel Vertrauen eingeflößt, daß er keinen Zweifel hatte, dem geschwächten und unentschlossenen Feind eine Niederlage beibringen zu können.

Machiavelli selbst ließ sich vielleicht von der Aussicht auf einen glanzvollen Sieg blenden, der auf ihn als den Architekten der Ordonnanz zurückgefallen wäre. Und wenn dem nicht so war, konnte er angesichts seiner sprichwörtlichen Hellsicht glauben, die Republik sei mit einigen Fuhren Brot und ein paar Dukaten zu retten?

Nach dem oben zitierten Kapitel der *Discorsi* hat Machiavelli dies geglaubt oder zumindest glauben wollen. Das bedeutet allerdings keineswegs, daß er diese Überzeugung in der damaligen Situation, als sich Soderini zur Abwechslung einmal standhaft zeigte, auch tatsächlich vertreten hat! Ein Politiker hätte in dieser Lage wohl eher folgende Überlegung angestellt: Der Rückzug des unentschlossenen Feindes würde der Republik zwar keinen totalen Sieg bringen, ihr aber an einem zukünftigen Verhandlungstisch einen sicheren Vorteil verschaffen, vor allem, wenn dieser Rückzug nicht nur diplomatisch, sondern auch militärisch erzwungen worden wäre ...

In diesen entscheidenden Stunden war Niccolò allerdings nicht im Palazzo Vecchio oder bei jenen Weitsichtigen, die den Gonfaloniere von seinem Vorhaben abbringen wollten, oder den anderen, die ihn aus mehr oder weniger lauteren Gründen unterstützten, sondern *in campo* bei seiner Bürgerwehr. Dort erreichte ihn eine Warnung Biagios, der mit «Frater Blasius» unterschrieb und ihm von «bekannter Seite», von Soderini also, mitteilte, die Armee des Vizekönigs sei keinesfalls demoralisiert. Vielmehr ziehe sie nach Campi, das eine Meile von Prato entfernt war, wo sie sich an diesem Abend, dem 27. August, einquartieren wolle. Und spöttisch fügte der Untergebene – ebenfalls von seiten des Gonfaloniere – hinzu: «Lebt wohl, macht das Beste aus den verfügbaren Mitteln, damit keine Zeit mit Überlegungen vertan wird.»

Damit war Niccolò wider Willen zur letzten Hoffnung Soderinis und der Republik geworden!

Der Vizekönig konnte keine Zeit mit fruchtlosen Diskussionen vergeuden und seine Männer vor einer Stadt, die vor Lebensmitteln überquoll, verhungern lassen. Da ein Rückzug ohne eine Übereinkunft ebenfalls nicht möglich war, blieb nichts anderes als ein erneuter Angriff auf Prato. Und diesmal hatte er Erfolg.

Guicciardini schrieb später, die Spanier seien «verblüfft gewesen, wie Soldaten so viel Feigheit und Unerfahrenheit unter Beweis stellen konnten». Soldaten von Niccolòs Miliz! Ein bitterer Triumph für Guicciardini, der an die Bürgerwehr niemals geglaubt und die Ordonnanz seines Freundes Machiavelli als demokratische Träumerei abgetan hatte. Es hatte nur eines Kanonenschusses und einer Bresche – nach einem Zeitgenossen gerade ein «Fenster» – bedurft, um dem Feind den Weg in die Stadt freizuräumen. Als die Spanier auf die Mauer eines Klosters sprangen, warfen die Verteidiger ihre Piken und Arkebusen fort und machten sich wie die Hasen eilends aus dem Staub.

Die Szene hätte den besten Stoff für eine Farce geliefert, wäre auf die Flucht von Machiavellis Leuten nicht eine Plünderung der Stadt mit entsetzlichen Greueltaten gefolgt. Es erstaunt schon, wenn Isabella d'Este ihrem Freund Giuliano de'Medici in einem Brief wünscht, die Rückkehr seiner Familie möge «von allen um so besser aufgenommen» werden, «als sie glücklich, ohne Blutvergießen zu Ende ging». Die selige Unwissenheit einer gutmeinenden Frau! In Prato wurden Tausende von Männern, Frauen und Kindern niedergemetzelt, gefoltert oder vergewaltigt; viele wurden als Geiseln verschleppt, mit denen man stolze Lösegelder erpreßte. Sie alle bezahlten für «die Feigheit und Unerfahrenheit» der Soldaten des künftigen Verfassers der *Kriegskunst!* Die Bauern und Handwerker, die Niccolò so stolz durch Florenz hatte paradieren lassen, waren auf ein solches Gefecht nicht im geringsten vorbereitet gewesen. Und die Mauren der spanischen Armee waren für ihre Blutrünstigkeit so berüchtigt wie die Albaner der kaiserlichen, die Ferrara in Angst und Schrecken versetzten.

Niccolò war am Boden zerstört. In Florenz brach eine Panik aus. Die Bürger machten sich auf das Schlimmste gefaßt. Sie packten ihre Habe zusammen, verrammelten ihre Geschäfte und flohen aus den Häusern. In Scharen suchten Frauen Zuflucht in den Klöstern – sie wußten nicht, daß Kardinal Medici und sein Bruder trotz aller Bemühungen nicht hatten verhindern können, daß die rasende Soldateska auch über die Kirchen und Klöster von Prato hergefallen war. Überall herrschte Mißtrauen, besonders gegen Bewaffnete. Nur Soderini schien unerschütterlich. Er hielt das Steuer fest in der Hand, so behauptete er jedenfalls, und trotzte dem Orkan: Er werde verhandeln – wie auch nicht? –, sich einer Rückkehr der Medici aber standhaft widersetzen.

Cardonas Antwort war deutlich: die Medici oder den Krieg.

Sowohl die aristokratische Opposition, die gegen die Medici gewesen war, als auch all jene Kräfte, die das Ende der Republik befürchteten, beschworen den Gonfaloniere, ihrer Rückkehr zuzustimmen. Die Medici hätten sich geändert, meinten sie, man müsse das Bild von ihrer Schreckensherrschaft korrigieren. Nicht um einen Regierungswechsel gehe es, sondern um die Rückkehr loyaler florentinischer Bürger, die jahrelang keinen Florentiner «öffentlich noch privat» gekränkt und ihren Mitbürgern tausend Dienste erwiesen hätten. Tatsächlich gab es in Rom einen krassen Unterschied zwischen der Freigebigkeit der Medici und dem Geiz des Kardinals Soderini, ein Zug, mit dem sie viel Ansehen zurückgewonnen hatten. Wie Guicciardini bemerkte, war die Schwelle zu ihrem Palast nicht die einer «Residenz von Rebellen, sondern die des Botschafters von Florenz»!

Andere begehrten auf, weil die Halsstarrigkeit eines einzelnen ein ganzes Volk in Gefahr brachte. Die Unruhe wuchs. Ein Staatsstreich drohte. Der Gonfaloniere hatte geglaubt, er könne mit einer mitreißenden Rede die republikanische Flamme entzünden und alle Florentiner um sich scharen. Er hatte gemeint, die spanische Armee werde schon weichen angesichts einer geschlossenen Front, sie müsse nicht einmal von Machiavellis stolzer Miliz aufgerollt werden! Jetzt mußte Soderini einsehen, daß er sich in jeder Hinsicht getäuscht hatte. Es blieben nur noch Verhandlungen.

In der Nacht des 30. August zogen drei Emissäre, darunter Niccolò Valori, mit einem Blankoscheck in der Tasche in Cardonas Lager, um einen Kompromiß auszuhandeln. An einem Ausgleich hatte auch der Vizekönig Interesse, denn sein Ultimatum war ein reines Manöver gewesen: Der Fall von Prato bedeutete noch lange nicht den Fall von Florenz. Die Kriegsgegner verständigten sich auf eine elegante Lösung: Giuliano de'Medici sollte eine Nichte Soderinis heiraten!

Aber der Wunschtraum von der universellen Verbrüderung war der Alptraum der *palleschi*. Sie mußten rasch handeln. In der Nacht, in der in Cardonas Lager die Eheschließung Medici-Soderini ausgehandelt wurde, befreiten Unbekannte im Palazzo Vecchio politische Gefangene. Die Täter wurden niemals ermittelt. Daß Angst allein die Palastwachen dazu brachte, ihre Posten zu verlassen, ist indes sehr unwahrscheinlich!

Die Befreiten und ihre Freunde verschafften sich am nächsten Morgen mit Waffengewalt Zugang zum Ratssaal, in dem erneut die Signoria tagte.

Für Soderini ging es ums Ganze. Noch konnte alles gerettet werden, und schon war alles verloren.

Soderini reagierte verstört auf die aufgebrachten jungen Männer, die in den Saal gestürmt waren. Ungeschickt versuchte er Zeit zu gewinnen.

Noch vor einigen Tagen hatte er vor dem Großen Rat Hoffnungen geweckt, vor allem bei Niccolò Machiavelli. Als die entfesselten Aufrührer ihn in ihre Gewalt brachten, hätte man alles mögliche von ihm erwartet: eine Heldentat zur Rettung der Republik, eine feurige Rede gegen die «Söhne des Brutus», die er allzu lange geschont hatte ...

Als ihm dann aber einer an den Hals griff, jammerte er nur: «Laßt mich leben!»

Lucius Junius Brutus hatte die Republik gerettet, indem er seine eigenen Söhne, die die Tarquinier zurückholen wollten, zum Tode verurteilt hatte. Soderini war kein Brutus, sondern ein Dummkopf, wie Machiavelli später schrieb:

> Die Nacht, da Piero Soderini starb,
> Kam seine Seele an die Höllenpforte:
> «Du in der Hölle, du dummes Ding», schrie sie Pluto an,
> «Marsch hinauf in den Vorhimmel, zu den anderen Bälgen!»

Denn nur ein Dummkopf oder ein Naivling konnte an den Gerechtigkeitssinn, das Ehrgefühl, die Güte und vor allem an die Dankbarkeit der Menschen glauben, denen er Wohltaten erwiesen hatte!

Sowenig wie Soderini ein Cäsar gewesen war, so wenig zeigte er sich jetzt als Brutus. Und eben dies warf Machiavelli ihm später vor:

> Piero Soderini [...] glaubte, nach der Wiederherstellung der alten Regierung mit Geduld und Güte den Ehrgeiz, von dem die Söhne des Brutus erfüllt waren, überwinden zu können; doch er täuschte sich. Obwohl er bei seiner Klugheit diese Notwendigkeit einsah und das Schicksal und der Ehrgeiz jener, die ihn befehdeten, ihm Gelegenheit gaben, sie zu vernichten, konnte er doch niemals den Mut hierzu finden: Denn abgesehen davon, daß er glaubte, durch Geduld und Güte mit der bösen Gesinnung fertigzuwerden und durch Wohltaten für den und jenen deren Feindschaft versöhnen zu können, war er auch der Ansicht (und er vertraute sie oft seinen Freunden an), daß er zur

> kraftvollen Niederschlagung der Opposition und zur Züchtigung seiner Gegner ungesetzliche Gewalt anwenden und mit den Gesetzen auch die bürgerliche Gleichheit umstoßen müsse. Dies aber hätte, auch wenn er nachher nicht tyrannisch regiert hätte, jedermann so geschreckt, daß man nach seinem Tode nie wieder einen Gonfaloniere auf Lebenszeit gewählt hätte, eine Einrichtung, die zu stärken und zu erhalten er für nützlich hielt. Diese Rücksicht war klug und gut: Desto weniger darf man jemals aus Rücksicht auf etwas Gutes einem Übel freien Lauf lassen, wenn dies Gute von dem Übel leicht erdrückt werden kann. Da man seine Handlungen und seine Absichten nach dem Erfolg zu beurteilen hatte, so mußte man doch glauben, daß er, wenn ihm Glück und Leben erhalten geblieben wären, jedermann hätte überzeugen können, daß er alles nur zum Wohl des Vaterlandes und nichts aus Ehrgeiz getan hätte. [...] Aber seine erste Meinung täuschte ihn; er sah nicht ein, daß Böswilligkeit weder durch die Zeit ausgeglichen noch durch Geschenke versöhnt wird. So verlor er, weil er dem Brutus nicht zu gleichen wußte, gleichzeitig mit seiner Heimat Herrschaft und Ansehen.

Man muß diese ganze Passage aus den *Discorsi* zitieren, um den Sinn von Machiavellis Epigramm, das man so oft gegen ihn ausgelegt hat, richtig zu begreifen. Wenn Niccolò Soderini als Naivling oder «Kindskopf» bezeichnet, ist das keine Beleidigung, sondern eine Würdigung der geradezu überirdischen Lauterkeit des ehemaligen Gonfaloniere, einer Tugend, die für einen Staatsmann zwar wünschenswert ist, die zuweilen aber auch verhängnisvolle Auswirkungen haben kann. Machiavelli spricht eine unbequeme Wahrheit aus, die die Geschichte immer wieder bestätigt: Mit lauteren Absichten kann man nicht regieren, sowenig wie es saubere Kriege gibt ...

«Laßt mich leben!» jammerte Soderini, als er in einen Raum gestoßen wurde, während die Prioren fassungslos berieten, was zu tun sei. Der Gonfaloniere verlangte nach seinem Vertrauten Machiavelli; er überlegte keinen Augenblick, ob er ihn damit nicht mit ins Verderben ziehen würde. Niccolò eilte herbei, ein kühner Schritt für einen Mann, dem einige nachsagen werden, er sei Soderinis Stiefellecker.

Auf die Bitte des unglücklichen Gonfaloniere lief Niccolò zu Francesco Vettori. Soderini erhoffte sich von seiner Fürsprache viel, denn Francescos Bruder Paolo Vettori war einer der Rädelsführer des Aufstandes.

Francesco bereitete seine Flucht aus der Stadt vor. Er wollte weder als Aufständischer gelten, noch sich gegen sie erklären müssen. Niccolò redete auf ihn ein und versuchte ihn mit allen Mitteln zu bewegen, ihn in den Palazzo Vecchio zu begleiten: Er gehe keinerlei Risiko ein, könne die Situation aber retten. Nur er als Paolo Vettoris Bruder könne die Verschwörer zur Vernunft bringen und dafür sorgen, daß sie den Gonfaloniere freilassen würden. Das sei er Soderini schuldig, der ihn stets wohlwollend behandelt habe. Als Vermittler könne er sich ein großes Verdienst erwerben, alle seien ihm dankbar, wenn er verhindere, daß sich die *palleschi* mit Blut befleckten.

Vielleicht aus Menschlichkeit, aus Pflichtbewußtsein oder um sein Talent als Diplomat zu beweisen, begleitete Vettori Machiavelli zum Palazzo Vecchio.

Aber er witterte bereits die Morgenluft der Medici. Die Prioren, die zum ersten Mal tagten, dachten nicht daran, sich den *palleschi* zu beugen und eine Absetzung ihres Gonfaloniere auf Lebenszeit hinzunehmen – ob aus Standhaftigkeit oder aus Furcht vor den Konsequenzen, sei dahingestellt. Vettori überzeugte sie mit einem theatralischen Auftritt, daß es um Soderinis Leben gehe: Sich seiner Absetzung widersetzen hieße sein Todesurteil unterschreiben.

Geschickt brachte er die Signoria, die das Rechtsprinzip verkörperte, so weit, daß sie einer Abberufung Soderinis zustimmen mußte. Der vorangegangene Gewaltakt war damit vergessen.

Niccolò, der Zeuge dieser ganzen Szene wurde, war empört und angewidert über Soderinis Schicksalsergebenheit. Wenn er von diesem Mann, der seine republikanischen Ideale verkörperte, auch nicht das Heldentum eines «stolzen Römers» erwartet hatte, so doch etwas mehr Haltung. Aus Vorsicht behielt er seinen Ärger allerdings für sich.

Seltsam mutet die Darstellung dieser Ereignisse in Niccolòs Brief vom 12. September 1512 an eine unbekannte «erlauchte Dame» an:

Demnach hätten die *palleschi* den Gonfaloniere auf Bitten zahlreicher Bürger «ganz friedfertig und ohne jede Gewalt aus dem Amt entfernt. So kehrte der Gonfaloniere, von ihnen selbst begleitet, in sein Haus zurück und begab sich die folgende Nacht unter gutem Begleitschutz und mit Einwilligung der Signoria nach Siena.»

Wohl aus Abscheu verschwieg Machiavelli, daß Soderini nach dem Verlassen des Palazzo Vecchio zusammengebrochen war: Als die Verschworenen ihn, zur Demütigung oder aus Großzügigkeit, um ihn vor dem haßerfüllten Pöbel zu schützen, bis zur Brücke Santa Trinità geleitet hatten, versagten ihm seine Füße, vor Aufregung, aus Erschöpfung oder aus Furcht, auf der Straße plötzlich den Dienst. Man brachte ihn zum nahe gelegenen Palazzo Vettori, wo er bereitwillig aufgenommen wurde.

Zur gleichen Zeit galoppierten drei neue Unterhändler ins Lager des Vizekönigs, um rückgängig zu machen, was die vorigen ausgehandelt hatten. Von einer Hochzeit war jetzt keine Rede mehr, die Medici konnten ohne Vorbedingung nach Florenz zurückkehren.

Kardinal Giovanni und Giuliano de'Medici teilten der Serenissima das glückliche Ereignis mit: «Morgen [am 1. September 1512] kehren wir im Namen Gottes und seiner ruhmreichsten Mutter zur Zufriedenheit und zum Glück von Florenz in unsere Residenz und unser Vaterland zurück. [...] Zahllose Bürger, alle von den bedeutendsten und edelsten, begeisterte Freunde, haben uns ihre Glückwünsche persönlich überbracht, voller Freude und Genugtuung über unsere glückliche Rückkehr, die sie aus vielerlei anderen Gründen zufriedenstellt, vor allem aber deshalb, weil sie ohne Blutvergießen und jeden Lärm in der Stadt vonstatten ging.»

Piero Soderini, der bereits auf dem Weg ins Exil war, dürfte in diesem Augenblick so bittere Gedanken gehabt haben, wie sie Machiavelli später im *Fürsten* niederschrieb: «Denn von den Menschen kann man im allgemeinen sagen, daß sie undankbar, wankelmütig, verlogen, heuchlerisch, ängstlich und raffgierig sind. Solange du ihnen Vorteile verschaffst, sind sie dir ergeben und bieten dir Blut, Habe, Leben und Söhne an, aber nur [...], wenn die Not ferne ist. Rückt sie aber näher, so empören sie sich.»

# Wem die Stunde schlägt

Wie man zur Macht kommt und wie man sich an der Macht hält, diese Kernfragen von Machiavellis *Fürsten* hatten Piero Soderini und die Medici im Spätsommer 1512 in der Praxis behandelt. Für den Sekretär der Signoria stellte sich damals eine weitere Frage: das Problem, wie man seinen Posten behält.

Der erste, sehr kurze Akt dieses Schauspiels sah so aus: Soderini floh am 7. September nach Siena, entkam dort den Häschern der Medici und strandete in Ragusa, dem heutigen Dubrovnik, das damals unter osmanischer Herrschaft stand. Während Giovanni und Giuliano, die Söhne Lorenzos des Prächtigen, wieder in ihren prachtvollen Palast in der Via Larga einzogen, wählte man einen überzeugten Anhänger Savonarolas zum Gonfaloniere, der jetzt nicht mehr auf Lebenszeit, sondern auf ein Jahr begrenzt ernannt wurde. Offenbar glaubte man, man müsse nur einen Verfassungsartikel streichen, eine Person auswechseln und die Terminologie ändern, und schon sei alles wieder in Ordnung – in «republikanischer» Ordnung. In Wahrheit handelte es sich natürlich um ein gezieltes Täuschungsmanöver, das den Vormarsch der *palleschi* verschleiern sollte.

Der zweite Akt hatte die Straße zum Hintergrund und spielte sich einige Tage vor der Rückkehr der Verbannten ab. Kardinal Giovanni, sein Bruder Giuliano und ihr Cousin, Kardinal Giulio, der Sohn des Opfers der Pazzi-Verschwörung, begnügten sich scheinbar damit, wieder florentinische Vollbürger zu sein, während die «Basis» ihrer Partei, ob gelenkt oder nicht, von Anfang an mehr im Schilde führte.

Immer häufiger zogen sie mit der Parole «Palle! Palle!» durch die Straßen, und am 16. September sorgten sie auf der Piazza della Signoria schließlich für einen Tumult. Der Hauptmann von Kardinal Giovannis Leibgarde, der bei Cesare Borgia in die Schule gegangen war, stürmte in den Palazzo Vecchio, wo zahlreiche Bürger, darunter Giuliano de'Medici, über eine Verfassungsreform debattierten. In der ganzen Stadt griffen die Bürger zu den Waffen. Der Ruf «Palle! Palle!» übertönte den Ruf «Libertà!» Unter dem Druck des Volkes, als das die Unruhestifter galten, berief die Signoria eine Vollversammlung ein.

Die Garde des Kardinals hatte die Piazza della Signoria umstellt, auf der sich die Bürger von Florenz zu der außerordentlichen Versammlung eingefunden hatten. Sie blockierte alle Zugänge zum Platz, steuerte geschickt den Beifall und sorgte dafür, daß das Prinzip einer Verfassungsreform gebilligt wurde. Zu deren Durchführung wurde ein außerordentlicher Magistrat, die *balia,* eingesetzt, die auf unbestimmte Zeit die Legislative und die Exekutive in Händen halten sollte. Bei den fünfzig Mitgliedern handelte es sich zumeist um Anhänger des Hauses Medici oder um Sympathisanten der neuen Macht. Der Staatsstreich unter dem Anschein völliger Legalität war geglückt. Die Medici hatten die Regierung nicht an sich gerissen, das begeisterte Volk hatte sie ihnen in die Hände gelegt.

In der Stadt herrschte Grabesstille. Niccolò saß noch immer auf seinem Sekretärsschemel, und er fürchtete offenbar nicht, daß er ihn verlieren könnte. Für seine Feinde hatte er in diesem Augenblick nur Verachtung übrig. Offenbar glaubte er, für einen Mann wie ihn sei in jeder Regierung Platz. Er dachte gar nicht daran, sich in dieser heiklen Situation möglichst unauffällig zu verhalten. Als Kardinal Giulio seine vor ungefähr zwanzig Jahren beschlagnahmten Güter zurückverlangte, riet ihm Niccolò in einem Schreiben zur Zurückhaltung: Die Gebiete seien legitimes Eigentum anderer Bürger. In ihrem eigenen Interesse und um ihrer politischen Zukunft willen mußten die Medici begreifen, daß «die Menschen den Verlust ihrer Habe mehr beklagen als den Tod ihres Vaters oder Bruders». So schlug er einen für alle Parteien akzeptablen Kompromiß vor, von dem sich die *balia* allerdings nur schwer überzeugen ließ.

Und er engagierte sich auch weiter als Ratgeber der Medici. Auf

Soderinis Sturz war der unausweichliche politische Wandel gefolgt. Die herrschende Schicht der Optimaten war in sich gespalten: Während die einen eine oligarchische Republik anstrebten, konnten sich die anderen mit einer Medici-Herrschaft anfreunden, wenn sie nur an der Macht beteiligt würden. Aber auch die *palleschi* waren zerstritten; während die einen Bündnisse ablehnten, hätten die anderen selbst mit dem Teufel paktiert. An die letztere Gruppe richtete Machiavelli seine *Warnung an die Palleschi:* Sie müßten sich vor Verlegenheitsbündnissen hüten, vor falschen Brüdern, «die wie Dirnen um Volk und Medici scharwenzeln», um sich ihre Macht zu erschleichen.

Kaum hatte die Diskussion um die Verfassung begonnen, zeigten sich die Oligarchen um den Großen Rat, das Symbol der Demokratie, plötzlich überraschend besorgt. Während die Medici für seine Abschaffung eintraten, wollten sie ihn, wenn auch nur formell, erhalten und sich und ihre Verbündeten damit vor künftigen absolutistischen Versuchungen bewahren.

Zugleich strengten sie einen Prozeß gegen Soderini an, dem sie Amtsmißbrauch nachweisen wollten, «um sich vor dem Volk dafür zu rechtfertigen, daß sie ihn bekämpft hatten». Im Falle einer Rückkehr der Medici-Herrschaft, so Machiavelli, nütze der Prozeß ihnen mehr als den Medici, da er ja gegen eine Einzelperson und nicht gegen die republikanische Herrschaft geführt würde. Ebensowenig würde der Prozeß jenen nützen, die «ihr Schicksal, ob gut oder schlecht, bei ihnen [den Medici] sehen».

Bei ihnen sah offenbar auch Machiavelli selbst sein Schicksal, während er sich als Gegner der wahren Feindin der Republik, der oligarchischen Partei, verstand. Sie hatte die Hoffnung noch nicht aufgegeben, das Regiment alleine zu führen. Die «Popularen» oder Demokraten hatten die Macht verloren, weil sie sich nicht die geeigneten Kampfmittel zugelegt hatten, dachte er und brachte den Gedanken zu Papier. Er beabsichtigte, ein «Buch der Republiken» zu verfassen.

Dieser Themenkreis beschäftigte ihn seit langem. Soderinis Kampf, der sich im Gewirr politischer Kräfte verstrickt hatte, gab ihm seit geraumer Zeit zu denken! Wie konnte ein Gonfaloniere mit Ratsgremien regieren, in denen die Opposition die erdrückende Mehrheit besaß? Niccolò bot Lösungen feil, was immer sehr leicht ist, wenn die Ereignisse vorüber sind. Aber die Uhr ließ sich eben nicht zurückdrehen. Soderini war viel zu lange bei seiner Politik der «Sanftmut und Geduld» geblieben, er hatte viel zu spät auf die Ereignisse reagiert und dann zu einem Zeitpunkt, als Wendigkeit angesagt gewesen wäre, unseligerweise auf Härte gesetzt: «Wenn ein Mißstand in einem Staat oder gegen einen Staat um sich gegriffen hat, so ist es heilsamer, Zeit zu gewinnen, als Gewalt anzuwenden», lautet der Titel eines Kapitels in den *Discorsi*. Die Florentiner hatten nicht rechtzeitig begriffen, daß sie ihre Institutionen reformieren mußten, um die Republik vor der «Anmaßung der Großen» zu retten. Städte gingen an der Altersschwäche ihrer politischen Einrichtungen zugrunde, dafür gebe es in der Antike Beispiele zuhauf, versicherte Machiavelli und übertrug die Lehren aus Livius' Geschichtswerk auf das zeitgenössische Geschehen oder erhellte umgekehrt die Vergangenheit durch das aktuelle Zeitgeschehen.

Beweglich bleiben und sich den Strömungen der Geschichte anpassen bedeutete Gesundheit, Starre dagegen den Tod der Menschen. Aber zumeist, bemerkte Niccolò, «ändern sich die Zeiten, und wir wollen uns nicht ändern». Das galt freilich nicht für ihn. Machiavelli habe sich niemals «auf eine Meinung versteift, sondern sich stets den Tatsachen gebeugt», lobte ihn Francesco Guicciardini, der ihn besser als jeder andere kannte.

Man muß sich den Tatsachen stellen, würde man heute sagen: Die Flut, die die Medici fortgerissen hatte, spülte sie wieder an Land und trug bei ihrem erneuten Rückzug den Großteil von Soderinis «Volksherrschaft» mit fort. Die Medici waren wieder da, man mußte sich mit ihnen arrangieren, sie zum Schein als vom Volk berufen betrachten und dabei hoffen, daß sie sich für ihre Politik Cosimo den Alten und Lorenzo den Prächtigen zum Vorbild nehmen würden: Diese hatten ihre Fürstenherrschaft mehr auf das Volk als auf die Großen gestützt.

So schreibt Niccolò einer «erlauchten Dame», einer Unbekannten, möglicherweise der Mutter des jungen Lorenzo de'Medici, dem Sohn Pieros des Unglücklichen: Die Stadt «hofft unter dem Schutz dieser Fürsten nicht weniger ehrenvoll zu leben als in der Vergangenheit, als ihr Vater, Lorenzo der Prächtige, sie mit ruhmreichem Angedenken regierte».

Verrat für die einen, die Machiavelli gern als glühenden Republikaner gesehen hätten, politischer Zynismus für die anderen, die sich an solchen Beispielen ergötzten. Und für dritte bedeutete es einfach Klugheit und Intelligenz, wenn man die Interessen des Staates über Parteipolitik stellte. Denn Machiavelli teilte mit Sicherheit die Leidenschaft Vettoris, der Florenz eine Liebeserklärung gemacht hatte: «Ich liebe alle Bürger, die Gesetze, die Gewohnheiten, die Mauern, die Häuser, die Straßen, die Kirchen, die Vorstadt, und ich kann mir keinen schlimmeren Schmerz vorstellen, als mit ansehen zu müssen, wie die Stadt der Unordnung preisgegeben und alles, was ich Euch geschrieben habe, der Verwüstung ausgeliefert wird.»

Unordnung und Verwüstung sind die Schlüsselwörter dieser Huldigung. Vettori wie Machiavelli waren Männer der Ordnung, ehrbare Bürger, die aus Furcht oder Abscheu vor der Anarchie nicht davor zurückschreckten, nach dem starken Mann zu rufen. Und dabei hatten sie die Illusion, daß die Diktatur nur vorübergehend sein würde! «Wo das Volk bereits so verderbt ist, daß die Gesetze nicht hinreichen, es im Zaum zu halten, ist es nötig, neben den Gesetzen eine höhere Gewalt einzusetzen, eine mit königlichen Befugnissen, die mit unumschränkter und außerordentlicher Macht den übermäßigen Ehrgeiz und die Verderbtheit der Mächtigen bändigt», schrieb Machiavelli später in den *Discorsi.*

Wichtig war nur, für Frieden und Wohlstand zu sorgen. Mit jeder neuen Herrschaft erwachte die Hoffnung, daß die gröbsten Fehler der vorangegangenen vermieden würden. Niccolò glaubte, die neuen Herren würden die Fehler der alten, die Savonarola an die Macht gebracht hatten, nicht wiederholen. Hatte er das Sprichwort von der klugmachenden Erfahrung im Kopf wie manch einer, der einen gestürzten Politiker ins Amt zurückruft? Jedenfalls erhoffte er sich von der neuen Regierung einiges.

Wer konnte schon sagen, ob die Medici mit Hilfe guter Ratgeber nicht dort erfolgreich sein würden, wo die Vorgänger Schiffbruch erlitten hatten? Es war also nichts dabei, eine Rolle zu spielen, für die er, wie er selbst bitter meinte, all die Jahre im Staatsdienst Erfahrungen gesammelt hatte. Denn diese Zeit hatte er «weder verschlafen noch vertändelt». Den neuen Herren von Florenz dienen hieß Florenz erneut dienen. Und etwas anderes konnte er ja nach eigenem Bekunden nicht: «[I]ch kann nicht über Seide oder Wolle, über Gewinne oder Verluste schwatzen; ich muß über Staatsangelegenheiten sprechen oder schweigen.»

So viel Arglosigkeit war geradezu entwaffnend. Sah Niccolò denn nicht, daß er mit dem Makel Soderinis behaftet war? Und den verabscheute nach der Katastrophe von Prato auch das Volk, obwohl die Medici an diesem Desaster mehr Schuld hatten als er. Tausende von Menschenleben hatte es gekostet und, was vielleicht noch schlimmer wog, es hatte Florenz um Ansehen und Ehre gebracht. Machiavellis Miliz hatte über Florenz Schande gebracht, und das verzieh man ihrem Vater nicht. Die *balia* hatte die Ordonnanz bereits abgeschafft, wie sie bald alle Einrichtungen der Republik abschaffen würde, und nur der Groll gegen sie war geblieben.

Niccolò Machiavelli war in den Fluren und Amtsstuben des Palazzo Vecchio nicht mehr gern gesehen, und im Palast der Medici störten seine Ratschläge und riefen allenfalls Verärgerung hervor. Warum begriff er das nicht?

Die Entscheidung, sich seiner zu entledigen, war rasch gefaßt, auch wenn es noch eine Weile dauerte, bis man sie ihm mitteilte: Am 7. oder 9. November wurde er mit einem Dekret der Signoria aller seiner Ämter enthoben.

Kardinal Giovanni war am Tag nach dem Staatsstreich hinter den Kulissen geschickt in Aktion getreten, um sämtliche Organe der Regierung säubern zu lassen: ganz nach der traditionellen Politik der Medici, die von jeher den Anschein erweckt hatten, nicht von sich aus nach der Macht zu greifen. In der Kanzlei wurde Machiavelli von ihrem ehemaligen Sekretär abgelöst. Daß seinen treuen Mitarbeiter Biagio Buonaccorsi das gleiche Schicksal ereilte, stimmte ihn nur noch bitterer: Damit hatte er im Palazzo Vecchio, wo die Rivalen triumphierten und man ihn nicht mehr kennen wollte, keinen Rückhalt mehr. Er durfte den Palast nicht einmal mehr betreten. Zugleich überprüfte man seine Rechnungen als Leiter der Miliz, verlangte bis zum Abschluß des Verfahrens eine Kaution von tausend Florentiner Goldgulden und untersagte ihm bis auf weiteres, das Staatsgebiet zu verlassen.

Eine solche Überprüfung wäre eigentlich völlig normal gewesen, wäre es nicht allem Anschein nach darum gegangen, Machiavelli zu vernichten oder vielmehr – um seiner tatsächlichen Bedeutung in der damaligen Zeit Rechnung zu tragen – die Amtsführung Soderinis in Mißkredit zu bringen, indem man seinem Untergebenen Untreue nachwies.

Niccolò kämpfte nach Kräften gegen ein Schicksal an, das nicht mehr zu ändern war. Die Entlassung eines Sekretärs der Kanzlei rief damals weder Aufsehen noch Entrüstung hervor, und es gab weder Zeitungen noch Chroniken, die gegen das Unrecht angegangen wären. In einem Brief an Soderini verbarg er seinen gegenwärtigen Schmerz geschickt hinter historischen Betrachtungen zur Unmöglichkeit des Menschen, sich gegen Mißerfolge abzusichern, ein Thema, das in seinem künftigen Werk noch eine große Rolle spielen sollte. Er sei gezwungen, schrieb er Soderini bitter, sich «wenig zu wundern oder zu bekennen, daß [er] weder durch Lesen noch durch persönliche Erfahrung die Handlungen der Menschen und ihre Motive begriffen» habe.

Machiavelli war überzeugt, er habe nach dem 16. September 1512, seit dem Tumult der *palleschi,* das Schlimmste überstanden, aber dem war nicht so. Im Februar des folgenden Jahres wurde er unter dem Verdacht, an einer Verschwörung gegen die Medici teilgenommen zu haben, verhaftet, eingekerkert und am Wippgalgen gefoltert. Sechsmal zog man ihn hoch und ließ ihn dann in die Tiefe stürzen, und am Ende war er nicht wenig stolz auf sich, daß er die Folter so standhaft ertragen hatte.

Daß der Folterknecht nur sechsmal am Seil zog, verdankte er der Tatsache, daß seine Ankläger zugeben mußten, daß «Niccolò de Messire Bernardo Machiavelli» nichts zu gestehen hatte außer der Tatsache, daß er die Verschwörer, Pietro Boscoli und seinen Freund Agostino Capponi, gekannt hatte. Bei beiden handelte es sich um junge Männer aus gutem Hause, die von den Acht der Garde, der politischen Justizbehörde, wegen subversiver Machenschaften längere Zeit observiert worden waren. Einem der Revoluzzer war bei der Verhaftung ein Zettel aus der Tasche geglitten, auf dem Niccolòs Name stand. Wie er dort hinkam, konnte Niccolò, den man ein weiteres Mal am Seil hochzog, auch nicht erklären. Vielleicht stammte das Papier ja überhaupt nicht von dem Verhafteten, sondern von einem Provokateur, der Machiavelli übel mitspielen wollte.

Standen hinter dem dilettantisch organisierten Komplott republikanische Motive, oder ging es darum, den Optimaten durch eine Revolution zur Herrschaft zu verhelfen? Man kann zwar nicht vom Vater auf den Sohn schließen, aber der alte Capponi galt als erbitterter Gegner der Tyrannei. Das Spiel mit dem Feuer kostete die unvorsichtigen jungen Männer das Leben: Sie wurden am 22. Februar, ganze vier Tage nach ihrer Verhaftung, zum Richtplatz geführt und enthauptet, nach einem Urteil im Eilverfahren, damit Kardinal Giovanni beruhigt zum Konklave nach Rom reisen konnte: Julius II. war in der Nacht des 21. Februar schließlich gestorben.

Der Prozeß gegen die übrigen Verdächtigen ging am 8. März 1513 zu Ende. Unter ihnen war Niccolò Valori, der Gesandte und Freund Machiavellis, der mit ihm an seiner ersten Legation nach Frankreich teilgenommen hatte. Sie gaben zu, sich mit Boscoli und Capponi «über die Art, Revolutionen durchzuführen», unterhalten zu haben – vielleicht eine reine Schulübung von Humanisten –, und wurden zur Verbannung verurteilt, Valori auf Lebenszeit. Bis zur Vollstreckung des Urteils blieben sie im Kerker.

Niccolò Machiavelli wurde in seinem Verlies im Bargello offenbar einfach vergessen. Daß er dort nach wie vor schmachtete, war durch kein Urteil gerechtfertigt, da er aber im Prozeß eine *quantité négligeable* gewesen war, interessierte sich keiner für ihn. Auf wen oder was konnte er zählen, um wieder in Freiheit zu kommen? Francesco Vettoris Bruder, ein Mitglied der Regierung, war gegenwärtig nicht in Florenz. Francesco Guicciardini war von Soderini als Gesandter nach Spanien geschickt worden und von dort bislang noch nicht zurückgekehrt. Die Ridolfi und Strozzi, seine noch immer mächtigen Freunde, hatten ihm wahrscheinlich bereits die Kaution für das laufende Verfahren zur Überprüfung seiner Rechnungen beschafft und wollten sich wegen ihm nicht noch mehr kompromittieren. So riet man ihm, sich direkt an Giuliano de'Medici zu wenden. Giuliano, der Herzog von Nemours, ein Freund der Literatur und Künste, galt als menschlich und einfühlsam. Machiavelli konnte also vielleicht darauf hoffen, in seinem Unglück seine Fürsprache zu gewinnen – wenn nicht als ehemaliger Sekretär des Gonfaloniere, so als Dichter. Folglich richtete er an den «erlauchtesten Giuliano de'Medici» zwei Sonette.

Buonaccorsi hatte über Machiavelli einmal gesagt, er sei nicht zu den notwendigen «Kratzfüßen» fähig, um sich gegen die Verleumder, die es auf seinen Posten abgesehen hatten, eine gewisse Protektion zu sichern. Man muß sich an dieses Urteil erinnern, um diese Verse, die einige für plumpe Liebedienerei hielten, richtig zu verstehen und sich ihre Ironie auf der Zunge zergehen zu lassen. So schreibt er über die jungen Verschwörer, die er in seinem finsteren Verlies zum Richtblock gehen hört: «Zum Teufel mit den Sängern, wenn nur Euer Mitleiden, guter Vater, sich zu mir wendet und mich von diesen unwürdigen Fesseln befreit.»

Um die Zustände im Kerker zu schildern, schreibt er vom «Gewürm, so dick, so wohlgenährt, gleich Raupen» oder vom Lärm «als wenn Jupiter [...] auf die Erde blitze». Aus diesen Zeilen spricht sicher nicht die Angst oder Verzweiflung eines Menschen, der zu jeder Selbsterniedrigung bereit ist, um nur wieder in Freiheit zu kommen! Niccolò spielt hier vielmehr den Narren, wie er es in den *Discorsi* all jenen rät, die keine Möglichkeiten haben, einen verhaßten Fürsten in aller Offenheit zu bekämpfen. Und den spielt man, indem man «gegen seine wahre Meinung lobt, spricht, sieht und handelt, nur um dem Machthaber zu gefallen». So gewinnt man seine Gunst, und diese Sicherheit versetzt einen in die Lage, «sich an dessen Grab zum rechten Zeitpunkt wieder aufzurichten». Sich selbst konnte sich Niccolò in dieser Rolle freilich nicht vorstellen, und im übrigen war Giuliano de'Medici auch zu intelligent und gebildet, um auf Schmeicheleien hereinzufallen. Machiavelli ging es in der augenblicklichen Situation vielmehr nur darum, seine Aufmerksamkeit zu erregen, ihn zu amüsieren und ihn möglicherweise auf den Gedanken zu bringen, ihn, einen Mann von Geist, zu seinem Hofnarren zu machen.

Von etwas mußte er nach seiner Entlassung schließlich leben. Warum nicht von der Feder? Was blieb ihm anderes übrig? Mit der Kerkerhaft hatten sich die Hoffnungen, seinen Posten nach Prüfung seiner Rechnungen zu behalten, ein für allemal in Luft aufgelöst. Und nur das trieb ihn wirklich zur Verzweiflung.

# Der Arbeitsuchende

Am 11. März 1513 – Niccolò saß noch im Bargello – gab es eine sensationelle Neuigkeit: Kardinal Giovanni de'Medici war zum Papst gewählt worden! Niccolò hörte im Kerker den Jubel, das Prasseln der Freudenfeuer und ausgelassene Musik. Das Volk in Florenz trank, tanzte, lachte und vergaß in seinem Freudentaumel beinahe die Fastenzeit! Zum ersten Mal war ein Bürger ihrer Stadt Papst geworden! Und der neue Papst, der den Namen Leo X. angenommen hatte, war ein Sohn Lorenzos des Prächtigen. Es war ein gutes Omen, daß ihm sein Vater, der seine Brüder Giuliano als gutmütig und Pietro als töricht bezeichnet hatte, Klugheit nachgesagt hatte. Der siebenunddreißigjährige Leo X., der kurzsichtig war und ein rundes, freundliches Gesicht mit einem liebenswürdigen Blick hatte, war einstimmig gewählt worden: «Die ganze Welt hat bald schon begriffen», schrieb Erasmus von Rotterdam, «daß Leo das Ruder in der Hand hielt und sich ein ehernes Zeitalter in ein goldenes Zeitalter verwandelte; und dieser Wandel ging so schnell vonstatten, daß man in ihm Gottes Hand erblickte.» Andere meinten, mit Leo X. folge auf einen Cäsar ein Augustus.

Vielleicht war es die Milde des Augustus oder einfach das Ergebnis erbitterter Verhandlungen mit den schärfsten Konkurrenten, daß Kardinal Soderini seine Kandidatur zurückgezogen und damit seine Wahl ermöglicht hatte: Jedenfalls begnadigte Leo seine politischen Gegner. Der ehemalige Gonfaloniere von Florenz durfte aus dem Exil in Ragusa zurückkehren, und die Mitverschworenen des jüngst aufgeflogenen Komplotts wurden auf freien Fuß gesetzt. Auch Machiavelli konnte den Kerker verlassen.

Am 13. März gab er sich der Illusion hin, daß «die kommende Zeit mehr Freigebigkeit und weniger Argwohn bringen» werde. Ebenso hoffte er, sein Freund Francesco Vettori, der inzwischen in der unmittelbaren Umgebung des Papstes wirkte, werde ihm einen bescheidenen Posten verschaffen.

Machiavellis Bitten brachten Vettori allerdings in Verlegenheit. Zwar hatte er in Rom einen guten Stand: Das Ansehen seines Bruders kam ihm zugute, so daß er unmittelbar vor dem Tod Julius' II. zum Botschafter von Florenz am Heiligen Stuhl ernannt worden war. Trotzdem berief er sich auf seine ungewisse Zukunft: «Ich gehe davon aus», schrieb er Machiavelli, «daß jemand meinen Platz hier einnehmen wird.» Vettori war von Natur aus übertrieben ängstlich und pessimistisch, und das wußte er auch. Er fürchtete, er könne seinen Kredit verspielen, wenn er sich für einen Mann einsetzte, der den Medici verdächtig war. Andererseits war er sich auch seiner Schuldigkeit einem Freund gegenüber bewußt, weshalb er ihm am 15. März ein paar nette, allerdings unverbindliche Worte zukommen ließ:

«Es tut mir leid, daß ich Euch nicht nützlich sein konnte, wie Ihr es wegen Eures Vertrauens verdient hättet [...] Fortan, lieber Gevatter, möchte ich Euch mit diesem Brief nur eines sagen: sich trotz des widrigen Geschicks den Mut bewahren, wie Ihr es mehr als einmal getan habt; da sich die Gemüter beruhigen und das Vermögen dieser Männer alle Vorstellungen übertrifft, hoffen, daß Ihr nicht für immer am Boden bleibt; und daß Ihr, sobald es Euch freisteht, die Grenzen überschreitet, und falls ich noch immer hier sein sollte, hierher kommt und bei mir bleibt, solange es Euch gefällt.»

Man darf von den Menschen nicht zuviel verlangen. Aber Niccolò war ungeduldig und erwartete mehr, als dieser charmante Freund und umgängliche Mensch, der über zahlreiche seelische Qualitäten verfügte, geben konnte. Vettori selbst kannte sich nur zu gut: «Du weißt, wie feige ich bin und wie sehr ich alles fürchte», gestand er später einmal seinem Bruder. Und in einem zweiten Brief am 30. März schrieb er Niccolò: «Wenn mir Fortuna günstig gesinnt ist, richtet mich das nicht auf, doch ist sie mir widrig, lasse ich den Mut sinken und zweifle an allem.» Machiavelli konnte mit ihm nicht rechnen, ein deutlicher und ehrlicher Hinweis, wäre nur nicht der Ratschlag gefolgt, «sich trotz des widrigen Geschicks den Mut zu bewahren». Niccolò nahm ihn sich zu Herzen:

«Wenn mich unsere neuen Herren nicht am Boden lassen wollten, dann wäre ich gerührt, und ich glaube, sie hätten es gewiß nicht zu bereuen. Wenn sie mich nicht erhören, begnüge ich mich damit, hier unten so zu leben, wie ich angefangen habe, denn ich bin arm geboren und eher in die Schule der Entbehrungen als in die der Genüsse gegangen.»

Vettori antwortete etwas pikiert: «Wenn ich in meiner Jugend auch nicht in die Schule der Entbehrungen gegangen bin, so werde ich im Alter mein Bestes dazu geben.» Vettori gehörte zu den Menschen, die auf ein Lamento mit Klagen reagieren und mit dauernder Selbstkritik jeder Kritik zuvorkommen. Als er sich für Niccolòs Bruder Totto einsetzen sollte, der einfacher Geistlicher war und auf die päpstliche Liste zur Vergabe einer finanziellen Unterstützung gesetzt werden wollte, stellte er sich gleich selbst an den Pranger:

«Ich bin sicher, Gevatter, Ihr werdet bei Euch denken, ich hätte eine merkwürdige Art mich einzusetzen, da mich das Schicksal doch zum Botschafter gemacht und mich an die Wiege dieses neuen Pontifikates gestellt hat; und doch habe ich noch nicht die Mittel gefunden, mich leidenschaftlich einzusetzen, um einen Bekannten einschreiben zu lassen. Ich gestehe Euch, dies ist die Wahrheit, und es ist zum Großteil meine Schuld, da ich meine Interessen und die anderer nur sehr ungeschickt vertrete.»

Und mit einer weiteren Freundschaftsbekundung versuchte er seinem lieben Niccolò ein für allemal die Lust zu nehmen, ihn um einen Gefallen zu bitten. «Überall, wo ich bin, sei es auf dem Land, in Florenz oder hier, bin ich stets der Eure. Allein bedaure ich, daß ich Euch nur so schlecht habe dienen können. Ich war noch nie besonders nützlich und werde es nie sein.»

Für einen Augenblick bäumte sich in Niccolò der Stolz auf, und er gab sich einsichtig:

«Euer Brief hat mich mehr erschreckt als das Seil [des Wippgalgens]: Was Ihr meintet, schmerzte mich so sehr, daß es mich jetzt noch aufregt, nicht meinetwegen – ich habe mich daran gewöhnt, nichts mehr leidenschaftlich zu wünschen –, sondern Euretwegen. [...] Ich sage Euch ein für allemal, macht Euch wegen nichts, um das ich Euch ersuche, Sorge; wenn ich es nicht erhalte, macht es mir keinen Kummer.»

Aber so ganz hatte es Machiavelli noch immer nicht begriffen. Er erwartete noch immer viel von Vettori, der doch von sich behauptete, er sei «ganz der seine»:

«Ich höre», heißt es im gleichen Brief vom 9. April 1513, «Kardinal Soderini müht sich gewaltig beim Papst ab. Ich wünsche Euren Rat, ob es zweckmäßig wäre, ihm zu schreiben, daß er mich Seiner Heiligkeit empfehle, oder ob es besser sein würde, wenn Ihr in meinem Namen den Kardinal darum bittet, oder ob keines von beiden zu tun ist.»

Weder das eine noch das andere, riet Vettori, nachdem er sich mit der Antwort lange Zeit gelassen hatte. Er habe es sich «reiflich überlegt», versicherte er und brachte triftige Gründe vor: Er zweifelte am Einfluß des Kardinals, er sei umstritten und seine Protektion deshalb vielleicht eher schädlich als nützlich. Im übrigen sei er sehr ängstlich und vielleicht gar nicht bereit, für ihn in die Bresche zu springen. Und um Machiavelli von seinem Vorhaben vollends abzubringen, machte er ihm deutlich, daß er nicht als Vermittler dienen könne: «Weil ich Piero Soderini gerettet habe, bin ich bei der einen Seite in Ungnade gefallen, ohne daß mir dies bei der anderen viel Dankbarkeit eingetragen hätte.»

Niccolò schlug, so gut es ging, die Zeit tot. Er führte ein Schattendasein, das so unwirklich wie ein Traum war, wie er selbst meinte. Er trieb sich mit Kumpanen in den Straßen von Florenz herum, ging in die Schenke und ins Bordell. Der Klatsch hielt ihn am Leben: «Graf Orlando hat sich erneut in einen schönen Knaben aus Ragusa vergafft»; dieser habe ein neues Geschäft gekauft, jener, ein frischgebackener Witwer, wolle wieder heiraten. Niccolòs einziges Problem war dem Anschein nach ein Streit mit einem Saufkumpan, der ihn wegen einer Schuld von vier Soldi auf dem Ponte Vecchio angegriffen hatte ... Kein Leben für einen Mann wie Niccolò Machiavelli.

Mitte April 1513 meinte er Licht am Ende des Tunnels zu erblikken. Der kränkliche und schwermütige Giuliano de'Medici, der sich Ausschweifungen hingab, die Staatsgeschäfte dilettantisch führte und zu sehr auf seine Popularität bei den Demokraten achtete, wurde von seinem Bruder Leo X. nach Rom abberufen und dort zum Kapitän der Kirche ernannt. Leo wollte die Macht in Florenz von nun an selbst ausüben, und zwar über seinen jungen Neffen Lorenzo, den Sohn des unglücklichen Piero und der ehrgeizigen Alfonsina Orsini. Als Sekretär und Mentor stellte er ihm Goro Gheri an die Seite, einen Mann, auf den er sich verlassen konnte. So würde ihm in Rom nichts, was sich in Florenz abspielte, verborgen bleiben.

Mit freudiger Erwartung reagierte Niccolò auf die beiden Nachrichten, daß Giuliano de'Medici, ein enger Freund Francesco Vettoris, nach Rom zurückkehrte und Kardinal Soderini nun ständig in der Nähe des Papstes war. Er hoffte sehr, Francesco Vettori, dessen Position als Botschafter inzwischen gesichert schien, werde jetzt «auf ganz natürliche Weise das Mittel finden, sich nützlich zu machen». Es mußte doch mit dem Teufel zugehen, wenn man «ihn nicht bei irgendeiner Arbeit gebrauchen könne, wenn nicht für Florenz, dann für Rom und den Papst: ein Wirkungskreis, in dem [er] weniger verdächtig» sei. Niccolò sah sich schon dem Ruf seines Freundes folgen: «Sobald ich weiß, daß Ihr dort sicher bleibt (denn sonst könnte ich von hier nicht fortgehen, ohne Verdacht zu erregen), komme ich nach Rom. Ich habe keinen Zweifel, daß ich den Interessen und der Ehre aller meiner Freunde und meinen eigenen dienen werde, wenn mich Seine Heiligkeit nur auf die Probe stellen möchte.»

Vettoris ernüchternde Antwort stieß ihn in die Finsternis zurück, aus der ihm offenbar nichts und niemand heraushelfen konnte.

Seine großen Hoffnungen, daß seine Vorstöße beim Papst auf Interesse stoßen würden, waren jedenfalls Illusionen: Leo X. brauchte keinen Machiavelli, er verfügte in seiner Umgebung über genug qualifizierte Leute, vor allem über Kardinal Bibiena, einen Gefährten aus dem Exil. Bibiena war der Sekretär Lorenzos des Prächtigen gewesen, der bei Sixtus IV. für ihn einen Kardinalshut erwirkt und ihn dann seinem dreizehnjährigen Sohn Giovanni an die Seite gestellt hatte. Der humanistisch gebildete Prälat und gewandte Politiker war bei seinem Schüler geblieben, hatte die Wechselfälle seines Lebens geteilt und ihm auf den Papstthron geholfen. Neben Bibiena hatte Leo X. zwei weitere Sekretäre bei sich, für die er sich schon vor Abschluß des Konklaves entschieden hatte: Bembo und Sadoleto, zwei Prälaten, die bereits einen Ruf als gelehrte Dichter und brillante Geister besaßen. Beide waren Niccolò Machiavelli haushoch überlegen: Außer Vermögen hatten sie Beziehungen zu allen italienischen Fürstentümern, vor allem Piero Bembo, ein enger Freund der Herzogin von Urbino und Isabella d'Estes, an deren Hof er Bellini geholt hatte. Lucrezia Borgia widmete er Liebesgedichte, womit er in Ferrara allerdings ein Eifersuchtsdrama auslöste!

Wohl um sich für die schonungslose Direktheit in seinem letzten Brief zu entschuldigen, kam Vettori lang und breit auf seine eigenen Schwierigkeiten in Rom zu sprechen: «Am meisten geschadet haben uns die Bemühungen, die Pagolo und ich unternommen hatten, um den Gonfaloniere gesund und wohlbehalten aus dem Palazzo zu holen, und ich, um ihn aus der Stadt zu bringen.» Wer anders als Machiavelli hatte die beiden überredet, Soderini zu retten? Nahm es ihm Vettori übel, daß er jetzt zwischen den Stühlen saß oder dies zumindest glaubte? War das der Grund für seine Ausflüchte? Obwohl seine Situation weniger delikat und sein Rückhalt solider war, als er behauptete, muß man zu seiner Ehrenrettung sagen, daß er vorsichtig sein mußte und daß Niccolò sein Verhältnis zu den Medici belastete. Und im Gegenzug hatte er von ihm nichts zu erwarten: Zu ungleich waren ihre Lebensumstände. Trotz der zur Schau gestellten Einfachheit gehörte Vettori wie die Rucellai, Salviati oder Ridolfi der florentinischen Aristokratie an. Er besaß einen Stadtpalast am Arno, weniger prunkvoll als der Palazzo Strozzi in der heutigen Via Tornuaboni, aber darum nicht weniger kostspielig. Wäre es nicht Heuchelei oder Selbstbetrug zu leugnen, daß Freundschaft zumeist ein gegenseitiges Geben und Nehmen ist?

Und doch meinte es Francesco – so kompliziert sind die Verhältnisse – mit seinen Freundschaftsbekundungen ehrlich, sofern dies bei seinem leichtsinnigen Wesen und seinem eleganten aristokratischen Zynismus möglich war. Obwohl es bei seiner gesellschaftlichen Stellung angezeigt gewesen wäre, wandte er sich von Niccolò nicht ab. Vielmehr bemühte er sich, ihn von finsteren Gedanken abzulenken. Und dazu unterhielt er sich mit ihm am besten über Frauen oder über Politik. «Ich muß über Staatsangelegenheiten sprechen oder schweigen», hatte Niccolò in seinem letzten Brief geseufzt. Da Vettori ihm keine erfüllende Tätigkeit verschaffen konnte, forderte er ihn bald dazu auf, seine Ansichten zu den europäischen Kräfteverhältnissen in aller Ausführlichkeit zu äußern.

# Das «Elend»

Niccolòs politisches Urteilsvermögen, so versicherte Vettori, sei das zuverlässigste, das er kenne. Solches Lob bedeutete Balsam auf die Wunden eines Mannes, der darunter litt, daß sein Rat und seine Fähigkeiten nicht mehr gefragt waren. Niccolò war ihm zutiefst dankbar, freute sich, lebte richtig auf und brach für den Freund das Gelöbnis, das er beim Rückzug aufs Land, auf sein Familiengut zu Sant'Andrea in Percussina, abgelegt hatte: «[...] sich nie wieder mit Politik zu beschäftigen oder über sie zu reden.» Denn die aktuellen politischen Ereignisse waren ganz dazu angetan, seine Gedanken anzuregen.

Ludwig XII. hatte seit dem Frühjahr 1513 alles darangesetzt, um Massimiliano Sforza, den «Dorn im Auge Frankreichs», den der Kongreß von Mantua in Mailand eingesetzt hatte, aus dem Herzogtum zu vertreiben. Im April verbündete er sich in Blois mit Venedig, um gegen die Beschlüsse von Mantua zu Felde zu ziehen und dem Kaiser seine italienischen Territorien streitig zu machen. Das Bündnis der beiden Mächte führte dazu, daß Maximilian I. und Heinrich VIII. im gleichen Monat ebenfalls einen Vertrag schlossen, der Heinrich freie Hand in Frankreich und Maximilian freie Hand in Norditalien ließ. Der Papst, der das Schiff Petri – laut dem Historiker Muratori – auf einen Schlingerkurs brachte, ließ beide im Glauben, er wolle sie unterstützen.

Als Ludwig XII. dank eines Waffenstillstands mit Spanien überraschend den Rücken frei bekam, schlug er plötzlich los. Seine Armee überschritt die Alpen und holte sich Mailand, dessen Bewohner die Schweizer und den Herzog Sforza satt hatten, mühelos zurück. Dann aber brachte ihm die Schweizer Verstärkung wieder einmal eine schmerzliche Niederlage bei, worauf er schmachvoll den Rückzug antreten mußte.

Allerdings war Ludwig auch hinter den Landesgrenzen nicht sicher. Im Juli landete Heinrich VIII. in Calais und zog im August mit Maximilian in Thérouanne ein, einem Ort mit französischer Garnison an den Grenzen zu Flandern und dem Artois. Derweil griffen die Schweizer Burgund an und schlugen am 7. September ihr Lager vor den Toren von Dijon auf. Stand Frankreich vor dem Zusammenbruch?

Machiavelli und Vettori beobachteten die Ereignisse aus der Ferne und stellten in einer lebhaften politischen Korrespondenz allerhand Spekulationen an. Sie diskutierten leidenschaftlich über Krieg und Frieden und über mögliche oder unmögliche Bündnisse. Und dabei waren sie sich sehr wohl bewußt, «daß die Ereignisse», so Vettori später, «einen verkehrten Lauf nehmen und es folglich überflüssig» war, «über sie zu sprechen, zu diskutieren oder zu streiten». Aber es mußte trotzdem sein!

Neben den langen Briefen, die Machiavelli in fieberhafter Eile im Arbeitszimmer seines Landhauses an Vettori schrieb, verfaßte er seit Juli auch «das Werkchen» *De principatibus* oder *Über die Fürstentümer,* «wie viele Gattungen es gibt, wie man sie erwirbt, wie man sie erhält, warum man sie verliert», den Traktat, der später unter dem Titel *Der Fürst* erscheinen und weltberühmt werden sollte. Machiavelli bat Vettori, ihm zu helfen, die Schrift «Seiner Herrlichkeit Giuliano» zu überreichen, dem er sie gewidmet hatte. Es war allgemein bekannt, daß der Papst die Absicht hatte, für seinen Bruder nach dem Vorbild früherer Päpste ein Fürstentum zu errichten. Wenn Giuliano das Werk tatsächlich lesen würde, träte Niccolò aus dem Dunkel heraus und könnte beweisen, daß er «die fünfzehn Jahre, die [er] mit dem Studium der Staatskunst zugebracht, weder verschlafen noch vertändelt» hatte. Mit seinem reichen Erfahrungsschatz konnte er einem klugen Fürsten nützen. Zugleich war dies sein einziges Mittel, um die drohende Armut abzuwenden, und daß Mittellosigkeit in Florenz Geringschätzung bedeutete, wußte er nur zu gut. Achtung oder Kredit waren für die Reichen!

Machiavelli wollte die Aufmerksamkeit der Medici auf sich ziehen und dann in ihre Dienste treten, sollten sie ihn «auch anfangs einen Stein wälzen lassen». Hätte er den *Fürsten* auch ohne dieses Anliegen geschrieben? Niccolò war alles andere als ein Stubengelehrter oder Theoretiker, der über die neue Situation glücklich gewesen wäre, weil sie ihm die Muße zur Niederschrift seiner Ideen bescherte. Als politischer Beobachter hatte er sich zu den Ereignissen mehr Gedanken als andere gemacht, und diese waren, seinem Charakter entsprechend, zumeist sehr unkonventionell. Fast automatisch ging Machiavelli zu allem in Opposition, und dieser Zug wurde ihm von Freunden vorgeworfen, obwohl sie die anregende Diskussion mit ihm doch sehr schätzten. Die erzwungene Untätigkeit gab ihm Gelegenheit, seine «Überlegungen zu vertiefen», aber er hätte die Zeit lieber anders genutzt ... In Ermangelung eines Besseren verarbeitete er seine persönlichen Erfahrungen und seine Lektüre – ohne Bezugnahme auf die Alten konnte man damals über kein ernsthaftes Thema schreiben – zu einer Abhandlung, in die, fast wörtlich zuweilen, auch Passagen aus seinen Gesandtschaftsberichten und seiner Korrespondenz mit einflossen. Und befruchtet wurde diese fieberhaft vorangetriebene Arbeit durch feurige Diskussionen mit Machiavellis Freund Filippo Casavecchia.

Machiavelli war weder besonders einsam noch von Gott und den Menschen verlassen, wie er behauptete. Er war durchaus nicht gezwungen, «sich mit dem Pöbel gemein zu machen» und sich mit dem «Wirt, dem Fleischer, dem Müller und zwei Ziegelbrennern» zu treffen, ebensowenig wie mit den «großen Alten», für die er abends seine «prächtigen Hofgewänder» anlegte, wahrscheinlich seinen alten bequemen Morgenrock! Der berühmte Brief vom 10. September 1513, in dem Machiavelli sein Alltagsleben in Sant'Andrea beschreibt, ist nicht unbedingt wörtlich zu nehmen. Er ironisiert vielmehr Punkt für Punkt die Beschreibung, die ihm Vettori von seinem glanzvollen Leben in Rom gegeben hatte. Und an anderer Stelle hat man sehr schön gezeigt, daß es sich bei Machiavellis Umgang mit den antiken Schriftstellern, die er befragt und die ihm antworten, um einen literarischen Topos reinster Sorte handelt, um ein Augenzwinkern unter Humanisten.

Das Bukolische gibt sich bei ihm friedlich, sein Humor freundlich, doch dann mischen sich plötzlich bittere Töne darunter, die zum verzweifelten Aufschrei werden. Niccolò wäre niemals auf den Gedanken gekommen, an die Wände seines Arbeitszimmers eine Botschaft zu schreiben, wie sie Montaigne in die seiner Bibliothek geritzt hatte: «Im Jahre des Herrn 1571, im Alter von achtunddreißig Jahren, am Tag vor dem ersten März, seinem Geburtstag, zog sich Michel der Montaigne, der öffentlichen Ämter überdrüssig, noch im Vollbesitz der Kräfte, in den Kreis der gelehrten Musen zurück, in dem er in Ruhe und Sicherheit die ihm verbleibenden Tage verbringen wird ...» Dagegen hatte sich Niccolò wider Willen in seinen Turm zurückgezogen, und er sehnte sich nur nach einem: wieder ins öffentliche Leben zurückkehren. Das Haus seiner Vorfahren war für ihn kein sicherer Hafen, in dem er sich wie Montaigne «seiner Freiheit, seiner Ruhe und seiner Muße» widmen konnte, sein Arbeitszimmer war nicht das «geliebte Gemäuer, in dem es sich studieren» ließ. Immer wieder betonte er es: Sant'Andrea sei ein «Elend», in dem er «sein Leben friste». Tagtäglich, Stunde um Stunde, wartete er nur auf einen Wink des Schicksals, um ihm entfliehen zu können.

Machiavelli konnte sich mit seiner neuen Situation nicht arrangieren und war doch nicht in der Lage, gezielt auf eine Veränderung hinzuarbeiten. Während er den Königen von Frankreich, Spanien oder England, dem Kaiser, den Schweizern oder dem Papst auf dem Papier Ratschläge erteilte, wußte er mit dem eigenen Leben nichts anzufangen. Sollte er sein «Werkchen» veröffentlichen oder nicht? Sollte er es in Rom persönlich überreichen oder hierbleiben? Es auf gut Glück schicken? Was meinte Untel dazu? Was Vettori? Er konnte sich zu keiner Entscheidung durchringen und verharrte in zermürbender Untätigkeit.

Schließlich schickte er das Manuskript Francesco Vettori, der es mit einigen unverbindlichen Komplimenten bedachte. Und sechs Monate später wußte Niccolò noch immer nicht, wie der eigentliche Empfänger darauf reagiert hatte. Vettori hatte den *Fürsten* «unter dem Ellenbogen behalten», wahrscheinlich weil er sicher war, der erlauchte Giuliano interessiere sich mehr für spekulative Philosophie oder für da Vincis Forschungen zu den Brennspiegeln, die er auf dem Belvedere hatte errichten lassen. Vielleicht sah Vettori das achtzigseitige Werk auch nur als ein Ventil an, in dem Machiavelli seiner

Verbitterung und seinem Ärger Luft machte. Möglicherweise glaubte er sogar, es könne dem Verfasser wegen seiner überspitzten Formulierungen und den unkonventionellen Ansichten geradezu gefährlich werden: Als Soderinis ehemaliger Sekretär stieß er bei den Mächtigen ja noch immer auf Mißtrauen. Vettori hielt es jedenfalls für klüger, sich für dieses Werk nicht einzusetzen, und er riet Niccolò dringend davon ab, es in Rom persönlich zu überreichen. Machiavelli war verzweifelt:

«So werde ich also in meinem Elend bleiben», antwortete er Vettori, «ohne daß sich ein Menschenkind meiner Ergebenheit erinnert oder meint, ich könne zu irgend etwas gut sein. Aber es ist unmöglich, daß es lange so bleibt, denn ich zehre mich auf und sehe, daß, wenn Gott sich mir nicht günstiger zeigt, ich eines Tages gezwungen sein werde, mein Haus zu verlassen und Repetitor oder Schreiber bei einem Obersten zu werden [...] oder in ein einsames Örtchen mich zu verkriechen, um Kinder lesen zu lehren. Meine Familie werde ich hierlassen, sie mag mich dann für gestorben halten. Ohne mich wird sie viel besser auskommen. [...]»

# Die verlorenen Illusionen

Weihnachten 1513 hatte Niccolò ein Fünkchen Hoffnung gebracht: «Nach Eurem Brief und Filippo [Strozzi]», schrieb ihm Vettori, «findet Ihr Euch schlecht damit ab, Eure bescheidenen Einkünfte in Untätigkeit aufzuzehren. Wir haben gründlich gesucht, aber nichts gefunden, das in Rom für Euch geeignet wäre. Man hat vage davon gesprochen, Kardinal de'Medici könne als Legat nach Frankreich entsandt werden: Ich dachte sofort daran, die Leute, falls dies tatsächlich eintreten sollte, zu informieren, daß Ihr bereits dort gewesen seid, an diesem Hof über gute Beziehungen verfügt und die Gebräuche kennt. Wenn es gelingt, Gott sei Dank; wenn nicht, haben wir nichts verloren.»

Außer eine weitere Illusion.

Denn der Papst brauchte Machiavelli ja nicht. Er hatte einen ebenso guten, wenn nicht besseren Mann an der Hand: den Bischof Lodovico di Canossa, «das Herz des Papstes», wie man ihn nannte. Leo X. schickte ihn nach Frankreich, um dort eine Ehe zu verhindern: die zwischen Renée de France, der zweiten Tochter Ludwigs XII., und einem Enkel Ferdinands des Katholischen. Ein solches Bündnis zwischen den Franzosen und den Spaniern wäre für den Papst ein Alptraum gewesen. Der florentinische Gesandte sollte dem französischen König deutlich machen, daß diese Verbindung «ein verzweifeltes Heilmittel» wäre, und ihm statt dessen eine Annäherung zwischen Frankreich und England vorschlagen, mit der das gefürchtete Bündnis praktisch unmöglich würde.

Canossa erfüllte seinen Auftrag glänzend. Er brachte Ludwig XII. dazu, im Oktober 1514 die blutjunge Schwester Heinrichs VIII. zu heiraten. Ludwig erhoffte sich von dieser Verbindung die Sicherung der Thronfolge, denn Anna von Bretagne war im Januar ohne den erhofften männlichen Erben gestorben.

Sicher hätte Niccolò gern an dieser Intrige mitgesponnen, aber außer Vettori und Filippo Strozzi – Filippo war sein Freund geblieben, obwohl Soderini seine Ehe mit der Schwester Lorenzo de'Medicis verurteilt hatte – kam keiner auf den Gedanken, Machiavelli könne bei einer solchen Gesandtschaft nützlich sein. Auch ist es durchaus möglich, daß Vettori ihm in seinem Brief vom 23. Dezember nur ein paar unverbindliche Artigkeiten geschrieben hatte, ohne sich wirklich um einen Auftrag für ihn zu bemühen.

Ein Jahr später, im Dezember 1514, gab es dann erneut einen Hoffnungsschimmer. Es hieß, Ludwig XII. schmiede Pläne, im Bündnis mit den Venezianern die Lombardei zurückzuerobern. «Ich setze voraus», schrieb ihm Vettori, «daß der Kaiser, der katholische König und die Schweizer sich vereinigt haben, um Mailand zu verteidigen. Ich frage Euch, was soll der Papst tun, Eurer Meinung nach? Wenn er sich mit Frankreich vereinigt, was kann er von ihm hoffen, wenn er siegt; und was kann er von den Gegnern fürchten, wenn sie siegen?»

Vettori versprach, die Antwort auf diese schwierigen Fragen dem Papst «zum geeigneten Moment» als Niccolòs Gedanken zu unterbreiten.

Vettori ging mit Recht davon aus, daß Machiavelli auch nach über zwei Jahren Untätigkeit nichts von seinem politischen Spürsinn verloren hatte, und dies teilte er ihm auch mit. Niccolò schrieb in fieberhafter Eile und vor Gedanken sprühend zwei endlos lange Briefe mit einer dezidierten Analyse zur akutellen politischen Situation, einer Einschätzung der Kräfteverhältnisse und Abwägungen zu den positiven und negativen Folgen eines Bündnisses mit der einen oder anderen Seite. Nach einer ausführlichen Erörterung kam er zum Schluß, Leo X. sei mit einem Bündnis mit den Franzosen am besten beraten. «Wenn Seine Heiligkeit mit Frankreich Freundschaft geschlossen hat und unterläge, so bleibt ihm [sein] Staat in Frankreich erhalten. [...] Hält er es mit den anderen und unterläge, so müßte er entweder in die Schweiz gehen und dort Hungers sterben oder nach Deutschland und sich dort verspotten lassen oder nach Spanien, um dort ausgeplündert zu werden. Es ist daher kein Vergleich zwischen dem Übel, das das Mißgeschick des einen nach sich zöge, und dem des anderen.»

Der Tonfall dieser Schlußfolgerung hatte etwas Ungehobeltes, außerdem kam dem Papst der Ratschlag, sich mit Frankreich zu verbünden, eher ungelegen. Leo hätte sich lieber im Wunsch bestärkt gesehen, Neutralität zu wahren. Vettori ließ sich also Zeit damit, Machiavellis Lösungsvorschläge an Kardinal de'Medici weiterzuleiten, der seinen Rat erbeten hatte. Am 30. Dezember konnte Vettori Machiavelli schließlich mitteilen, der Papst, Kardinal Giulio und Kardinal Bibiena hätten seine beiden Briefe gelesen, sich von seinem scharfen Verstand begeistert gezeigt und sein Urteilsvermögen gelobt. Mehr als dieses Lob konnte er freilich nicht erwarten, beeilte sich der treue Freund hinzuzufügen.

In Wahrheit dürften Machiavellis Ratschläge bei ihnen eher auf Ablehnung gestoßen sein. Hätte Leo X. seine Neutralität aufgegeben und sich enger an Frankreich gebunden, hätte er auf alle Fälle seine Pläne aufgeben müssen, aus Parma und Piacenza ein Fürstentum für seinen Bruder Giuliano zu schaffen. Ludwig XII. hätte einer Herauslösung dieser Städte aus dem Mailändischen niemals zugestimmt.

Ein weiteres Luftschloß stürzte, kaum errichtet, in sich zusammen! Machiavelli sah sich vielleicht schon als Kanzler von Francescos Bruder Paolo, der für Giuliano die Statthalterschaft in einem neuen Fürstentum mit Parma, Piacenza und Modena übernehmen würde! Daß aus dem Fürstentum nichts wurde, ersparte Niccolò immerhin eine noch bitterere Enttäuschung, glaubt man einem Brief des päpstlichen Sekretärs Ardighelli an Giuliano:

«Der Kardinal de'Medici hat mich gestern unter dem Siegel der Verschwiegenheit gefragt, ob ich wisse, daß Eure Exzellenz Niccolò Machiavelli in seinen Diensten habe. Als ich ihm antwortete, dies sei mir nicht bekannt und ich glaubte auch nicht daran, sagte mir seine Hochwürdigste Herrlichkeit wörtlich: ‹Ich glaube es auch nicht, aber da es uns aus Florenz gemeldet worden ist, erinnere ich ihn [Giuliano] daran, daß dies weder in seinem noch in unserem Interesse ist. Es muß eine Erfindung von Paolo Vettori sein. Schreibt ihm von mir, er sei von meiner Seite aus gehalten, mich nicht mehr in Niccolòs Angelegenheiten hineinzuziehen.›»

Deutlicher konnte man nicht werden!

«Wir werden sehen», schrieb Vettori Machiavelli und lud ihn nach Rom ein, «ob wir unsere Galeere nicht irgendwohin lenken können, wenn wir nur rudern; und gelingt es nicht, so finden wir für uns ganz in der Nachbarschaft ein hübsches junges Ding, mit dem wir eine angenehme Zeit verbringen. Dies ist die richtige Art, die Dinge zu nehmen.»

Dieses Heilmittel hatte Niccolò bereits ausprobiert, wenn er seinem «Elend» und Mariettas vorwurfsvollem Blick entflohen war und sich, «um wieder zu Kräften zu kommen», in Florenz bei «irgendeinem Mädchen» herumgetrieben hatte. Solche Eskapaden hatte er damals noch mit den Kumpanen unternommen, doch als das Schiff überall leckgeschlagen war, waren rasch alle von Bord gegangen. Immerhin blieb ihm die Wirtin Riccia erhalten, und obwohl Machiavelli sie mit seinen Klagen fast zur Verzweiflung trieb, ließ sie sich dann und wann einen Kuß rauben.

Küsse hatte Niccolò zahllose geraubt, verschenkt und empfangen. Nach eigenem Bekunden hatte er der Liebe über «Berg und Tal, durch Wälder und Fluren» nachgestellt und sich nach dem Ratschlag seines jüngeren Bruders Francesco kein Abenteuer entgehen lassen: «Das Vergnügen, das sich Euch heute bietet, wird sich morgen nicht mehr bieten ... Ich glaube, glaubte und werde immer glauben, daß Boccaccio recht hatte: ‹Besser ist, etwas zu tun und es zu bereuen, als es nicht zu tun und es zu bereuen.›»

Die Liebe, so meinte auch Vettori, vertreibe die Schwermut, und ihr dürfe man sich auf keinen Fall überlassen. Liebe war für ihn freilich vor allem Lust, und er hatte keine Scheu, die Dinge beim Namen zu nennen: «Ich kann mir nichts Vergnüglicheres vorstellen als eine Frau zu v ... Die großen Männer mögen soviel philosophieren, wie sie wollen, das ist die reine Wahrheit; viele begreifen sie, wenige sprechen sie aus.»

Das Credo, zu dem er sich mit seinem Freund so oft bekannt hatte, war allerdings nicht mehr aktuell. Denn inzwischen, so Niccolò, hatte der «kleine Schütze [...] Bogen und Köcher [gewechselt], und so gewaltsam durchbohrte [ihn] sein Pfeil, daß [er] noch jetzt die Wunden beklage und seine Macht gestehe und anerkenne.» Machiavelli war zum ersten Mal in seinem Leben ernsthaft verliebt: Die Palette seines Liebeslebens wurde um einige zartere Farben bereichert:

«Während meines Aufenthaltes auf dem Lande habe ich ein Abenteuer gehabt mit einem Wesen so artig, so zart, so edel durch Natur und Kunst, daß ich sie nicht so sehr loben noch so sehr lieben könnte, daß sie nicht mehr verdiente. Ich sollte Euch, wie Ihr mir, den Ursprung dieser Liebe erzählen, mit welchen Netzen sie mich fing, wo sie sie spannte, von welcher Art sie waren; [...] Es genüge Euch, daß, obwohl ich mich schon den Fünfzig nähere, weder die glühende Sonne mich verletzt, noch die rauhen Wege mich ermüden, noch die Dunkelheit der Nächte mich schreckt. Glatt scheint mir alles, und ich füge mich jedem ihrer Wünsche, wenn sie auch verschieden sind und dem widersprechen, den ich hegen sollte. Obgleich mir scheint, als habe ich mich in große Gefahr begeben, so fühle ich darin doch solche Wonne, sowohl durch den Anblick ihres selten reizenden Gesichtes, als auch weil alle meine Leiden dem Gedächtnis entrückt sind, daß ich um nichts in der Welt, wenn ich könnte, mich befreien möchte. So habe ich die Gedanken an die großen und ernsten Dinge aufgegeben, und weder die Geschichte der Alten noch die Unterhaltung über die Neueren können mich ergötzen. [...]»

Bei dieser Unbekannten handelte es sich um eine unglücklich verheiratete, liebenswerte Nachbarin vom Land. Die Liaison, die möglicherweise mehr als platonisch war, hatte sich im Sommer 1514 angebahnt, und sie beschäftigte den Verliebten den ganzen folgenden Herbst und Winter hindurch. Noch Ende Januar 1515 schrieb er Francesco, die Dame seines Herzens sei «der einzige Hafen und Zufluchtsort für mein Schiff [...], dem der anhaltende Sturm Steuer und Segel entführt hat».

Auch Italien schien ohne Steuer und Segel durch stürmische Zeiten zu treiben. Man wußte nicht, was die Zukunft brachte. Florenz hing politisch völlig von Rom ab, und der Papst fuhr seinen Schlingerkurs.

Julius II. hatte als Herrscher Bündnisse geknüpft und sie wieder aufgelöst; Leo X. folgte ihm bedächtig mit einigem Abstand und versuchte, aus den jeweiligen Ereignissen Kapital zu schlagen.

1513 faßte Niccolò die politischen Verhältnisse in Europa mit bissigem Spott so zusammen: «Wir haben einen weisen Papst, ernst und vorsichtig; einen unbeständigen, wankelmütigen Kaiser; einen zornigen und furchtsamen König von Frankreich; einen ränkischen und habsüchtigen König von Spanien; einen reichen, kühnen und ruhmbegierigen König von England; die Schweizer bestialisch, siegreich und übermütig; wir Italiener arm, ehrgeizig und feige.»

Allerdings gehörte dieses Bild schon bald der Vergangenheit an. Ludwig XII. starb Anfang 1515, unmittelbar vor einem erneuten Marsch nach Italien und kaum daß er die Ehe mit der jungen Maria von England vollzogen hatte, «der schönen Stute», so spottete man, «die ihm Heinrich VIII. geschickt hatte, damit sie ihn in die Hölle schaffte». Da er keinen Erben hatte, folgte ihm sein Schwiegersohn und Cousin, der Herzog François d'Angoulême, als Franz I. auf den Thron: Der Gatte von Claude von Bretagne war gerade einundzwanzig Jahre alt. Nicht anders erging es dem alten Ferdinand dem Katholischen, der Germaine de Foix geheiratet hatte: Sein Nachfolger wurde Erzherzog Karl von Habsburg, der 1500 geboren worden war. Er wurde mit sechzehn Jahren König von Spanien und mit neunzehn römisch-deutscher Kaiser.

Daß diese jungen Männer Italien erneut in ein Schlachtfeld verwandeln würden, war vorauszusehen.

Kaum sieben Monate nach seiner Krönung überschritt der Draufgänger Franz I. die Alpen, besiegte die Schweizer bei Marignano und eroberte Mailand und das Mailändische zurück: Herzog Massimiliano Sforza trat es ihm gegen eine Leibrente im französischen Exil ab.

Leo X. hatte nicht auf Machiavellis Ratschläge gehört – sofern Vettori sie ihm überhaupt übermittelt hatte! – und sein Heil bei den Spaniern gesucht. Niccolòs Schreckensvision bewahrheitete sich nicht: Der französische König suchte mit dem Papst, der auf der Seite der Verlierer stand, einen Ausgleich: Franz opferte auf einem Treffen in Bologna im Dezember den Herzog von Urbino, Francesco Maria della Rovere, damit Leo ein Fürstentum für seinen Neffen Lorenzo schaffen konnte. Im Gegenzug gab ihm Leo X. die Investitur für das Königreich Neapel, die bislang eben dieser Lorenzo angestrebt hatte.

Während diese Ereignisse Italien in Atem hielten, interessierte sich Machiavelli offenbar nicht mehr für die «lebendige Geschichte». Er schien sich damit abgefunden zu haben, am Geschehen nicht mehr aktiv teilhaben zu dürfen.

Trotzdem ging das Leben weiter, und es erwies sich sogar als weniger trostlos und öde, als es zunächst den Anschein hatte. Machiavelli ließ die Liebe und ihre «bittersüßen Ketten» auf dem Lande zurück und siedelte wieder nach Florenz über. Er wärmte sich erneut am Feuer von Donato dal Corno, einem alten Kumpan und Besitzer einer Spielhölle, und traktierte Vettori, er solle sich dafür einsetzen, daß die Medici ihm das Darlehen zurückzahlten, das er ihnen gewährt hatte. Seine Nachmittage verbrachte er allerdings in besserer Gesellschaft.

Cosimo Rucellai empfing in seinem prachtvollen, von Alberti entworfenen Palazzo die geistige Elite von Florenz und Italien, eine Tradition, die bereits sein Vater, der Freund und Schwager Lorenzos des Prächtigen, gepflegt hatte. *Ave hospes* las man auf der Schwelle des Palastes, und in seinem Park, den sogenannten *Orti oricellari* – nach dem Farbstoff Orseille, der den Reichtum der Familie begründet hatte –, trafen sich Leute aus allen Altersgruppen und Schichten, Aristokraten und «Popolani», Mediceer, Anhänger Savonarolas und Republikaner. Ihr gemeinsamer Nenner war nämlich nicht die Politik, sondern das Interesse am Geistesleben und eine Vorliebe für ungezwungene, gepflegte und leidenschaftliche Diskussionen zu allen möglichen Themen. Hier fühlte sich Niccolò zu Hause: Er war kein Unbekannter für die Älteren, die der Regierung Soderini angehört hatten, und die Jüngeren lernten bald seine provokanten Äußerungen, seine konsequente Ablehnung althergebrachter Gedanken und seinen beißenden Spott schätzen.

Anders als Ficino und die Neuplatoniker um Lorenzo den Prächtigen gab man sich im Park der Rucellai nicht der philosophischen Spekulation hin, man blieb vielmehr auf dem Boden des Alltäglichen und Aktuellen, man las und kommentierte antike Autoren, suchte in der Vergangenheit nach Erklärungsansätzen für die Gegenwart und zog daraus Lehren für die Zukunft. Man diskutierte über die schöne Literatur, las eigene oder fremde Verse vor und gab lustige Novellen oder Komödien zum besten. Niccolò schrieb dort unter anderem seinen *Goldenen Esel,* «die Abenteuer, Mühen und Leiden, die ich in Gestalt eines Esels durchlebte», eine danteske Parodie auf die *Metamorphosen* des Apuleius und ein burleskes Epos, gespickt mit politischen Pointen zur Dekadenz und Erneuerung des Staates. Denn nach der Woge entrückender Leidenschaft fand er dank seiner Freunde in den *Orti oricellari* wieder Geschmack «an der Geschichte der Alten» und «der Unterhaltung über die Neueren».

So entstanden im Schatten von Magnolien, Orangenbäumen, Zypressen und anderen seltenen Gewächsen, unter mit Weinreben überwucherten Lauben, in Alleen zwischen Statuen, Kolonnaden und antiken Flachreliefs aus Fiesole die *Discorsi sopra la prima deca di Tito Livio* (dt.: Discorsi: Gedanken über Politik und Staatsführung), in denen Machiavelli das Bild eines neuen Staates nach römischem Vorbild, eine «freie» und «volkstümliche» Gesellschaft entwirft. Gewidmet ist dieses Werk seinen Freunden Zanobi Buondelmonti und Cosimo Rucellai, die ihn, wie es in der Widmung heißt, zu seiner Abfassung regelrecht gezwungen hätten.

Politische Überlegungen gedeihen besonders gut in einem Klima der Unzufriedenheit, und die Unzufriedenheit wuchs in Florenz mit jedem Tag, seitdem der Papst seinen Neffen Lorenzo de'Medici an die Spitze des Staates gestellt hatte.

Zunächst hatten die Florentiner die Staatsführung noch allgemein begrüßt, allen voran Niccolò:

«Auch möchte ich nicht versäumen, Euch mitzuteilen, wie sich der herrliche Lorenzo bis heute verhalten hat», schrieb er Francesco Vettori. «Nämlich so, daß er in der ganzen Stadt die schmeichelhaftesten Hoffnungen geweckt hat, und alles an ihm erinnert an die gewaltigen Fähigkeiten seines Großvaters. Tatsächlich betreibt Seine Herrlichkeit die Staatsgeschäfte mit großem Eifer, und Sie zeigt sich freundlich und voller Großzügigkeit bei den Audienzen und tut nichts ohne reifliche Überlegung ...»

Da Vettori mit Lorenzo eng befreundet war, spielte in Machiavellis Lob sicher ein guter Teil Berechnung mit. Wer sich darüber empört, zeigt wenig Realitätssinn! Niccolò hatte das Manuskript zum *Fürsten,* den er ursprünglich Giuliano gewidmet hatte, mit einer neuen Widmung versehen, dem jungen Lorenzo vorgelegt. Wahrscheinlich handelt es sich um eine Legende, wonach der Medici am gleichen Tag ein Pärchen Bracken geschenkt bekommen und deshalb das Werk – und den Verfasser natürlich – vergessen haben soll.

Lorenzo enttäuschte die hohen Erwartungen der Florentiner und gab sich nicht die geringste Mühe, seiner Regierung wenigstens einen republikanischen Anstrich zu geben, wie ihm sein Onkel bei der Übergabe der Macht eingeschärft hatte – und wie Machiavelli in seinen *Discorsi* mit bitterer Ironie empfiehlt: «Wer einem Staat eine neue Verfassung geben will und dabei möchte, daß sie gut aufgenommen und zur Zufriedenheit eines jeden erhalten wird, muß wenigstens den Schein der alten Formen beibehalten, damit das Volk glaubt, es hätte sich nichts geändert, auch wenn die neuen Einrichtungen mit den früheren nicht das geringste gemein haben. Denn die Masse der Menschen läßt sich mit dem Schein ebenso abspeisen wie mit der Wirklichkeit, ja häufig wird sie durch den Schein mehr bewegt als durch die Wirklichkeit.»

Lorenzo, der stolze Träger des Titels «Generalkapitän von Florenz», führte inzwischen auch noch den des Herzogs von Urbino. Nach dem nicht unerwarteten Tod seines kränklichen Bruders Giuliano hatte der Papst sich das Herzogtum mit dem Einverständnis Franz' I. einverleibt, ein Schritt, vor dem Giuliano stets zurückgeschreckt war, weil die Montefeltro ihn und seinen Bruder in den Zeiten der Not großzügig in Urbino aufgenommen hatten. Lorenzo war offenbar die Macht zu Kopf gestiegen. Selbst den glühendsten Anhängern der Medici erschien sein Regiment gefährlich, einigen Republikanern und Optimaten schlicht unerträglich. Zum ersten Mal in der Geschichte der Medici beanspruchte ein Mitglied der Dynastie ganz offen und gewissermaßen nominell in Florenz die uneingeschränkte Macht; zum Ärger Leos X., wie man mit Fug und Recht annehmen kann.

Niccolò hielt eine starke Zentralgewalt als Durchgangsstadium zur Erneuerung eines Staates zwar für unabdingbar, wenn er meinte, man müsse «alleine sein, um eine Republik zu gründen oder sie vollständig zu erneuern». Aber seine Abhandlung war für einen Fürsten bestimmt, der sich das Wohl der Allgemeinheit und nicht nur sein eigenes angelegen sein ließ, also für einen Herrscher, der die Utopie des aufgeklärten Despoten verkörperte. War sich Machiavelli bewußt, daß seine Schrift zum «Brevier des angehenden Tyrannen» werden konnte? Oder hatte er, als er sie Lorenzo widmete, den Gedanken vor Augen, den er eines Tages zum Thema des idealen Predigers äußern sollte: «Das wahre Mittel, den Weg ins Paradies zu finden, besteht darin, den Weg in die Hölle zu kennen, um ihn zu vermeiden.»

# Wiedergeburt

Niemand unter dem «frischen Laubwerk» des Rucellai-Parks hatte das erbärmliche Versagen der Florentiner in Prato vergessen, eine Katastrophe, die das Ende der Republik eingeleitet hatte. So waren die sieben Bücher der *Kriegskunst,* die zwischen 1516 und 1519 entstanden, vielleicht eine Art Rechtfertigung, mit der Machiavelli seinen «Freunden des Nachmittags» gegenüber den Gedanken einer Landwehr verteidigen wollte. In der *Kriegskunst,* einer Abhandlung in Dialogform, unterhalten sich Niccolòs Freunde aus dem Rucellai-Kreis, Zanobi Buondelmonti, Battista della Palla und Luigi Alamanni, mit dem berühmten Kondottiere Fabrizio Colonna, der bei Cosimo Rucellai zu Gast ist. Colonna «kam bei seiner Rückreise aus der Lombardei, wo er lange mit großem Ruhm für den katholischen König gefochten hatte, nach Florenz und wollte dort einige Tage ausruhen, um dem Herzog von Urbino [Lorenzo de'Medici] seine Aufwartung zu machen und einige seiner früheren Bekannten wiederzusehen».

In dieser Nachahmung der klassischen Schrift *De re militari* des Vegetius – die übrigens auch dem *Rosier des guerres* Ludwigs XI. als Vorlage gedient hatte – breitet Machiavelli sämtliche Gedanken aus, die er bereits früher vertreten hat, formuliert sie hier aber nach den zurückliegenden Erfahrungen auf noch radikalere Weise. Zum Wohl des Staates ruft er die gesamte Nation zu den Waffen und beschwört für den Notfall einen totalen Krieg herauf, der auf allen Ebenen, auf der politischen wie der militärischen, ausgefochten werden soll.

Machiavelli widmete seinen Traktat Lorenzo Strozzi: Da sein Vater Filippo ein Verwandter und Ratgeber der Medici war, hoffte er, so ins Schwarze zu treffen und sich die Gunst einflußreicher Leute zu sichern.

Die gleichen Hoffnungen machte er sich 1519 beim Tod Lorenzo de'Medicis, der wahrscheinlich aus den gleichen Gründen wie sein Onkel Giuliano frühzeitig starb: ein ausschweifender Lebenswandel bei einer schwachen Gesundheit. Die Regierung der Republik Florenz, wie sie noch immer hieß, wurde vom Papst Kardinal Giulio übertragen. Giulio de'Medici, ein einfacher, zurückhaltender und freundlicher Mensch, pflegte als Erzbischof von Florenz mit den Magistraten wie mit den einfachen Bürgern der Stadt einen respektvollen Umgang und bemühte sich, seiner Herde stets nahe zu sein. Nach eigenem Bekunden liebte er die Florentiner, die seine Familie an die Macht gebracht hatten, und wollte das erlittene Unrecht vergessen.

Giulio gab, vermutlich auf Bitten Lorenzo Strozzis, bei Machiavelli einen Entwurf für eine Verfassungsreform in Auftrag, nach der die aufbegehrenden Bürger immer lauter verlangten.

Man kann sich Machiavellis Begeisterung gut vorstellen, als er sich in die Arbeit stürzte. Das Ergebnis war der Entwurf einer Verfassung, über die Edmond Barincou schrieb, sie sei «so scharfsinnig zurechtgeschnitten, daß sie zu Lebzeiten des heißgeliebten Fürsten durchaus monarchistisch anmutet, sich aber als durchaus demokratisch herausstellt, sobald die Toten beweint sind», womit er freilich ein natürliches Aussterben der Medici meinte.

Je nachdem, ob man Machiavelli einen Platz in der Hölle zuweist oder nicht, wird man in diesem Verfassungsentwurf ein Stück «Machiavellismus» oder einfach ein Beispiel für gesunden Menschenverstand sehen. Auch Päpste und Kardinäle waren sterblich, und es sah ganz so aus, als würden die Medici keinen Nachwuchsfürsten mehr stellen können. Lorenzo, der ein Jahr zuvor in Amboise mit großem Pomp eine Cousine Franz' I. geheiratet hatte, ließ bei seinem Tod nur seine Tochter Caterina zurück, die spätere französische Königin Katharina von Medici. Sie wuchs auf mit Giulianos Sohn Ippolito, einem Bastard wie sein junger Cousin Alessandro, der Sohn Kardinal Giulios mit einer maurischen Sklavin, wie es hieß. Man mußte also für die nähere Zukunft vorsorgen: «Für das Wohl einer Republik oder einer Monarchie genügt es nicht, einen Fürsten zu haben, der sie ein Leben lang klug regiert; es bedarf eines Fürsten, der ihr Gesetze gibt, die ihr über seinen Tod hinaus den Bestand sichern können», liest man in den *Discorsi.* Machiavelli konnte sich für die Zeit nach den Medici nichts anderes als eine Rückkehr zur Demokratie vorstellen, und diese Rückkehr sollten die Medici zum Wohl von Florenz selbst vorbereiten. Dann wäre es ihr Verdienst, die drohenden Unruhen während des kommenden Machtvakuums verhindert zu haben.

Trotz allem Realismus beruhte der Verfassungsentwurf auf einer großen Portion Naivität. Wie konnte Machiavelli von den Medici Dankbarkeit erwarten, wenn er sie aufforderte, sich ihr eigenes Grab zu schaufeln? Der Realist Machiavelli zeigte sich hier als unverbesserlicher Idealist, der seiner Jugendliebe, der Liebe zur Republik, treu geblieben war. Dieser Treue lag natürlich die Flexibilität eines Schürzenjägers zugrunde, der niemals den Frauentyp, oft aber die Frauen wechselt!

Wenn Kardinal Giulio Soderinis ehemaligen Sekretär auf die Probe hatte stellen wollen, dann wußte er jetzt Bescheid. Machiavellis Komödie *Mandragola,* die im Vorjahr zu Lorenzo de'Medicis Hochzeit mit Madeleine de La Tour d'Auvergne aufgeführt worden war, hatte ihm ganz bestimmt besser gefallen als seine Vorstellungen von einer Verfassungsreform. Und von der *Denkschrift über die Reform des Freistaats von Florenz* war schon deshalb keine Rede mehr, weil der Kardinal überstürzt nach Rom abreiste, um den Papst bei den Staatsgeschäften zu unterstützen.

Der Gesundheitszustand Leos X. verschlechterte sich zusehends. Er litt seit langem an einer «ungünstig plazierten» Fistel und an der Malaria. Auf ärztliche Weisung hin verbrachte er ganze Wochen in seiner Residenz von Magliana außerhalb Roms. Er übertrug die Staatsgeschäfte in dieser Zeit Kardinal Giulio, der, wie es hieß, die «Karten in der Hand hielt», und Kardinal Bibiena. Dieses Duumvirat sollte die Gefahr weiterer Verschwörungen bannen, nachdem die alten Kardinäle mit ihrem Komplott von 1517 fast ans Ziel gelangt wären.

Bei seiner Abreise aus Florenz überließ Kardinal Giulio die Leitung der Staatsgeschäfte dem gerissenen und habgierigen Kardinal Silvio Passerini, der sich rasch verhaßt machte.

Im Park der Rucellai hatte man sich bisher an theoretische Erörterungen über eine ideale Verfassung gehalten, die die Stabilität des Staates wie die individuelle Freiheit der Bürger garantieren sollte. Als Niccolò aus seinen *Discorsi* vorlas, begeisterten sich junge Zuhörer wie Zanobi Buondelmonti oder Luigi Alamanni für republikanische Ideen, die auf dem Boden des römischen Altertums gewachsen waren. Für diese Männer war es Notwendigkeit, von der Theorie zur Tat zu schreiten und den Medici die Macht zu entreißen, die sie sich angemaßt hatten. Daß die «Verschwörung der Kardinäle» in Rom – in die auch Francesco Soderini verstrickt gewesen war und die ihn fast den Kopf gekostet hätte – kläglich gescheitert war, konnte sie von ihrem Vorhaben nicht abschrecken. Sie warteten nur auf die richtige Gelegenheit.

Diese Gelegenheit bot sich 1522 beim Tod Leos X. Der Medici-Papst starb an Entkräftung und vor Aufregung angesichts der politischen Ereignisse vor allem in den letzten Jahren seines Pontifikates: Im Frühjahr 1521 war als Folge der Streitigkeiten zwischen Franz I. und Karl V. um den Kaiserthron, die schon vor dem Tod Maximilians I. entbrannt waren, schließlich der Krieg ausgebrochen. Der Sieg Karls, der 1519 Kaiser geworden war, bedeutete freilich keineswegs das Ende der Rivalität, sondern vielmehr den Auftakt zu einem erbitterten Ringen um die Vorherrschaft in Italien: «Karl störte es, daß Franz als Herr über das Mailändische das Neapolitanische bedrohte, und Franz störte es, daß Karl als Herr über das Neapolitanische das Mailändische bedrohte», schrieb René Guerdan in seinem *Franz I.: König der Renaissance.*

Im Frühjahr 1521 startete der französische König eine Generaloffensive an allen Fronten, gegen Navarra, Luxemburg und das Königreich Neapel, wobei er in Italien auf die Unterstützung des Papstes zählte.

Leo X. unternahm zunächst, wie üblich, zahlreiche Winkelzüge und entschied sich dann trotz der Beschlüsse, die er nach der Niederlage von Marignano in Bologna unterzeichnet hatte – und wieder gegen den früheren Rat Machiavellis –, für ein Bündnis mit den Gegnern des französischen Königs. Frankreich hatte überall Niederlagen einstecken müssen; Navarra war verloren, und der Verlust der Lombardei stand unmittelbar bevor. Dagegen winkte bei einem Bündnis mit Karl V. die Rückeroberung von Parma und Piacenza, der Besitzungen des Herzogtums Ferrara.

Die jüngsten Ereignisse sprachen für Leos Entscheidung. Lautrec, der Gouverneur des Mailändischen (dieser Mann verdankte sein Amt nicht seinen Fähigkeiten, sondern seiner Schwester Françoise de Châteaubriant, der allmächtigen Mätresse Franz' I.), hatte bereits durch zahlreiche politische Fehler in den Städten der Lombardei Aufstände entfacht und beging nun auch noch etliche militärische Fehler. Seine Unfähigkeit und sein Mangel an Geld – er konnte seine Schweizer nicht mehr bezahlen – sollten im Frühjahr 1522 zur vernichtenden Niederlage seiner Armee bei Bicocca, zum Fall von Lodi und schließlich zum Verlust des gesamten mailändischen Gebietes führen. Mailand, Parma und Piacenza fielen bereits im Herbst 1521.

Am 24. November erhielt der Papst begeistert die Nachricht vom Einzug der päpstlichen und spanischen Truppen in die Hauptstadt des Herzogtums: Er würde, wie von Karl V. versprochen, Parma und Piacenza endlich zurückerhalten, und vielleicht für Kardinal Giulio auch noch Mailand und sogar Ferrara bekommen. Der Traum Julius' II. von einem geeinten Oberitalien unter der Oberherrschaft der Kirche wäre damit Wirklichkeit geworden, die Franzosen ein für allemal aus Italien vertrieben!

Im Freudentaumel vergaß der fiebernde Papst offenbar ganz, sich warm einzupacken: Er starb am 1. Dezember, wahrscheinlich an einer Lungenentzündung, die er sich in der Nacht des allgemeinen Jubels geholt hatte.

Kardinal Giulio de'Medici verließ Mailand und das Lager seiner päpstlichen Truppen und eilte zum Konklave nach Rom. Die jungen Republikaner, ob aus dem Rucellai-Kreis oder nicht, hielten dies für den geeigneten Zeitpunkt, die Republik zu restaurieren und Kardinal Giulio bei der Rückkehr nach Florenz vor vollendete Tatsachen zu stellen. Sie glaubten, er sei gesprächsbereit, denn schließlich hatte er bei seiner Machtübernahme zahlreiche Florentiner zu Rate gezogen und Niccolò Machiavelli sogar mit dem Entwurf einer Verfassungsreform betraut.

Das Komplott flog auf, noch ehe es richtig durchgeplant war.

Giulio griff erbarmungslos durch und nutzte die Gelegenheit, um die Garde der Medici zu verstärken. Das Kommando erhielt jetzt ein Kondottiere. Zwei Verschwörer, darunter Luigi Alamanni, Machiavellis enger Freund, dem er den *Castruccio Castracani* gewidmet hatte und der auch als Gesprächspartner in der *Kriegskunst* auftaucht – vielleicht handelt es sich auch um seinen gleichnamigen Cousin – stiegen auf das Blutgerüst. Die anderen Verschworenen konnten nach Venedig oder Lyon entkommen, so der andere Alamanni, der sein Leben am französischen Königshof beschloß.

Niccolò dagegen mußte sich keine Sorgen machen. Der tödliche Schlag gegen den Rucellai-Kreis machte ihn zwar tief betroffen, aber er konnte seine Rückkehr ins öffentliche Leben von Florenz nicht aufhalten.

Im Jahre 1518 hatte er mit seiner *Mandragola,* die auch in anderen Städten Italiens Aufsehen erregte, einen großen Erfolg gefeiert. In Venedig rief man lauthals nach einer weiteren Komödie des Autors.

Der ganz neue Tonfall dieses Stücks, dessen Stoff zur Abwechslung einmal nicht aus der Antike stammte, hatte bereits bei der Uraufführung Begeisterung ausgelöst. Das auserwählte Publikum der Privatbühnen, auf denen es aufgeführt wurde, bejubelte diese Geschichte des «gutgläubigsten und dümmsten Ehemanns von Florenz», der sich von seiner «schönen, klugen und sittlich vollkommenen» Gattin bereitwillig die Hörner aufsetzen läßt. Eingefädelt wird die ganze Intrige von dem betrügerischen und habgierigen Mönch, der ihrem jungen närrischen Geliebten und ihr selbst schließlich zum Glück verhilft: «Die Hörner, die mein Gatte für einen Abend gewollt hat», erklärt die junge, zur Selbsterkenntnis gelangte Frau abschließend, «die soll er von nun an immer tragen!» Damit hat sich das Böse dank mönchischer Kasuistik und weltlicher Lebensfreude ins Gute verkehrt, die ironische Umsetzung einer Moral, wie sie dem *Fürsten* zugrunde liegt: Das Handeln des Menschen wird nach dem Erfolg bewertet. Wer dies nicht wahrhaben will, soll sich ruhig empören!

Niccolò diente das Stück dazu, auf heitere Weise seinen Groll gegen ein widriges Schicksal abzureagieren. Das Vorwort des Stücks ist deutlich: «Und ist der Gegenstand, weil er zu leichtfertig, eines Mannes nicht würdig, der weise und ernst erscheinen will, so entschuldigt ihn damit: Er bemüht sich, mit diesen eitlen Gedanken seine traurige Zeit zu erheitern. Denn anders bleibt ihm nichts, wohin den Blick zu wenden. Es ist ihm abgeschnitten durch andre Unternehmungen andre Tugenden zu zeigen. Kein Lohn ist mehr für seine Mühen.» Ein Nachklang der Gedanken, die er fünf Jahre zuvor in einem Petrarca nachempfundenen Gedicht an Vettori geschrieben hatte:

Denn wenn ich manchmal scherze oder singe,
So tue ich es, weil ich nur diesen einen Weg habe,
Meine bange Klage auszuschütten.

Zu diesem Zeitpunkt hatte Luther seine fünfundneunzig Thesen in Wittenberg angeschlagen und schickte sich an, die Bulle zu verbrennen, mit der Leo X. über ihn den Kirchenbann verhängt hatte. Leo war freilich ein begeisterter Theaterfreund, und die schlüpfrigen Scherze in der *Mandragola,* die Bloßstellung der zügellosen Gesellschaft und der korrupten Geistlichkeit, die Seitenhiebe gegen die Kirche und der beißende Spott über das «Weihwasser, das die Sünde wegwäscht,» gefielen ihm beim Lesen so gut, daß er sich das Stück im Vatikan vorspielen ließ.

Im Jahr 1520 erhielt Strozzi von ihm die Druckerlaubnis für die *Kriegskunst.*

Das Werk trug Machiavelli das Lob von Kardinal Giovanni Salviati ein, einem Sohn Lucrezia de'Medicis und einem Neffen des Papstes:

«Ich danke Euch, daß Ihr zum allgemeinen Nutzen der Italiener ein solches Buch habt erscheinen lassen. Wenn es nicht zur Aktion bestimmt ist, so bezeugt es doch zumindest sehr schön, daß es im Italien unserer Zeit einen Beobachter gegeben hat, der sich dafür interessiert, wie die richtige Art der Kriegführung aussieht. Ich bin Euch sehr dankbar, daß Ihr es mir sofort habt zukommen lassen und daß ich ein so schönes Werk in Rom als erster lesen durfte; es entspricht ganz Eurem Geist, eurer Erfahrung und eurer Klugheit. Ich ermahne Euch, Euch über solche Dinge auch weiterhin Gedanken zu machen, sie zu Papier zu bringen und Euer Talent in den Dienst unseres Vaterlandes zu stellen.»

Eine vorbildliche Lobrede für den Empfänger eines solchen Werkes. Mehr als diese Schwade Weihrauch hatte der Kardinal dem Autor freilich nicht zu bieten.

Immerhin hatte sich das Blatt gewendet. Machiavellis Erfahrungen waren wieder gefragt, zum Beispiel bei der Schlichtung von Streitsachen. Die Wollzunft schickte ihn nach Genua und im Juli nach Lucca. Zu Recht hatte er den Jungverliebten in der *Mandragola* sagen lassen: «Keine Situation ist je so verzweifelt, daß es nicht doch einen Hoffnungsschimmer gäbe.»

Und den gab es für Niccolò bereits seit dem Frühjahr, als ihm Battista della Palla folgende Mitteilung gemacht hatte:

«Namentlich habe ich mit dem Papst über alles, was Euch betrifft, gesprochen, und allem Anschein nach ist er Euch tatsächlich wohlgesinnt. [...] Ich habe den Auftrag vom Papst, dem Kardinal de'Medici nach meiner Rückkehr sofort auszurichten, Seine Heiligkeit sähe es mit großem Vergnügen, wenn Seine Hochwürdigste Herrlichkeit in Eurer Angelegenheit zu einem Ergebnis käme; und ich bin sicher, ich kann es ihm mit genug Überzeugungskraft sagen und werde ihn so gut überreden können, daß unsere Bemühungen, Euch, wie besprochen, eine Zuwendung als Schriftsteller oder auf anderer Grundlage zu verschaffen, nicht ergebnislos verlaufen werden. Darüber habe ich mich lange mit dem Papst unterhalten, und damit hat er mich beauftragt.»

Battista della Palla war sich mit den anderen Mitgliedern des Rucellai-Kreises einig darüber, daß dies ein großer Erfolg sei, «besser als alles, was er in Rom hätte versuchen können».

Niccolò blieb nichts anderes übrig, als den Freunden überschwenglich zu danken und die Enttäuschung zu verbergen: Autor war er nur, weil er mußte. Wenn ihm seine Schriften wenigstens wieder die Tür in die Politik geöffnet hätten! Aber vor dieser Tür standen die Medici und verwehrten ihm noch immer den Zutritt. Und dabei hatte er wie ein Pfau ein Rad geschlagen, sich abgemüht und sie von dem zu überzeugen versucht, was er im Kapitel XX des *Fürsten* geschrieben hatte:

«Die Machthaber und besonders die neu zur Herrschaft gekommenen haben bei den Männern, die beim Beginn ihrer Regierung verdächtig erschienen sind, immer mehr Anhänglichkeit und Vorteile gefunden als bei denen, die bereits anfangs ihr Vertrauen besaßen.

[... Ein Herrscher kann] die Männer, die ihm bei Beginn seiner Regierung feindlich gesinnnt waren, stets mit größter Leichtigkeit für sich gewinnen [...], wenn sie eine Stütze zur Sicherung ihres Lebensunterhaltes brauchen. So hat ein Herrscher von diesen immer mehr Vorteil als von denen, die, seines Vertrauens allzu sicher, seine Interessen vernachlässigen.»

Diese Überlegung war natürlich vor allem ein Plädoyer in eigener Sache. Leider konnte Machiavelli mit ihr nicht die Aufmerksamkeit auf seinen Bericht zur Verfassung von Lucca lenken, den er während einer halboffiziellen Mission ohne Auftrag verfaßt hatte.

Aus Lucca brachte er ein weiteres Werkchen mit nach Hause. Seine dreißig Seiten, die er rasch aufs Papier geworfen hatte, sollten sich auf sein künftiges Schicksal sehr viel stärker auswirken als alles, was er bis dahin mit viel Mühe und Sorgfalt niedergeschrieben hatte.

«Machia» legte seine Schriften stets sofort den «Freunden des Nachmittags» vor, von denen er Lob und Kritik erwartete. In den *Orti oricellari* wurde mit beidem nicht gegeizt, glaubt man Zanobi Buondelmontis Brief an seinen «ehrenwerten Gevatter Niccolò Machiavelli, Sekretär in Lucca»:

«Wir haben Euren Brief vom 29. August gleichzeitig mit Eurem *Leben des Castruccio Castracani* erhalten, der uns sehr gefallen hat. Da es sich um ein schönes Werk handelt und Ihr darin an so mancher Stelle Eurer Freunde gedenkt, haben wir, Luigi, Guidetto Diaccetino, Antonfrancesco und ich, es gemeinsam gelesen und begutachtet, und wir sind zum Schluß gekommen, daß es gut ist und gut geschrieben. Einige hervorragende Passagen könnten allerdings noch verbessert werden, unter anderem der letzte Teil mit den seelischen Zügen und den besagten Stacheln Eures Helden: Sie würden bei einer Kürzung gewinnen, sie enthalten zu viele Bonmots, und viele davon könnte man anderen Alten oder Modernen zuschreiben; einigen fehlt die Lebendigkeit und Kraft, wie man sie bei einer so großen Persönlichkeit erwarten würde. [...] Das Werk ist von Iacopo Nardi und Battista della Palla gelesen worden [...], ebenso von Pierfrancesco Portinari und Alexandro. [...] Es ist als Ganzes und wegen einzelner Stellen gelobt worden, und alle haben, innehaltend und bei reiflicher Überlegung, versucht, Eure Meinung und Eure Gedanken zu erkunden und die Form und die Fakten zu kommentieren.»

Ohne Rücksicht auf historische Faktentreue und exakte Zitierweise zeichnet Machiavelli in dieser kleinen Schrift die Laufbahn dieses luccesischen «fürstlichen Kondottiere» des Trecento nach, eines typisch machiavellistischen Helden, der mit Klugheit, *virtù* und der Fähigkeit, das Glück beim Schopf zu packen, aus dem Dunkel zum Licht emporsteigt. Obwohl man dieses Werk heute vielleicht etwas herablassend als historischen Roman oder stark ausgeschmückte Biographie bezeichnen würde, hat sich Machiavelli damals mit ihm den Ruf eines Historikers geschaffen. Seine Freunde drängten ihn dazu, sich der Geschichtsschreibung zu widmen:

«Alle sind der Ansicht, Ihr solltet allen Eifer daransetzen, um die besagte Geschichte zu schreiben», teilte ihm Buondelmonti im gleichen Brief mit. Die «besagte Geschichte» war keine andere als die Geschichte von Florenz.

Offenbar überlegte sich Kardinal de'Medici schon seit Monaten, Machiavelli, für den sich alle einsetzten, mit diesem Werk zu beauftragen – aus Verlegenheit und um ihn loszuwerden oder vielleicht in der Hoffnung, er werde sich richtig kompromittieren! Für Niccolò war diese Arbeit immerhin interessanter als die Vita Alexanders, die ihm Papst Leos Schwester Lucrezia de'Medici über Filippo de'Nerli angetragen hatte. Eine «lästige Aufgabe», wie Filippo selbst einräumte. Zum Glück ging ungefähr zur gleichen Zeit, nämlich am 8. November, der Vertrag für den Auftrag bei ihm ein, innerhalb von zwei Jahren für fünfundsechzig Goldgulden jährlich «die Annalen, also die Geschichte der Ereignisse des Staates und der Stadt von Florenz zu schreiben, ab der Zeit, die ihm am geeignetsten erscheint, und in der Sprache seiner Wahl, Latein oder Toskanisch».

Es war an der Zeit, mit den «Hechtsprüngen» Schluß zu machen, wie ihm Filippo de'Nerli im August schrieb. Nerli saß schon seit zwei Monaten «wie auf Kohlen» und ermahnte ihn, rasch nach Lucca zurückzukehren:

«Ihr wißt doch genau, wie wenig Gunst Ihr hier besitzt, und ich frage Euch, ist es richtig, das Feld den Rivalen und Widersachern zu überlassen? Wartet mit der Abhilfe nicht so lange, bis sie zu spät kommt. Los! Los!»

Aber Niccolò war glücklich, einen Auftrag an Land gezogen zu haben, nach dem sich die Literaten in Florenz alle zehn Finger leckten!

Seine republikanisch gesinnten Freunde waren dagegen befremdet. Um ihn zur Ablehnung des Auftrags zu bewegen, der ihn gefährlich eng an die Medici binden würde, bot ihm Piero Soderini den Posten des Sekretärs der kleinen Republik Ragusa an. Als Machiavelli ablehnte, glaubte er wohl, er wolle die Heimat nicht verlassen, und trug ihm die Dienste des römischen Barons Prospero Colonna an, eines notorischen Gegners der Medici. Die Bezahlung von zweihundert Dukaten jährlich und die Begleichung aller laufenden Kosten waren mehr als verlockend.

Hat sich Machiavelli angesichts dieser Alternativen, die beide kompromittierend waren, für die Tätigkeit des offiziellen Geschichtsschreibers entschieden, weil sie weniger gefährlich war und seiner Eitelkeit mehr schmeichelte? Oder hegte er die Hoffnung, er könne den Auftrag des Kardinals dazu benutzen, um freimütig Kritik an Verfassung und Gesellschaft zu äußern? Eine Geschichte von Florenz würde freilich einem erzieherischen Anspruch gerecht werden müssen, und sie war ohne eine Parteinahme kaum zu bewerkstelligen. Hatte Machiavelli die richtige Wahl getroffen? Er jedenfalls glaubte dies.

Auf welcher Galeere hatte er sich da eingeschifft! Drei Jahre später schwitzte er Blut und Wasser, um in seiner *Geschichte von Florenz* nicht an den Klippen der Medici zu scheitern:

«Ich muß jetzt zu gewissen Einzelheiten kommen», vertraute er seinem Freund Francesco Guicciardini an, «und ich bedürfte Eurer Meinung, ob ich durch Vergrößern oder Verkleinern jemanden verletze. Doch werde ich bei mir selbst Rat suchen und bestrebt sein, es so zu machen, daß ich die Wahrheit sage und niemand sich beklagen kann.»

Die Quadratur des Kreises! Niccolò verzichtete schließlich auf eine Lösung und ließ die *Geschichte von Florenz* im achten Buch mit dem Tod Lorenzos des Prächtigen, dem er noch ein hohes Lob spendete, vorzeitig enden. Schon bis dahin hatte er ein gefährliches Spiel gespielt: «Ich werde die Ereignisse schildern», schrieb er an einen bekannten Verfechter der Republik, «als Cosimo die Macht ergriffen hat; aber ich werde nicht sagen, wie und mit welchen Mitteln er in diese Position gelangte. Und derjenige, der dies verstehen möchte, muß darauf achten, was ich seine Gegner sagen lasse, denn was ich selbst nicht als meine Meinung kundtun möchte, lege ich seinen Gegnern in den Mund.»

Da Mäzen und Fürst ein und dieselbe Person waren, war es geradezu selbstmörderisch, sich das Recht auf freie Meinungsäußerung herauszunehmen. Der Intellektuelle mußte eine Maske aufsetzen. Machiavelli war den üblichen Zwängen aller für einen Hof tätigen Schriftsteller unterworfen, ob in Rom, Ferrara oder jetzt auch in Florenz. «Seit geraumer Zeit sage ich nie, was ich glaube, und ich glaube nie, was ich sage, und wenn mir zuweilen ein Körnchen Wahrheit herausrutscht, denn decke ich es mit so viel Lügen zu, daß man es nur mit Mühe wiederfindet», gesteht er Giuccardini fast selbstgefällig. Der Leser weiß jetzt Bescheid! Trotz der pointierten Zuspitzung mag diese Äußerung all jenen zur Warnung dienen, die in Niccolòs Schriften den «wahren Machiavelli» ergründen wollen.

# Niccolò Machiavelli,
# «Stòrico, Còmico …

Der offizielle Geschichtsschreiber von Florenz mußte besonders vorsichtig sein, zugleich aber konnte er sich gewisse Hoffnungen machen, zumal sein Auftraggeber, Kardinal Giulio de'Medici, am 18. November 1523 nach einem langen Umweg schließlich den Thron Petri erklommen hatte.

Giulio hatte bereits beim Tod Leos X. auf die Tiara gehofft, aber beim Konklave – es wurde am Tag nach der Eroberung Mailands durch spanisch-päpstliche Truppen eröffnet – herrschte das größte Durcheinander: Der Kaiser unterstützte seine Kandidatur, Franz I. drohte dagegen, wenn «dieser Mann, der die Ursache des Kriegs gewesen war, Papst wird», werde er und sein ganzes Königreich der Kirche den Gehorsam entziehen. Und die Colonna, die einen der Ihren, Kardinal Pompeo, unterstützten und zudem entschiedene Gegner der Medici waren, setzten alles daran, ihm das Wasser abzugraben.

So wurde im Konklave nach Leos Tod erbittert gerungen. Der kaiserliche Gesandte schrieb seinem Dienstherrn, nicht einmal in der Hölle könne es so viel Haß und so viele Dämonen geben wie im heiligen Kollegium. Am 9. Januar 1522 – die Kardinäle waren am Ende ihrer Kräfte – wählte das Konklave Adrian von Utrecht zum Papst. Adrian, der Bischof von Tortosa, der den Namen Hadrian VI. annahm, war Hauslehrer Karls V. und Vizekönig von Spanien gewesen. In Rom brach ein Sturm der Entrüstung los. Die Römer buhten die Kardinäle aus: ein Ausländer! Ein Barbar! Ein Unbekannter! Er hatte nicht einmal am Konklave teilgenommen! «Ein heiliger

Mann», entschuldigten die Kardinäle die Verlegenheitslösung. Francesco Vettori meinte, der Neugewählte tauge eher «zum Mönch als zum Papst».

Giulio de'Medici war «als Papst ins Konklave eingezogen» und hatte es als einfacher Kardinal wieder verlassen. Damit hatte sich der letzte Wunschtraum Leos X. von einem geeinten Italien unter der päpstlichen Oberherrschaft fürs erste in Luft aufgelöst und mit ihm auch Machiavellis Traum von einem mächtigen Medici-Fürstentum, das weit über die Grenzen der Toskana hinausreichte. Alles war wie ein Kartenhaus in sich zusammengebrochen. In Urbino hatten die Anhänger des Herzogs della Rovere, der sich in Venedig im Exil befand, den Gouverneur Leos X. vertrieben. Die päpstlichen Truppen in der Lombardei hatten sich sofort nach der Abreise Kardinal Giulios zum Konklave aufgelöst. Der Herzogsthron von Mailand war nicht mit einem Medici, sondern mit Francesco Sforza, dem zweiten Sohn Lodovico il Moros, besetzt. In Ferrara ließ Alfonso d'Este eine Medaille mit der Devise *Ex ore Leoni* (dem Rachen des Löwen entkommen) prägen, womit unmißverständlich Leo X. gemeint war. Die Este hatten sich bereits an die Rückeroberung der Gebiete gemacht, die ihnen der Papst entrissen hatte. Und Florenz zog sich auf sich selbst zurück.

Zum Glück für die Medici vertrugen ausländische Päpste das römische Klima schlecht. Hadrian VI. starb im September 1523 im schmerzlichen Bewußtsein, keines seiner Ziele erreicht zu haben: Er hatte weder die vom Schisma bedrohte Kirche reformiert noch die Neutralität eingehalten, die er sich beim Amtsantritt auferlegt hatte; ebensowenig hatte er die Feindseligkeiten innerhalb der Christenheit beendet, die einem gemeinsamen Kreuzzug gegen die Türken im Wege standen.

Am gleichen Tag, als der Papst starb, überschritt die französische Armee erneut die Alpen, um das Mailändische, das Lautrec verloren hatte, mit aller Gewalt zurückzuerobern.

Während Bonnivet, der General Franz' I., vor Mailand lagerte – nichts schien die *furia francese* diesmal aufhalten zu können –, hatte in Rom ein neues, endloses Konklave begonnen. Die Gerüchte schossen ins Kraut. Kardinal de'Medicis Chancen, die anfangs eher schlecht standen, wuchsen mit jedem Tag. Nach und nach schlossen sich seine schärfsten Konkurrenten seiner Kandidatur an, selbst Kardinal Soderini, der wie die französischen Kardinäle geschworen hatte, ihm niemals seine Stimme zu geben. Nachdem sich seine erbitterten Gegner von einst gegenseitig von ihrem Eid entbunden hatten, wurde Giulio de'Medici am 18. November 1523 schließlich durch Akklamation, «durch den Heiligen Geist», zum Papst gewählt.

Der Name des neuen Papstes, Klemens VII., war ein gutes Omen: Das neue Pontifikat begann im Zeichen der Versöhnung. Die Medici verziehen ihren Feinden, und die Kirchenreform sollte nun glücklich durchgeführt werden; dies jedenfalls versprach der Papst beim Amtsantritt. Überall herrschte Freude. Die Römer bejubelten das Ende eines Pontifikates ohne jede Prachtentfaltung. Ein Medici im Vatikan verhieß ein neues goldenes Zeitalter. «Für die Kunst wird viel Schönes getan werden», freute sich Michelangelo. In Florenz rieben sich die Kaufleute die Hände, und wer nichts zu verkaufen hatte, pilgerte mit den vielen anderen nach Rom in der Hoffnung, als Bürger der Heimatstadt des Papstes bei der Vergabe von Ämtern in der päpstlichen Verwaltung bevorzugt zu werden.

Niccolò, der zurückgezogen arbeitete, schwankte hin und her: Sollte er nach Rom gehen oder nicht? Gern hätte er Klemens VII. die ersten Bücher der *Geschichte von Florenz*, mit der er ihn als Präsident der florentinischen Universität beauftragt hatte, in Rom persönlich überreicht. Er wollte eine Verlängerung seines Vertrages und eine Erhöhung der Vergütung. Nach monatelangem Zögern faßte er im Frühjahr 1525 endlich einen Entschluß. Was meinte Vettori dazu?

«Ich wage nicht zu sagen», antwortete ihm Francesco am 8. März, «ob es angebracht ist, dieses Buch zu überreichen oder nicht; der Zeitpunkt ist nicht günstig für Lektüre oder Freigebigkeit.» Der Heilige Vater war Niccolò wohlgesinnt – «er möge ruhig kommen», soll er gesagt haben –, aber in Rom hatte man andere Sorgen: Franz I. war am 25. Februar 1525 Karl V. bei Pavia in die Falle gegangen!

Der Feldzug Bonnivets hatte nach anfänglichen glänzenden Erfolgen im Jahre 1523 im folgenden Jahr mit einer weiteren schmachvollen Niederlage der Franzosen geendet: «Niemals hat man eine Artillerie und ein Fußvolk so schnell laufen sehen», schrieb ein Agent des Kaisers, ehrte dabei allerdings den tapferen französischen Ritter Bayard, der bei Romagnano gefallen war. Die Ursache für die französische Niederlage war das Fehlen der Venezianer gewesen, die das Bündnis mit den Franzosen verlassen und sich der kaiserlichen Liga mit England, Mailand, Florenz, Genua und Siena angeschlossen hatten. Selbst Hadrian VI. trat der Liga bei – aus Erbitterung über die französische Ablehnung eines Waffenstillstands und angesichts der Gefahr durch die Türken, die Rhodos erobert hatten. Der französische Kommandostab sah sich so einer gefährlichen Allianz gegenüber, die über so hervorragende Feldherren wie Prospero Colonna, den Markgrafen von Pescara, den Spanier Antonio de Leyva, den Vizekönig von Neapel Lannoy und selbst den berühmten Konnetabel von Bourbon verfügte, der vor kurzem erst in kaiserliche Dienste getreten war.

Tatsächlich kämpfte Charles de Bourbon, ein Cousin Franz' I., augenblicklich gegen die Truppen seines Lehnsherrn. Da er sich vom französischen König um seine Rechte gebracht und gedemütigt fühlte, war er ins Lager seiner italienischen Familie übergelaufen. Durch seine Mutter Clara Gonzaga war er eng mit den norditalienischen Fürstenhäusern Mantua, Ferrara und Urbino verwandt. Vor allem aber hatte ihn das Versprechen des Kaisers gelockt, wonach er den Befehl über Karls Landsknechte, den Titel des Generalstatthalters und die Hand seiner natürlichen Tochter Margarete erhalten sollte.

Mit der französischen Niederlage vom Juni 1524 hatte die Lombardei ein weiteres Mal die Herrschaft gewechselt. Franz I. dachte allerdings nicht daran, sich mit dem Verlust abzufinden, und übernahm diesmal persönlich das Kommando über seine Truppen. Als er im Herbst nach Italien marschierte, glaubte er, einem neuen Marignano entgegenzueilen: Statt dessen geriet er bei Pavia in Gefangenschaft und landete im Kerker von Madrid.

Klemens VII. stand damals Todesängste aus, weil man bei der Gefangennahme des Königs vielleicht einige höchst kompromittierende Briefe gefunden hatte. Klemens hatte nach seiner Papstwahl nämlich die doppelzüngige Politik seines Medici-Vorgängers Leo X. fortgesetzt, da ihm extreme Lösungen von Natur aus widerstrebten. Er sah die Rolle des Papsttums ganz in der Neutralität. Im übrigen stand er unter dem entgegengesetzten Einfluß zweier Ratgeber, des Datarius Giberti, eines begeisterten Anhängers der Franzosen, und des Bischofs von Capua Schomberg, der nicht weniger leidenschaftlich der Sache des Kaisers anhing.

Daraus ergab sich eine völlig widersprüchliche Politik, bei der Klemens beiden verfeindeten Seiten die gleichen Versprechungen machte. Mit dem Schlingerkurs hoffte er das Schiff Petri flottzuhalten, während er in Wahrheit bedrohlich auf die Klippen zusteuerte, an denen die Franzosen zerschellen sollten. Als er sich im Dezember 1524 auf Drängen Gibertis, der an ihren Sieg glaubte, zu einem Bündnis mit Franz I. hinreißen ließ, war Karl V. außer sich: «Ich marschiere nach Italien», brüllte er vor dem florentinischen Botschafter. «Ich hole mir mein Gut zurück und räche mich an denen, die mich beleidigt haben, vor allem an diesem einfältigen Papst. Luther ist mir vielleicht eine wertvolle Hilfe.» Die Kaiserlichen, die der französische König zum Rückzug nach Lodi gezwungen hatte, setzten sich unverzüglich in Marsch nach Pavia, das von den französischen Truppen belagert wurde. Das weitere ist bekannt: Dem König von Frankreich blieb nur «die Ehre und das Leben», wie er seiner Mutter aus der Festung Pizzighettone mitteilte, wohin man den Gefangenen einen Tag nach der Schlacht gebracht hatte.

Niccolò, der einst die Wutausbrüche Ludwigs XII. oder Julius' II. kennengelernt hatte, durfte weder den Zorn Karls V. miterleben noch an den fieberhaften diplomatischen Aktivitäten teilnehmen, die sich an die Schlacht von Pavia anschlossen. Aber dies erbitterte ihn durchaus nicht. Er hatte offenbar einen Schlußstrich unter seine Vergangenheit gezogen und das Interesse an einem Dasein als privilegierter Beobachter der Außenpolitik mit ihren Intrigen und Kehrtwendungen verloren. Ganz andere Dinge standen jetzt im Vordergrund, und die Politik kam erst an zweiter Stelle.

Dabei interessierte er sich keineswegs vornehmlich für die Reaktion des Papstes auf seine *Geschichte von Florenz* und die Möglichkeiten, die sich bei einem Erfolg auftun würden. Und er vergrub sich auch nicht auf seinem Landgut, sondern führte in diesem Frühjahr 1525 vielmehr ein lustiges und skandalträchtiges Leben, über das so viel geklatscht wurde, daß die Gerüchte bis zu Filippo de'Nerli nach Modena vordrangen. Konsterniert schrieb Filippo Mariettas Bruder:

«Da Machia Euer Verwandter und Freund und mein guter Freund ist, kann ich bei dieser Gelegenheit nicht umhin, mit Euch mein Bedauern über all die Verleumdungen auszusprechen, die mir tagtäglich zu Ohren kommen: Beim Karneval habe ich über ihn mehr Klagen gehört als über alle anderen Übeltäter der Stadt, und wären da nicht die schlimmen, nahezu unglaublichen Ereignisse, die unsere arme Provinz dieser Tage heimgesucht und uns andere Sorgen bereitet haben als dieser Klatsch, dann würde man, da bin ich sicher, von nichts anderem reden als von ihm: Ein so angesehener Familienvater, ein Mann von diesen Qualitäten, zieht los, um jemandem den Steigbügel zu halten, und ich sage lieber nicht, wer das ist.»

Der Gegenstand des Skandals war die schöne Barbera Saluti, eine Komödiantin, Sängerin und «Hetäre», wie sie Guicciardini nannte, eine Frau, die allen – und natürlich auch Niccolò – den Kopf verdrehte. Niccolò hatte eigens für sie ein neues Stück, die *Clizia,* geschrieben oder vielmehr zusammengeschustert und sie bei einem Gönner, der das Ende seiner Verbannung feierte, aufführen lassen. Das Fest dieses reichen Florentiner Kaufmanns war äußerst pompös: Er hatte alles, was Rang und Namen hatte, zu Gast, unter anderen den jungen Ippolito de'Medici, der vom Papst mit seinem Mentor, dem verhaßten Kardinal Passerini, an die Spitze des florentinischen Staates gestellt worden war. Der Kaufmann hatte für diesen Anlaß sogar den Park seiner Villa einebnen und nach Plänen Sangallos neu anlegen lassen.

Die *Clizia* war ganz der *Casina* des Plautus nachempfunden, und der Stoff, das Motiv des verliebten alten Mannes, war wohl kaum zufällig gewählt worden. Der unglückliche und lächerliche Held der Komödie trägt den sprechenden Namen Nicomaco, in dem man unschwer eine Zusammenziehung des Vor- und Familiennamens ihres Verfassers erblickt. Niccolò machte sich in dieser Adaptation des lateinischen Stücks über sich selbst und seine Liebe als alternder Mann lustig, aber diese Liebe schien auf Gegenliebe zu stoßen. Ein Erfolgsautor, so alt er auch sein mag, erringt offenbar stets die Gunst junger, schöner Schauspielerinnen! Barbera brachte «ihren Autor» immerhin dazu, für sie und ihre Sänger Gesangseinlagen für die *Mandragola* zu schreiben, die Guicciardini, damals Gouverneur von Modena, aufführen lassen wollte. Niccolò war begeistert: Den

Karneval 1526 mit Barbera in Modena feiern! Ein doppelter Triumph!

Seine Romanze und der Erfolg des Stückes machten eine andere Sorge indes nicht vergessen: Wie hatte Klemens VII. seine *Geschichte von Florenz* aufgenommen? Im Mai 1525 hielt er es nicht mehr aus. Trotz der Warnung Vettoris, der schon fürchtete, er werde sich mit leeren Versprechungen abspeisen lassen, reiste Niccolò nach Rom und stattete dem Papst einen Besuch ab. Die Komplimente gingen ihm wie Öl hinunter. Über Dukaten zu sprechen überließ er allerdings Filippo Strozzi und dem Kardinal Salviati, die einflußreicher waren als er. Im übrigen wollte er diesmal auch mehr: wieder in Aktion treten!

Denn beim Papst hatten die alten Dämonen wieder Besitz von ihm ergriffen. Im Vatikan, wo sich Klemens VII. verbarrikadiert hatte, herrschte eine bedrückte Atmosphäre. Die Heilige Stadt war nach der Schlacht bei Pavia noch immer Schauplatz blutiger Kämpfe zwischen den kaisertreuen Anhängern der Colonna und den Parteigängern der Orsini, die es mit den Franzosen hielten. Rom und die Toskana waren bedroht, jeder wußte es. Im Augenblick zügelte Karl V. noch seinen Zorn über die Doppelzüngigkeit des Papstes, aber die Haufen der kaiserlichen Söldner, für die kein Sold aufzutreiben war, jagten allen Angst ein. Schon der Name dieser Städte und Gebiete, die sie sich als unermeßlich reich ausmalten, ließ einen gierigen Glanz in ihre Augen treten.

Florenz müsse befestigt, in der Romagna eine nationale Miliz ausgehoben werden, schlug Niccolò dem Papst und seinen Ratgebern vor. Wortreich legte er ihnen die Gedanken dar, die er in seinen Abhandlungen entwickelt hatte. Klemens VII. hörte ihm nickend und interessiert zu. Er hatte soeben Morone, den Kanzler des Herzogs von Mailand, der das Mailändische von den Spaniern befreien wollte, zu seiner Aktion ermutigt. Obwohl Karl V. nach der französischen Niederlage den Sforza wieder in den Sattel geholfen hatte, waren die Spanier die wahren Herren des Herzogtums. Ihr Regiment war den Mailändern ein Greuel. Wenn das Papsttum mitgeholfen hatte, das Mailändische von den Franzosen zu befreien, dann nicht deshalb, um es anschließend den Spaniern preiszugeben. Und noch nie hatte es ein Papst geduldet, daß Mailand und Neapel in den gleichen Händen waren. So hatte Klemens VII. Morones Plan gebilligt.

Der Schlag gegen die Spanier sollte allerdings nicht nur in der Lombardei, sondern in ganz Italien geführt werden, das von der Vormachtstellung Karls V. bedroht war. Venedig, Ferrara, Genua, Lucca, Siena, Rom und Florenz waren zu einem Bündnis bereit, um mit Unterstützung von Louise von Savoyen, der Regentin von Frankreich, die Spanier aus dem Land zu werfen. Da der Kaiser seinen Feldherrn, den Markgrafen von Pescara, für den Sieg von Pavia nicht angemessen entlohnt hatte, schien auch er gewillt, sich einem Bündnis gegen seinen Dienstherrn anzuschließen. Morone glaubte ihn leicht dazu bringen zu können, eine Militäroperation gegen die eigenen Streitkräfte zu führen. Als Lohn für seine Dienste wollte ihm der Papst die Investitur für das Königreich Neapel verleihen.

Niccolò Machiavelli kam also wie gerufen, um dafür zu sorgen, daß sich in den Städten des Kirchenstaates der Widerstand gegen die Spanier formierte. So schickte ihn der Pontifex in die Romagna, um mit dem dortigen Statthalter, dem Gouverneur Guicciardini, die Frage einer Miliz zu erörtern.

Machiavelli eilte nach Faenza und war entzückt, mit seinem Freund und Komplizen Francesco Guicciardini Hand in Hand zusammenarbeiten zu können. Beide lachten noch jetzt beim bloßen Gedanken an den Streich, den sie einem geistigen Würdenträger aus Carpi bei Modena während einer kurzen Mission Niccolòs vor vier Jahren gespielt hatten. Bei diesem weiteren «Hechtsprung» sollte Machiavelli für Kardinal de'Medici, den Erzbischof von Florenz, eine Angelegenheit mit dem Kapitel der Minoritenbrüder regeln und bei dieser Gelegenheit für die Wollzunft einen Fastenprediger beschaffen. Eine Mission, so spottete Guicciardini, für die sich Niccolò so gut eignete, als hätte man einen ihrer Bekannten, einen Homosexuellen, damit beauftragt, «für einen Freund eine schöne Dame für ein galantes Abenteuer auszusuchen»! Beide Teile der Mission endeten mit einem Mißerfolg, aber immerhin hatte Niccolò den Betbrüdern mit Hilfe Guicciardinis, des Gouverneurs von Modena, weisgemacht, er sei eine wichtige Persönlichkeit und gehöre zu den Eingeweihten. Nach diesem Amüsement schlang er dann auf Kosten des Geistlichen «für sechs Hunde und drei Wölfe». Auf der Rückreise von Faenza machte er unerlaubterweise in Modena halt, begeistert, mit Guicciardini die hitzigen Diskussionen der Rucellai-Gärten fortführen zu können. Wieviel Trost spendete doch die Wertschätzung eines solchen Freundes! Guicciardini verstand ihn, er bedauerte ihn wegen seiner Amtsenthebung und verglich ihn sogar mit Lysander, «der nach so vielen Siegen und Trophäen darauf angewiesen war, an die gleichen Soldaten, die er glorreich befehligt hatte, Fleisch auszuteilen». Er ermunterte ihn, sein Geschichtswerk weiterzuschreiben, beklatschte seine *Mandragola* und schmunzelte über seine galanten Eskapaden; kurzum, Francesco Guicciardini mochte ihn, und er mochte Francesco Guicciardini.

Das bedeutete allerdings keineswegs, daß sie immer einer Meinung gewesen wären. Noch schwerer als der Altersunterschied – Niccolò war vierzehn Jahre jünger – und die Unterschiede von Herkunft und Umgang wog das völlig andere Temperament der beiden Freunde. Während der kühle, korrekte und nüchterne Aristokrat Guicciardini weder an ein goldenes Zeitalter im alten Rom noch an dessen Wiederauferstehung glaubte, war Machiavelli ein begeisterter Phantast. Und so warnte auch gerade Francesco davor, alles für bare Münze zu nehmen oder zur Regel zu erheben, was Niccolò sich einfallen ließ. Niccolò, so Guicciardini, liebte alles Neue und Ungewöhnliche und war ganz versessen «auf außergewöhnliche und gewaltsame Mittel».

Kein Wunder also, daß der Vorschlag, in der Romagna eine Miliz auszuheben, bei Guicciardini auf wenig Gegenliebe stieß. Als guter Diplomat – was der leicht aufbrausende Hitzkopf Niccolò nicht war – rechtfertigte er geschickt seine ablehnende Haltung gegenüber dem Gedanken, der den Papst offenbar überzeugt hatte: Der Plan sei vollkommen, aber leider nicht realisierbar angesichts der von Natur aus starrsinnigen Menschen in der Romagna – eine Gefahr für die päpstliche Autorität im Falle eines Mißerfolges – und ebenso wegen der hohen Kosten. Ein schlagendes Argument für den Papst, der die Löcher im päpstlichen Haushalt bereits mit dem Verkauf von Altarschmuck zu stopfen versuchte.

Niccolò, dem das Warten auf die päpstliche Entscheidung in Faenza endlos vorkam, war über Guicciardinis Reaktion enttäuscht, ohne daß dies jedoch zu einer Abkühlung ihres Verhältnisses geführt hätte. Und sie verdarb ihm auch nicht den Spaß an den fürsorglichen Zärtlichkeiten einer gewissen Mariscotta, einer der zahlreichen Eintagsfliegen des feurigen Fünfzigjährigen, der nichtsdestotrotz in seine Barbera noch immer ganz vernarrt war.

Während sich der Papst mit der Antwort weiterhin Zeit ließ, scheiterte das Komplott gegen die Spanier. Der Markgraf von Pescara, Herzog d'Avalos, Mitglied einer alten neapolitanischen Familie mit spanischer Abstammung, empfand und dachte weniger italienisch als spanisch, und obwohl er mit der «göttlichen» Dichterin Vittoria Colonna, der späteren mystischen Geliebten Michelangelos, verheiratet war, weigerte er sich angeblich sogar, Italienisch zu sprechen! Es sah ganz so aus, als würde er sich für diese Verschwörung nicht hergeben, höchstens zum Schein, um sie dann dem Kaiser zu verraten, was er im Oktober denn auch tatsächlich tat.

«Morone hat sich fangen lassen, und das Herzogtum Mailand ist geliefert», schrieb Niccolò mitleidlos. Tatsächlich hatte Pescara sich aller Festungen im Herzogtum bemächtigt, um jeden Versuch eines Aufstandes im Keim zu ersticken. Der junge Sforza, dem Treuebruch vorgeworfen wurde, leistete in der Zitadelle von Mailand noch Widerstand, aber wie lange noch? Der Kaiser ließ keinen Zweifel daran, daß er ihm das Herzogtum entreißen und es behalten oder dem Konnetabel von Bourbon schenken wollte.

Karl V. raste vor Wut, der französische König würde vielleicht in seinem Madrider Kerker umkommen, alles geriet ins Wanken und die Welt aus den Fugen, also war «Zerstreuung wichtiger denn je», wie Francesco Guicciardini versicherte. Niccolò war der gleichen Ansicht und dachte nur noch daran, mit ihm einen fröhlichen Karneval vorzubereiten: Höhepunkt war eine Aufführung der *Mandragola,* auf Wunsch Guicciardinis mit einem neuen, lustigeren und verständlicheren Vorwort versehen. Und die Gesangseinlagen übernahm natürlich die schöne Barbera. Die Unterbringung der ganzen Truppe in Modena organisierte Guicciardini; Barbera sollte in einem Kloster einquartiert werden, «unter den Mönchen», platzte Niccolò los. «Wenn sie ihnen nicht den Kopf verdreht, will ich keinen Heller!» *Evviva Barbera!*

## … e Tràgico»

Selbstironie liegt in der Unterschrift, die Niccolò nach seiner Rückkehr aus Faenza unter seinen Brief an Guicciardini setzte: *Niccolò Machiavelli, Stòrico, Còmico e Tràgico.* Als Historiker wider Willen machte er sich wieder ans Schreiben und äußerte seinen Ärger über den Papst, der keine Miliz in der Romagna wollte, «indem [er] die Fürsten [anklagte], die alles aufgeboten haben, [die Italiener] dahin zu führen, wo [sie] sind». Als gefeierter Komödiendichter träumte er von einem anderen Ruhm, und eine Tragödie zu schreiben überließ er der Geschichte:

Tatsächlich wurde Italien zur gleichen Zeit, als Machiavelli endlich wieder einen Fuß auf die Erde brachte, von Ereignissen erschüttert, die für Rom verhängnisvolle Folgen haben sollten. Fürs erste reiste er im Auftrag der Wollzunft nach Venedig, um dort eine Entschädigung für junge Florentiner einzutreiben, die bei der Rückkehr aus der Levante von Banditen ausgeraubt und sodomitisch mißbraucht worden waren. In Venedig erreichte ihn die Nachricht, daß er die Bürgerrechte in vollem Umfang zurückerhalten hatte, eine Rehabilitierung, die er nach Gerüchten Barbera und ihrem Einfluß in der Politik verdankte … Die *accopiatori,* die Wahlhelfer, die für die Medici die Spreu vom Weizen trennten, hatten offenbar ein Auge zugedrückt, so daß auch sein Name wieder in den «Beuteln» lag, aus denen die Namen der Magistraten ausgelost wurden.

Und in Florenz hieß es, er habe in Venedig in der Lotterie eine gewaltige Summe gewonnen. Der Glückstreffer soll ihm in einer

Nacht mehr Geld gebracht haben als dreißig Jahre Kanzlei! Ob dies richtig ist, bleibt indes ein Geheimnis, über das sich ein kleiner florentinischer Kreis amüsierte, während sich die Beamten in den Kanzleien mit ganz anderen Gerüchten befaßten: Es hieß, Karl V. wolle Franz I. aus seinem Madrider Kerker befreien.

Niccolò glaubte nicht an eine Freilassung und teilte dies seinen Freunden mit: «Ich bin immer der Meinung gewesen, daß der Kaiser, wenn er *dominus rerum* [Herr der Lage] werden will, den König nie freilassen wird.» Franz sollte sich nach Gerüchten zur Unterzeichnung eines Vertrages bereit erklärt haben, der die Abtretung Burgunds, den Verzicht auf Neapel und Mailand, eine Heirat mit der Schwester des Kaisers und die Auslieferung zweier Söhne als Geiseln vorsah. Niccolò hielt diesen Vertrag für ein Täuschungsmanöver des Kaisers, um eine Annäherung zwischen den italienischen Staaten und Frankreich zu verhindern: Mit dem Tod des Markgrafen von Pescara hatten die Teilnehmer der Verschwörung gegen Karl V. Mut zu einer weiteren Aktion geschöpft. Niccolò glaubte jedenfalls nicht, daß es tatsächlich zu einem entsprechenden Vertragsabschluß kommen würde.

Daß dies am 14. Januar 1526 dann doch geschah, ließ den Propheten nicht verstummen. Obgleich ihn seine «Tarantel gestochen» hatte und ihm «Barbera viel mehr am Herzen [lag] als der Kaiser», gestand er Guicciardini, sein Kopf sei «voller Grillen», und er könne sie nicht für sich behalten. Allerdings gab er sie nicht bei allen mit der gleichen Offenheit zum besten: Während er sich Filippo Strozzi gegenüber eher bedeckt hielt – Strozzi stand dem Papst nahe, und er hoffte, daß er diesem seinen Brief vorlesen würde –, vertraute er Guicciardini seine ganze Meinung an, wonach der «König nicht frei werde», eine «fixe Idee», wie er selbst einräumte.

Diese Überzeugung hinderte ihn gleichwohl nicht daran, mit Strozzi und Guicciardini, die sich untereinander über den Briefwechsel des anderen mit Machiavelli auf dem laufenden hielten, auch die anderen Szenarios zu erörtern. Wenn der französische König doch freikomme, würde er den Vertrag einhalten?

Wenn nicht, werde er «fast ein Kindsmörder und treubrüchig» und müsse «das Königreich [...], das schon ausgeblutet ist, mitsamt seinen Baronen für einen Marsch nach Italien zur Ader lassen und sich selbst wieder in den Krieg stürzen».

Wenn er den Vertrag einhalte, sei er dem Kaiser auf Gedeih und Verderb ausgeliefert und laufe Gefahr, seine Besitzungen in Italien und dann sein Königreich zu verlieren. Eine «schreckliche Aussicht» für jeden anderen als Franz I., der an sich und die Zukunft glaubte. Niccolòs Schlußfolgerung: «Der König bleibt entweder gefangen, oder er kommt frei und hält sein Wort.»

Es sei denn, verriet Niccolò seine Wunschträume, selbst auf die Gefahr hin, daß Guicciardini die Sache «verwegen oder lächerlich» erschien – diese Zeiten erforderten schließlich «kühne, ungewöhnliche, sonderbare Beschlüsse», auch wenn sie der Schöpfer der Ordonnanz für unrealistisch hielt –, es sei denn, Italien würde erwachen, seine gesamte verfügbare Reiterei und alles Fußvolk aufbieten und sie dem Befehl von Caterina Sforzas Sohn Giovanni delle Bande Nere unterstellen, dem «großen Teufel», der von den Soldaten bewundert und vom Volk verehrt wurde. Und das Volk sei zwar «wankelmütig und albern», wisse aber trotzdem oft, «was zu tun sei». Wenn Franz I. sähe, «daß er zu lebendigen Truppen stoßen könne oder daß außer Worten auch Taten sprächen», könne er «anderen Sinnes» werden, also den Vertrag brechen und die Italiener von «ihrer Pest» befreien ...

Strozzi hatte Niccolòs Brief, wie erhofft, dem Papst vorgelesen. Klemens VII. hielt Machiavellis Meinung für die vernünftige Ansicht eines Beobachters ohne weiterreichende Informationen und glaubte im übrigen an eine Freilassung des französischen Königs. Mehr als Niccolò und jeder Wirtshausstratege wußte freilich auch er nicht.

In einem Punkt pflichteten ihm übrigens alle voll und ganz bei: Franz I. werde den Vertrag einhalten, und zwar vielsagenderweise deshalb, weil «der französische König nicht für klug gehalten» wurde. Sein Verhalten werde «Italien [...] nur zum offenbarsten Schaden gereichen», hieß es im Vatikan, wo man für eine solche Überlegung keinen Machiavelli brauchte.

Man konnte nur noch beten – Strozzi, obwohl päpstlicher Sekretär, sprach vom «Fallen der Würfel» –, daß der Kaiser die günstige Gelegenheit, ganz Italien an sich zu reißen, nicht erkennen würde.

Die von Niccolò vorgeschlagene Abhilfe fand Strozzi im übrigen unbefriedigend. «Die meisten halten die Venezianer mit Seiner Heiligkeit, Ferrara und uns [die Florentiner] nicht für fähig, den Kaiser am Durchmarsch zu hindern.»

Dem berühmten Kondottiere Giovanni delle Bande Nere mußte Machiavellis Idee ebenso mißfallen wie Guicciardini oder Strozzi, «denn zwischen dem Angreifen der Sache auf diese Weise und der völligen Entdeckung seiner Heiligkeit [d. h., dem Kaiser den Krieg zu erklären] sieht man keinen Unterschied». Allerdings wußte Klemens VII. in diesem Stadium seiner Schaukelpolitik selbst nicht genau, wo er stand oder stehen sollte!

«Ich bleibe bei der Meinung», schrieb Niccolò am 15. März 1525, «der König bleibt entweder Gefangener oder er kommt frei und hält sein Wort.» Am 17. März des folgenden Jahres steuerte die Barke des Königs von Frankreich auf dem Bidassoa auf die Barke seiner beiden jungen Söhne zu, die seinen Platz im spanischen Kerker einnehmen würden. Und als Lannoy, der Vizekönig von Neapel und Unterhändler des Madrider Vertrages, Franz I. am 10. Mai 1526 an seine Verpflichtungen erinnerte, erwies sich auch Machiavellis zweite Prognose als falsch: Der französische König weigerte sich, dem Kaiser auch nur einen Fingerbreit seines Territoriums abzutreten.

Die Gesandten des Königs von England, die Republik Venedig und der Papst hatten ihn aufgefordert, den erpreßten Vertrag zu brechen, ein Schritt, zu dem er nicht erst ermuntert werden mußte. Machiavelli schrieb dazu im 42. Kapitel der *Discorsi:* «[Es ist] nicht schimpflich [...], Versprechungen zu brechen, die einem aufgezwungen wurden. Erzwungene Versprechungen, die den Staat betreffen, werden, sobald der Zwang aufhört, immer gebrochen, ohne daß der Vertragsbruch eine Schande wäre.» Und mit Recht fügte er dieser reinen Feststellung hinzu: «Die Geschichte aller Völker gibt uns hierfür mannigfache Beispiele, und jeder Tag zeigt uns neue.»

Über den Wortbruch des französischen Königs ereiferte sich nur Karl V., das übrige Europa atmete auf und bereitete den Krieg vor, den Niccolò, diesmal ganz richtig, schon im März 1525 als unausweichlich vorausgesagt hatte. Unvermeidlich war der Konflikt nicht nur deshalb, «weil die Militärs», wie Machiavelli einmal spöttisch bemerkte, «angesichts der Vorteile, die sie vom Krieg haben, töricht wären, wenn sie an Frieden dächten», und auch nicht deshalb, weil schon immer Krieg geführt worden oder die Rede davon gewesen sei und dies auch in Zukunft so bleibe, wie Machiavelli in seinem Brief vom Januar 1526 an Guicciardini fatalistisch meinte.

Der Krieg war vielmehr deshalb unausweichlich, weil Karl V. auf den Vertragsbruch des französischen Königs und die «Doppelzüngigkeit des Papstes» reagieren mußte, wenn er das Gesicht nicht verlieren wollte. Der verzagte und entscheidungsschwache Klemens VII., dessen moralische Standhaftigkeit, besonders von Machiavelli, unterschätzt wurde, hatte an den Grundprinzipien der Politik des Heiligen Stuhls festgehalten: den Frieden zwischen den Großmächten herstellen, um die Christenheit wirkungsvoll vor einem drohenden Vormarsch des Islam zu schützen. Dazu mußte er zwischen den Fremdmächten in Italien das Gleichgewicht aufrechterhalten, das augenblicklich von Karl V. bedroht wurde: Der Kaiser beherrschte Neapel, hielt die Lombardei besetzt, warf begehrliche Blicke auf die Toskana und hätte den Papst am liebsten zu seinem Kaplan gemacht. Der Papst hatte ebensoviel Grund zur Beschwerde über den Kaiser wie umgekehrt: Er duldete die lutherische Häresie in Deutschland und verkündete schon bald auf dem Reichstag zu Speyer die Religionsfreiheit der deutschen Staaten, die damit in Glaubensfragen nur noch Gott und ihm verantwortlich sein sollten.

Machiavelli blickte nicht über den italienischen Tellerrand hinaus und stellte eine erstaunliche Kurzsichtigkeit unter Beweis, indem er den geistig-religiösen Aspekt der seit dem Mittelalter bestehenden Rivalität zwischen Kaisertum und Papsttum völlig ausklammerte. Allerdings sagte er den Krieg zutreffenderweise als unvermeidlich voraus und fürchtete ihn ebensosehr, wie er ihn herbeiwünschte. Der Krieg war für Italien die einzige Möglichkeit, sich von der spanischen Vorherrschaft zu befreien, vorausgesetzt, man «schnürte das Bündel» unverzüglich. Aber Guicciardini hatte es schon im Dezember 1525 prophezeit:

«Wenn ich mich nicht täusche, werden alle die schlimmen Folgen des Friedens besser erkennen, wenn die gelegene Zeit zum Krieg vorüber ist. Nie habe ich einen Menschen gesehen, der beim Herannahen eines Gewitters nicht versucht hätte, sich ein Obdach zu bereiten, außer uns, die wir es auf offener Straße unbedeckt erwarten.»

Niccolòs Urteil hatte sich nicht geändert: Er hielt Klemens VII. für einen Tölpel und Feigling. «Man glaubt Zeit zu haben und gibt dem Feind Zeit. Ich schließe zuletzt, daß von hier nie etwas Ehrenvolles oder Tatkräftiges geschehen werde, um sich zu retten oder gerechtfertigt zu sterben», hatte er am 19. Dezember 1525 geschrieben und mit dem unpersönlichen «man» natürlich den Papst gemeint! Als Franz I. den Vertrag gebrochen hatte und sich ein Bündnis zwischen England, Frankreich, Venedig, Rom und den italienischen Staaten gegen Karl V. abzeichnete, wurde er noch ungeduldiger:

«Ich habe von den Unruhen in der Lombardei gehört; von allen Seiten zeigt sich, wie leicht es wäre, diese Schufte aus dem Land zu schaffen – nur um Gottes willen diese Gelegenheit nicht vergeuden! [...] Ich glaube den Kaiser zu sehen, wie er dem Papst die glänzendsten Offerten macht, weil ihm die Sache mit dem König mißglückt ist. Aber er sollte bei Euch auf taube Ohren stoßen, wenn Ihr Euch an die erduldeten Übel erinnert und an das, was Euch früher angedroht wurde. [...] Jetzt hat [Gott] die Dinge wieder so weit hergestellt, daß der Papst in der Lage ist, den König auf seiner Seite zu halten, wenn er diese Gelegenheit nicht vorübergehen läßt. Ihr wißt, wie so manche Gelegenheit versäumt wurde; verpaßt diese nicht, und verlaßt Euch nicht länger auf das Abwarten, vertraut nicht auf das Glück und die Zeit, denn nicht immer bringt die Zeit die gleichen Verhältnisse hervor, und das Glück ist unbeständig.»

Der besonnenere und hellsichtigere Guicciardini antwortete, die Absichten und die Begeisterung des Papstes hätten sich nicht geändert, aber «jede Angelegenheit, bei der mehrere mächtige Fürsten teilhaben», zögen «sich stets unnötig in die Länge».

Trotzdem kam am 22. Mai 1526 die Heilige Liga von Cognac zustande. Sie wurde in ganz Italien, vor allem in Venedig, als bedeutendes Ereignis gefeiert. Offiziell richtete sie sich gegen die Türken, aber die Bedingungen, die dem Kaiser für einen Beitritt gestellt wurden, ließen keinen Zweifel daran, daß man ihm den Krieg erklären wollte: Wer hätte schon geglaubt, Karl V. werde Mailand zurückgeben, die Lombardei räumen, auf Burgund verzichten und den französischen Thronfolger und seinen Bruder gegen ein einfaches Lösegeld auf freien Fuß setzen!

Franz I. hatte ein Expeditionskorps versprochen – Niccolò konnte zufrieden sein, denn «die Italiener mußten versuchen, Frankreich auf ihrer Seite zu haben». Klemens VII. ließ sich auf einen Krieg ein, von dem sein wichtigster Ratgeber, der franzosenfreundliche Giberti, sagte, er werde «über die Befreiung oder die Sklaverei Italiens entscheiden». Julius II. hätte nicht anders, höchstens entschlossener und skrupelloser, gehandelt.

Für den Augenblick ging es nur darum, den Herzog Francesco Sforza zu befreien, der noch immer in seiner Festung im besetzten Mailand belagert wurde. Außerdem mußte man Genua zurückerobern, um die Einschiffung kaiserlicher Truppen zu unterbinden und die der französischen sicherzustellen.

In Rom war man schon im Siegesrausch: «Unsere Nachkommen», schwärmte Giberti, «werden es bedauern, nicht in unserer Zeit geboren zu sein, um ein so großes Glück zu sehen und zu genießen.» Machiavelli, der wieder wählbar geworden war, konnte in dieser Situation erneut ein öffentliches Amt ausüben. Fast hätte ihn der Papst zum Begleiter Kardinal Salviatis gemacht, der in Spanien dem Kaiser den universellen Frieden und den Kampf gegen die Häresie predigen sollte, doch dann zog er ihm Baldassare Castiglione vor, der ein brillanterer Diplomat war und über ebensoviel Erfahrung verfügte. Statt einer Gesandtschaft übertrug man Machiavelli die Aufgabe, die Befestigungsanlagen von Florenz zu inspizieren und die laufenden Arbeiten an ihnen zu überwachen, und zwar noch vor seiner Ernennung zum Sekretär des später geschaffenen Rates der Fünf Proveditoren.

Wenn er auch durch einen Seiteneingang in ein öffentliches Amt zurückgekehrt war, so weckte dies nichtsdestotrotz Erwartungen. Aber Niccolò blieb bescheiden: «Hier ist man der Meinung, wenn die Befestigung vorankommt, soll ich das Amt des Proveditors und Kanzlers versehen und einen meiner Söhne zu Hilfe nehmen.»

Denn auch wenn es gern vergessen wird: Er teilte die Freuden und

Leiden jedes Familienvaters. Der Gesundheitszustand seines Ältesten Bernardo, der bei seiner Rückkehr nach Florenz ein gefährliches Fieber hatte, war besorgniserregend. Der Jüngste Lodovico, ein Hitzkopf und Raufbold, wurde bei seinen Geschäften in der Levante in Schlägereien verwickelt. Sein dritter Sohn Guido lernte «die Wissenschaften und die Musik», paukte Grammatik und versprach, die *Metamorphosen* des Ovid fehlerlos aufzusagen. Machiavelli ermunterte ihn in einem Brief mit väterlichen Ratschlägen: «Wenn du also, lieber Sohn, meine Zufriedenheit und Dein Wohl und Deine Ehre willst, so halte Dich gut und lerne, denn wenn Du Dir hilfst, werden Dir alle helfen.» Von seinem vierten Sohn Piero soll der fromme, erschütternde Bericht von Machiavellis Tod stammen. Seine Echtheit wird indes angezweifelt, weil Niccolò demnach auf dem Sterbebett nach dem Beistand eines Priesters verlangt haben soll. Von seinen Töchtern hatte nur eine überlebt, seine Baccina, die er so sehr verehrte, daß er noch in den schlimmsten Kriegswirren daran dachte, ihr ein Kettchen zu schenken.

Aber noch waren die Landsknechte nicht bis an die Grenzen der Toskana vorgerückt. Machiavelli hatte «den Kopf so voller Bollwerke, daß nichts anderes hineingehen konnte», wie er sich bei Guicciardini entschuldigte. Immerhin lieferten ihm die Pläne, Florenz auf päpstlichen Wunsch und mit Hilfe des Architekten Sangallo und des Militäringenieurs Pietro Navarra uneinnehmbar zu machen, einen willkommenen Vorwand, um die *Geschichte von Florenz,* die für die Zeit nach dem Tod Lorenzos des Prächtigen zu gefährlich wurde, endgültig ad acta zu legen.

Die neue Verantwortung war keine Sinekure, und es war keine geringe Angelegenheit, den Papst mit seiner – von allen Experten bekämpften – «Grille, die Hügel zu befestigen», zu befriedigen; außerdem mußte man den Verlauf der Befestigungsanlagen, denen zahlreiche Häuser und Grundstücke zum Opfer fielen, bei der aufgebrachten Bevölkerung durchsetzen.

Wie die *Geschichte von Florenz* blieben auch die Arbeiten, die unter Niccolòs Aufsicht begonnen worden waren, mangels Geld unvollendet liegen: Man hatte die Ziele zu hoch gesteckt. Außerdem entwickelten sich die Ereignisse in Norditalien schlechter als erhofft. Als nach dem Fall von Lodi am 4. Juni die Vereinigung der päpstlichen und der venezianischen Truppen möglich geworden war, hatte der Papst noch damit gerechnet, die Spanier «in vierzehn Tagen» aus Mailand und dem abtrünnigen Siena, das sich dem Feind in den Rachen geworfen hatte, zu vertreiben. Leider führte der Herzog von Urbino, der Generalkapitän der Venezianer, die Truppen der Liga so schlecht, daß Karls Oberbefehlshaber, dem Konnetabel von Bourbon, ausreichend Zeit blieb, sich heimlich von Barcelona nach Genua einzuschiffen und den Spaniern im Mailändischen zu Hilfe zu eilen.

Am 24. Juli kapitulierte Francesco Sforza. Und die Sienesen, mit denen man angesichts der eigenen Überlegenheit kurzen Prozeß hatte machen wollen, schlugen die Truppen des Papstes und der Florentiner in die Flucht.

Klemens VII. war erschüttert. Vettori schäumte vor Wut über das unverschämte Glück des Kaisers:

> Ich mache keinen Hehl daraus, daß ich es für eine besonders gute Nachricht halten würde, wenn der Türke Ungarn erobern und sich gegen Wien wenden würde; wenn die Lutheraner die Oberhand in Deutschland bekämen und die Mauren, die der Kaiser aus Aragonien und Valencia vertreiben will, sich in großer Zahl sammelten und von der Verteidigung zum Angriff übergingen. [...] Da die Allianz so große Rüstungsanstrengungen unternommen hat, um das Kastell [Mailand] zu entsetzen, und es nicht entsetzt hat, sondern es unter den Augen des Heeres kapitulieren ließ; da der König und der Papst eine Flotte besaßen, um Bourbon an der Einschiffung zu hindern und er dies doch getan hat; da ein Teil der Allianz den Feldzug gegen Siena unternommen, und die Truppen zum Sieg geschickt hat, sie aber besiegt worden sind: So kann ich nicht glauben, daß man bei solchem Unglück und so geringem Ansehen auch nur ein kleines Nest einnehmen wird.

Vettori schickte diesen bitteren Brief Machiavelli ins Lager der Liga im Mailändischen, wohin ihn die beunruhigte Signoria gesandt hatte, um sich über den Verlauf der Militäroperationen zu informieren. Diese erste richtige Mission, die so viel Bedeutung hatte wie seine früheren, verdankte er wohl der Freundschaft zu Guicciardini, dem Generalstatthalter der päpstlichen Liga, der ihm wahrscheinlich sehr viel mehr verraten würde als jedem anderen Emissär.

Bei Guicciardini im Mailändischen hielt sich Niccolò seit Anfang August auf. Inzwischen war dort auch Giovanni delle Bande Nere eingetroffen. Der Papst hatte ihn mit seinen Soldaten angeworben und damit in gewissem Sinn auf Machiavellis Vorschlag reagiert.

Damit ist es an der Zeit, von dem letzten großen italienischen Kondottiere zu sprechen, dessen Bedeutung über die italienische Geschichte hinausweist: Giovanni war der Urgroßvater der französischen Königin Maria von Medici, der Frau Heinrichs IV. von Frankreich und der Mutter des französischen Königs Ludwig XIII.

Giovanni, ein Sohn Caterina Sforzas und Giovanni Popolanos, eines Medici der jüngeren Linie, hatte körperlich und vom Charakter her mehr von den Sforza als von den Medici geerbt. Er besaß das feurige Temperament, die Willensstärke, Kühnheit und Verwegenheit seiner Mutter, womit in ihm etwas von den berühmten Abenteurern Giacomo und Francesco Sforza weiterlebte, die für die Visconti in Mailand, aber auch für Florenz und Pisa gekämpft hatten. Giacomo Sforza hatte für Ludwig III. von Anjou Neapel erobert und Königin Johanna im Kampf gegen Alfons von Aragón unterstützt ... Schon als Knabe fiel Giovanni eher durch seine körperliche Kraft und Geschicklichkeit als durch Bildungseifer auf, der in der älteren Linie der Medici hochgehalten wurde; sein bewundernswerter Mut und seine Todesverachtung erschreckten Lucrezia de'Medici, die Frau von Iacopo Salviati, die nach dem Tod Caterina Sforzas deren Stelle als Mutter eingenommen hatte.

Als Lucrezias Bruder den Thron Petri bestieg, erhielt Giovanni seine erste Chance. Leo X. holte den erst Siebzehnjährigen auf Bitten seiner Schwester nach Rom und vertraute ihm seine persönliche Sicherheit an. Ein Jahr später nahm Giovanni an der Spitze einer Hundertschaft an der Militäroperation gegen das Herzogtum Urbino teil. Seine Leute hatte er einzeln nach Kriterien ausgesucht, die ihm besonders wichtig waren: Zähigkeit und Mut.

Von da an verfügten die Medici über einen Kondottiere, der aus den eigenen Reihen hervorgegangen war, was Giovanni freilich nicht daran hinderte, seine Dienste auch anderen zur Verfügung zu stellen. Bei sich zu Hause traf man diesen Mann, der seine Cousine und Jugendfreundin Maria Salviati geheiratet hatte und in dessen Sohn Cosimo, dem Großvater der französischen Königin Maria von Medici, zwei Linien der Medici zusammenliefen, nur sehr selten an.

Als Leo X. sich 1521 entschloß, Karl V. gegen Franz I. zu unterstützen, eroberte Giovanni für den Kaiser Parma und Piacenza und durchquerte dabei mit zweihundert Berittenen die reißenden Fluten der Adda, eine Heldentat, die den Dichter Aretino, mit dem er eng befreundet war, mit Bewunderung erfüllte. Die erstaunliche Freundschaft zwischen dem zynischen Literaten und dem tapferen Krieger beruhte möglicherweise auf ihrer gemeinsamen Verachtung des Menschengeschlechtes, dem sie beide, der eine mit der Feder, der andere mit dem Degen, ebenso tapfer wie skrupellos entgegentraten.

Beim Tod Leo X. wechselte Giovanni zum Zeichen der Trauer die Farbe seines Feldzeichens von Weiß-Violett in Schwarz, was ihm den Namen eintrug, mit dem er in die Geschichte einging: Giovanni delle Bande Nere.

Bis zur Wahl des zweiten Medici-Papstes führte er das Dasein eines Gelegenheitskapitäns, der an den Privatfehden von Standesherren teilnahm und sich mit banditenähnlichen Aktionen durchs Leben schlug. Mit dem Wiederaufflammen des Krieges in Europa erhielt sein militärisches Talent ein geeigneteres Betätigungsfeld. Allerdings wechselte Giovanni wie die Medici ins Lager des Königs von Frankreich über. Er kämpfte bereits in Pavia an Ludwigs Seite und hätte die Niederlage vielleicht in einen Sieg verwandelt, wenn er nicht das Schlachtfeld wegen einer Verletzung hätte verlassen müssen.

Dies war der Kondottiere, bei dem sich Niccolò Machiavelli im August 1526 vor den Toren Mailands aufhielt.

Im Lager der Liga ereignete sich nichts von Bedeutung, und Niccolò hatte sogar ausreichend Zeit, sich über die treulose Barbera zu beklagen. Die junge Frau hatte den alternden Geliebten trotz anderslautender Beteuerungen offenbar satt bekommen. Mit anderen unterhielt er dagegen einen freundschaftlichen Briefwechsel, in dem er Überlegungen ausbreitete und Pläne schmiedete, die in Rom wenig Gegenliebe fanden. Vettori sagte ihm unverblümt, was «diejenigen, die sich auf den Krieg verstehen» [sic], von seinem Vorschlag hielten, aus dem Mailändischen abzuziehen und Alessandria oder Neapel anzugreifen. Mit einem Wort, der Verfasser der *Kriegskunst* war als Stratege ebenso erfolglos wie als Kapitän, denn glaubt man einer Novelle Bandellos, dann rackerte sich Machiavelli unter dem spöttischen Blick Giovanni de'Medicis zwei Stunden lang vergeblich ab, um Soldaten das Exerzieren beizubringen.

«Man muß sich damit abfinden», schrieb Vettori am 24. August 1526, «die Belagerung Cremonas als die einzige Lösung zu betrachten.» Am 10. September wurde Niccolò von Guicciardini nach Cremona geschickt, um «alles vorzubereiten, die Stadt aufzugeben, wenn sie sich binnen fünf oder sechs Tagen nicht ergeben hat». Zehn Tage später war Cremona in die Knie gezwungen. In Florenz dankte man Machiavelli für die moralische Aufrüstung der Truppe. Aber sein Einsatz kam zu spät.

Klemens VII. hatte sich «wie ein Schaf fangen lassen», empörte sich Niccolò. Der spanische Gesandte Karls V. in Rom, der gerissene Ugo de Moncada, hatte es geschafft, die enttäuschten Römer, die sich von Klemens' Pontifikat Wunder erhofft hatten und nun unter der Steuerlast ächzten oder durch Spekulanten ins Elend getrieben worden waren, gegen ihn aufzuhetzen. Auf Moncadas Betreiben traten die Colonna wieder in Aktion. Kardinal Pompeo Colonna, der sich schon als Papst sah, zog an der Spitze von dreitausend Fußsoldaten und achthundert Berittenen in Rom ein. Mit dem Schrei: «Das Reich! Colonna! Freiheit!» plünderten sie das Borgo-Viertel, den Vatikan mit den päpstlichen Gemächern und die Peterskirche. Klemens VII. konnte in die Engelsburg fliehen und hielt sich dort verschanzt. Die Lage war kritisch: Wie sollte er den Belagerern in der schlecht befestigten Burg ohne Gräben, mit wenig Proviant und Munition und ohne Hoffnung auf Entsatz standhalten? Ihm blieben nur die Flucht oder Verhandlungen.

So hatte Klemens VII. mit Moncada einen viermonatigen Waffenstillstand unter schmachvollen Bedingungen geschlossen: Die päpstliche Armee sollte binnen acht Tagen in die Lombardei, die in Genua ankernden Galeeren in den Hafen von Civitavecchia zurückkehren. Zudem mußte der Papst auf Siena verzichten und als Garantie für die Einhaltung des Abkommens Filippo Strozzi, Iacopo

Salviati und seinen Sohn Kardinal Salviati als Geiseln nach Neapel überstellen.

Niccolò war fassungslos. Gleich nach der Rückkehr nach Florenz warf er aufs Papier, was falsch gemacht worden war. Für das Desaster verantwortlich waren demnach neben dem Kleinmut des Herzogs von Urbino und der «allgemeinen Wurstigkeit» [sic] die unzulänglichen militärischen Mittel, denn es bedeutete den Bruch einer goldenen Regel, wenn man «sein ganzes Vermögen riskiert, ohne alle seine Kräfte einzusetzen». Von Kritik ausgenommen blieb indes Francesco Guicciardini, der «allein durch seine Bemühungen und seinen unermüdlichen Eifer dem ganzen Elend Einhalt hätte gebieten können».

Dabei war die Lage zwar ernst, aber keineswegs verzweifelt. Machiavelli hatte allerhand Lösungsansätze parat: das Mailändische dem französischen König abtreten, damit er den bislang nur halbherzig geführten Krieg forcierter betrieb; oder alle Kräfte auf einen Angriff auf das Königreich Neapel konzentrieren, ein Rezept, das Machiavelli immer wieder propagierte und das sich für den Papst besonders kostengünstig praktizieren ließ, denn «der Sold könnte durch Tributzahlungen der dortigen Städte finanziert werden, und mit den Erträgen der Felder, die fruchtbar und im Gegensatz zu den lombardischen noch nicht verdorrt [waren], ließe sich die Bezahlung der Söldner abrunden».

Niccolò schrieb seinen Brief nicht zu Ende; nachdem Vettori auf seine Vorschläge nicht reagiert hatte, ging er wohl davon aus, daß er bei seinem zweiten Korrespondenten, Francesco Guicciardini, der sein Amt inzwischen niedergelegt hatte, ebensowenig Erfolg haben würde.

Klemens VII. hatte mit den Verhandlungen Zeit gewinnen wollen, um seine Verbündeten wachzurütteln und die Engelsburg nach den letzten bitteren Erfahrungen zu befestigen. Er hatte Guicciardini Befehl gegeben, die Lombardei vertragsgemäß zu räumen, ihn allerdings angewiesen, seine Truppen zuvor Giovanni delle Bande Nere zu unterstellen, der offiziell dem König von Frankreich diente.

Kaum hatte Klemens wieder etwas Oberwasser, wurde der Waffenstillstand gebrochen. Am 1. November 1526 setzte sich die päpstliche Armee in Marsch, etwa neuntausend Schweizer Söldner mit verschiedener Bewaffnung und unter dem Befehl Vitello Vitellis, dem einstigen treuen Heerführer Leos X.

Karl V., der nicht an einen Frieden geglaubt hatte, hatte neue Truppen, zwölf- bis dreizehntausend Bayern, Franken, Tiroler und Schwaben, ausgerüstet, die sich zum Abmarsch nach Italien bereithielten. Sie unterstanden dem Befehl Georg von Frundsbergs, eines glühenden Lutheraners, der fest entschlossen war, Klemens und das Papsttum im Staub zu zertreten. «Laßt bekanntgeben», soll Karl V. angeblich gesagt haben, «daß Frundsberg in den Krieg gegen die Türken zieht. Um welche Türken es sich handelt, wird man bald merken.»

Man merkte es, als die Kaiserlichen bis Brescia vorgestoßen waren, falls sich bis dahin überhaupt jemand hatte täuschen lassen. Zugleich löste sich auch die Illusion eines raschen und wirkungsvollen Eingreifens des französischen Königs in Luft auf, ebenso die Hoffnungen auf einen Zusammenhalt der Verbündeten. Der Herzog von Mantua, der Sohn der einst franzosenfreundlichen Isabella d'Este, die es inzwischen mit dem Kaiser hielt, spielte ein Doppelspiel und wies Frundsberg einen Lagerplatz zwischen Po und Mincio an, während der Herzog von Ferrara ihm die Pontonbrücke zur Überquerung des Flusses beschaffte! Alfonso d'Este ließ das Bündnis, das den Krieg nur halbherzig führte, ganz offen im Stich, um den Repressalien des Kaisers zu entgehen.

Denn offenbar glaubte keiner mehr an einen Sieg der Liga. Und angesichts der zögernden Haltung ihres Oberbefehlshabers, des Herzogs von Urbino, schien ihn auch keiner zu wollen. Francesco Maria della Rovere hatte keinen Grund, für die Medici, die einst auf seinen Untergang hingewirkt hatten, seine Haut zu riskieren. Im übrigen stand er unter dem Einfluß seiner Schwiegermutter Isabella d'Este, die wirksam daran arbeitete, ihre gesamte Familie ins kaiserliche Lager hinüberzuziehen. Kurz, «wenn man so zerstritten» bleibe, sich nicht verständige und im gegenseitigen Mißtrauen verharre, dann gebe «es nichts mehr zu hoffen», schrieb Machiavelli am 2. Dezember mit einem leidenschaftlichen Appell zur Mobilisierung aller Kräfte, bevor Frundsberg und Bourbon ihre Truppen zusammengeführt haben würden.

Nach Machiavelli standen die Führer der Liga der Situation durchaus nicht machtlos gegenüber. Sie mußten nur etwas Energie aufbringen und der Papst seine Börse öffnen, um die ausgehungerten und miserabel ausgerüsteten Haufen der Deutschen zu stoppen. Gelinge dies nicht, würden sie nach der Vereinigung mit den Spaniern Bourbons über die venezianischen, päpstlichen oder toskanischen Städte herfallen.

Allerdings war Machiavelli schlecht informiert und unterschätzte die katastrophale Lage der päpstlichen Finanzen. Klemens VII. machte sich angesichts der Krise Illusionen: Er hielt eine Vereinigung der Truppen Frundsbergs und Bourbons für unrealisierbar angesichts der Stärke seiner eigenen Streitmacht. Er hätte recht gehabt, wenn nicht zuweilen das Schicksal einzelner das Geschick eines ganzen Volkes bestimmte.

Im Dezember nahm für Giovanni delle Bande Nere das Verhängnis seinen Lauf. Er wurde bei der Verteidigung einer Brücke über den Mincio durch einen Falkonettschuß der Artillerie, die der Herzog von Ferrara Frundsberg zur Verfügung gestellt hatte, verwundet. Nachdem man ihn durch ein Schneegestöber nach Mantua gebracht hatte, erlag er dort sechs Tage später seiner Verletzung. Als der verzweifelte Markgraf Federico Gonzaga ihn bat, einen letzten Wunsch auszusprechen, soll er gesagt haben: «Liebt mich, wenn ich tot bin ...» Die Tragödie war typisch für diese Kriege, in denen sich der Feind von heute erschüttert über den sterbenden Freund von gestern beugte: Auch Bourbon hatte so den Tod Bayards beklagt.

Mit dem Tod des achtundzwanzigjährigen Kapitäns, des letzten großen Kondottieres im 16. Jahrhundert, zerbrach in Italien so manche Hoffnung. Die Todesnachricht und die Meldung vom Vormarsch der kaiserlichen Truppen löste in Rom eine Panik aus: «Fortuna drückt uns nieder. Wir werden sterben. Wir warten nur noch darauf zu wissen, wann», schrieb Giberti.

In Florenz herrschte ebenfalls Panikstimmung. Die Signoria hatte Niccolò am 30. November 1526 zu Guicciardini geschickt, der wieder in sein Amt zurückgekehrt war. Niccolò sollte in Erfahrung bringen, welche Maßnahmen zur Sicherung der Toskana getroffen worden waren, und gegebenenfalls «alle möglichen Mittel einsetzen, um einen Frieden zu schließen». Francesco Guicciardini bemühte sich, die Gemüter zu beruhigen, und wenige Tage später kehrte Niccolò mit erfreulichen Nachrichten zurück: Der Krieg zog nach Parma und Piacenza ab!

Allerdings schien die Signoria noch nicht beruhigt, denn sie schickte ihn ein weiteres Mal zu Guicciardini, der sich inzwischen mit dem Herzog von Urbino in Parma aufhielt. Am gleichen Tag, als er dort eintraf, vereinigten sich bei Piacenza Frundsbergs und Bourbons Truppen.

Damit hatte der Kaiser dreißigtausend Mann, die größte Streitmacht, über die er in Italien je verfügt hatte, auf einen Punkt konzentriert. Und diese Armee war völlig mittellos. Welche Richtung würden die Söldner einschlagen? «Nur Gott weiß, was sie tun werden, denn es sieht ganz so aus, als wüßten sie es selbst nicht», schrieb Niccolò, der sich nicht dem Defätismus hingab und unermüdlich wiederholte:

«Man hat von ihnen nicht viel zu befürchten, wenn unsere mangelnde Einigkeit nicht ihre Rettung ist, und alle hier versammelten Kriegsexperten glauben, daß wir Aussichten auf den Sieg haben, wenn wir nicht mangels Führung und Geld verlieren. Es gibt hier genug Streitkräfte, um Krieg zu führen, man muß nur diesen beiden Mängeln begegnen [...] und verhindern, daß der Papst alles im Stich läßt.»

Der Herzog von Urbino ließ die Armee als erster im Stich. Ein Gichtanfall lieferte ihm den Vorwand, die Truppen am 16. Februar 1527 in einer Sänfte zu verlassen. Obwohl die Kaiserlichen, die hungerten und ohne Geld im Schlamm und Schnee versanken, geschlagen werden konnten, ließ man sie von Parma aus unbehelligt Richtung Bologna weiterziehen. Von dort aus würden sie den Apennin überschreiten und sich die Entbehrungen mit den «unermeßlichen Reichtümern» Roms und der Toskana bezahlen lassen.

Klemens VII. sei ein «Schiff ohne Ruder im Sturm», schrieb ein Beobachter dem Markgrafen von Mantua. Dennoch war es den päpstlichen Truppen Anfang Februar gelungen, ohne Verstärkung die Truppen Lannoys – der nach dem Tod des Markgrafen von Pescara Vizekönig von Neapel geworden war – am Versuch zu hindern, ins Latium einzufallen. Der herrliche Sieg hatte den Pontifex zu einer Gegenoffensive mit dem Ziel ermuntert, das Königreich Neapel einzunehmen. Er griff damit Machiavellis Vorschlag auf, der auch vom

König von England und von Franz I., der so seine beiden Söhne freizubekommen hoffte, unterstützt wurde. Leider wurde die Operation wegen der schlechten Koordinierung der Truppenbewegung und wegen des chronischen Geldmangels zu einem Schlag ins Wasser. Immerhin geriet Lannoy so sehr in Bedrängnis, daß er Bourbon und Frundsberg dazu brachte, einen neuen Waffenstillstand mit annehmbareren Bedingungen für den Papst auszuhandeln.

Als Lannoy am 25. März in Rom vorstellig wurde, regnete es in Strömen, und dies wurde von den Römern als übles Omen betrachtet. Und nach einem Gerücht hieß es, ein Pfeil sei vom Himmel gefallen und habe sich ins Fenster des Vizekönigs gebohrt! Dessenungeachtet stimmte Klemens VII. einem Rückzug seiner Truppen aus dem Neapolitanischen zu. Im Gegenzug sollte sich Bourbon mit seinen Truppen und mit einer Unterstützung von sechzigtausend Dukaten in die Lombardei zurückziehen.

Ein Kurier eilte ins Lager Bourbons, um ihn zur Einhaltung des Vertrages aufzufordern und einen Teil der für den Abzug ausgehandelten Summe zu überbringen. Das Geld stammte von den Florentinern, die sich von den Söldnerhaufen besonders bedroht fühlten.

Auf die Nachricht des bevorstehenden Rückzugs brach im Lager der Spanier eine Meuterei aus. Die Söldner rotteten sich zusammen, um den Verräter Bourbon zu lynchen, der sie zerschlagen und ohne den erhofften Sieg ins Mailändische zurückführen wollte. Der Konnetabel entkam ins Lager der Landsknechte und versteckte sich dort in einem Pferdestall. Die Deutschen, die nach dem Gold Roms lechzten und das Papsttum vernichten wollten, hielten vom Frieden freilich noch weniger als Bourbons Spanier. Frundsberg versuchte sie mit einer Ansprache zu beruhigen und erlitt vor den Aufrührern, die ihn mit ihren Hellebarden bedrohten, einen Schlaganfall.

Niccolò, der sich inzwischen in Bologna aufhielt, teilte der Signoria die frohe Kunde von Frundsbergs Zusammenbruch mit. Er und Guicciardini waren überzeugt, daß sich die Landsknechte ohne Führung auflösen und in ihre Berge zurückkehren würden. Und Bourbon sei «einem Waffenstillstand durchaus zugeneigt», wie er am 23. März nach Florenz schrieb.

Am 29. waren dann allerdings andere Töne zu hören. Bourbon verlangte mehr Geld, um seine Söldner zufriedenzustellen, wieviel genau, war nicht bekannt. Wenn es ihm nicht gelänge, so ließ er wissen, die Männer vom Waffenstillstand zu überzeugen, werde sich seine Armee am nächsten Morgen in Marsch setzen.

«Um abzuschließen», kommentierte Niccolò die Mitteilung des Trompeters, der die neuen Forderungen überbrachte, «der Waffenstillstand ist vom Tisch gefegt, man kann nur noch an den Krieg denken. [...] Wenn diese Vielfraße einen Waffenstillstand akzeptieren sollen, müßtet Ihr, den Sold für unsere Fußsoldaten nicht mitgerechnet, mindestens hunderttausend Goldgulden in Eurer Geldkatze haben. Da dies nicht möglich ist, wäre es Wahnsinn, Zeit mit einem Handel zu verlieren, auf den man sich mangels Geld nicht einlassen kann. Eure Herrlichkeiten können also nur noch daran denken, Krieg zu führen, die Venezianer wiederzugewinnen, sie ausreichend aufzurichten, damit ihre Männer, die den Po bereits überquert haben, uns zu Hilfe kommen; denkt schließlich daran, daß dieser Waffenstillstand, der im Falle des Zustandekommens unsere Rettung gewesen wäre, unseren Untergang bedeutet, wenn er so in der Schwebe bleibt und uns in der Luft hängenläßt.»

Bourbon, dessen Truppen durch einen nächtlichen Schneesturm bewegungsunfähig geworden waren, konnte seine Drohung nicht wahrmachen. Niccolò raste vor Ungeduld:

«Kein Zweifel, wenn wir die Mittel hätten, ihre schwere Lage zu verschlimmern, dann wären sie verloren, aber unser trauriges Schicksal wollte, daß wir selbst uns nicht in der Lage sehen, etwas Wirksames zu unternehmen. Daraus folgt, daß der Statthalter [Guicciardini] in einem dauernden Zustand der Angst lebt, alles, so gut es geht, umorganisiert und notdürftig Abhilfe schafft, und gebe Gott, daß er seiner Aufgabe genügen kann!»

Aber man mußte sich der Realität stellen: Der Papst war mittellos und stand ohne brauchbare Armee da: Er hatte den Großteil seiner Truppen sofort nach Unterzeichnung des Waffenstillstandes allen Warnungen zum Trotz entlassen. Die Maßnahme hatte Betroffenheit ausgelöst:

«Seine Heiligkeit», schrieb der Gesandte aus Mantua, «scheint sich schon auf Gedeih und Verderb dem Feind ausgeliefert zu haben. Es kann keinen Zweifel daran geben, daß es Gottes unverrückbarer und uneingeschränkter Wille ist, die Kirche und ihr Oberhaupt zu vernichten.»

Und Venedig, das mit seinem eigenen Territorium zu tun hatte, war nicht bereit, für einen Feldzug in Mittelitalien die eigene Verteidigung aufs Spiel zu setzen. Nur der Herzog von Urbino konnte sich Bourbon noch in den Weg stellen, da Francesco Maria della Rovere aber unter dem Druck seiner kaisertreuen Verwandten in Mantua stand – Isabella d'Estes jüngster Sohn hatte offen ins Lager Bourbons, seines Cousins ersten Grades, übergewechselt –, war von ihm nicht zu erwarten, daß er für die Medici sein Leben riskieren würde.

Die Armee der Liga zog langsam von Imola nach Forlì. Machiavelli und Guicciardini folgten ihr, beide gleichermaßen beunruhigt: Wie würde sich der Papst angesichts der «finsteren Pläne» des Feindes verhalten? Würde er «das Haupt dem Vizekönig in den Schoß legen und sich auf diese Weise vom Glück leiten lassen?» Und wie ginge es dann weiter?

«Wenn ich mich nicht täusche», hatte Guicciardini schon 1525 gesagt, «werden alle die schlimmen Folgen des Friedens besser erkennen, wenn die gelegene Zeit zum Krieg vorüber ist.» Jetzt hatte er unabhängig von der päpstlichen Entscheidung «den Entschluß gefaßt», so Niccolò an Vettori am 5. April, «die Städte der Romagna zu unterstützen, solange er [sehen würde], daß sie sich mit einer Wahrscheinlichkeit von 4 zu 1 verteidigen [ließen], sie hingegen preiszugeben, [wenn] sie nicht zu verteidigen [seien], und mit allen verfügbaren italienischen Streitkräften, und so viel Geld, wie ihm bleiben wird, zu Euch zu marschieren, um auf jede Weise Florenz und seinen Staat zu retten».

Einige Tage später zeigten sich die beiden Florentiner erleichtert, daß das Gewitter über ihre Stadt hinwegziehen würde. Machiavelli schickte der Signoria eine beruhigende Mitteilung:

«Die kaiserliche Armee ist bis in Reichweite der Falkonette der Befestigungsanlagen herangerückt, hat sich dann nach links gewandt und den Weg nach Ravenna hinab eingeschlagen; für den Augenblick haben wir also die Gewißheit, daß sie nicht in die Toskana einfallen wird, und wir sind beinahe sicher, daß es ihr nicht gelingt, die festen Plätze in der Romagna einzunehmen. [...] Tritt also keine außergewöhnliche Wendung ein, können wir uns sicher fühlen.»

Trotzdem herrschte im Lager eine fürchterliche Stimmung. Die Söldner verweigerten die Befehle, und die Führung war gespalten. Machiavelli, das spürt man beim Lesen eines Briefs, war angewidert und niedergeschlagen:

«... entweder müssen wir den Krieg von unten bis oben ganz neu organisieren», schrieb er der Signoria am 11. April 1527, «oder einen Frieden schließen, der jetzt, da wir in so schlechter Gesellschaft sind, nicht abgelehnt werden darf, solange er nur erträglich ist. Wenn wir den Krieg fortführen, ohne die Truppen neu zu gliedern, ohne die Führer zufriedenzustellen, ohne daß sich die Venezianer und der König als bessere Bundesgenossen zeigen und ohne daß sich der Papst zu etwas mehr Freigebigkeit durchringt, gehen wir die Gefahr einer nicht wiedergutzumachenden Katastrophe ein.»

Wieder wurde ein Waffenstillstand «zurechtgezimmert», da befürchtet wurde, die Landsknechte – «schmutzige Bestien, die mit Menschen nur das Gesicht gemein haben», wie Niccolò Guicciardini auf Latein schrieb – würden nichts mehr zum Verwüsten vorfinden und deshalb die Route Cesare Borgias durch den Apennin in die Toskana nehmen. Niccolò befürchtete, bei den Verhandlungen werde kein vernünftiger und zuverlässiger Waffenstillstand herauskommen, sondern einer, «den man in Rom unterzeichnet und in der Lombardei bricht», also einer, an den keiner glaubte außer einem Einfaltspinsel, der zur Erfüllung der finanziellen Klauseln das letzte Hemd hergab und keine Armee mehr hatte, wenn der Feind ihn brechen würde.

Der Papst hatte all seine Hoffnung wie in einem Wahn in Lannoy gesetzt. Der Vizekönig von Neapel war bereit, in Bourbons Lager Friedensgespräche zu führen. Er durchquerte Florenz, wo er mit ebensoviel Hoffnung empfangen wurde wie im Vatikan. Die Florentiner schickten sich an, das städtische Mobiliar, den Kirchenschmuck und selbst geweihte Gefäße zu verkaufen, um die täglich höheren

Forderungen des Konnetabels erfüllen zu können. Die Begegnung zwischen Lannoy und Bourbon sollte am 17. April 1527 am Fuß des Apennin stattfinden.

Am Vortag brachte Niccolò seine Gefühle in seinem erschütterndsten Brief an Vettori zum Ausdruck:

«So muß der morgige Tag Richter unserer Sache sein. Man hat daher hier beschlossen, wenn er [Bourbon] morgen aufbricht, nur noch an Krieg zu denken und keinen Friedensgedanken mehr aufkeimen zu lassen [...], damit die Verbündeten rücksichtslos vorrücken. Hier gilt's nicht mehr zu hinken, der Tanz muß toll werden; oft findet man in der Verzweiflung Mittel, die man bei ruhigem Nachdenken nicht zu finden wußte. [...] Ich liebe Messer Francesco [Guicciardini], ich liebe mein Vaterland, und ich sage Euch aus meiner jahrzehntelangen Erfahrung, daß die Verhältnisse [...] niemals schwieriger gewesen sind als jetzt, da der Frieden notwendig ist und vom Krieg nicht abgelassen werden kann. [...]»

# Das Ende einer Welt

Klemens VII. war zum Narren gehalten worden. Bourbon überschritt den Apennin, und auf der anderen Seite, nördlich von Arezzo, nahm er aus der Hand von Lannoy die siebzigtausend Dukaten der Florentiner entgegen als erste Rate für die vereinbarten einhundertfünfzigtausend Dukaten. Doch als Lannoy eintraf, war der Preis gestiegen. Der Konnetabel forderte nun für seinen Rückzug zweihundertvierzigtausend Dukaten, sonst bleibe ihm nichts anderes übrig, sagte er, als weiter vorzurücken.

Wie sollte man innerhalb weniger Wochen eine solche Summe aufbringen? Der Papst konnte es nicht, und Bourbon wußte das.

Man fragt sich, aus welchem Antrieb der Konnetabel handelte. War es Ehrgeiz? Oder Haß? Hoffte er, er könnte ein Fürstentum gewinnen? Gehorchte er dem Kaiser? Oder mußte er gezwungenermaßen den Spaniern und Deutschen nachgeben, die er vermeintlich befehligte – und die plündern wollten? Chronisten und Historiker aus späterer Zeit haben viele Hypothesen aufgestellt, doch es existieren keine schriftlichen Belege für die eine oder die andere Version.

Der Herzog von Bourbon wartete die Antwort aus Rom nicht ab, sondern überschritt den Arno und wandte sich Richtung Siena.

Florenz zitterte. Gräben wurden ausgehoben, Bastionen gebaut, Türme errichtet.

«Die Invasion ist ein lange vorausgesehenes Übel», verkündete Machiavelli. «Eure Herrlichkeiten brauchen keine Furcht zu haben.

[…] Unsere Truppen sind gut aufgestellt, denn es liegen so viele Straßen vor ihnen, daß sie vor Euch am Ort sein werden. […] Eure Herrlichkeiten und die Stadt Florenz haben bis jetzt die Lombardei und die Romagna verteidigt und gerettet; nun werdet Ihr Euch selbst retten …»

Trotzdem traf Machiavelli Vorkehrungen. Die Ernte war eingebracht, Öl und Wein standen an einem sicheren Ort. Er beruhigte seine Familie: «Was Marietta auch hört, sie soll ruhig sein, denn ich werde zurück sein, bevor das kleinste Übel geschieht.» Aber er schrieb sein Testament neu!

Florenz verdankte seine Rettung nicht – Machiavelli möge uns verzeihen – der unbezwingbaren *virtù* seiner Bürger, von der in diesem Brief an die Signoria ebenfalls die Rede ist, sondern der Strategie des Konnetabel. Er machte einen Bogen um Florenz, weil die Stadt so gut verteidigt war, daß er sie mit seiner disziplinlosen Armee nicht anzugreifen und noch weniger zu belagern wagte, zumal die Armee der Liga sich allmählich aus ihrer Erstarrung löste und näherrückte. So schlug der Konnetabel die Richtung nach Rom ein.

Der «seltsame Krieg» hatte sich über Wochen hingezogen. Die feindlichen Heere hatten sich beobachtet und waren sich im übrigen aus dem Weg gegangen, ihre Anführer schienen von der gleichen Zaghaftigkeit ergriffen. Nun folgte der «offene Krieg», die brutale, mit unglaublicher Eile vorangetriebene Invasion: Am 1. Mai drang Bourbon in einem Gewaltmarsch bis zum Kirchenstaat vor, am 2. war er in Viterbo, fünf Tagesmärsche von Rom entfernt, am 4. stand die Armee noch etwa zwanzig Kilometer vor der Stadtmauer, und am Abend des nächsten Tages blickte Bourbon vom Monte Mario auf die Ewige Stadt hinab.

Was tat unterdessen der Herzog von Urbino? Am 2. Mai paradierte die Armee der Liga noch in den Straßen von Florenz, während die Stadt sich von dem «Tumult am Freitag» erholte.

Am Freitag, dem 26. April, waren die Florentiner auf die Nachricht hin, daß die Truppen des Herzogs von Urbino vorrückten, wutentbrannt zum Palazzo Vecchio gestürmt. Zuvor hatten Kardinal Passerini und die jungen Medici die Stadt verlassen, um dem

Herzog entgegenzureiten, und durch ein Mißverständnis war bei den Bürgern der Verdacht aufgekommen, sie wollten fliehen. Mit Verwünschungen der Medici auf den Lippen drangen einige in den Palazzo ein und verkündeten vom Balkon die Wiederherstellung der Freiheit.

Mit Unterstützung der Armee gelang es Guicciardini in kurzer Zeit, Ordnung zu schaffen und die Gemüter zu beruhigen. In dieser ernsten Lage war es wichtig zu wissen, wer Freund war und wer Feind. Was dachte wohl Niccolò? Sah er es als eine verpaßte Gelegenheit an, daß man die Republikaner zum Schweigen brachte, oder meinte er, daß die Zeit noch nicht reif war für dieses Abenteuer? Oder stimmte Niccolò nicht vielmehr ganz und gar mit seinem Freund Guicciardini überein, seinem Bruder, der trotz mancher Vorbehalte dem Papst vollkommen ergeben war, und war er bereit, Guicciardini überallhin zu folgen, sogar in die Hölle?

Die Hölle war in Rom.

Wenn von diesem Ereignis berichtet wird, das als die Tragödie des Jahrhunderts in die Geschichte eingegangen ist, so reicht es nicht aus, die zahllosen Schreckenstaten zu schildern, die begangen werden, wenn eine entfesselte Soldateska in eine Stadt einfällt, brandschatzt, Häuser verwüstet, Menschen bestialisch tötet, foltert, vergewaltigt. Es genügt nicht, das Blutbad zu beschreiben, die Ermordung von «sechstausend Menschen», wie ein Landsknecht sich erinnerte, die Schreie von Haß und Todesangst, das Wimmern von Schmerz und Verzweiflung. Das hat die Welt bis zum heutigen Tag immer wieder erlebt, und selbst wenn solche Taten in glühenden Worten festgehalten werden, sind sie leider doch nur banal. Wenn man vom «Sacco di Roma» spricht, wie dieses Ereignis in allen Sprachen der Welt heißt, dann muß man davon berichten, daß an jenem 6. Mai 1527 unversehens die Nacht über die Christenheit hereinbrach, daß die Kirchenglocken nach dem Läuten des Totenglöckchens für Monate verstummten, daß sich ein riesiger Abgrund auftat und einen Teil der menschlichen Erinnerung verschlang: ein genauso schwerwiegendes Ereignis wie die Zerstörung der Bibliothek von Alexandria durch das Feuer. In Rom wurden öffentliche und private Bibliotheken vernichtet, Dokumente wurden zerrissen, bis zur Unleserlichkeit verschmutzt oder verbrannt, kostbare Handschriften wurden in alle Winde zerstreut oder anstelle von Stroh in die Pferdeställe geworfen. Fassungslos standen die Humanisten vor der blindwütigen Zerstörung von unersetzlichen Quellen des Wissens und einmaligen Kunstwerken. Auch Lutheraner und Anhänger der Reformation verurteilten die Plünderungen mit Entsetzen.

Der «Sacco di Roma» beleidigte und entweihte auf schreckliche Weise nicht nur die Werte von Papsttum und Kirche, sondern den Geist insgesamt. Er markiert das Ende einer Welt und die Geburt einer neuen, säkularisierten. Der Konnetabel von Bourbon war der Zauberlehrling dieser neuen Welt, als er am 6. Mai seine Truppen zum Sturm auf Rom führte. Beim Ersteigen der Stadtmauer wurde er vom Geschoß einer Arkebuse getroffen; Benvenuto Cellini rühmte sich später, er sei der Schütze gewesen. Am nächsten Morgen war Bourbon nicht mehr am Leben und konnte sich nicht ansehen, wie entsetzlich seine Männer wüteten – schlimmer als er hatte ahnen und voraussehen können. Im Vatikan hoffte man einen Augenblick, sein Tod würde die Soldaten entmutigen und sie würden in höchster Verwirrung abrücken, doch das genaue Gegenteil war der Fall: Sein Tod stachelte sie erst richtig an.

Die Armee der Liga, die Machiavelli nach wie vor begleitete, lagerte untätig am Ufer des Trasimenischen Sees; die Stimmung war heiter und zuversichtlich. Da galoppierte am 7. Mai ein atemloser Meldereiter ins Lager und überreichte ein Schreiben des Bischofs von Motula: «Erlauchte Herren, Hauptmänner der Liga. Eure Herrlichkeiten haben keinen Augenblick zu verlieren. Der Borgo ist eingenommen. Monseigneur de Bourbon wurde getötet. Dreitausend Feinde haben ihr Leben verloren. Eure Herrlichkeiten mögen sich beeilen, aus der Verwirrung in der kaiserlichen Armee Nutzen zu ziehen. Rasch, rasch, es ist keine Zeit zu verlieren!»

Ganz Rom stand in Flammen, der Papst war in der Engelsburg gefangen und rief um Hilfe, doch der Herzog von Urbino hielt etwa zehn Kilometer vor Perugia an, angeblich weil er ohne Verstärkung nichts ausrichten konnte.

Wie Machiavelli darüber dachte, kann man aus einem Brief schließen, den er um diese Zeit an Guicciardini schrieb:

«Man hat den Papst seinem Schicksal überlassen. Ich brauche nicht zu sagen, wessen Schuld das ist. [...] Ich bin kein General, ich verstehe nichts von der Kriegskunst, doch ich kann Euch wiederholen, was alle Welt sagt, nämlich daß wir, wenn wir bei der Nachricht von der Einnahme Roms dem Castello [der Engelsburg] zu Hilfe geeilt wären, den Papst und die Kardinäle hätten befreien, womöglich den Feind vernichten und die unglückliche Stadt hätten retten können. Alle Welt weiß indes, wie es im Gegenteil um unsere Eile bestellt war! [...] Man hätte wahrhaft glauben können, daß es sich nicht um die Befreiung des glücklosen Papstes gehandelt hätte, von welchem wir alle abhängen, noch um das Los jener großen Stadt im Todeskampf, sondern um eine unbedeutende Angelegenheit. Nun befindet sich der Papst noch im Castello, so eindringlich um Hilfe flehend, daß seine inständigen Bitten Steine erweichen könnten, und in einem so tiefen Elend, daß selbst die Türken von Mitleid ergriffen werden!»

Francesco Guicciardini indes gab nicht auf. Es ging um seine Ehre, seine verlorene Ehre, wie er einige Monate später in dem Landhaus in Finocchieto schrieb, das Machiavelli für ihn gefunden hatte, als er, damals Statthalter in der Romagna, nach einer bequemen Residenz in der Toskana suchte. Guicciardini bat Niccolò, er solle Andrea Doria, den Genueser Admiral der päpstlichen Flotte, die in Civitavecchia vor Anker lag, überreden, daß er ihnen bei dem Vorhaben, den Papst zu befreien, zu Hilfe käme. Der Plan sah vor, daß eine Handvoll Männer an einem bestimmten Ort an Land gehen sollte. Der Admiral war alles andere als begeistert. Es müsse sichergestellt sein, daß Guicciardini über stärkere Kräfte verfüge als jene, die man ihm ohne Zweifel entgegensetzen werde, andernfalls sei die Schlacht von vornherein verloren. Dabei blieb es.

Niccolò hatte sich aus Freundschaft für Guicciardini auf den Weg nach Civitavecchia gemacht, hauptsächlich aber im Auftrag von Filippo Strozzi, dem seine Frau zur Flucht aus Neapel verholfen hatte, wo ihn, wie wir uns erinnern, Karl V. als Geisel festgehalten hatte.

Strozzi wollte so schnell wie möglich mit einem Schiff nach Florenz zurückkehren und dort nach dem Sturz der Medici-Regierung die Politik in die Hand nehmen. Obgleich Strozzi ein Verwandter der Medici war und in ihren Diensten die erwähnten Vertrauenspositionen bekleidet hatte, hing er nach wie vor den republikanischen Idealen an. Als die Medici in der «Kutsche der Kaiserlichen» zurückkehrten, wurde er ins Gefängnis geworfen und beging Selbstmord.

Im Mai 1527 überschlugen sich die Ereignisse. Die Macht der Medici bröckelte und zerfiel schließlich ganz. Am 11. Mai hatten die Florentiner fassungslos das ganze Ausmaß der römischen Tragödie erfahren; am 16. Mai beriefen sie den Großen Rat wieder ein und holten als Gonfaloniere einen Capponi aus dem Palazzo der Familie in Lungarno, gegenüber der Brücke Santa Trinità. Allein schon der Name Capponi verhieß Freiheit. Beim Einzug Karls VIII. in Florenz im Jahr 1494 hatte der Gonfaloniere Piero Capponi dem König energisch das Recht verweigert, sich zum Herrn der Stadt zu erklären. «Ich werde mit den Trompeten zum Angriff blasen lassen», hatte Karl VIII. damals gedroht. «Dann werde ich die Glocken läuten lassen», hatte Piero Capponi selbstbewußt geantwortet. Daraufhin gab der König von Frankreich nach und rückte ab. Noch nicht so lange war es her, daß ein Capponi eine gescheiterte Verschwörung gegen die Medici mit dem Leben bezahlt hatte. Die Wahl von Niccolò Capponi zum Gonfaloniere symbolisierte die Wiederherstellung der Republik. Es war die letzte «Demokratie» in Florenz: Dank Karl V. kehrten die Medici mächtiger denn je zurück; Karl V. machte Alessandro zum Herzog von Florenz und bald auch zu seinem Schwiegersohn. Doch am 16. Mai 1527 verließen die jungen Fürsten die Stadt, ohne daß man sie vertrieben oder bedroht hatte. Entgegen allen Erwartungen der letzten Jahre geschah die Revolution ohne Blutvergießen, wie eine Selbstverständlichkeit.

Niccolò kam nach Florenz zurück, möglicherweise auf der kleinen Brigantine aus Livorno, die Andrea Doria Filippo Strozzi zur Verfügung gestellt hatte, oder mit einer der drei Galeeren, mit denen Isabella d'Este am 19. Mai eingetroffen war, zusammen mit einigen Getreuen und einer Ladung antiker Skulpturen, Bilder, Edelsteine und den berühmten, in Brüssel nach Entwürfen von Raffael gearbeiteten Tapisserien des Papstes, die die Markgräfin den Plünderern hatte abkaufen können. Mit Unterstützung ihres Sohnes Ferrante, einem Hauptmann der kaiserlichen Truppen, hatte Isabella nicht nur die Sammlungen retten können, sondern sie konnte auch Tausenden von Flüchtlingen im Palazzo San Apostoli auf dem Monte Gianicolo Zuflucht gewähren, den die Colonna ihr in Rom zur Verfügung gestellt hatten. Als sie eine Woche nach dem «Sacco die Roma» die Stadt verließ, stand der Palazzo als einziger noch unbeschadet.

Man kann sich leicht vorstellen, was für Gedanken Machiavelli durch den Kopf gingen. Seine Reisegefährten hörten, wie er über die «Einfalt des Papstes seufzte. Vermutlich grübelte er darüber nach, was für einen anderen Verlauf die Geschichte hätte nehmen können, «wäre man nur ...» und «hätte man nur ...». Dachte er auch über seine eigenen Irrtümer nach? Gestand er sich ein, daß er die ganze Zeit die Wahrheit nicht hatte erkennen wollen? Er hatte sich über die Politik der Medici und des Heiligen Stuhles getäuscht und die Auffassung vertreten, man könne in Italien einen Nationalstaat schaffen. Doch das bedeutete, daß man die Verschiedenheit der italienischen Staaten ignorierte und übersah, wie sehr sie ihrem politischen, sozialen und sogar kulturellen Partikularismus – den Guicciardini in kritischem Gegensatz zu Machiavelli später als wertvollen Besitz bewahren wollte – verhaftet waren. Machiavelli hatte geglaubt, daß Leo X. und später Klemens VII. vom Schicksal dazu ausersehen waren, die Geschicke der Stadt in feste Hände zu nehmen und sie darauf vorzubereiten, daß sie eines Tages als freie Stadt keinen Herrn mehr brauchen würde. Umgekehrt hatte Guicciardini so klar durchschaut, daß der endgültige Tod der Republik bevorstand, daß er nicht einmal mit zurück nach Florenz gekommen war. Er trug die Republik zu Grabe, indem er im August 1529 bei der Versöhnung des Heiligen Stuhles und des Kaisers Klemens VII. unterstützte; er überredete den zögernden Karl V., daß er Alessandro de'Medici an die Spitze brachte, nachdem sich die von kaiserlichen Truppen belagerte Stadt ergeben hatte. 1532 arbeitete er zusammen mit Vettori in dem Ausschuß, der die alten Institutionen abschaffte, und machte damit Alessandro, den Herzog von Florenz, zum unumschränkten Herrscher, zum Stammvater einer Erbmonarchie.

Niccolò Machiavelli hatte seinen Traumvorstellungen nachgegeben und sich über die Zukunft getäuscht, wie er sich in der Vergangenheit nur allzu oft getäuscht hatte, weil er nicht den Realitäten ins Auge sehen wollte, sondern seine Illusionen über Menschen und Situationen für die Wirklichkeit hielt.

Vielleicht dachte er auf dem Rückweg nach Florenz, während Hoffnung und Furcht ihn gleichermaßen bewegten, auch darüber nach, daß er sein privates Schicksal nicht umsichtiger gelenkt hatte. Florenz würde – welch ein Glück! – die Freiheit wiederfinden, aber würde er, Niccolò Machiavelli, auch seinen Posten in der Kanzlei wiederbekommen? Er konnte sich nicht einmal vorstellen, erneut von der Politik ausgeschlossen zu sein. Freilich würde man niemals vergessen, daß er sich mit den Medici eingelassen hatte. Würde man ihm verzeihen, daß er seine *Geschichte von Florenz* Klemens gewidmet hatte als Dank, weil er von dessen «Geneigtheit [...] geehrt und genährt» worden sei? Würde man ihm verzeihen, daß er von der «Güte Giovannis [di Bicci, des Älteren]» gesprochen hatte, von der «Weisheit Cosimos, der Demut Pieros, der Hoheit und Klugheit Lorenzos»? Wie viele Menschen schrien heute «Es lebe die Republik!», die noch gestern die Medici umschmeichelt hatten? Die *palleschi* wußten ganz genau, daß er niemals einer der Ihren gewesen war, wie sonst hätte man ihn so viele Jahre seinem Elend überlassen? Schließlich hatte man ihn nur im Frühjahr jenes schrecklichen Jahres tatsächlich im Dienst der Medici gesehen, und das auch nur, um Florenz in der Stunde der Gefahr zu helfen. Die Männer, die gestern noch im Exil gewesen waren, würden gewiß nicht vergessen, wie zuverlässig und gewissenhaft er stets die ihm von der Republik anvertrauten Aufgaben ausgeführt hatte. Luigi Alamanni und alle seine Freunde aus den *Orti oricellari* wußten, daß er mit jeder Faser seines Herzens seinem Vaterland ergeben war. Nun denn, er würde schon genügend Fürsprecher haben.

Die Ernüchterung kam am 10. Juni. Niccolò hatte seine Bewerbung eingereicht, doch man zog ihm einen gewissen Tarugi vor. Man schob ihn beiseite, die einen haßerfüllt, die anderen mit so etwas wie Gleichgültigkeit. Wer interessierte sich schon für Niccolò Machiavelli? War er im übrigen mit fast sechzig Jahren nicht überhaupt schon viel zu alt?

Man schob ihn beiseite, nicht einmal die Befestigungsanlagen blieben ihm. Die Republik hatte die Medici und das Reich herausgefordert, sie mußte sich auf einen Gegenschlag einrichten. Doch für die Verteidigung brauchte sie Machiavelli nicht, denn sie hatte ja Michelangelo. In der Stunde, als man sich anschickte, eine Bürgerarmee aus reinblütigen Florentinern aufzustellen und damit Machiavellis Traum von einer Stadt zu verwirklichen, die sich aus eigener Kraft verteidigte, dachte niemand mehr an den «Vater der Miliz».

Es war zuviel, zuviel der Enttäuschungen, zuviel des Überdrusses. Der Geschichtsschreiber könne nur von einer «verderbten Welt» berichten, heißt es in der *Geschichte von Florenz,* festhalten, «mit welchem Trug, mit welchen Listen und Künsten Krieger, Fürsten, Lenker von Republiken umgingen, um jenen Ruf zu bewahren, den sie ohne ihr Verdienst erworben hatten».

Niccolò Machiavelli hatte genug von dieser Welt. Am 21. Juni legte er sich mit wütenden Schmerzen in den Eingeweiden zu Bett. Er behandelte seinen Unterleib und seinen Weltschmerz mit Pillen, über deren Zusammensetzung wir an chemische Keulen gewöhnte Menschen von heute nur lächeln können: Aloe, Safran, Myrrhe, Pimpernell und Tonerde. Schluckte er zuviel davon? Am 22. Juni 1527 war er tot.

# Mythos und Realität

Wohl kaum ein Besucher von Machiavellis Grabmal in der Kirche Santa Croce in Florenz weiß, daß er vor einem leeren Grab steht. Die Aufzeichnungen des Totengräbers bezeugen, daß er Niccolò am 22. Juni in der Grabkapelle der Familie Machiavelli beisetzte, doch was weiter aus seiner sterblichen Hülle wurde, liegt im dunkeln.

Das Grabmal in Santa Croce stammt nicht einmal aus dem 16. Jahrhundert. Ein österreichischer Großherzog und ein englischer Lord ließen dieses – zugegebenermaßen scheußliche – Bauwerk zwei Jahrhunderte später errichten.

Machiavellis äußere Erscheinung kennen wir nur aus den Worten von Marietta, die ihn als jungen Mann schön fand mit seiner dunklen, dicht behaarten Haut – für manche Grund genug, ihn als Inkarnation Satans zu betrachten. Wie er in seinen reifen Jahren aussah, vermögen wir nicht zu sagen. Im zweiten Stock des Palazzo Vecchio, wo sich um 1510 die Zweite Kanzlei befand, finden wir eine Büste, geschaffen von einem toskanischen Bildhauer, der kein Zeitgenosse von Machiavelli war, und ein Porträt, gemalt von Santi di Tito und ebenfalls nach Machiavellis Tod entstanden. Das Porträt hängt dem Fenster gegenüber, durch das Niccolò in den ersten beiden Jahren seiner Verwaltungskarriere die eindrucksvolle Dächerlandschaft von Florenz betrachtete. Alle im Laufe der Jahrhunderte als Illustrationen seiner Werke oder in Biographien erschienenen Bilder sind Produkte der Phantasie, spiegeln wider, wie der Künstler oder sein Auftraggeber sich Machiavelli vorstellte oder vorstellt. Keiner ist ihm jemals begegnet – viele haben ihn nicht einmal gelesen.

Angesichts der vielen unterschiedlichen Darstellungen fragen wir uns verwirrt: Hat Machiavelli tatsächlich existiert? Oder ist er nur ein Mythos?

In Abwandlung einer Formulierung eines Mitglieds unserer Akademie könnten wir sagen: Niccolò Machiavelli hat existiert, wir sind ihm begegnet! In seiner privaten und dienstlichen Korrespondenz, in den Briefen seiner Freunde – und denen seiner Feinde – trat uns nicht «Old Nick» entgegen, der Teufel höchstpersönlich, der später Jesuiten wie Hugenotten gleichermaßen erschreckte, genausowenig der von Cromwell, Napoleon, Mussolini und angeblich auch Stalin wie ein Gott verehrte Lehrmeister. Lassen wir diesen Aspekt beiseite. Wir haben den Menschen aus Fleisch und Blut kennengelernt, voller Widersprüche, wie es die meisten Menschen sind. Bisweilen hat es fast den Anschein, als habe es ihm ein schelmisches Vergnügen bereitet, die Spuren zu verwischen:

«Wenn jemand unsere Briefe und ihre Verschiedenheit betrachtet, ehrwürdiger Gevatter», schrieb Niccolò an Vettori, «wird es ihm bisweilen so scheinen, als wären wir ernsthafte, gänzlich mit bedeutenden Dingen befaßte Männer, als könnten unsere Herzen keinerlei Gedanken ersinnen, welche nicht mit Ehre und Größe zu tun haben. Wenn man dann den nächsten Brief zur Hand nimmt, so erscheinen dieselben Männer leichtfertig, unstet, frivol, gänzlich den Nichtigkeiten ergeben. Und wenn jemand dies unwürdig findet, so finde ich es lobenswert, denn darin ahmen wir die wechselhafte Natur nach, und wer die Natur nachahmt, den trifft kein Vorwurf ...»

So kann jeder in guter oder schlechter Absicht sich «seinen» Machiavelli auswählen. Befriedigender ist es freilich, wenn man sie alle zusammennimmt, wie er selbst es gewollt hätte: den kühlen Machiavelli und den leidenschaftlichen, den Idealisten und den Realisten, den Empfindsamen und den Zyniker, den Machiavelli, der die Menschen verachtete, und den, der an den Menschen glaubte, den Antiklerikalen, der mit Kardinälen befreundet war, den Glaubensskeptiker, der von einer gereinigten Kirche träumte, den kritischen Geist, der der Religion nur eine politische Rolle zuschrieb und dennoch in seinem Unglück Gott anrief, den unverbesserlichen Spieler und den umsichtigen Familienvater, den Draufgänger und den Zauderer, den mutigen Kämpfer und den rasch Verzagten, den naiven Träumer und den gerissenen Taktiker ... und alles nur in Worten, denn das Schicksal hat es nicht gefügt, daß er selbst nach den Regeln spielte, die er so gut kannte, nicht weil er sie erfunden, sondern weil er sie aufgedeckt hatte.

Armer Niccolò: Während er in einem Sessel davon träumte, Ratgeber des Fürsten zu sein, mußte er seinen Schemel in der Kanzlei für einen anderen räumen, der ihm nicht das Wasser reichen konnte, und durfte nicht mehr im Dienste der Republik durch Schmutz und Schlamm reiten. Er schrieb schlechte Verse, die den Menschen gefielen, und ernsthafte Abhandlungen, die nur seine engsten Freunde lasen. Als dann endlich, aber erst nach seinem Tod, *Der Fürst* erschien, war es – auf dem Höhepunkt der Gegenreformation – ein denkbar ungünstiger Zeitpunkt. Ein englischer Kardinal zog gegen Machiavelli zu Felde, der erste Kritiker, der ihn verteufelte. Ein portugiesischer und ein italienischer Bischof, einflußreiche Teilnehmer des Konzils von Trient, folgten dem Beispiel des Engländers und sorgten dafür, daß das Werk und sein Autor auf den Index gesetzt und in die Hölle verbannt wurden. Machiavelli war Italiener, und die Königin von Frankreich, der man Heimtücke und Hinterhältigkeit vorwarf, stammte ebenfalls aus Italien: Von da war es nur ein Schritt, bis man Machiavelli für die Glaubenskriege und die Bartholomäusnacht verantwortlich machte. 1576, mit dem *Antimachiavellus* (so der deutsche Titel des Werkes von Gentillet), wurde dieser Schritt denn auch ohne Skrupel getan. Machiavellis Verteidiger verschlimmerten alles noch, indem sie argumentierten, in der Maske des Ratgebers habe Machiavelli politisches Verhalten entlarven wollen. Nun tobte der Kampf erst recht, und der Name Machiavelli wurde zum Inbegriff alles Bösen. Denn es ist beruhigender, das Böse in einem Menschen verkörpert zu sehen, ihm einen Namen zu geben, als einzugestehen, daß es anonym und ungreifbar die Welt beherrscht. Ein schöner Disput: Es wird gelesen, noch einmal gelesen, kommentiert, verworfen, angeklagt und gestritten, bis man im 17. Jahrhundert schließlich übereinkommt, mit einigem Widerstreben allerdings, daß man mit einem Rosenkranz in der Hand nicht regieren kann und daß in der Politik notwendig eine Lücke klafft zwischen der Moral – weltlicher wie religiös begründeter – und dem wohlverstandenen Interesse des Staates. Doch nach wie vor gibt man dafür, daß dies so ist, Machiavelli die Schuld, und genau wie meistens sein Vorname vergessen wird, vergißt man auch, daß er nur beschrieben hat, was er sah. Kurzum: Die Beobachtungen des Sekretärs der Kanzlei von Florenz, eines Mannes mit gesundem Menschenverstand und einem wachen Blick, wurden zu weltumspannenden Theorien und haben ihm inzwischen den Titel des Begründers der politischen Wissenschaft eingebracht. Zugleich aber wird sein Name als Synonym verwendet für Heuchler, Schurke oder Bösewicht. Zu uns, die wir ihn kennengelernt haben, könnte er mit seinem vertrauten Spott in Abwandlung von Racine sagen, er habe «weder soviel Ehre noch soviel Schändlichkeit verdient»!

Nach seinem Tod hatte er lange Zeit nur Feinde, mehr als er sich hätte träumen lassen; zu seinen Lebzeiten fehlte es ihm nie an Freunden. Manche wären für ihn durchs Feuer gegangen, andere, auf die er mehr zählte, hätten zugesehen, wie er ertrunken wäre. Er hatte Kinder, die nicht viel taugten, und Geliebte, die nicht aus den besten Kreisen stammten. Er hatte auch eine ordentliche und treue Ehefrau, die zu Hause seufzend neben dem Nähkorb saß und ihrem Ehemann, wenn er wieder einmal draußen in der Welt war, Pakete schickte mit «zwei Hemden, drei Paar Socken und vier Taschentüchern». Niccolò Machiavelli war ein gewöhnlicher Mensch.

# Anhang

## 1

## Übersicht über das italienische Staatensystem zu Beginn des 16. Jahrhunderts

### DAS KÖNIGREICH NEAPEL

Nach dem französischen Historiker Henri Lemonnier, («Charles VIII, Louis XII et François Ier») hat sich Neapel als «einzige politische Einheit [...] das Mittelalter hindurch gehalten». Zahlreiche «dynastische Umwälzungen» bescherten ihm freilich nicht nur geographische Beständigkeit, sondern auch «eine besonders instabile innenpolitische Lage». Der spanische König Alfons von Aragón hatte seine Ländereien zwischen der legitimen Linie der Aragonesen und seinem illegitimen Sohn Ferrante aufgeteilt. Ferrante eroberte Neapel 1458, stieß allerdings auf den Widerstand der Barone und konnte sich nur durch Terror und spanische Unterstützung an der Macht halten.

### DIE ANSPRÜCHE KARLS VIII.

«Sie gründeten sich auf die Eroberung des Königreichs durch Karl I. von Anjou, dem Bruder Ludwigs des Heiligen, und auf die Ansprüche der jüngeren Linie des Hauses Anjou, der Nachfahren König Johanns von Frankreich (des Guten). Die jüngere Linie gründete ihre Ansprüche auf Neapel auf eine Adoption oder ein Testament. Karl von Maine († 1481), der letzte Vertreter der Linie, setzte Ludwig XI. zum Erben ein. Aber erst sein Sohn Karl VIII. machte die Ansprüche später geltend.» *(Op. cit.)*

### DER KIRCHENSTAAT

«Der Kirchenstaat umfaßte das einstige Latium, die Marken und die Romagna und war wohl der seltsamste aller italienischen Staaten. Als ein langgezogenes, uneinheitliches Gebilde verschiedener Territorien hatte es mit einem Staat kaum etwas gemein: Es wurde vom zentralen Apennin in zwei Teile zerschnitten, so daß Rom vom übrigen Territorium isoliert war. Der nördliche Teil gehörte den Päpsten nur nominell. Ihn teilten sich Ende des 15. Jahrhunderts die Venezianer und reiche Familien wie die Bentivoglio, Malatesta und Montefeltro, typische Kondottieri. Selbst in Rom und der römischen Campagna hatten die Colonna und die Orsini das Sagen; ihre Stadtviertel waren befestigt.» *(Op. cit.)*

## DIE TOSKANA

«Florenz [die kleinste der fünf mächtigen großen Städte] hatte die Toskana noch nicht vollständig unter Kontrolle, aber sie wurde immer mehr florentinisch. Die Republik Siena besaß nach wie vor ein recht großes Territorium, und Lucca blieb unabhängig, aber durch Gebietsgewinne und seine günstige Lage am Arno hatte Florenz die besten Voraussetzungen, das politische Zentrum der Region zu werden.» *(Op. cit.)*

## DAS MAILÄNDISCHE

«Das Mailändische war mit den Visconti und mit den Sforza – letztere hatten die Macht Mitte des 15. Jahrhunderts übernommen – das ‹Musterbeispiel eines Kondottieri-Staates›. Gegen 1492 erstreckte er sich ungefähr von den Alpen bis zum Po und von der Sesia bis zur Adda. Zu seinem Territorium gehörten auch Piacenza und Parma. Ein Vorposten war Pontremoli, das die Sforza den Florentinern streitig machten. Das gesamte Leben und die Macht des Herzogtums beruhten auf seiner militärischen Stärke und der Genialität seines Fürsten, der die von Machiavelli später gepriesenen Tugenden verkörperte. Die eigentliche Hauptstadt war weniger Mailand als vielmehr das Mailänder Schloß: Palast und Festung ...» *(Op. cit.)*

## GENUA

«Von ständigen inneren Konflikten zerrissen, war die Republik eine leichte Beute für alle. Frankreich, das Mailändische und Piemont besaßen und verloren sie wieder und rissen sie wieder an sich.» *(Op. cit.)*

## DIE KLEINEN FÜRSTENTÜMER

Es gab zahlreiche kleine Fürstentümer. «Im Norden die Markgrafschaft Saluzzo, ein Vasall von Frankreich, die Markgrafschaften Montferrat und Mantua, die mehr oder weniger vom Reich abhingen; in der Mitte das Herzogtum Ferrara und weitere winzige Parzellen: Urbino mit den Montefeltro; Rimini und Fano mit den Malatesta; Faenza und Imola mit den Manfredi; Mirandola mit den Pico; Bologna mit den Bentivoglio.» *(Op. cit.)*

## DAS REICH UND ITALIEN

Das Heilige Römische Reich deutscher Nation und das Papsttum waren die wichtigsten Machtfaktoren des mittelalterlichen Italien. Die italienische Politik wurde bestimmt durch die Rivalität zwischen Guelfen und Ghibellinen, den Anhängern von Papst und Kaiser. Eine Wende brachte die Niederlage Ludwigs des Bayern (1314–1347), der von den Römern im Kapitol zum Kaiser gekrönt wurde, um gegen das Königreich Neapel der Anjou zu Felde zu ziehen. Das Reich verzichtete auf die politische und religiöse Vorherrschaft auf der Apenninhalbinsel und existierte außerhalb des deutschen Staatensystems nur noch formal. Der römisch-deutsche Kaiser behielt allerdings die nominelle Oberherrschaft über Mailand, Mantua, Modena, Parma und Verona.

# 2

# Die florentinische Republik zur Zeit Machiavellis

## DAS VOLK (PÒPOLO)

Als Volk galt die Gesamtheit der Bürger, die einer der Zünfte (den *arti maggiori* des *pòpolo grasso* oder den *arti minori* des *pòpolo minuto*) angehörten und somit über politische Rechte verfügten. Besitzlose, kleine Handwerker und Randgruppen waren aus der Politik ausgeschlossen. Steuerpflicht bedeutete nicht automatisch Zugang zu öffentlichen Ämtern.

## DIE REGIERUNG

### 1. Die Exekutive

Die *Signoria:* der seit 1502 auf Lebenszeit gewählte Gonfaloniere; die acht Prioren oder Vorsteher, die designiert, durch Los bestimmt und auf zwei Jahre ernannt wurden; die zwölf «Buoni uomini», ein Rat von Weisen; die Zehn, ein regelmäßig neu gewähltes Gremium, das sich mit innen- und außenpolitischen Fragen und militärischen Angelegenheiten zu befassen hatte; die Acht der Garde, die politische Polizei, verfolgte auch andere Straftaten.

### 2. Die Legislative

Der *Große Rat* («Oberhaus»): bestand aus allen Florentinern, die mindestens neunundzwanzig Jahre alt waren und die selbst oder deren Vorfahren ein hohes Amt bekleidet hatten; hinzugewählt wurden weitere Bürger, welche die beiden Voraussetzungen nicht erfüllten. Eine in drei Gruppen unterteilte Versammlung (die Fünfhundert), die nacheinander je sechs Monate lang tagten.

Die *Achtzig* («Unterhaus»): ein Ratsgremium, das alle sechs Monate neu gebildet wurde. Die Mitglieder waren mindestens vierzig Jahre alt und wurden im Großen Rat durch Hinzuwahl und im Losverfahren bestimmt; sie unterstützten die Signoria in allen wichtigen Angelegenheiten, ernannten die Kommissare der Streitkräfte und die Botschafter.

Der Einfachheit und Übersichtlichkeit halber wurde hier eine Einteilung in Legislative und Exekutive vorgenommen; die politische Wirklichkeit war wesentlich komplizierter. Die Gesetzesinitiative lag bei der Signoria, die bei der Arbeit von besonderen Ausschüssen *(partiche)* unterstützt wurde. Die Gesetze wurden ohne Debatte von den Achtzig verabschiedet und vom Großen Rat ratifiziert.

«Es gibt keinen großen Unterschied zwischen dem Regime der Republik und der Tyrannei in Florenz», schreibt Claude Lefort, «immer ist es eine kleine Minderheit, die den Staat als ihr Eigentum betrachtet, sich vom Volk entfernt und ihr Heil im Erhalt erlangter Positionen sucht.»

## 3

## Nach Machiavelli: Von der Wiederherstellung der Republik (1527) bis zu ihrem endgültigen Ende (1531–1532)

| | |
|---|---|
| *Mai 1527* | «Sacco di Roma»: Kaiserliche Truppen plündern Rom. In Florenz kommt es zum Aufstand. Die Medici werden vertrieben, die republikanische Verfassung wird wieder in Kraft gesetzt. Der Gonfaloniere Niccolò Capponi, ein überzeugter Anhänger Savonarolas, ruft später erneut Christus zum König von Florenz aus, um mit der Opposition fertigzuwerden.<br>Frankreich und England schließen einen Angriffspakt. |
| *Sommer 1527* | Heftige Kämpfe in Italien.<br>Unter Lautrecs Kommando erobert die französische Armee mit mailändischer und venezianischer Unterstützung das Mailändische zurück. Aber Mailand bleibt verloren.<br>Admiral Andrea Doria gibt Genua an Frankreich zurück.<br>Alfonso d'Este schlägt sich auf die Seite der Liga. Renée de France, die Tochter Ludwigs XII., heiratet Herzog Ercole d'Este, den Erben von Ferrara.<br>Mantua fällt vom Kaiser ab. |
| *Dezember 1527* | Klemens VII., seit dem «Sacco di Roma» in der Engelsburg belagert, flieht nach Orvieto. |
| *Februar 1528* | Lautrec marschiert nach Neapel. Die Kaiserlichen ziehen zur Verteidigung des Königreichs aus Rom ab. |
| *Frühjahr 1528* | Die Franzosen verbuchen Siege in der Ostregion, aber die Stadt Neapel und Gaeta leisten Widerstand. |

| | |
|---|---|
| *Sommer 1528* | Die Absetzung des Admirals Andrea Doria rettet Neapel. Mit Lautrecs Tod im August ist das französische Unternehmen endgültig gescheitert; die französische Armee wird zerschlagen. |
| *Sommer – Herbst 1528* | Frankreich erleidet eine weitere Niederlage in der Lombardei: Die Flucht der Franzosen führt vorerst zur Befreiung Italiens. |
| *29. Juni 1529* | Vertrag von Barcelona: Karl V. verspricht die Wiedereinsetzung der Medici in Florenz; Klemens VII. verspricht im Gegenzug die Kaiserkrönung und eine Belehnung mit Neapel. Das Bündnis wird zementiert durch die Pläne einer Heirat Alessandro de'Medicis mit Karls illegitimer Tochter Margarete. |
| *3. August 1529* | Der «Damenfriede» von Cambrai, ausgehandelt von Louise von Savoyen und Margarete, Statthalterin der Niederlande und Tante Karls V.: Frankreich schert aus dem Bündnis mit Venedig, Ferrara und Florenz aus und verzichtet auf alle Ansprüche in Italien. Die Florentiner werden aufgefordert, sich binnen vier Monaten mit dem Kaiser zu verständigen.<br>Der Papst tritt in Verhandlung mit dem Gonfaloniere Capponi. Die Florentiner setzen Capponi wegen zu großer Nachgiebigkeit ab und schlagen am 11. November einen ersten Angriff zurück.<br>Papst und Kaiser söhnen sich im Dezember in Bologna feierlich aus. Karl V. erklärt sich zur Anerkennung Francesco Sforzas als Herr von Mailand und zu Verhandlungen mit Venedig und Ferrara bereit. Er verzeiht Mantua die mangelnde Treue und erhebt es zum Herzogtum. Gegen Florenz, das sich ihm widersetzt, befiehlt er eine Strafexpedition. |
| *24. Februar 1530* | Karl V. wird am Jahrestag der Schlacht von Pavia zum Kaiser gekrönt. |
| *April 1530* | Antonio de Leyva, der mit zehntausend Landsknechten dem Prinzen von Oranien untersteht, belagert Florenz.<br>Die Florentiner leisten Widerstand: «Wir sind entschlossen, alles zu tun, um unsere Freiheit zu erhalten; bevor wir sie verlieren, verlieren wir unser Leben, und die Stadt wird zerstört, so daß es nicht heißt: ‹Dies ist Florenz›, |

sondern: ‹Dies war Florenz.›» (Bericht des Dogen Niccolò da Ponte)
Malatesta Baglioni aus Perugia kommandiert das Milizheer der Stadt, fünfzigtausend Florentiner und mehrere tausend andere, zumeist ehemalige Gefolgsleute Giovannis delle Bande Nere; Michelangelo dient als Generalkommissar der Festungsanlagen. Francesco Ferrucci, ein ehemaliger Kaufmannsgehilfe, unternimmt im Tal des Arno an der Spitze einer Handvoll Desperados erfolgreiche Ablenkungsangriffe.

*3. August 1530* Ferrucci und der Prinz von Oranien kommen bei der Schlacht von Gavinana bei Pistoia ums Leben.

Sommer 1530 Die Florentiner sind erschöpft und durch Krankheit und Hunger dezimiert. Angesichts der Lage versucht Malatesta Baglioni mit Unterstützung der «Partei der Kapitulation», heimlich einen Waffenstillstand auszuhandeln.

*12. August 1530* Florenz ergibt sich. Ferrante di Gonzaga, der Befehlshaber der kaiserlichen Truppen, läßt die Florentiner wissen, Karl V. nehme die Kapitulation an und behalte sich das Recht vor, ein neues Regime einzusetzen. Die Freiheiten der Republik wolle er allerdings unangetastet lassen.

*Mai 1531* Karl V. setzt Alessandro de'Medici per Dekret zum «Oberhaupt der Republik» ein. In Florenz finden heftige Säuberungen statt.

*27. April 1532* Eine Kommission von zwölf Mitgliedern der *balia,* darunter Francesco Guicciardini, Roberto Acciaiuoli und Francesco Vettori, schafft die alte Verfassung mit Signoria und Gonfaloniere ab. Das neue Führungsgremium besteht jetzt aus nur vier Mitgliedern. Es wird vierteljährlich gewählt und von vierzig Senatoren unterstützt, die über Fragen von Krieg und Frieden entscheiden. Ein Rat der Zweihundert wahrt den demokratischen Anschein.

*Mai 1532* Alessandro de'Medici erhält vom Kaiser den Erbtitel des Herzogs von Florenz.

## 4

# Machiavellis wichtigste Schriften

| | |
|---|---|
| *Verse* | Die Dezennalen I und II (II unvollendet).<br>Der goldene Esel.<br>Fasnachtsgesänge.<br>Lieder für Barbera. |
| *Theater* | Die Mandragola.<br>Die Clizia. |
| *Novelle* | Sehr scherzhafte Novelle vom Erzteufel Belfagor, welcher von Pluto auf die Erde gesandt wird, eine Frau zu nehmen. |
| *Sprachtheoretische Schrift* | Ob die Sprache, welche Dante, Petrarca und Boccaccio geschrieben, italienisch, toskanisch oder florentinisch zu nennen? |
| *Politische Schriften* | Der Fürst.<br>Discorsi. Gedanken über Politik und Staatsführung.<br>Die Kriegskunst. |
| *Geschichtliche Werke* | Das Leben Castruccio Castracanis.<br>Geschichte von Florenz. |
| *Berichte* | Über die pisanische Angelegenheit. An den Rat der Zehn.<br>Beschreibung der Art, wie der Herzog von Valentinois Vitellozzo Vitelli, Oliverotto da Fermo, den Signor Paolo Orsini und den Herzog von Gravina Orsini gefangennahm und tötete …<br>Wie man das empörte Chiana-Tal behandeln sollte. |

Politischer Zustand Deutschlands am Anfang des 16. Jahrhunderts.
Über die Natur der Franzosen.
Politischer Zustand Frankreichs am Anfang des 16. Jahrhunderts.
Bericht über die Einrichtung der Miliz.

# 5

# Personenverzeichnis

ADRIANI, Virgilio Marcello: Humanist; Chef der Kanzlei; Machiavellis Freund und Beschützer.

AGAPITO, Francesco: Sekretär Cesare Borgias.

ALAMANNI, Luigi: Dichter und Staatsmann; Mitglied des Kreises der *Orti oricellari*. Machiavelli widmete ihm seinen *Castruccio Castracani* und ließ ihn als Gesprächspartner in der *Kriegskunst* auftreten. Alamanni war mit seinem gleichnamigen Cousin in die Verschwörung gegen Kardinal Gulio de'Medici verwickelt; nach der Rückkehr der Medici 1529 ging er nach Frankreich ins Exil und wurde dort Haushofmeister Katharina von Medicis.

ALBERTI, Leon Battista: Humanist, Philosoph, Architekt und Städtebauer (1404–1472).

ALBIZZI, Lucas degli: florentinischer Kommissar bei der Belagerung Pisas.

ALEXANDER VI. (Kardinal Rodrigo Borgia): Papst von 1492 bis 1503.

ALIDOSI, Kardinal: Günstling Julius' II.; Statthalter von Bologna.

ALVAREZ, Fernando d': Markgraf von Pescara. General Karls V., Sieger von Pavia gegen Franz I. Gatte der Dichterin Vittoria Colonna.

ALVIANO, Bartolomeo: venezianischer General und Glücksritter.

AMBOISE, Georges d': Kardinal von Rouen, Ratgeber Ludwigs XII.

ANNA VON BRETAGNE: Königin von Frankreich, Gattin Karls VIII. und später Ludwigs XII.

APPIANO, Iacopo d': Stadtherr von Piombino.

ARAGON, Alfons von: Herzog von Bisceglie, zweiter Gatte Lucrezia Borgias, ermordet von Cesare Borgia.

—, Ferdinand von, der Katholische: König von Spanien und 6. König von Neapel.

—, Friedrich von: 5. König von Neapel, 1500 von Ferdinand dem Katholischen um seinen Besitz gebracht.

ARDIGHELLI, Piero: Sekretär der Medici-Päpste.

BAGLIONI, Giampagolo: Stadtherr von Perugia.

BANDELLO, Matteo: Dominikaner und Hofdichter, Machiavellis Zeitgenosse und Verfasser einer Novellensammlung.

BANDINI, Bernardo: Teilnehmer an der Pazzi-Verschwörung, Mörder Giuliano de'Medicis.

BEAUMONT: Kapitän der französischen Truppen vor Pisa.

BENTIVOGLIO, Giovanni: Stadtherr von Bologna, von Ludwig XII. abwechselnd protegiert und fallengelassen.

BIBIENA, Kardinal: Sekretär Giovanni de'Medicis (Papst Leos X.).

BOCCACCIO, Giovanni: italienischer Dichter, Verfasser des *Decamerone*.

BONIVET: Admiral von Frankreich, Günstling Franz' I., verantwortlich für die Niederlage von Pavia.

BORGIA, Rodrigo: siehe Alexander VI.

—, Cesare: Sohn von Papst Alexander VI., Herzog von Valentinois und der Romagna.

—, Lucrezia: Tochter Alexanders VI.

BOTTICELLI, Sandro: eigentlich Alessandro Filipepi, Florentiner Maler (1445–1510).

BOURBON, Charles de: Konnetabel, Sohn Gilbert de Montpensiers, verschwägert mit Louise von Savoyen, Neffe des Markgrafen von Mantua. Wandte sich wegen verlorener Erbrechte gegen Franz I. und lief ins gegnerische Lager des Kaisers über; verantwortlich für den «Sacco di Roma».

BUONACCORSI, Biagio: Kollege und Freund Machiavellis.

BUONAROTTI, Michelangelo: Florentiner Maler, Bildhauer und Baumeister (1475–1564).

BUONDELMONTI, Zanobi: Freund Machiavellis, Gesprächspartner in der *Kriegskunst*.

BRUNELLESCHI: Florentiner Baumeister des 15. Jahrhunderts.

CAPPONI: bedeutende Familie der Republik Florenz.

—, Agostino: Vertrauter Machiavellis, Teilnehmer der Verschwörung gegen die Medici 1513.

—, Niccolò: Kommissar und letzter Gonfaloniere der Republik von 1527 bis 1529.

CARDONA, Ramón de: spanischer General, Kommandant der spanisch-päpstlichen Truppen im Krieg der Heiligen Liga; Vizekönig von Neapel; setzte 1512 die Medici in Florenz wieder ein.

CASAVECCHIA, Filippo: enger Freund Machiavellis, las als erster den *Fürsten*.

CASTIGLIONE, Baldassare: Edelmann aus Mantua am Hof von Urbino, Botschafter Klemens' VII. in Spanien; Verfasser des *Cortegiano*.

CASTAGNO, Andrea del: Florentiner Maler (1423–1457).

COLONNA: römische Barone, Gegner der Orsini.

—, Fabrizio: berühmter Kondottiere, diente Karl VIII. 1495 im Feldzug gegen Neapel; lief zu den Aragonesen von Neapel über; Sieger über die Franzosen am Garigliano 1503; General Julius' II. im Krieg der Liga von Cambrai; dann im Dienst Ferdinands von Aragón, Oberbefehlshaber der spanischen Streitkräfte in Italien; wichtigster Gesprächspartner in Machiavellis *Kriegskunst*.

—, Marcantonio: Kondottiere von Florenz.

—, Pompeo: Heerführer und Kardinal, diente Karl V. als Werkzeug gegen Klemens VII.

—, Prospero: Heerführer Karls V.

CÓRDOBA, Gonsalvo de: Vizekönig von Neapel und General Ferdinands des Katholischen.

CORNO, Donato dal: Kumpan Machiavellis.

CORSINI, Marietta: Machiavellis Ehefrau.

DONATELLO: Florentiner Bildhauer des 15. Jahrhunderts.

DORIA, Andrea: Genueser Admiral.

ESTE: Herrscher des Herzogtums Ferrara.

—, Alfonso d': Gatte Lucrezia Borgias, führte einen erbitterten Kampf gegen Julius II., Gegner der Medici im Bündnis mit dem Kaiser.

—, Isabella d': Gattin Francesco Gonzagas, des Markgrafen von Mantua; eine der berühmtesten Frauen der Renaissance.

FERMO, Oliverotto da: Kapitän Cesare Borgias.

FRANZ I.: ab 1515 König von Frankreich.

FRUNDSBERG, Georg von: deutscher protestantischer Heerführer im Dienst Karls V.

GHERI, Goro: Kardinal, Vertreter Kardinal Giulios in Florenz.

GIACOMINI, Antonio: Florentiner Kapitän, Gefährte Machiavellis im Krieg gegen Pisa.

GIBERTI, Datarius: Genueser Privatsekretär Leos X. und Ratgeber Klemens' VII.

GIOVANNI DELLE BANDE NERE: siehe Giovanni de'Medici (2).

GIROLAMI, Giovanni: Beauftragter Francesco Soderinis, des Kardinals von Volterra, Gefährte Machiavellis am französischen Königshof.

GONZAGA: Herrscher der Markgrafschaft Mantua, Vasall des Reichs.

—, Francesco: Markgraf von Mantua, nacheinander Kondottiere für Venedig, Kapitän der Streitkräfte der Liga gegen Karl VIII., Kapitän im Dienste Ludwigs XII. und Gonfaloniere der Kirche unter Julius II.

—, Isabella: Markgräfin von Mantua, siehe Este.

GUICCIARDINI, Francesco: Geschichtsschreiber und Staatsmann, Verfasser von Geschichtswerken zu Florenz (1509) und Italien (1535).

HADRIAN VI. (Hadrian von Utrecht): Papst von 1522 bis 1523.

HEINRICH VIII.: König von England ab 1509.

JULIUS II. (Kardinal Giuliano della Rovere): Papst von 1503 bis 1513.

KARL VIII.: König von Frankreich von 1483 bis 1498. Führte einen Blitzkrieg in Italien, besetzte 1495 das Königreich Neapel und verlor es wieder; durchbrach bei Fornovo die Linien der vereinigten italienischen Streitkräfte unter dem Markgrafen von Mantua und kehrte so im gleichen Jahr nach Frankreich zurück.

KARL V. (Karl von Habsburg): Sohn Philipps des Schönen und Johannas von Aragón, Erbe der katholischen Könige; ab 1519 Kaiser.

KLEMENS VII.: Papst von 1523 bis 1534, siehe Medici, Giulio.

LANNOY: Vizekönig von Neapel unter Karl V.

LAUTREC ODET DE FOIX, Vicomte: General Franz' I., wurde 1521 Statthalter von Mailand; verantwortlich für die Niederlage von Bicocca, die 1522 zum Verlust des Mailändischen führte.

LOUISE VON SAVOYEN: Mutter Franz' I. von Frankreich.

LUDWIG XII. (Louis d'Orléans): König von Frankreich von 1498 bis 1515.

MARISCOTTA: kurzer Schwarm Machiavellis.

MAXIMILIAN I. VON HABSBURG: römisch-deutscher Kaiser ab 1493; trat nach einer zweiten Eheschließung mit Bianca Maria Sforza in Italien auf den Plan.

MEDICI: siehe auch Stammbaum.

—, Alessandro de': späterer Herzog von Florenz, wurde von seinem Verwandten Lorenzaccio ermordet.

—, Katharina von: Königin von Frankreich, Tochter von Herzog Lorenzo von Urbino und Madeleine de la Tour d'Auvergne.

—, Giovanni de' (1): Kardinal, späterer Papst Leo X.

—, Giovanni de' (2): Giovanni delle Bande Nere, Sohn Caterina Sforzas und Giovanni Popolanos; Gatte Maria Salviatis, der Enkelin Lorenzos des Prächtigen; Urgroßvater der französischen Königin Maria von Medici. Berühmter Kondottiere im Dienst Franz' I. und der Armee der Liga 1527.

—, Giovanni Popolano: Botschafter von Florenz. Abkömmling der jüngeren Linie der Medici; Gatte Caterina Sforzas, der Gräfin von Imola und Forlì; Vater Giovannis delle Bande Nere.

—, Giulio de': Kardinal und späterer Papst Klemens VII.

—, Giuliano de': Herzog von Nemours, Herrscher über Florenz nach der Rückkehr der Medici 1512.

—, Ippolito de': Kardinal.

—, Lorenzo de' (1), der Prächtige: Enkel Cosimos des Alten, Stadtherr von Florenz ab 1469, trotz selbstherrlicher Regierungsweise sehr populär, einer der bedeutendsten Kunstförderer der Renaissance.

—, Lorenzo de' (2): Herzog von Urbino und «Kapitän von Florenz».

—, Piero de', der Unglückliche: ältester Sohn Lorenzos des Prächtigen, 1494 von Savonarola vertrieben.

MICHELANGELO, siehe Buonarotti.

MONCADA, Ugo de: Führer der spanischen Armee 1526.

MONTEFELTRO: Fürstengeschlecht von Urbino.

—, Guidobaldo di: Herzog von Urbino, Gatte Elisabetta Gonzagas, Schwester der Markgräfin von Mantua; adoptierte zur Sicherung der Erbfolge den Sohn seiner Schwester, Francesco Maria della Rovere, den Neffen Papst Julius' II.

MORONE: Kanzler der Mailänder Herzöge Massimiliano und Francesco Sforza, konspirierte gegen Karl V., beteiligte sich dann aber mit den Kaiserlichen an der Plünderung Roms.

ORCA, Ramiro del: Statthalter Cesare Borgias in der Romagna.

ORSINI: Familie römischer Barone, Widersacher der Colonna, bedeutender Machtfaktor in der Bündnispolitik der Päpste.

PALLA, Battista della: Vertrauter der Medici, Freund Machiavellis.

PASSERINI, Silvio: Kardinal von Cortona; Statthalter der jungen Medici-Fürsten Alessandro und Ippolito.

PAZZI: Florentiner Familie, Feinde der Medici.

—, Francesco: Drahtzieher der Pazzi-Verschwörung 1478, Mörder Giuliano de'Medicis.

—, Iacopo: Oberhaupt der Familie während der Verschwörung, wurde auf Befehl Lorenzos des Prächtigen hingerichtet.

PESCARA: siehe Alvarez, Fernando d'.

PETRUCCI, Pandolfo: Stadtherr von Siena.

PICO DELLA MIRANDOLA, Giovanni: Humanist und Gelehrter; Vertrauter Lorenzos des Prächtigen.

POLIZIANO, Angelo: Dichter, Übersetzer der *Ilias;* Vertrauter Lorenzos des Prächtigen.

RAFFAEL: eigentlich Raffaello Santi (Sanzio), Maler und Architekt (1483–1520), stammte aus Urbino.

RIARIO: Familie des Papstes Sixtus' IV. (1471–1484).

—, Girolamo: Neffe Sixtus' IV., Herr von Imola und Forlì; erster Gatte Caterina Sforzas.

—, Ottaviano: Sohn von Girolamo, Kondottiere der Florentiner.

—, Raffaello: Kardinal, Teilnehmer an der Pazzi-Verschwörung.

RICCIA: Schwarm Machiavellis.

ROBERTET, Florimond: Ratgeber Ludwigs XII.

ROVERE, Francesco Maria della: Herzog von Urbino; Gatte Eleonora Gonzagas, der Tochter der Markgräfin Isabella d'Este; Kapitän der Liga 1527.

—, Giuliano della: Kardinal, später Papst Julius II.

RUCCELLAI: reiche, berühmte Florentiner Familie von Humanisten und Kunstförderern (beauftragten Alberti mit der Fassade der Kirche Santa Maria Novella).

—, Bernardo: Gatte Nanninas, der Schwester Lorenzos des Prächtigen.

—, Cosimo: Adressat der Widmung der *Discorsi* und Gesprächspartner in der *Kriegskunst.*

SADOLETO: Kardinal und Humanist, Sekretär Klemens' VII.

SALUTI, Barbera: Sängerin und Schauspielerin, Geliebte Machiavellis.

SALVIATI: mit den Medici verbündete Familie.

—, Alamanno: Führer der «demokratischen» Opposition; Adressat der Widmung der *Dezennalen.*

—, Giovanni: Erzbischof von Pisa, Teilnehmer an der Pazzi-Verschwörung 1478.

—, Giovanni: Kardinal, Neffe Leos X.; 1526 Botschafter bei Karl V. in Spanien.

Sangallo, Giuliano da: Bildhauer und Architekt, befaßte sich mit Machiavelli mit den Befestigungsanlagen von Florenz.

Santi di Tito: italienischer Maler und Baumeister (1536–1603).

Savonarola, Girolamo: Prior von San Marco 1491; errichtete 1494 eine theokratische Herrschaft in Florenz; 1498 auf der Piazza della Signoria verbrannt.

Sforza: Herrscher von Mailand nach den Visconti (siehe auch Stammbaum).

—, Caterina: Herrin von Forlì.

—, Lodovico il Moro: Onkel Caterinas; Regent, später Herzog von Mailand; von Ludwig XII. besiegt, starb als Gefangener im Schloß von Loches.

Soderini: bedeutende Florentiner Familie, Gegner der Medici.

—, Francesco: Bischof von Volterra und Kardinal.

—, Piero: nach Savonarolas Sturz Gonfaloniere auf Lebenszeit, ging nach der Rückkehr der Medici 1512 ins Exil.

Strozzi: Florentiner Familie reicher Bankiers, brillante Humanisten, Verbündete und Gegner der Medici.

—, Filippo: Kaufmann, Staatsmann und Humanist; übersetzte Polybios und Plutarch; heiratete die Enkelin Lorenzos des Prächtigen; 1515 «Depositarius» der Apostolischen Kammer: Ratgeber Klemens' VII.; glühender Verteidiger der Republik, trug zur Revolution von 1527 bei, schlug sich später auf die Seite Alessandro de'Medicis, ging aber in Opposition zu Herzog Cosimo I.; geriet nach einer militärischen Niederlage in Gefangenschaft; Selbstmord im Gefängnis.

—, Lorenzo: Bruder Filippos; Adressat der Widmung der *Kriegskunst.*

Valori: Florentiner Adelsgeschlecht.

—, Niccolò: Gesandter von Florenz am Hof Ludwigs XII.

Vasari, Giorgio: Florentiner Maler, Architekt und Dichter (1511–1574).

Vettori: einflußreiche Florentiner Familie.

—, Francesco: Freund Machiavellis (Empfänger von 25 der 84 *Freundschaftlichen Briefe).*

—, Paolo oder Pagolo: Francescos Bruder, spielte bei der Rückkehr der Medici eine entscheidende Rolle.

Vitelli, Paolo: Kapitän von Florenz gegen Pisa; wurde des Verrates angeklagt und hingerichtet.

—, Vitellozzo: Bruder Paolos; Kapitän der Florentiner, dann Cesare Borgias; nahm an einer Verschwörung gegen seinen Dienstherrn teil und wurde erdrosselt.

Vinci, Leonardo da: italienischer Maler, Bildhauer, Architekt, Naturforscher und Ingenieur (1452–1519).

# Stammtafeln

## DIE MEDICI

- Cosimo der Alte
  - Piero der Gichtige
    - Nannina ∞ Bernado Rucellai
    - Lorenzo der Prächtige (1449–1492) ∞ Clarice Orsini
      - Lucrezia ∞ Jacopo Salviati
        - Maria Salviati Gattin Giovannis delle Bande Nere
      - Piero der Unglückliche (1471–1503) ∞ Alfonsina Orsini
        - Lorenzo (1492–1519) Kapitän von Florenz Herzog von Urbino ∞ Madeleine de la Tour d'Auvergne
          - Katharina (1519–1589) Königin von Frankreich ∞ Heinrich II. Valois
        - Clarice ∞ Filippo Strozzi
      - Kardinal Giovanni (1498–1526) Papst Leo X.
      - Giuliano (1478–1516) Herzog von Nemours ∞ Philiberte von Savoyen
        - Ippolito (illegitim)
    - Giuliano (1453–1478)
      - Kardinal Giulio (1478–1534) Papst Klemens VII.

Alessandro (1512 – 1537) (illegitim), erster Herzog von Florenz

- Lorenzo
  - Giovanni Popolano ∞ Caterina Sforza
    - Giovanni delle Bande Nere ∞ Maria Salviati, Enkelin Lorenzos des Prächtigen
      - Cosimo I. (1519–1574) Herzog von Florenz (1537) Großherzog von Toskana ∞ Eleonore von Toledo
        - Francesco I. Großherzog von Toskana ∞ Johanna von Österreich
          - Maria (1573–1642) Königin von Frankreich ∞ Heinrich VI.

# DAS HAUS SFORZA

- Gian Galeazzo Visconti, Herr von Mailand
  - Valentina V. ∞ Ludwig von Orléans
  - Filippo Maria V. († 1447) Herzog von Mailand
    - Bianca Maria V. ∞ Francesco I. Sforza († 1466) Kondottiere Herzog von Mailand — Bruder von Alessandro Sforza Herr von Pesaro
      - Galeazzo Maria († 1476) Herzog von Mailand ∞ Bona von Savoyen
        - Gian Galeazzo Herzog von Mailand († 1476) ∞ Isabella von Aragón
        - Bianca Maria ∞ Maximilian von Habsburg
        - Anna Maria ∞ Alfonso d'Este
        - Caterina (illegitim) Gräfin von Imola und Forlì ∞ Giovanni Popolano de'Medici
          - Giovanni delle Bande Nere
      - Ascanio Maria Kardinal
      - Ippolita ∞ Alfons II. von Aragón König von Neapel
        - Isabella ∞ Gian Galeazzo Sforza
      - Lodovico il Moro († 1508) Regent, später Herzog von Mailand ∞ Beatrice d'Este
        - Ercole Massimiliano Herzog von Mailand 1512–1514
        - Francesco II. Herzog von Mailand 1521
    - (Alessandro Sforza Herr von Pesaro)
      - Giovanni Herr von Pesaro ∞ Lucrezia Borgia

## DAS HAUS VALOIS

- Karl V.
  - Karl VI. ∞ Isabeau (Elisabeth) von Bayern
    - Karl VII. († 1461) ∞ Marie d'Anjou Tochter Ludwigs II. Herzog von Anjou König von Neapel und Sizilien
      - Ludwig XI. († 1483)
        - Karl VIII. († 1498)
  - Ludwig von Orléans ∞ Valentina Visconti Tochter Gian Galeazzos, des Herzogs von Mailand
    - Karl (Charles d'Orléans)
      - Ludwig XII. (1462–1515) ∞ 1. Johanna Tochter Ludwigs XI. Ehe annulliert durch Papst Alexander VI. Borgia ∞ 2. Anna von Bretagne Witwe Karls VIII.
        - Claude ∞ Franz I.
        - Renée ∞ Ercole D'Este Herzog von Ferrara
    - Johann Graf von Angoulême
      - Karl von Orléans ∞ Louise von Savoyen
        - Franz I. (1494–1547)

# Bibliographische Auswahl

## QUELLEN

*Toutes les lettres officielles et familières de Machiavel,* hrsg. v. E. Barincou, Vorwort v. J. Giono, Paris 1955.
*Œuvres complètes,* hrsg. v. E. Barincou, Vorwort v. J. Giono, Paris 1952.
*Sämtliche Werke,* übers. v. J. Ziegler, 8 Bde., Karlsruhe 1832–1841.
*Der Fürst,* übers. u. hrsg. v. R. Zorn, 6. Aufl., Stuttgart 1978.
*Discorsi, Gedanken über Politik und Staatsführung,* übers. u. hrsg. v. R. Zorn, 2. Aufl., Stuttgart 1977.
*Geschichte von Florenz,* vollständige Ausgabe, übers. v. A. v. Reumont, Wien 1934.
*Diario de'successi piu importanti seguiti in Italia e particolarmente in Firenze dall'anno 1498 all'anno 1512,* Biagio Buonaccorsi, Florenz 1568.
*Dizionario biografico degli Italiani,* Rom o. Z.
*Enciclopedia Italiana,* Rom 1949.

## BIOGRAPHIEN UND EINZELUNTERSUCHUNGEN: MACHIAVELLI UND SEINE ZEIT

Antonetti, Pierre, *Histoire de Florence,* Paris 1983.
Barincou, Edmond, *Machiavelli. Mit Selbstzeugnissen und Bilddokumenten,* übers. v. H. v. Winter, Reinbek bei Hamburg 1985.
Barthouil, Georges, *Machiavelli attuale – Machiavel actuel,* Akten zum 3. internationalen Kongreß der italienischen Studien von Avignon, Ravenna 1982.
Bec, Christian, *Machiavel,* Paris 1985.
— *Le siècle des Médicis,* Paris 1977.
— *Cultura e società a Firenze nell'età della Rinascenza,* Salerno, Rom 1981.
Bellonci, Maria, *Lucrezia Borgia. Nicht Teufel, nicht Engel, nur Weib,* übers. v. R. Hoffmann, Berlin 1941.

BENOIST, Eugène, «Le Gonfalonier perpétuel, Pier Soderini», in: *Revue des Deux Mondes,* Mai 1924.
BERTELLI, Sergio, «Machiavelli and Soderini», in: *Renaissance Quarterly,* XXVIII, 1975.
BRAMLY, Serge, *Leonardo da Vinci; eine Biographie,* Reinbek 1993.
BRION, Marcel, *Léonard de Vinci,* Paris 1952.
— *Le Pape et le Prince. Les Borgia,* Paris 1953.
— *Machiavelli; seine Zeit,* übers. v. A. Hegemann, Düsseldorf, Köln 1957.
BURCKHARDT, Jacob, *Die Kultur der Renaissance in Italien,* hrsg. v. H. Günther, Frankfurt a. M. 1989.
CHABOD, Federico, *Scritti su Machiavelli,* Turin 1964.
— *Machiavelli and Renaissance,* Übers. a. d. It., Harvard 1960.
CHASTEL, André, *Le Sac de Rome 1527,* Paris 1977.
CHIAPPINI, Luciano, *Gli Estensi,* Mailand 1967.
CLOULAS, Ivan, *Laurent le Magnifique,* Paris 1982.
— *Jules II,* Paris 1990.
COLLISON-MORLEY, Lacy, *Histoire des Sforza,* Paris 1951.
— *Histoire des Borgia,* Paris 1949.
CONIGLIO, Giuseppe, *I Gonzaga,* Mailand 1967.
DIONISOTTI, Carlo, *Machiavellerie. Storia e fortuna di Machiavelli, [Sammlung verschiedener Texte aus Zeitschriften und anderen Veröffentlichungen (1965–*1979)], Turin 1980.
FERRARA, Oreste, *Le XVI*e siècle vu par les ambassadeurs vénetiens, Paris 1954.
GAUTHIER-VIGNAL, Louis, *Machiavel,* Paris 1969.
GAUTHIEZ, Pierre, *Jean des Bandes-Noires 1498–1526,* Paris 1901.
GILBERT, Felix, *Machiavelli and Guicciardini,* Princeton 1965.
— *Niccolò Machiavelli e la vita culturale del suo tempo,* Bologna 1964.
HALE, John Rigby, *Machiavelli and Renaissance Italy,* London 1961.
HAUVETTE, Henri, *Luigi Alamanni (1495–1556). Sa vie et son œuvre,* Paris 1903.
HEERS, Jacques, *Machiavel,* Paris 1985.
LARIVAILLE, Paul, *La Vie quoditienne en Italie au temps de Machiavel,* Paris 1979.
— *La pensée politique de Machiavel (des discours sur la Première Décade de Tite-Live),* Nancy 1982.
— *Le XVI*e siècle italien, o. O., o. J.
LAUTS, Jan, *Isabella d'Este. Fürstin der Ranaissance (1475–1539),* Hamburg 1952.
LEFORT, Claude, *Le Travail de l'œuvre de Machiavel,* Paris 1972.
LEMONNIER, Henri, *Les Guerres d'Italie. La France sous Charles VIII, Louis XII et François I*er (1492–1547), Paris 1903.
MAUL DE LA CLAVIRE, René de, *La Diplomatie au temps de Machiavel,* Paris 1892–1893.
MOUNIN, Georges, *Machiavel,* Paris 1969.
NAMER, Emile, *Machiavel,* Paris 1961.
NICOLAI, Renato, *Il Machia, vita e mito di Niccolò Machiavelli a cinquecento anni dalla nascita,* Rom 1969.

PANELLA, Antonio, *Storia di Firenze,* Florenz 1949.
PASOLINI DAL L'ONDA, Pietro Desiderio, *Caterina Sforza (1465–1509),* Rom 1893.
PASSY, Louis, *Un ami de Machiavel: François Vettori,* Paris 1940.
PERRENS, François Tommy, *Histoire de Florence depuis la domination des Médicis jusqu'à la chute de la République,* Paris 1887–1890.
PREZZOLINI, Giuseppe, *Das Leben Niccolò Machiavellis,* übers. v. T. Lücke, Dresden 1929.
RANK, L., *Histoire de la papauté pendant les XVI*e et XVIIe siècles, Paris 1986.
RENAUDET, Augustin, *Machiavel,* Paris 1956.
RIDOLFI, Roberto, *Vita di Niccolò Machiavelli,* Florenz 1978.
— *Vita di Girolamo Savonarola,* Rom 1952.
RODOCANACHI, Emanuel Pierre, *Histoire de Rome: le pontificat de Jules II,* Paris 1921.
— *Histoire de Rome: le pontificat de Léon X,* Paris 1931.
— *Histoire de Rome: les pontificats d'Adrien VI et de Clément VII,* Paris 1933.
SASSO, Gennaro, *Niccolò Machiavelli. Geschichte seines politischen Denkens,* übers. v. W. Klesse, Stuttgart 1965.
— «Biagio Buonaccorsi e Niccolò Machiavelli», in: *La Cultura,* XVIII, 1980.
SKINNER, Quentin, *Machiavelli,* New York 1981.
STEPHENS, John N., *The Fall of the Florentine Republic (1512–1520),* Oxford 1983.
STRAUSS, Leo, *Pensées sur Machiavel,* Paris 1982.
TENENTI, Alberto, *Florence à l'époque des Médicis,* Paris 1968.
TOMMASINI, Oreste, *La vita e gli scitti di N. Machiavelli nella loro relazione con machiavellismo,* Turin 1883.
VANNUCCI, Marcello, *I Medici, una famiglia al potere,* Rom 1987.
VILLARI, Pasquale, *Niccolò Machiavelli und seine Zeit,* übers. v. B. Mandgold u. M. Heusler, Rudolstadt 1877–1883.
WEIBEL, Ernest, *Machiavel. Biographie politique,* Fribourg 1988.
YRIATRE, Charles, *César Borgia. Sa vie, sa captivité, sa mort,* Paris 1889.

# Personenregister